W0207922

Werkbuch 5/6

Religion entdecken – verstehen – gestalten

5./6. Schuljahr

Herausgegeben
von Gerd-Rüdiger Koretzki / Rudolf Tammeus

Erarbeitet von:

Sigrid Baden-Schirmer
Ursula Kirstein
Maren Köhler
Birgit Rump

Vandenhoeck & Ruprecht

Die Deutsche Bibliothek – CIP-Einheitsaufnahme

Religion entdecken – verstehen – gestalten / hrsg. von Gerd-Rüdiger Koretzki/Rudolf Tammeus.
Erarb. von: Sigrid Baden-Schirmer ... – Göttingen : Vandenhoeck und Ruprecht
5./6. Schuljahr
Werkbuch. . – 2000
ISBN 3-525-61477-2

© 2000, Vandenhoeck & Ruprecht in Göttingen.
http://www.vandenhoeck-ruprecht.de
Printed in Germany. – Das Werk einschließlich aller seiner Teile ist urheberrechtlich geschützt.
Jede Verwertung außerhalb der engen Grenzen des Urheberrechtsgesetzes ist ohne Zustimmung des Verlages unzulässig und strafbar. Das gilt insbesondere für Vervielfältigungen, Übersetzungen, Mikroverfilmungen und die Einspeicherung und Verarbeitung in elektronischen Systemen.
Satz: Text & Form, Pohle
Druck und Bindearbeiten: Hubert & Co., Göttingen

Inhalt

Folgende Abkürzungen bzw. Symbole werden häufig verwendet:

SB	Schülerband
WB	Werkbuch
Sch.	der/die Schüler/in die Schüler/innen
L.	der/die Lehrer/in die Lehrer/innen
ZM	Zusatzmaterialie
	Leseempfehlung
	Tafelbild

Vorwort der Herausgeber

Im Jahr 2000 mit der Herausgabe eines neuen Lehrwerkes für den Religionsunterricht zu beginnen, stellt ein Wagnis dar. Jüngst erst haben die Ergebnisse der 13. Shell-Jugendstudie den von vielen Religionslehrer/inne/n seit Jahren beobachteten Rückgang christlicher Glaubensvorstellungen und die dramatische Abnahme praktischer Ausübung kirchlicher Rituale bei Jugendlichen eindrucksvoll bestätigt. Wie schon in anderen Untersuchungen zuvor ist von einer Ablehnung institutionalisierter Religiosität und einer Zunahme privater Glaubensüberzeugungen die Rede. Ein ausgeprägtes religiöses Milieu ist bei deutschen Jugendlichen – im Gegensatz zu vielen ausländischen (bes. türkischen) – nicht mehr feststellbar. Religionspädagogen wie Friedrich Schweitzer haben allerdings seit langem darauf hingewiesen, dass die Religiosität heutiger Jugendlicher weiter reicht als ihre Kirchlichkeit. Die wahrzunehmende „Entkirchlichung" ist deshalb keineswegs gleichzusetzen mit einem Fehlen religiöser Interessen (Gottesglaube, Sinnfrage, Beten, Weiterleben nach dem Tod usw.).

Sind Religionsbücher angesichts der skizzierten religiösen Ausgangslage überhaupt noch sinnvolle Leit- bzw. Begleitmedien religiöser Bildung in der Schule? Behindert ein Schulbuch mit seinen „vorgetrampelten Pfaden" nicht eher die notwendig individualisierten religiösen Lernwege der Schüler/innen? Mehr noch: Kann ein Religionsbuch der religiösen Situation heutiger Jugendlicher überhaupt noch hinreichend gerecht werden? Kein Wunder, dass viele Religionslehrer/innen der Arbeit mit einem Lehrbuch im Fach Religion eher skeptisch gegenüberstehen und stattdessen gemäß dem Motto „Schüler/innen gestalten ihr Religionsbuch selbst" mit Kopien arbeiten oder sich gar als „Lieblingsreligionsbuch ... (e)in dickes Buch mit leeren Seiten" (so Karl Graffmann in ZPT 3/99) wünschen.

Andererseits haben Befragungen (vgl. etwa Reinhard Dross im JRP 7/91) ergeben, dass Religionslehrer/innen Schulbücher (und Lehrerhandbücher) als Anreger zur unterrichtlichen Gestaltung und als Vermittler verlässlicher Informationen durchaus schätzen, wenn sie Schüler/innen und Lehrkräfte als Adressaten deutlich im Auge behalten, sich nicht als ausschließliches Hilfsmittel für den Unterricht verstehen und konzeptionell nicht zu einseitig sind. Die Autorinnen und Herausgeber des vorliegenden Lehrwerkes, alle selbst praktizierende Religionslehrer/innen, haben sich bemüht, diesen Kriterien zu entsprechen.

Stärker als bisher muss ein neues Lehrwerk für den Religionsunterricht deshalb die vielfältigen Erscheinungsformen und veränderten Aneignungsmöglichkeiten von Religion bei heutigen Schüler/inne/n berücksichtigen. Alltags- und Lebensbezug sowie Erfahrungsoffenheit und Handlungsorientierung sind notwendig zu beachtende didaktische Prinzipien; Elementarisierung religiöser Inhalte, biografischer Ansatz, praktisches Lernen, die Berücksichtigung außerschulischer Lernorte und fächerverbindendes Arbeiten daraus abzuleitende Herausforderungen für neue Religionsbücher. Neben der Alltagsreligiosität müssen durchaus auch etablierte Inhalte und Formen von Religion als „wohldosierte Fremdheiten" (Thomas Ziehe) thematisiert werden.

Zur Konzeption des Lehrwerks

Der komplexen Situation des Religionsunterrichts kann heutzutage ein einzelnes religionspädagogisches Konzept nicht mehr gerecht werden; sie erfordert vielmehr eine *Verschränkung* von Elementen verschiedener religionspädagogischer Konzeptionen und didaktischer Strukturen. Die Autorinnen und Autoren integrieren in dem neuen Religionsbuch wichtige konzeptionelle Erkenntnisse der jüngeren Religionsdidaktik und folgen dem von Peter Biehl in verschiedenen Veröffentlichungen (vgl. etwa JRP 12/95) vorgeschlagenen Zusammenspiel zwischen traditionserschließenden, problemorientierten und symboldidaktischen Strukturen. Den jeweils zugrunde liegenden didaktischen Strukturen korrespondieren dabei folgende wichtige Dimensionen und Grundaufgaben religiöser Bildung:

Didaktische Strukturen	Dimensionen religiöser Bildung	Grundaufgaben religiöser Bildung
– die **traditionserschließende/hermeneutische** Struktur	– die **theologische** Dimension (Theologie)	– Entwicklung einer Sprachlehre des christlichen Glaubens – Beförderung einer elementaren theologischen Urteilsbildung – Symbolverstehen
– die **problemorientierte** Struktur	– die **sozial-ethische** Dimension (Gesellschaft)	– Handlungskompetenz und sozial-ethische Urteilsfähigkeit angesichts der „Schlüsselprobleme" unserer Zeit
– die **symboldidaktische** Struktur	– die **(inter-)personale** Dimension (Schüler/innen)	– Hilfe zur Identitätsbildung auf dem Wege eines selbsttätigen, verstehenden, deutenden und handelnden Umgangs mit den religiösen Symbolen – Verständigung mit Anderen mithilfe von Symbolen
	– Dimension **interreligiösen Lernens** (Religionen)	– Austrag des Streites um die Wahrheit in einem ökumenisch und interreligiös angelegten Dialog

Der Titel ist Programm

Dem neuen Lehrwerk haben wir den programmatischen Titel Religion entdecken – verstehen – gestalten gegeben und damit die unserer Meinung nach wesentlichen Bereiche religiöser Bildung in der Schule beschrieben:

Religion entdecken: Eine „Religion zu haben" ist für Schüler/innen heute keine Selbstverständlichkeit mehr. Im Religionsunterricht geht es darum, diese vielfach fremd gewordene Religion und ihre Tradition neu oder wieder zu entdecken: in Phänomenen und Problemen der eigenen Lebens- und Alltagswelt sowie im Fremden und Unbekannten. Überlieferungen, Texte, Bilder und Symbole der christlichen Kirchen und der Nachbarschaftsreligionen bieten Anlässe zur Wahrnehmung von Religion. In diesem Kontext ökumenischen und interreligiösen Lernens kommen andere Religionen durchgehend aus der Binnensicht selbst zu Wort.

Religion verstehen: Das sorgfältig ausgewählte und erprobte Materialangebot schafft Lernsituationen, die auf eine wachsende Kompetenz im Verständnis religiöser Sprach-, Symbol- und Ausdrucksformen hinzielen und solides religiöses Wissen vermitteln. Neben der Erschließung der biblischen Tradition wird auch ein erstes Verstehen der Nachbarschaftsreligionen angebahnt. Dies ermöglicht das positionelle Gespräch über den religiösen Wahrheitsanspruch.

Religion gestalten: Religion wird erfahrbar im gestaltenden Umgang mit ihren Traditionen, Liedern, Symbolen und Ritualen. Die Arbeitsvorschläge verbinden analytische, kreative sowie handlungs- und produktionsorientierte Verfahren. Neben kognitiven werden so auch emotionale und soziale Lernerfahrungen ermöglicht. Diese Verschränkung schafft einen Experimentierraum, in dem Schülerinnen und Schüler eigene religiöse Sprach- und Ausdrucksformen erproben und entwickeln können.

Zum Schülerband

Religion entdecken – verstehen – gestalten berücksichtigt in seinen vier Doppeljahresbänden (5/6, 7/8, 9/10 und 11+) die von den geltenden Lehrplänen vorgegebenen Themen ebenso wie die besonderen Bedürfnisse und die Lebenswelt heutiger Jugendlicher. Jeder Band enthält 12 Kapitel, die aus wiederkehrenden Bausteinen bestehen: Eine Einstiegsseite präsentiert das Thema mit einem eröffnenden Material, das bereits einen zentralen Aspekt des Kapitels vorstellt. Die Kapitel sind so angeordnet, dass jeweils Doppelseiten einen wichtigen Aspekt thematisieren. Dieser wird jeweils durch orientierende Überschriften verdeutlicht. Für die Erarbeitung der einzelnen Themen stellt jeder Band ein breit gefächertes Spektrum sorgfältig ausgewählter, unverbrauchter Materialien bereit: Texte (eher biblische und literarische als Gebrauchs- und Zeitungstexte), Bilder und Lieder ermöglichen in ihrer Kombination und in ihrem Zusammenspiel unterschiedliche methodische Zugangs- und Erschließungweisen.

Herausgeber und Autorinnenteam haben sich bei der Auswahl und Präsentation der Materialien von den anfangs genannten konzeptionellen Überlegungen leiten lassen. In besonderer Weise waren die folgenden Grundsätze dabei wirksam:

- *Offenheit ohne Beliebigkeit:* Das heißt, mit ihrem jeweiligen unterschiedlichen eigenen Aussage- und Bedeutungspotenzial wie auch in ihrer spannungsreichen, Multiperspektivität eröffnenden, Anordnung und Verknüpfung sollen die Materialien zur Auseinandersetzung anregen und positionelle Beliebigkeit verhindern.
- Nur solche Materialien finden Aufnahme, die in unterrichtlichen Situationen und in verschiedenen (altersgleichen) Lerngruppen *praktisch erprobt* sind.

- Alle Materialien werden, soweit nur irgend möglich, *in ihrem ‚Eigenwert'*, d.h. ohne Beschränkung ihres Aussage- und Bedeutungspotenzials, dargeboten.
- Das Lehrwerk soll die Unterrichtenden in ihrer fachlichen und didaktischen Kompetenz *unterstützen*, sie aber *nicht gängeln*. Das Sichtfeld und der Spielraum für eigenverantwortliche Entscheidungen sollen durch das Lehrwerk erweitert, nicht eingeengt werden.
- Die Materialien dieses Lehrbuchs sollen motivieren, zu einer eigenständigen Auseinandersetzung anhalten, sorgfältig ausgewähltes ‚signifikantes' Anschauungsmaterial bieten und damit solides fachliches Lernen und Arbeiten ermöglichen.

Diesen Grundsätzen entsprechend

- werden Bilder möglichst großformatig und, zur Wahrung ihres ästhetischen Eigenwertes, ohne „verräterische" Angaben, wie etwa der des Titels, wiedergegeben.
- werden religiöse Texte, die der christlichen Religion ebenso wie die der Nachbarschaftsreligionen, prinzipiell aus der „Innensicht" dargeboten.
- finden sich die ARBEITSVORSCHLÄGE nicht direkt bei den Materialien selbst, sondern sind bewusst ans Ende jedes Bandes gestellt, damit eine Einengung der Perspektiven durch steuernde Vorgaben vermieden und die eigene Auseinandersetzung mit den Materialien offen gehalten wird. Ungeachtet ihrer Platzierung sind die Arbeitsvorschläge integraler Bestandteil der Kapitel und sehr genau auf die Materialien bezogen, zu deren Erschließung sie detaillierte und konkrete Hilfen bieten. Da sie den „Extrakt" der unterrichtspraktischen Erfahrung ebenso wie der didaktischen Überlegungen darstellen, wird niemand auf diese Hilfen und Impulse verzichten wollen und können.
- wird den Unterrichtenden die Möglichkeit offengehalten, Materialien kapitelübergreifend auch in anderen thematischen Zusammenhängen zu verwenden. QUERVERWEISE (bei den Arbeitsvorschlägen) fordern hierzu ausdrücklich auf; das VERZEICHNIS WICHTIGER NAMEN UND BEGRIFFE im Anhang unterstützt diese Arbeitsweise.
- bietet die IDEEN-ECKE in jedem Kapitel Anregungen zur Weiterarbeit. Hier finden sich insbesondere Impulse für handlungs- und projektorientiertes Lernen sowie Hinweise auf außerschulische Lernorte in Stadt, Region und Worldwideweb.
- sorgt der Abschnitt ZUM FESTHALTEN, mit dem jedes Kapitel schließt, für eine Vergewisserung und Festigung des Gelernten. Mit seiner Zusammenstellung zentraler Inhalte, Begriffe, Fragestellungen oder Sachinformationen will dieser Abschnitt nicht nur eine Sicherung wichtiger Ergebnisse oder Einsichten des jeweiligen Einzelkapitels leisten, sondern darüber hinaus deutlich machen, dass auch im Religionsunterricht aufbauendes Lernen, klar konturierte Lerninhalte, vorweisbare, festhaltenswerte Ergebnisse und Fragestellungen sowie eine eigene Fachterminologie ihren festen Platz haben.

Mit den beschriebenen Bausteinen stellen die Schülerbände gewissermaßen „selbsterklärende Systeme" dar , d.h., sie sind grundsätzlich ohne zusätzliche Hilfen und Erläuterungen aus sich heraus verständlich und bearbeitbar. Und dies umso mehr, als Herausgeber und Autorenteam von dem *Leitbild des/der selbstbewussten und kompetenten Unterrichtenden* ausgehen, der/die für einen planvollen, effektiven, methodisch vielseitigen und motivierenden Unterricht neuartige Materialien und inhaltliche wie methodische Anregungen gern aufnimmt und von ihnen produktiv Gebrauch macht, dem/der aber jede Gängelung, ‚Rezeptologie' und ‚Instant-Pädagogik' zuwider sind.

Zum Lehrerband

Das Werkbuch bietet zunächst eine gründliche Einführung in die methodisch-didaktische Gesamtkonzeption des Unterrichtswerks. Peter Biehl hat es übernommen, in einem Originalbeitrag „Anmerkungen zur konzeptionellen Grundlegung des Lehrbuchs“ (S. 10ff.) die didaktischen Grundentscheidungen und ihre Umsetzung in dem Lehrwerk darzustellen und zu erläutern. Darüber hinaus bietet der Lehrerband zu jedem Kapitel des Schülerbandes ausführliche Erläuterungen, die wieder nach einem einheitlichen Schema gegliedert sind. Inhaltlich wird hierbei besonderer Wert auf eine sachgemäße Verbindung von Theorie und Praxis gelegt.

Der Abschnitt Theologische und didaktische Aspekte dient der Einführung in das Thema: Hier werden die wesentlichen Sach- und Hintergrundinformationen sowie die biblischen und theologischen Bezüge jedes Kapitels knapp und übersichtlich dargestellt, die dem/der Unterrichtenden einen schnellen Überblick über das Thema und eine solide Grundlage für die Unterrichtsplanung geben.

Der Abschnitt Intentionen stellt die pädagogisch-didaktischen Überlegungen und Zielsetzungen in konzentrierter Form zusammen. In dem Abschnitt Literatur zur Vorbereitung ist ausschließlich solche Literatur zusammengestellt, die von den Unterrichtenden mit unmittelbarem Gewinn für ihre Einarbeitung in das Thema und für die Vorbereitung ihres Unterrichts herangezogen werden kann.

Den Schwerpunkt jedes Lehrerband-Kapitels bildet der umfangreiche Abschnitt unterrichtsideen, der detaillierte Erläuterungen zu jedem einzelnen Material des Schülerbandes gibt, die aus der Unterrichtspraxis erwachsen sind und im Unterricht erprobt wurden. Die Schülerband-Materialien werden dabei zwar in den Zusammenhang eines modellhaften Unterrichtsverlaufs gestellt, können je nach Interesse und Schwerpunktsetzung aber auch anders gruppiert werden. Materialbezogene Sachinformationen, differenzierte Bildbeschreibungen usw. werden verknüpft mit methodischen Hinweisen und Anleitungen zum Umgang mit den Texten, Bildern und Liedern des Schülerbandes. Die Erläuterungen zu einzelnen – analytischen, kreativen und handlungsorientierten – Verfahren und Arbeitsformen erleichtern ebenso wie beigefügte Schaubilder, Tafelskizzen und kopierfertige Arbeitsblätter die unterrichtspraktische Umsetzung. Insgesamt bieten die Unterrichtsideen über das im Schülerband Dargebotene hinaus Alternativen: Ideen, Impulse und Vorschläge für ergänzende oder alternative Unterrichtsschritte, für die ein eigener Abschnitt zusätzliche Materialien und Medien – auch diese wieder in kopierfähiger Vorlage – bereitstellt. Dem/der Unterrichtenden werden hier auch nützliche Hinweise auf themenbezogene Jugendbücher sowie auf Fundstellen und Bezugsquellen einzelner Medien gegeben. Als Herausgeber erhoffen wir uns einen produktiven Umgang mit dem breiten, im Schüler- wie Lehrerband enthaltenen, Angebot anregender Materialien, Medien und Impulse.

Ein herzlicher Dank richtet sich zuerst an Peter Biehl, der die Entstehung dieses Unterrichtswerks von Anfang an begleitet und inhaltlich gefördert hat. Seine religionspädagogischen Überlegungen haben dieses Lehrwerk geprägt und es damit von vornherein gegen Einseitigkeiten aller Art immunisiert.

Unser Dank gilt außerdem den Autorinnen, die mit ihrem Einfallsreichtum, ihrer Sachkenntnis, ihrem Spürsinn und ihrer Begeisterungsfähigkeit, ihrem kooperativen Arbeitsstil – und natürlich ihrer Unterrichtserfahrung – den entscheidenden Beitrag zum Gelingen dieses Lehrwerkes geleistet haben.

Schließlich danken wir auch dem Verlag Vandenhoeck & Ruprecht, der dieses Projekt mit großem Engagement und Sachverstand betreut hat.

Göttingen, im April 2000

Gerd-Rüdiger Koretzki / Rudolf Tammeus

Religion entdecken, verstehen, gestalten –

Anmerkungen zur konzeptionellen Grundlegung des Lehrbuchs

Peter Biehl

1. Aspekte erfahrungsorientierten Lernens

Den drei didaktischen Leitbegriffen des Titels füge ich kommentierend je einen Begriff hinzu: Entdecken und wahrnehmen, verstehen und deuten, gestalten und handeln. Zusammengenommen kennzeichnen sie den Weg, auf dem wir *Erfahrungen mit Religion* machen.

1.1. Entdecken und wahrnehmen

„Wenn jemand eine Reise unternimmt, dann kann er etwas erfahren." Dieses leicht abgewandelte Sprichwort führt uns unmittelbar zum Verständnis der Erfahrung. Das Wort „erfahren" leitet sich von „fahren" her. Erfahrung ist das, was einem auf der Fahrt, einer Reise begegnet. Erfahrung ist das, was einer auf Reisen an Gefahren zu bestehen hatte und was als *Ergebnis* der Reise in Erinnerung bleibt. Erfahrung meint *einmal* das Fahren selbst, also den Prozess des Erfahrens, in dem wir Neues wahrnehmen und erleben, und *sodann* das Ergebnis dieses Fahrens, also die „Erfahrenheit" als Niederschlag vieler Erfahrungen.

Die Berufung auf Erfahrung geschieht häufig in dem Interesse, sich gegen Neues abzuschirmen. Für didaktische Erschließung von Religion ist entscheidend, dass das Erfahren als Prozess einen Vorrang behält. Daher steht das Entdecken an erster Stelle. Religion „lehren" heißt: *Anstiftung zu einer Entdeckungsreise*. Erfahrung hat die Tendenz, sich zu verfestigen zu einem Lebenswissen im Sinne des Bescheidwissens, das feste Orientierung verspricht. Daher wird das Entdecken durch *„kreative Wahrnehmung"* ergänzt. Sie kann verfestigte Erfahrung wieder aufbrechen, wieder „verflüssigen", indem die Begegnung mit Neuem zugelassen wird. Didaktisch gewendet: Das Entdecken und Wahrnehmen wird gefördert, damit religiöse Lernprozesse wieder den ursprünglichen Prozess des Er-Fahrens darstellen und nicht nur die Ergebnisse von Erfahrungen (anderer) vermitteln. Der Lernprozess soll wieder zurück zu den ursprünglichen Quellen der Erfahrung, an den Ort, an dem sich Menschen und Dinge von sich her *zeigen* und in ihrer Eigenart *ent-deckt* werden können.

Daher sollen Lernende selbst auf die Reise gehen und Entdeckungen machen und nicht nur über Reisen „informiert" werden. Auch Heranwachsende haben ihre „Sehgewohnheiten" und sind in ihrer Wahrnehmungsfähigkeit eingeschränkt. *Entdeckendes Lernen* – wie es Martin Wagenschein praktiziert hat – versucht, „Gewohnheiten" durch Irritationen, Verfremdungen, Kontraste zu durchbrechen, zu einer Entselbstverständlichung des Lebens und seiner Deutungen beizutragen.

Ausgangspunkt und ständiger Bezugspunkt der Entdeckungsreise ist die *Lebenswelt der Heranwachsenden.* Sie ist *der primäre Ort der Entdeckung von Religion.*

Religiöse Phänomene und alltagsweltliche

Probleme sind im unmittelbaren Lebensumfeld der Lernenden, in der Region und – vermittelt durch Medien – in der Ferne und Fremde zu entdecken. Entdeckendes Lernen wird mit dem *regionalen Lernen* verbunden. So weist das Lehrbuch immer wieder über sich hinaus auf die Stadt oder die Region als Lehrbuch. Angesichts der Kompliziertheit, Unübersichtlichkeit und Anonymität des gesellschaftlichen Gesamtsystems hat der regionale Lebensraum wegen seiner relativen Übersichtlichkeit besondere didaktische Relevanz. Entdeckendes Lernen ist zugleich *exemplarisches* Lernen. An der Besonderheit der *einen* Region kann ein Allgemeines sinnfällig werden, ohne dass die unvergleichbare Besonderheit verloren geht. *Das Allgemeine zeigt sich in der Vielfalt des Besonderen, Konkreten.* Der regionale Lebensraum hat an der Komplexität der Lebenswelt teil, er stellt aber ein Feld für unmittelbare Wahrnehmung der Wirklichkeit dar. Im sozialen Nahbereich gibt es Möglichkeiten zur eigenen Gestaltung und tätigen Auseinandersetzung mit der Umwelt, zum Probehandeln. Religion ist zu entdecken in der Dorf-, Stadt- und Kirchenarchitektur, im gottesdienstlichen Raum, in der Geschichte von Kirchengemeinden und ihrem Brauchtum.

Erfahrung mit Religion zu machen, bedeutet aber auch die staunende Annäherung an Phänomene und Praktiken, die weder kirchlich normiert noch wissenschaftlich-theologisch fundiert sind. 34% der jüngeren evangelischen Kirchenmitglieder haben Erfahrungen mit religiösen, esoterischen, spirituellen Praktiken und Weltanschauungsangeboten außerhalb der Kirche gemacht. Ein reges Interesse an religiösen Fragen in einem weiten Sinne führt zu vielfältigem Suchen, Ausprobieren und Sammeln von Erfahrungen. Magie und Okkultismus üben eine Faszination aus, die zur „Entzauberung" (H. Streib) herausfordert. Religion „ereignet" sich für Jugendliche vor allem in der *Musikszene.* Das Lehrbuch verhilft mit seinen Anstößen und Materialien zu einer Sensibilisierung für die Wahrnehmung offener religiöser Deutemuster und der religiösen Funktion von Ritualen der Jugendkultur. Ohne falsche Naivität und ohne den Gestus der Wissenden ist Religion in den Suchbewegungen allererst neu zu entdecken, auch in den unausgesprochenen Botschaften.

Erfahrungen haben sich vielfältig in den Überlieferungen der Religion, der christlichen wie der Nachbarschaftsreligionen, niedergeschlagen. Texte, Bilder und Symbole können *Erfahrungsräume* darstellen, *die zu Entdeckungsreisen einladen.* Lernende können sich von den jeweils eigenen, individuellen Ausgangslagen her kreativ gestaltend in diese Erfahrungsräume einbringen und sie für sich „wohnlich" machen. Bei solchen Entdeckungsreisen beginnen aber auch die Texte, Bilder und Symbole *an* den Teilnehmer/innen zu arbeiten. Bilder und Symbole leisten Arbeit am Menschen, die der Wahrheit des Lebens zugute kommt (H. Weder). Daher versucht das Lehrbuch die *Aufmerksamkeit für Bilder und Symbole zu schärfen.* Anhand ihres Leitfadens lassen sich die biblischen Texte so auslegen, dass die in ihnen verdichteten Erfahrungen von Generationen in Bewegung geraten und in Bewegung versetzen. Wir geraten spielend vor ihre Wahrheit, die zur Auseinandersetzung herausfordert. Das Lehrbuch ermöglicht durch die Auswahl seiner Materialien und durch seine Anstöße, dass der *Streit um die Wahrheit* unter den Bedingungen der Postmoderne perspektivenreich, aber ohne Beliebigkeit geführt werden kann.

1.2. Verstehen und deuten

Entdeckungen, Wahrnehmungen, Erlebnisse und Widerfahrnisse werden erst zu Erfahrungen, wenn sie mithilfe eines Interpretationsrahmens, also durch sprachlich geleitete und vermittelte Erschließung in den bisherigen Erfahrungszusammenhang eingelassen werden. Dieser Interpretationsrahmen ist für Erfahrungen konstitutiv; er ist das Ergebnis der bisher gesammelten persönlichen und kollektiven Erfahrungen; er ist zugleich gesellschaftlich vermittelt und besteht für eine Gruppe von Personen *gemeinsam.* Die Wahrnehmung und Deutung neuer Erfahrungen kann den Interpretationsrahmen verändern und damit die sprachlich geleitete Deutung und Gestaltung von Wirklichkeit erweitern und vertiefen. Religiöse Erfahrungen zu machen, erfordert die Kompetenz, *Wahrnehmungen, Entdeckungen, Erlebnisse und Widerfahrnisse mithilfe von Symbolen, Metaphern und Storys zu deuten und zu verarbeiten.* Diese Deutung vollzieht sich in einem prinzipiell unabschließbaren *Verstehensprozess.*

Die *Deutungskompetenz* setzt eine religiöse „Sprachlehre" voraus (Hermeneutik als Sprachlehre des christlichen Glaubens).

„Verstehen" ist also konstitutiv für Erfahrungen mit Religion.

Das Verstehen richtet sich in erster Linie *auf das Leben selbst* und auf die Religion, die an den Brüchen, an den Übergängen und Schnittstellen des Lebens, im Kontrast zwischen Alltäglichem und Unalltäglichem ihren Ort hat.

In der wissenschaftlichen Exegese ist das Verstehen der grundlegenden Überlieferungen der Religionen und ihrer „klassischen" Texte Selbstzweck.

Das Verstehen zielt nicht auf das, was der Text heute sagt und bedeutet, sondern auf das, was er einmal gesagt hat. Sofern der Religionsunterricht (vgl. Band 9/10) eine Einführung in Elementarformen historisch-kritischen Arbeitens intendiert, hat er an diesem Charakter der Exegese teil.

In didaktischer Hinsicht geht es jedoch primär um *das Verstehen des eigenen Lebens und der Lebenswelt mithilfe religiöser Texte.* Zur Zeit des Hermeneutischen Unterrichts wurde diese Intention verfolgt, wenn M. Stallmann von der „Hermeneutik des Daseins" sprach (heute ist diese Formel auf die „Hermeneutik der Lebenswelt" zu erweitern).

Das Lehrbuch räumt diesem Grundsatz entsprechend *kreativen Verfahren zur Erschließung religiöser Texte* einen *Vorrang* vor analytischen Verfahren ein. Kreative Verfahren, Formen „praktischer Vermittlung" sind alle Formen des Spiels, Pantomime, Interaktionale Auslegung, Tanz, (Vor-)Formen des Bibliodramas, Formen der Auslegung durch Kunst und Musik ... . Diese Formen, die ein Verstehen des Lebens durch die „Verstrickung" in fremde Geschichten fördern, werden in ein *Zusammenspiel mit engagierten Lektüreformen* (befreiungstheologische und feministische Auslegung) und *historisch-kritischen Auslegungsformen* gebracht.

Das Hermeneutikverständnis hat sich seit den Anfängen des Hermeneutischen Unterrichts von einer *Text*hermeneutik zu einer *Erfahrungs*hermeneutik gewandelt, die das Verstehen von Situationen, Problemen, Symbolen und Ritualen, von Lebenslauf und religiösen Lebenslinien und von Lebensformen umfasst. Das Verstehen der Tradition dient der *Verständigung* angesichts der Herausforderungen durch die Zukunft: Das Verstehen richtet sich auch auf die *Verständigung* zwischen Menschen der Gegenwart, und zwar mithilfe von Symbolen. „Verstehen" wird nicht als Methode oder als „Tugend des Erziehers" verstanden, wie in der deutschen Pädagogik üblich, sondern als *Ziel* eines kritischen Bildungsprozesses. Gefragt wird also nach dem *Verstehen von Lernenden,* dem Verstehen ihres Lebens mithilfe von Wissensbeständen, die die alltägliche Lebenswelt übersteigen (J. Oelkers).

Der Lernende versteht sich selbst nicht unmittelbar, sondern im Spiegel des Anderen und auf dem langen Weg über den Schatz kultureller und religiöser Symbole. Das *Selbstverstehen ist zeichenvermittelt.* Der Lernende versteht sich selbst, indem er das, was die Symbole, Metaphern und Storys sagen und zu verstehen geben, in Annäherung und Distanzierung so in das Verstehen einholt, dass er den ihm gegebenen Sinn entweder reflexiv wieder aneignet und weiterentwickelt oder aber kritisch abweist. Der Verstehensprozess ist prinzipiell *unabschließbar,* auf das *Weiter*verstehen des Selbst und der gemeinsamen Lebenswelt angelegt.

Die Lernenden müssen für die Konstruktion und Deutung ihrer Biografie im Kontext von Kontingenzen und Übergängen selbst aufkommen. Religionspädagogisches Handeln kann sie bei dieser Aufgabe durch das Angebot von Storys begleiten. Angesichts der Individualisierungsprozesse ist ein großes Reservoir an Bildern, Symbolen und Geschichten erforderlich. Verschiedene vorgegebene Bildsprachen lassen sich aufeinander beziehen. In der Schule der Kunst lernen wir, wie sich Storys neu inszenieren lassen, neue Kontexte geschaffen, Mehrfachkodierungen und Vernetzungen ermöglicht werden. Lernende können die Geschichten selbst „anprobieren" (M. Frisch), um zu sehen, ob sie zu ihren Erfahrungen passen. *Erfahrungsorientiertes Lernen setzt die wachsende Kompetenz im Umgang mit religiösen Sprach-, Symbol- und Ausdrucksformen voraus.* Von dieser Schlüsselqualifikation hängt die Fähigkeit zu elementarer theologischer Urteilsbildung ab. Das Lehrbuch fördert diese Qualifikation durch ein reiches Angebot biblischer und außerbiblischer „poetischer" Texte, durch Impulse für Verschränkungsmöglichkeiten und durch Hinweise zu Reflexionen auf das komplexe Verhältnis von Sprache und Wirklichkeit. Das Sprachgeschehen, das mit dem Namen Jesus Christus bezeichnet wird, ist für das Lehrbuch von besonderer Bedeutung, weil dieses Ereignis einen *Gewinn an Hoffnungssprache* darstellt, der unausgeschöpft ist. Von herausragender Bedeutung sind die *Gleichnisse Jesu* (ebenso wie die Psalmen), die quer zu den Themen des Lehrbuchs immer wieder in Brauch genommen werden, weil die transformatorische Kraft dieser Sprache, in der der Traum Jesu vom wahren Leben Gestalt gewinnt, Ohnmachtserfahrungen aufbrechen und neue Horizonte eröffnen kann.

Unter dem Gesichtspunkt „Entdecken" wurden die didaktischen Prinzipien der Wahrnehmungsfähigkeit und der Selbsttätigkeit angesprochen, die auch für das „Verstehen" gelten. Werden die Heranwachsenden nicht vorschnell auf die „richtige" Auslegung festgelegt, können sie (auch für Exegeten) überraschende Beobachtungen an den Texten machen. Auch die wissenschaftlichen Ausleger müssen Mutmaßungen über die Intention eines Textes anstellen, mit Mutmaßungen experimentieren. Durch dieses Experimentieren mit Sinn wird der Text konstituiert; er erscheint als ein Gegenüber, an dem die Interpretation gemessen werden will, Textintention und Leserintention stellen einen dialektischen Prozess dar (U. Eco).

Das Verstehen kann die Tiefendimension der Texte wie der Erfahrungen der Leser erreichen, wenn die Interpretation sich durch die Bilder des Textes leiten lässt. Die Bilder des Textes und seine „Leerstellen" (W. Iser), die Bedeutungsfülle seiner Symbole sind es auch, die Lernende zu einem kreativen Umgang mit ihm herausfordern. Die Imagination *in* den Texten leitet die Imagination *über* die Texte und ihren Übergang zum Leben.

Spezifische Aufmerksamkeit erfordert das *Verstehen anderer Religionen*. Das Hermeneutikverständnis bedarf der Erweiterung, sodass es nicht nur christliche und säkularisierte Formen von Religion bis hin zur „Zivilreligion", sondern die Erfahrungen von Angehörigen der Nachbarschaftsreligionen und neoreligiöser Gruppen umfasst. Diese Erweiterung gelingt dadurch, dass zwei *Hermeneutiken komplementär aufeinander bezogen werden*, die Hermeneutik des Vertrauten und die Hermeneutik des Unvertrauten, Andersartigen und Fremden. Das Verstehen schwingt hin und her zwischen dem Vertrauten und bereits Bekannten der Individualtradition und dem Überraschenden, Fremden, das den gewohnten Lebenszusammenhang unterbricht. Dabei kann das Fremde unter dem scheinbar Gewohnten, das Fremde in den Betroffenen selbst an das Licht kommen. Durch den Vorgang der Unterbrechung des Vertrauten in der Begegnung mit den Nachbarreligionen kann ein elementarer Zugang zu den Lebensformen der *eigenen* Religion gefunden werden. Didaktisch vorrangig ist eine authentische Selbstinterpretation in „Dialogen konkreten Zusammenlebens", in denen sich Begegnung in der Dialektik von Selbstwahrnehmung und Wahrnehmung des Fremden vollzieht. Das Lehrbuch weist über sich hinaus auf mögliche Aktionen in der Region („Runde Tische" mit Vertretern der Nachbarschaftsreligionen). Es bietet reichhaltiges Material und weit reichende Impulse für ökumenisches und interreligiöses Lernen an.

Einverständnis kann nicht Ausgangslage und Ziel religiöser Verstehensprozesse sein. Das vorgängige Lebensverhältnis der Jugendlichen zu religiösen Phänomenen kann von einer *Überidentifikation*, über ein verloren gegangenes und erst zu suchendes *Einverständnis*, bis zu *kritischer Distanz, Indifferenz und Ablehnung* reichen. Aus diesen unterschiedlichen Situationen resultieren unterschiedliche Hermeneutikansätze und Didaktiken. Die Didaktik des Aufmerksammachens entspricht dem erst zu suchenden Einverständnis. Der postmodernen Situation von Religion in schwebenden Übergängen (hypothetisch-schwebendes Einverständnis) entspricht eine didaktische *Flexibilität* und ein *experimenteller* Grundzug (K.E. Nipkow).

1.3. Gestalten und handeln

„Gestalten" und „Handeln" heben die Momente der Aktivität, die zu jedem Erfahrungsprozess gehören, besonders hervor. In der Erfahrung sind wir selbst unmittelbar betroffen, und zwar in einer zugleich *passiven* und *aktiven* Begegnung mit der Wirklichkeit, im Erleiden und schmerzhaften Ausgeliefertsein an das Widerfahrende und in der *produktiven* Verarbeitung der Widerfahrnisse, Entdeckungen und Erlebnisse.

Religion zu erfahren bedeutet, das Leben zugleich passiv und aktiv zu erfahren, bedeutet *Empfangen* und *darstellendes Handeln.* Im Handeln vollzieht der Mensch das nach, was er im Glauben empfangen hat.

Auf *didaktischer* Ebene verweist das *Prinzip der Handlungsorientierung* wie das der Selbsttätigkeit auf die *Bildsamkeit* des Menschen. In der Schule werden Erfahrungen durch teilnehmenden Mitvollzug und durch gemeinsames Handeln gemacht. In ihr sind Handlungsspielräume allerdings gering. Daher kommt (künstlerischen) Gestaltungen, in denen das Verstehen sinnenfälligen Aus-druck findet, besondere Bedeutung zu. In der Beanspruchung aller Sinne in religiösen Lernprozessen („Wiederkehr des Körpers") kommt die reformpädagogische Einsicht von der *Einheit der Bildung von Kopf, Herz und Hand* zur Geltung. Die Realisierung dieser Einsicht setzt eine schrittweise Veränderung der Lernkultur von der vorherrschenden technisch-instrumentell-funktionalen hin zu einer kommunikativen Lernkultur voraus.

Die traditionserschließende didaktische Struktur hat im Verstehen ihr spezifisches Merkmal; die Symboldidaktik als ästhetisches Projekt hat zum „Gestalten" eine besondere Nähe, wenngleich es in ihr auch um das Verstehen von Symbolen und Ritualen und um Deutung des Lebens mit ihrer Hilfe geht.

In den durch das Lehrbuch angeregten Gestaltungsweisen kann die *affektive* und *soziale* (therapeutische) Dimension des Lernens Vorrang vor der kognitiven Dimension gewinnen. Schüler und Schülerinnen können ihre Gefühle und Stimmungen, wie Glück und Angst, ihr eigenes religiöses Empfinden zum Ausdruck bringen, ihre eigenen religiösen Sprach- und Gestaltungsformen entwickeln und erproben.

Eine Re-Symbolisierung von zu Signalen erstarrten „Symbolen" vollzieht sich in einem *Probehandeln*, in dem der Weg von den Formeln zum Leben wieder gesucht wird. In einem schöpferischen, gestalterischen Umgang wird das Symbol auf Erfahrungen bezogen; es wird „erprobt", ob das Symbol bei ihrer Deutung seinen mehrfachen Sinn wieder freigibt.

Die didaktische Notwendigkeit, Religion in Gestaltungen zu erfahren, wird beim Thema „Angst und Geborgenheit" (Band 5/6) besonders deutlich: Die Unterrichtsideen sehen eine Imaginationsübung, Bildbetrachtung und -begegnung, die Erschließung von Gedichten, die Gestaltung einer Angstcollage, das Malen von Mandalas, Vertrauensspiele, Rollenspiele, Erprobung von Angstbewältigungsstrategien, den Bau von Masken, die Verklanglichung sowie das Malen eines Psalms vor.

Die Arbeitsvorschläge verbinden kreative mit analytischen, handlungs- mit produktorientierten Verfahren.

Wie das Beispiel zeigt, lassen sich praktische Arbeiten, künstlerische Gestaltungen oder andere konkrete Vorhaben (gemeinsames Frühstück; wir pflanzen einen Hoffnungsbaum) gelegentlich in den Unterricht einbeziehen. Zuweilen hilft auch schon die Planungs*idee* mit einzelnen Realisierungsversuchen. (Wie könnte ein Film aussehen? – Entwerft bitte einzelne Szenen!). Entscheidend ist, dass die Schülerinnen und Schüler sich gemeinsame Ziele setzen, in überschaubaren Lebenszusammenhängen Veränderungsmöglichkeiten erproben und auch an Widerständen Erfahrungen machen.

Anhand von sechs Stichworten haben wir beschrieben, was es heißt, mit Religion Erfahrungen zu machen. Da Entdeckungen und Wahrnehmungen die Bedingung der Möglichkeit darstellen, *neue* Erfahrungen zu erschließen, formulieren wir als *These: Religionslehre ist in erster Linie kreative Wahrnehmungslehre* (s. dazu P. Biehl, Festsymbole, Neukirchen-Vluyn 1999).

2. Vier Grundaufgaben des Religionsunterrichts

In der Religionsdidaktik besteht weitgehend Einigkeit darüber, dass das Aufgabenfeld des Religionsunterrichts durch vier Grundaufgaben strukturiert werden kann. Diese Aufgaben lassen sich nicht aus der Fachwissenschaft ableiten, sondern sind religionspädagogisch im Blick auf die Bildungsaufgabe der Schule und die allgemeinen Ziele religiöser Bildung zu verantworten. Der kritische Bildungsbegriff fungiert als pädagogische Norm. Bildungsbegriff und Bildungsziele müssen für eine *theologische Interpretation* offen sein. Die bisherige Beschreibung, wie Religion erfahren wird, zeigt: Bildung als Subjekt*werdung* des Menschen wird gefördert, wenn Schülerinnen und Schüler Schlüsselsituationen ihres Lebens und Schlüsselprobleme der gemeinsamen Lebenswelt *entdecken*, ihre individuelle Lebensgeschichte *verstehen* und die gemeinsame Lebenswelt unter der Perspektive des Evangeliums *deuten*, wenn sie ihre individuellen und sozialen Erfahrungen *gestalten* und angesichts der bedrängenden Gegenwarts- und Zukunftsprobleme gemeinsam *handeln*, den Streit um die Wahrheit *dialogisch* auszutragen lernen.

Die Bedeutung von Religion lässt sich nicht an ihrer gesellschaftlichen und pädagogischen Verwertbarkeit bemessen. Sie ist *mehr als notwendig*.

Gerade, wenn sie ihre Eigenständigkeit und Widerständigkeit bewahrt, können von ihr fruchtbare, kritische wie schöpferisch verändernde Impulse ausgehen. Beachten wir diesen Vorbehalt, ist es möglich, vom Religionsunterricht einen spezifischen Beitrag zu folgenden *gesellschaftlichen Schlüsselqualifikationen* (O. Negt) zu erwarten:

- den Umgang mit bedrohter und gebrochener Identität lernen
- die gesellschaftlichen Wirkungen von Technik begreifen und ein entsprechendes Unterscheidungsvermögen entwickeln
- Sensibilität für Recht und Unrecht, Gleichheit und Ungleichheit entwickeln
- einen pfleglichen Umgang mit der Natur und den Mitkreaturen lernen
- Erinnerungs- und Zukunftsfähigkeit bilden;
- kulturelle Kompetenz gewinnen, um die Gegenwartskultur zu verstehen

Die vier Grundaufgaben des Religionsunterrichts lassen erkennen, welche Schlüsselqualifikationen schwerpunktmäßig gefördert werden können.

Der Religionsunterricht kann

- Schülerinnen und Schüler dabei begleiten, auf dem Grund der ihnen gewährten Person-Identität *in Interaktionen* eine fragmentarische Ich-Identität auszubilden und diese als konstituiert durch den Anderen zu begreifen; er hilft daher, den Anderen in seiner Andersartigkeit wahrzunehmen und sich mit Anderen zu verständigen (*personale und interpersonale Dimension*)
- Schülerinnen und Schüler darin fördern, dass sie angesichts der „Schlüsselthemen" unserer Zeit durch Erfahrungslernen *Gerechtigkeitskompetenz* und *ökologische Kompetenz* sowie elementare ethische Urteilsfähigkeit gewinnen (*sozial-ethische Dimension*)
- Schülerinnen und Schüler befähigen, ihre Lebensgeschichte und die gemeinsame Lebenswelt mithilfe von Symbolen, Metaphern (Gleichnissen) und Storys unter der Perspektive der Verheißung des Evangeliums zu deuten, *Sprachkompetenz*, *Erinnerungs-* und *Hoffnungsfähigkeit* zu entwickeln (*Dimension elementarer theologischer Urteilsbildung*)

Quer zu diesen Grundaufgaben und Dimensionen besteht eine *vierte Grundaufgabe* darin, die Nachbarschaftsreligionen in ihrer Andersartigkeit und Fremdheit zu verstehen und den Streit um die Schlüsselprobleme unserer Zeit argumentativ auszutragen und die Wahrheit in Auseinandersetzung mit den anderen Religionen im Dialog zu finden (*Dimension interreligiösen Lernens*).

3. Das Zusammenspiel didaktischer Strukturen

Die *Ausgangsthese*:

Die Lage der Fachdidaktik entspricht der Lage postmoderner Gesellschaften. Die Zeit der „Groß-Konzeptionen", die *alle* Aufgabenbereiche des Religionsunterrichts abdecken, ist vorbei. Die Religionsdidaktik ist aus pluralen Entwürfen zusammengesetzt. Wir suchen nach Wegen, die zu Vernetzungen und Verschränkungen führen.

Das Zusammenspiel zwischen traditionserschließender, symboldidaktischer und problemorientierter Struktur ist der integrative Kern eines offenen Ensembles didaktischer Strukturen. Das Zusammenspiel wird den Herausforderungen der Praxis wie den spezifischen Merkmalen der Religion gerecht, es erweist sich auch angesichts der Aufgabe interreligiösen Lernens als fruchtbar.

3.1. Zur Begründung der Auswahl der didaktischen Strukturen

Vor allem durch die zunehmende Individualisierung und durch die Herausforderungen der multikulturellen und multireligiösen Gesellschaft ist die Situation des Religionsunterrichts so *komplex* geworden, dass ihr nur ein offenes Ensemble didaktischer Strukturen entspricht. Die drei Strukturen, die den integrativen Kern bilden, haben sich in der praktischen Arbeit bewährt. Ihre Auswahl ist nicht historisch begründet – dann hätte auch die Ev. Unterweisung eine Rolle spielen müssen –; sie ist vielmehr systematisch begründet, nicht dogmatisch, sondern *religionsphänomenologisch*.

Die christliche Religion und ihre Nachbarschaftsreligionen sind durch drei *spezifische Merkmale* bestimmt. Für sie sind konstitutiv *grundlegende Überlieferungen* (Heilige Schriften bzw. Texte), ihre *zentralen Symbole, Riten und Feste* – die ihrerseits eine Ursprungsgeschichte haben – sowie *sittliche Weisungen*, die die Lebensformen prägen und das Handeln orientieren. Religiöses Leben wird durch *drei fundamentale Kategorien* geprägt, durch die *geschichtliche, symbolische* und durch die *lebensweltlich-ethische* Kategorie.

Das Christentum umfasst als Ursprungsgeschehen die Überlieferungen Israels, den Weg Jesu und die Zeit der Apostel. In den Überlieferungen werden die Symbole weitergegeben (Dreieinigkeit, Schöpfung, Kreuz und Auferstehung, Rechtfertigung und Versöhnung, Reich Gottes, Abendmahl und Taufe). Die Zehn Gebote und die Bergpredigt haben das religiöse Leben geprägt.

Wer Religion verstehen will, muss sich mit diesen drei Kategorien auseinander setzen. Ihnen lassen sich die *traditionserschließende*, die *symboldidaktische* und die *problemorientierte* Struktur, die sich besonders im Blick auf das ethische Lernen bewährt hat, zuordnen. Ihre Auswahl ist also nicht zufällig.

Diese Strukturen hatten einmal ihren fest umrissenen Ort in der Geschichte der Religionspädagogik. Ist eine solche didaktische Struktur einmal erschlossen, lässt sie sich aus ihrem Ursprungsort, an dem sie mit bestimmten Frontstellungen verbunden war, lösen und abgesehen von dieser historischen Situation weiterentwickeln und in neue Kontexte einbeziehen.

So ist beispielsweise die traditionserschließende Struktur in ihrer hermeneutischen Reflexionsgestalt im Rahmen des Hermeneutischen Unterrichts ausgearbeitet worden; diese Konzeption zeigt eine zeitbedingte Frontstellung gegenüber der Ev. Unterweisung, ist aber ihrerseits noch durch die didaktische Mittelpunktstellung der Bibel bestimmt. Diese konzeptionellen Momente finden in die Beschreibung der traditionserschließenden Struktur keinen Eingang.

3.2. Die wichtigsten Merkmale der didaktischen Strukturen

Die *traditionserschließende Struktur* – den Strukturen entsprechen Unterrichtsformen – ist die bekannteste; wichtige Merkmale wurden genannt (1.2.).

Das Verstehen geschichtlicher Phänomene erfolgt in einer dialektischen Bewegung von *Annäherung und Distanzierung.* Von didaktischer Bedeutung ist die Frage, wie wir in diese Bewegung hineingeraten.

Im *Hermeneutischen* Unterricht begann der

Lernprozess in der Regel mit der *wissenschaftsgeleiteten Arbeit* an einem biblischen Text, bspw. mit einem Vergleich der Sturmstillungsgeschichte nach der Fassung von Markus und Matthäus, etwa in arbeitsunterrichtlichen Formen. Bei Markus wird das Wunder des Glaubens in Form einer Wundergeschichte dargestellt, während Matthäus eine Nachfolgegeschichte erzählt. In einem nächsten Schritt wird nach der Bedeutung der Texte für die Gegenwart gefragt, meistens in einem Unterrichtsgespräch. Dabei wird herausgearbeitet, dass der Text keine Ausnahmesituation schildert, sondern eine *Grundsituation* menschlichen Lebens, die *Gefährdung durch Angst*. Die Einsicht kann durch eine Darstellung der ottonischen Buchmalerei vertieft werden. Der Verstehensprozess beginnt mit dem Vorgang der Distanzierung. Indem der synoptische „Befund" erhoben wird, wird der Text in die Vergangenheit „abgeschoben". Ist die Distanzierung einmal erfolgt, ist didaktisch fragwürdig, ob in einem zweiten Schritt die Annäherung wieder gelingt.

Eine Veränderung der didaktischen Struktur erfolgt, wenn kreative Verfahren einen Vorrang vor analytischen Verfahren gewinnen, wie exemplarisch an der Erschließung der Psalmen 22 und 23 im Kapitel „Angst und Geborgenheit" (Band 5/6) erkennbar wird. Wo den Wahrnehmungen und Entdeckungen der am Verstehensprozess Beteiligten so große Bedeutung beigemessen wird, bleibt zu fragen, ob die schöpferischen Gestaltungen noch dem Erfahrungsmuster der Vorgabe entsprechen. Damit kommen analytische Verfahren ins Spiel. Sie ermöglichen eine Distanzierung, die genauer hinsehen und die Texte in ihrer Fremdheit wahrnehmen lässt.

Der *Problemorientierte* Unterricht war ursprünglich als ein Gesamtkonzept gedacht, das den Hermeneutischen Unterricht ablösen sollte. Von Anfang an wurde aber die Notwendigkeit gesehen, themenorientierte Unterrichtseinheiten mit fachspezifischen biblischen und kirchengeschichtlichen Lehrgängen zu verschränken. Darin sehe ich eine Vorform des hier vertretenen Ansatzes eines Zusammenspiels unterschiedlicher didaktischer Strukturen.

Erreicht wurde eine thematische Entschränkung des Religionsunterrichts, die Orientierung an komplexen Verwendungssituationen und die Förderung entdeckenden, kreativen und problemlösenden Denkens und Lernens. Problematisch blieb die *theologische* Bearbeitung des Themas, wenn keine Analogien zu biblischen Texten bestanden (Arbeitslosigkeit, Mitbestimmung, Weltarmut, ökologische Krise). Es mussten theologische Kriterien entwickelt werden, die eine theologische Urteilsbildung ermöglichten. Die Beispiele zeigen, dass diese Struktur eine besondere Nähe zu (sozial-)ethischen Themen hat. Sie enthält folgende Elemente: Analyse der Situation und Bestimmung des anstehenden Problems, Beschaffung von Informationen („Medien"), Reflexion auf die strittigen Sach- und Normentscheidungen, Urteilsbildung anhand theologischer bzw. sozialethischer Kriterien, Diskussion unterschiedlicher Lösungsmöglichkeiten, Neudefinition des Problems, Konsequenzen für Einstellung und Verhalten, Darstellung von „Verlockungsmodellen", in denen bestimmte Verhaltensänderungen wenigstens ansatzweise realisiert werden könnten, Gestaltungen, die andere zur Verhaltensänderung anstoßen könnten, oder Erprobung eigener Handlungsmöglichkeiten.

Die *Symboldidaktik* wurde teils als Gesamtkonzeption für den Religionsunterricht verstanden, als Alternative zur problemorientierten Didaktik und des von ihr mitverursachten „Niedergangs der hermeneutischen Kultur" (H. Halbfas), teils als Weiterführung jener Didaktik unter den Bedingungen der ökologischen Krise, als ein (besonders auf die Glaubenslehre bezogenes) *Teilgebiet* der Religionsdidaktik, also von vornherein auf Verschränkung angelegt.

Die Intention der Symboldidaktik kommt in der „Bauform" idealtypisch zum Ausdruck; sie stellt keine „pädagogischen Stufen" dar, sondern hat wie alle didaktischen Strukturen *heuristische* Funktion und soll die eigenen Gestaltungsmöglichkeiten nicht einschränken.

Die *symboldidaktische Struktur* enthält folgende Elemente.

(1) Ein überraschender ganzheitlicher (handlungsbezogener) Zugang ermöglicht, dass die Lernenden *lebensweltliche* Phänomene staunend wahrnehmen bzw. ein religiöses Symbol in seiner irritierenden Andersheit wahrnehmen und dass sie ihre (Vor-)Erfahrungen mit dem Symbol darstellen.

(2) Durch die fokussierende Wirkung des Symbols werden die lebensweltlichen Erfahrungen und Wahrnehmungen auf menschliche *Grunderfahrungen* hin konzentriert. Diese werden sogleich wieder auf lebensweltliche Vollzüge zurückbezogen, sodass ihr geschichtlich und gesellschaftlich bedingter *Wandel* wahrnehmbar wird.

(3) Durch einen selbsttätigen Umgang mit dem Symbol kann der Zugang zu tiefer liegenden bzw. umfassenderen (*religiösen*) Dimensionen menschlicher Wahrnehmung und Erfahrung eröffnet werden. Der fragmentarische und zerbrechliche Charakter menschlichen Lebens und sein Transzendenzbezug kommen zum Ausdruck.

(4) Durch einen kreativen Umgang und entsprechende Medien kann das in seinem anthropologischen und religiösen Sinn erschlossene Symbol für die Lernenden seinen spezifischen *theologischen* Sinn gewinnen.

Das von den Lernenden selbst Gestaltete und Erarbeitete wird in *historisch-kritischer* Auslegung mit der biblisch-christlichen Tradition in Beziehung gesetzt, um die elementare Urteilsfähigkeit zu fördern.

(5) Die im Lernprozess gewonnenen Erfahrungen und Einsichten werden in einer Gestaltungsaufgabe oder in einem Handlungsvollzug „aufgehoben“ (Transfer).

3.3. Das Prinzip der Verschränkung didaktischer Strukturen

Das Zusammenspiel der drei Strukturen bestimmt zunächst die *Gesamtanlage* des Lehrbuchs. Die Autorinnen und Autoren sind bei der Auswahl der Themen und der Strukturierung der einzelnen Bände von einer *prinzipiellen Gleichberechtigung* der drei didaktischen Strukturen ausgegangen. Dabei waren neben den Rahmenrichtlinien die *vier Grundaufgaben des Religionsunterrichts* (2.) leitend.

Die *eine* Grundaufgabe, die auf die Identitätsproblematik und die Wahrnehmung des Anderen zielt, fasst die Sachverhalte zusammen, die im Horizont von Lebensalltag, Lebensübergängen und Lebensgrenzen thematisch werden. Diese Aufgabe zeigt eine besondere Nähe zur *symboldidaktischen* Struktur. Didaktisch geht es darum, Jugendlichen Symbolgeschichten anzubieten, die ihre Erfahrung jeweils braucht, um mit sich und anderen kommunizieren zu können. Die *andere* Grundaufgabe lässt sich am besten mithilfe der *problemorientierten* Struktur realisieren: Sie will Handlungs- und Urteilskompetenz angesichts der Schlüsselprobleme unserer Zeit fördern.

Die *dritte* Grundaufgabe versucht, die Quellen der Freiheit zum Handeln und die Anfänge der biblisch-christlichen Symbolwelt zu erschließen; dabei sind nicht nur die *biblischen* Quellen der Freiheit und Befreiung freizulegen, sondern auch deren ambivalente Wirkungen in der Christentumsgeschichte aufzudecken. Die *traditionserschließende* Struktur entspricht dieser Aufgabe am besten. Die *vierte* Aufgabe – sie hat interreligiöses Lernen im Blick – setzt das Zusammenspiel der drei Strukturen voraus.

Diese Übersicht spricht für die *Gleichgewichtigkeit der drei Strukturen*, die den integrativen Kern des offenen Ensembles bilden. Ebenso folgt aus der Berücksichtigung der drei fundamentalen Merkmale von Religion (3.1.) diese Gleichgewichtigkeit.

Die Autorinnen und Autoren des Lehrbuchs haben daher auch bei der *Gestaltung der einzelnen Themen*, so weit wie möglich, die drei Strukturen gleichgewichtig ins Spiel gebracht. Das Prinzip ihrer Verschränkung war im Sinne eines Suchrasters bei der Anlage der einzelnen Themen wirksam.

Faktisch ist aber damit zu rechnen, dass jeweils eine Struktur einen *Vorrang* gewinnt, da nicht alle vier Grundaufgaben gleichzeitig realisiert werden können.

Themen wie „Jesus und seine Zeit“, „Die ersten Christen“, „Mütter- und Vätergeschichten“, „Bibel“, „Judentum“, „Prophetentum“, „Luther“, „Frühe Kirche“, „Franz von Assisi“, „Jesus Christus“ sprechen für einen Vorrang der *traditionserschließenden Struktur*. Durch die Auswahl der Medien und Verfahren kann die Intention symboldidaktischen Lernens – wie bspw. an der Gestaltung der Themen „Propheten“ und „Franz von Assisi“ erkennbar wird – auch innerhalb dieser Einheiten zur Geltung kommen. Mit einer Dominanz der *problemorientierten Struktur* ist bei Themen wie „Ich und die anderen“, „Arm und reich", „Sucht – Sehnsucht – Gewissen", „Schuld und Vergebung", „Kirche", „Gemeinde und Gemeinschaft", „Arbeit", „Gerechtigkeit", „Glaube und Wissenschaft", „Ethik", „Jugend und Kirche" zu rechnen.

Für eine vorrangig *symboldidaktische „Bauform"* kommen Themen wie „Angst und Geborgenheit", „Feste", „Weg", „Hand", „Kreuz", „Paradies", „Himmel und Hölle" in Frage.

Übernimmt eine didaktische Struktur bei der Anlage des Themas die führende Rolle, so spiegelt sich in der Gesamtanlage die jeweilige „Bauform" wider; von den anderen beiden Strukturen werden nur einzelne Elemente berücksichtigt.

Die sachliche und didaktische Notwendigkeit einer Verschränkung der drei didaktischen Strukturen kann am Beispiel des Themas „*Schöpfung*" erkennbar werden. „Schöpfung" gehört zu den zentralen Themen des Religionsunterrichts, die im Sinne eines Spiralcurriculums in Intervallen immer wieder aufgenommen werden. Das Thema entspricht der menschlichen Frage nach dem Rätsel des universalen Anfangs der Welt, die konkurrierende Deutungen hervorgebracht hat. Dementsprechend wird „Schöpfung" in Band 5/6 und in Band 9/10 behandelt; es wird erneut im Zusammenhang mit dem Thema „Paradies" (Band 11) angesprochen. „Schöpfung" ist ein komplexes Thema, das zu einer fächerübergreifenden, projektartigen Unterrichtsgestaltung herausfordert. Es kommt in den Nachbarschaftsreligionen vor und hat daher einen *religionswissenschaftlichen* Aspekt.

In der Bibel sind die ersten 11 Kapitel als *Urgeschehen* (C. Westermann) zu verstehen, das grundlegende Menschheitserfahrungen zur Sprache bringt. Die Schöpfungstexte sind in Spannung zu den Gewalterfahrungen und dem Segenshandeln Gottes theologisch zu interpretieren. Schon dieser Sachverhalt spricht für die Notwendigkeit, die *traditionserschließende Struk*tur zu berücksichtigen. „Schöpfung" gehört zu den Zentralsymbolen der jüdisch-christlichen Symbolwelt; bei ihnen handelt es sich um Symbol*komplexe*. In der christlichen Glaubenslehre bilden „Schöpfung" und „Gottebenbildlichkeit" einen Zusammenhang mit „Fall" und „Sünde"; die ersten beiden Grundsymbole beziehen sich auf die Bestimmung des Menschen, die beiden anderen deuten die Grundsituation der Entfremdung des Menschen als Verfehlung seiner Bestimmung. Unter *ökologischer* Perspektive geraten zahlreiche Symbole in eine neue Beziehung zueinander: Licht, Wasser, Geist, Garten, („Paradies"), Lebensbaum, Sintflut, Arche, Regenbogen. Die *symboldidaktische* Struktur ist besonders geeignet, die ökologische Perspektive des Themas mit der urgeschichtlichen Sicht der Schöpfung zu verschränken. Im Kontext mit der ökologischen Krise wurde „Schöpfung" zum Schlüsselbegriff für einen anderen Umgang mit der Welt. Das Thema zielt in dieser Hinsicht auf eine Einstellungs- und Verhaltensänderung, die durch die Darstellung von „Verlockungsmodellen" und die Erprobung eigener Handlungsmöglichkeiten gefördert werden kann. Ökologische Kompetenz – sie ist eine der Schlüsselqualifikationen, die heute erforderlich sind – wird optimal durch *problemorientiertes Lernen* entwickelt.

Eine *erfahrungsbezogene* Erschließung des Themas „Schöpfung" verbindet die drei genannten didaktischen Strukturen; in ihr verdichtet sich die Aufgabe, Religion zu entdecken, zu verstehen und zu gestalten auf exemplarische Weise.

4. Zur Umsetzung der konzeptionellen Grundentscheidungen im Unterrichtswerk

R. Dross[1] hat Religionslehrerinnen und -lehrer danach befragt, was sie von Schulbüchern erwarten. Sie haben zwei sehr eindeutige Interessen, wenn sie *Lehrerhandbücher* benutzen: klare Sach- und Hintergrundinformationen zu den Themen und didaktisch-methodische Anregun-

[1] Vgl. Reinhard Dross, Kriterien für die Analyse von Schulbüchern für den Religionsunterricht im Blick auf das Theorie-Praxis-Problem, in: Peter Biehl u.a. (Hg.), Jahrbuch für Religionspädagogik 7, Neukirchener, Neukirchen-Vluyn 1991, S. 179–195 (die Seitenzahlen in Klammern beziehen sich auf diesen Beitrag).

gen (187f.), reichhaltige Ideen zur Gestaltung des Unterrichts, Mikro-Arbeitsformen und -vorlagen, „Bausteine" für eigenes Gestalten (190).

Das Lehrbuch sollte konzeptionell nicht „einseitig" sein, sondern unterschiedliche Positionen in ihren praktischen Konsequenzen präsentieren (191). Dieser Gesichtspunkt ist – wie gezeigt – in diesem Lehrbuch voll berücksichtigt. Die Art der Verschränkung verhindert eine positionelle Beliebigkeit. Die anderen Forderungen überprüfen wir exemplarisch am Thema „Angst und Geborgenheit".

Eine Begründung für die Auswahl des Themas liegt in dem Hinweis, dass Menschen aller Lebensalter die Grunderfahrung der Angst in unterschiedlicher lebensgeschichtlicher Ausprägung machen. Angst und Geborgenheit gehören zu den dauerhafteren Stimmungen (Gefühle sind momentan); sie können für die Lernenden zu einer „Schlüsselerfahrung" werden.

Der Aufbau des entsprechenden Werkbuchkapitels entspricht dem bewährten Muster aus *„Religionsunterricht praktisch"* (Vandenhoeck & Ruprecht, 1997ff.).

Im Abschnitt THEOLOGISCHE UND DIDAKTISCHE ASPEKTE wird eine konzentrierte Einführung in das Thema mit ausführlichen Erläuterungen zu den Materialien des Schülerbandes gegeben; besonderer Wert wird auf die von den Befragten gewünschten Hintergrundinformationen zu den biblisch-literarischen Zusammenhängen gelegt. Didaktisch wird eine Begründung für die folgenden INTENTIONEN erreicht. Nach Hinweisen auf wichtige LITERATUR ZUR VORBEREITUNG – im fünften Abschnitt finden sich entsprechende Angaben zu MATERIALIEN UND MEDIEN – folgt der zentrale, praktisch erprobte, UNTERRICHTSIDEEN umfassende Teil des Kapitels.

Der Ideenreichtum des Lehrbuchs kann zu einer entsprechenden Praxis anstiften. Eine solche Praxis kann die Einbildungskraft stärken und – so weit das durch Lernprozesse möglich ist – einen Erfahrungszuwachs erbringen; sie soll aber auch einen *Erkenntnisgewinn* fördern. Nur durch die Sicherung und Festigung des Gelernten werden Urteilsbildung und Erkenntnisgewinn möglich. Daher endet jedes Kapitel des Schülerbandes mit einem Abschnitt ZUM FESTHALTEN. Das spannungsvolle Beieinander von IDEEN-ECKE und „Festigung" des Gelernten kennzeichnen das spezifische Profil des Religionsbuchs.

Der Ansatz der Unterrichtsmodellentwicklung wird in der Schulbuchgestaltung wirksam. Der Werkbuch-Abschnitt UNTERRICHTSIDEEN enthält *mehr* didaktische Ideen, präsentiert *mehr* Texte, Bilder und Lieder, Verfahren, Impulse, Arbeitsformen, als die am Lernprozess Beteiligten tatsächlich realisieren können. Es werden Alternativen angeboten, Auswahl ist erforderlich. Damit wird der Gefahr entgegengewirkt, vorgefertigte Einheiten einfach zu übernehmen. Es werden vielmehr die notwendigen Voraussetzungen für eigene sachgemäße didaktische Entscheidungen geschaffen und entsprechende Anstöße zur Gestaltung eigener Entwürfe gegeben.

„Offenheit ohne Beliebigkeit" ist das Gestaltungsprinzip des Lehrbuchs. Es kommt auch darin zum Ausdruck, dass im Schülerband eine IDEEN-ECKE das Lehrbuch für projektartige und außerschulische Lernformen öffnet und damit über sich hinausweist auf lebensweltliche Situationen und Aktionen in der Region. Dieses Prinzip war leitend bei der Vorgehensweise, die ARBEITSVORSCHLÄGE mit detaillierten Hilfen zur Erschließung der Materialien erst am Ende des Buches, nicht unmittelbar unter ihnen zu präsentieren.

Das Lehrerhandbuch enthält Angebote, die Grenzen des Unterrichtsmodells kreativ zu überschreiten. Neben den zahlreichen Alternativen, die in den UNTERRICHTSIDEEN dargeboten werden, gibt es ZUSATZMATERIALIEN UND -MEDIEN, in diesem Fall Vorschläge zum Umgang mit der Angst (ZM 1) und Beispielgeschichten zur Bewältigung der Angst (ZM 2), in anderen Fällen Bilder, Tabellen, Skizzen in kopierfähiger Vorlage.

Das Gestaltungsprinzip zeigt sich ferner im Umgang mit den biblischen Texten: Sie werden in einem breiten Kontext von literarischen Texten, Gebrauchstexten, Zeitungsausschnitten (vgl. SB, S. 126 zu Psalm 23), Gebeten, Meditationen, Gleichnissen und Bildern präsentiert. Der Umgang mit unterschiedlichen Sprach- und Ausdrucksformen, in denen religiöse Erfahrungen Gestalt finden können, wird dadurch gefördert.

Die UNTERRICHTSIDEEN zum Thema „Angst und Geborgenheit" stellen ein weiträumig angelegtes *didaktisches Arrangement* dar, das nach symboldidaktischen Kriterien konzipiert ist. Der Weg beginnt mit einer Imaginationsübung, verläuft über die ganzheitliche Erschließung der Symbolsprache zweier Psalmen (22 und 23), deren Sinn komplementär aufeinander bezogen wird, und geht von dem interaktiv-interpretierenden Umgang mit biblischen Texten zurück zu einem Handlungsvollzug (konkrete Schritte der Angstbewältigung) und zu einer Gestaltungsaufgabe („Vertrauensnetz", „Schwungtuch").

Die symboldidaktische Struktur ist jedoch auch an der Gestaltung *einzelner* „Bausteine" wahrnehmbar, beispielsweise an jenem zu Psalm 23. Unser Leben schwingt hin und her zwischen Existenzangst und Vertrauen; diese Ambivalenz wird durch die Gestaltungsaufgabe „Wir bauen eine Maske mit einem Angstgesicht und einem Vertrauensgesicht" dargestellt. Anhand eines Bildes oder einer Collage werden die Möglichkeiten der Befreiung aus einem „tiefen Tal" durchgespielt. Durch eine Metapherübung „Finsteres Tal ist für mich wie – Grüne Wiese ist für mich wie" wird die Symbolsprache des Psalms mit der Lebensgeschichte der Schülerinnen und Schüler verschränkt. Es finden sich konkrete Anregungen, den Psalm zu *malen*, zu *verklanglichen* und zu *feiern*.

Dem Gestaltungsprinzip des Lehrbuches würde ein *Gebrauch* entsprechen, der bei der weiträumigsten Darstellung eines Lernprozesses mit Alternativen, den UNTERRICHTSIDEEN, einsetzt. Im Blick auf die „vor Ort" wahrnehmbaren Interessen, Vorerfahrungen und Voreinstellungen und auf den Entwicklungsstand der Klasse (Stufen des Symbolverstehens) kann aus den didaktisch vorstrukturierten Elementen eine Unterrichtseinheit selbst entworfen werden.

Zu den ausgewählten Materialien lassen sich dann die Erläuterungen des Werkbuches heranziehen. Von den didaktischen Entscheidungen her ergibt sich, wie die einzelnen Elemente des Schülerbandes in den offenen Lernprozess einbezogen werden können. Sie sind sehr gut geeignet, die Unterrichtsideen produktiv umzusetzen; es handelt sich überwiegend um bisher kaum verwendete Materialien. Die Bildmaterialien dienen nicht zur Illustration von Lehrsätzen oder Texten; sie illustrieren nicht, sondern sie repräsentieren eine durch die Bildsprache hervorgebrachte autonome Wirklichkeit. Die Bilder werden im Schülerbuch so dargeboten, dass diese Wirklichkeit in ihrem „Eigensinn" wahrgenommen werden kann.

Von besonderer ästhetischer Qualität und hohem didaktischem Rang – gerade unter symboldidaktischen Gesichtspunkten – ist das Bild von René Magritte, Le modèle rouge, 1935 (SB, S. 127). Es sollte in anderen thematischen Kontexten (z.B. beim Symbol „Weg") wieder aufgenommen werden.

Das Lehrbuch erweist sich durch die Art und Weise der Präsentation der Bilder und der graphischen Gestaltung selbst als ein ästhetisches Projekt. Es enthält reichhaltige didaktisch-methodische Anregungen und fördert eine sachgemäße *Theorie-Praxis-Vermittlung*.

Texte, Bilder und Lieder sind so ausgewählt und kommentiert, dass sie im Zusammenhang mit den vorgeschlagenen Verfahren die *Kommunikation* zwischen Subjekt, Gruppe und religiösen Inhalten in eine alle Seiten verändernde Bewegung bringen können. Das Lehrerhandbuch zeichnet sich durch eine entsprechende kommunikative Struktur aus, die die Benutzerin und den Benutzer in den Prozess des Entstehens der Unterrichtseinheiten einbezieht.

Ankommen im Religionsunterricht

1. Theologische und didaktische Aspekte

Der Mensch in seiner Beziehung zu Gott, zu seinen Mitmenschen und zur Welt ist zugleich Gegenstand biblisch-christlicher Anthropologie und zentraler Inhalt des Religionsunterrichts.

Als Ebenbild Gottes (Gen 1,26f.) hat der Mensch Wert und Würde, unabhängig von Leistung und Versagen, Gesundheit und Krankheit, sozialer Herkunft, Hautfarbe, Geschlecht etc.

Der Mensch als ganzer mit all seiner Lebendigkeit und Lebensfreude, aber auch mit seinem Scheitern und Versagen ist von Gott geschaffen und gewollt.

In der Hebräischen Bibel ist vom Menschen allgemein vor allem in der Urgeschichte (Gen 1–11), in den Psalmen und in der Weisheitsliteratur die Rede. Alttestamentlich heißt Menschsein: in Beziehung zu Gott zu stehen. Erst in der Gottesbeziehung zeigt sich des Menschen Würde und Einzigartigkeit: „Gott liebt uns nicht, weil wir so wertvoll sind, sondern wir sind so wertvoll, weil Gott uns liebt." (Helmut Thielicke)

Das Getragen- und Aufgehobensein in und durch Gott führt zu Staunen (Ps 8,5). Gottes Angebot zum Leben, zu Neuanfang und Hoffnung wird in der Hebräischen Bibel in verschiedenen Kontexten und Zeiten immer wieder hervorgehoben (z.B.: Ps 27,1; 36,7f., Ez 37,14; Am 5,14 u.ö.). Besonders in den Gebeten des Psalmisten, in denen (fast) alle anthropologischen Erfahrungen von Lebensfülle und -leid angesprochen sind, wird deutlich, „wie fundamental die Gottesbeziehung zum Menschsein dazugehört" (Rainer Albertz).

Neutestamentliche Anthropologie ist von Christus her begründet. Er ist Mensch geworden, lebte als Mensch und zeigt(e), wie Menschen in der Welt leben können. Jesus, der die alttestamentliche Sicht vom Menschen voraussetzt, hat keine Lehre vom Menschen, sondern sieht den Einzelnen in seiner konkreten Lebenssituation. Für ihn sind alle Menschen Geschöpfe Gottes (Mt 5,45). Seine Verkündigung von der Nähe Gottes gilt allen Menschen ohne Vorbehalte und Bedingungen. In der Botschaft Jesu ist der Mensch in erster Linie grenzenlos geliebt, wobei die unerwartete, vergebende Liebe Gottes vor allem den Gestrandeten, den Scheiternden, den Sündern, den Menschen in der Gottesferne gilt. Dies wird in Jesu Gleichnissen vom Verlorenen (Mt 18,12–14; Lk 15,4–32) besonders deutlich.

In Jesu Mahlgemeinschaft mit Sündern und Zöllnern (Mk 2,13–17) und in der heilenden Zuwendung Jesu zu Kranken erfahren die Verlorenen die bejahende und vergebende Liebe Gottes. Diese Erfahrung befreit sie und verändert ihr Leben.

Der Mensch, der in dieser Weise die Zuwendung Gottes erfahren hat, der sich durch Christus erlöst weiß, kann neu werden (2.Kor 5,17) und sich anderen Menschen zuwenden (Lk 6,36). Er wird frei *zur Übernahme von Verantwortung, zu Solidarität, Vergebung und Nächstenliebe.*

In geradezu ungewöhnlicher Weise wendet sich Jesus den Kindern zu und segnet sie (Mk 10,13–16). Den Kindern gilt das Reich Gottes in besonderer Weise. Sie werden den Erwachsenen als Vorbilder vor Augen gestellt: „Wer das Reich Gottes nicht empfängt wie ein Kind, der wird nicht hineinkommen" (Mk 10,15). Angesichts des sog. Kinderevangeliums sollte „Kindsein als besondere Form des Menschseins" wahrgenommen und „Eigenart und Eigenrecht des kindlichen Glaubens" berücksichtigt werden (Friedrich Schweitzer).

Daraus resultiert aus theologisch-anthropologischer Perspektive, dass Kindern und Jugendlichen Zeiten und Räume gegeben werden müssen, in denen sie über sich selbst und ihre Beziehung zu Gott nachdenken, Beziehungen zu anderen aufnehmen und anfangen können, über biblisch-anthropologische Inhalte nachzudenken, ohne dass ihre eigenen Erfahrungen und Lebensumstände sowie die Welt, in der sie leben, aus dem Blickwinkel geraten. Das Kapitel „Ankommen im RU" will einen ersten Schritt in diese Richtung anbahnen.

Der Übergang von der GS in eine OS oder eine weiterführende Schule stellt einen bedeutsamen Einschnitt im Leben eines Kindes dar. Pädagogisches Ziel in den ersten Schulwochen der 5. Klasse sollte sein, den Übergang zur neuen Schulform zu erleichtern, Rückzugs- und Ausweichverhalten bei den Kindern zu erkennen und ggf. zu verhindern und im Unterricht, in der Lerngruppe für eine Atmosphäre Sorge zu tragen, in der Vertrautheit und Sicherheit wachsen können, auch durch ein von Verständnis und Ermutigung geprägtes L.-Verhalten. Bei der Auswahl von Materialien, Medien, Methoden und Aktionsformen sollte darauf geachtet werden, dass sie ganzheitliche Erfahrungen, Offenheit und Akzeptanz ermöglichen, eigenes Erleben und Gruppenprozesse in Gang setzen.

In der 1. Phase sollen *Kennenlernspiele und -übungen* (s.u., S. 24), Erkunden von Räumlichkeiten, Gespräche über Erfahrungen mit der alten und neuen Schule etc. das Eingewöhnen in der neuen Umgebung erleichtern, Orientierung und Sicherheit schaffen (zu fächerübergreifenden Projekten s.u., S. 26). Durch gegenseitiges Kennenlernen von Namen, Vorlieben, Hobbies, Fähigkeiten und Schwächen können die Sch. erste neue soziale Beziehungen aufbauen.

Auch auf die Bedeutung der Vornamen könnte in der Einstiegsphase eingegangen werden. Der Name ist Zeichen der Einmaligkeit und Identität des Trägers. Bezüge zur UN-Kinderrechtskonvention (§ 8: Schutz der Identität) und zu Jes 43,1, „Fürchte dich nicht, denn ich erlöse dich; ich rufe dich bei deinem Namen, mein bist du!", können hergestellt werden.

Die 2. Phase „Sich selbst kennen lernen" ist von zentraler Bedeutung für das Zusammenwachsen zu einer Gemeinschaft. Alle Materialien des SB sollen zu einer Auseinandersetzung mit dem Selbstkonzept der Sch. anregen. Sie können sich ihrer eigenen Fähigkeiten und Stärken bewusst werden, aufmerksam werden für die der anderen und zunehmend mehr einen Platz in der Gruppe finden.

Das Einbringen eigener Erfahrungen und das Entdecken von Gemeinsamkeiten kann Nähe und Vertrautheit schaffen, die wiederum Voraussetzung sind für das Entwickeln eines Wir-Gefühls.

Die Bedeutung der einzelnen Sinnesorgane, besonders des Herzens als Sitz des Gefühls und als Lebensspender, macht das Bild *Hat Kopf, Hand, Fuß und Herz* von Paul Klee, 1930 (SB, S. 5) deutlich. Außerdem bietet es eine gute Möglichkeit, ein Gespräch über RU mit Kopf, Hand, Fuß und Herz zu führen. Das Spüren aller Sinne kann ermöglicht werden durch sog. KIM-Spiele (s.u., S. 25f.). Selbstwahrnehmung und Zutrauen der Sch. können dadurch gefördert, Berührungsängste zugleich abgebaut werden. Das Lied *Ohren – Augen – Herz* (SB, S. 6) bietet darüber hinaus Gelegenheit, über Rituale und Abläufe in den Familien (am Morgen) zu reden.

Der Text *Innendrin* von Susanne Kilian (SB, S. 7) in Kombination mit dem *Foto* eines halb im Schatten stehenden Jungen (SB, S. 8) und einer *Spiegelbildmeditation* (s.u., ZM 1) regt an, über die anthropologischen Grundfragen „Wer bin ich? Wer bin ich für andere? Woher kommt mein Leben?" in kindgerechter Form nachzudenken. Die Vielschichtigkeit eines Individuums, die Schattenseiten und Entwicklungsmöglichkeiten einer Persönlichkeit können angesprochen werden.

Neben der anthropologischen Ebene (Subjektwerdung und -sein) kann hier und auch im Zusammenhang mit dem Lied *Vergiss es nie* (SB, S. 9) die biblisch-theologische Ebene in den Blick kommen (Getragen- und Gewolltsein durch Gott).

„Andere kennen lernen – Freunde finden" ist Thema der 3. Phase und zugleich auch der Sch., die eine neue Schule besuchen und u.U. nur wenige oder gar keine Kinder dort kennen. Die Bedeutung und existenzielle Wichtigkeit von Freundschaft kennen Sch. des 5. Jahrgangs und können sie in eigenen Worten gut ausdrücken („Freundschaft ist für mich wie ein Spaziergang am Strand, wie ein Heilmittel gegen Langeweile, wie Eis mit viel Sahne ..."). Ihnen kann deutlich werden, dass Freundschaft (genauso wie die Liebe Gottes) letztendlich ein Geschenk ist. Die *Gedichte* von Rolf Krenzer (SB, S. 10) oder das *Bild von Keith Haring* (SB, S. 11) bieten vielerlei Gesprächsanlässe über Wesen und Wirkungen von Freundschaft und laden ein zur eigenen kreativen Gestaltung des Themas.

Die von Kindern als außerordentlich humorvoll empfundene Geschichte über *Migi und Janos* (SB, S. 12) zeigt eine sehr kinderspezifische Art von Freundschaft. Der Ton der beiden ist herzlich-rau, sodass Außenstehende zu gegensätzlicher Beurteilung des Geschehens kommen.

Man könnte hier verschiedene Varianten des Schlusses der Geschichte erzählen und dabei auch thematisieren, dass bei derartigen „Streitereien" die Grenzen zwischen Spaß und Streit fließend sind.

In der letzten Sequenz – „Wir sind/werden eine Gemeinschaft" – geht es um das Entwickeln eines Gemeinschaftsgefühls, ein Prozess, der den Einsatz aller Gruppenmitglieder immer wieder erfordert. Um als Gruppe gut miteinander leben und arbeiten zu können, müssen Fähigkeiten wie psychosoziale Kompetenz, Akzeptanz, Kommunikations-, Konflikt- und Entscheidungsfähigkeit eingeübt werden. Da diese Kompetenzen nicht nur kognitiv verstanden, sondern auch emotional akzeptiert und in Handlung umgesetzt werden sollten, kann die UE nur ein kleiner Schritt auf einem langen Weg sein.

Die *Unicef-Kinderrechte* und die Kinderbilder (SB, S. 13) werden als Ausgangspunkt gewählt, um deutlich zu machen, dass jedes Kind (auch in einer Schulklasse) festgeschriebene Rechte hat, aus denen jedoch auch Verpflichtungen gegenüber anderen erwachsen, die dieselben Rechte haben. Denkbar ist an dieser Stelle ein längeres Projekt zu den Kinderrechten (s.u., S. 30). Die Menschen- und Kinderrechte lassen sich auch im Horizont des christlichen Glaubens entschlüsseln (🕮 Hartmut Rupp, Der Mensch auf der Suche nach dem wahren Menschsein. Oberstufe Religion 6, Lehrerheft, Calwer, Stuttgart 1981, S. 55–57), was im 5. Jahrgang allerdings nur in Ansätzen leistbar ist:

> *Menschenwürde* lässt sich theologisch ableiten aus der Gottesebenbildlichkeit, aus der Liebe Gottes, die dem Menschen trotz seiner Fehler geschenkt wird.
> *Freiheit* heißt biblisch-christlich in erster Linie Freisein von der Verpflichtung, durch Werke und Dinge Heil zu erwerben. Freiheit heißt vielmehr Freisein zur Zuwendung zum Nächsten.
> *Gleichheit* bedeutet die geschwisterliche Gleichheit aller Christen in Christus durch Taufe und Geist trotz aller Unterschiedlichkeit.

Neben den Kinderrechten sollten in unserer Zeit, in der Kinder vielfach ohne klare Grenzen und Verpflichtungen aufwachsen, Regeln und Pflichten in der Gruppe Unterrichtsthema sein. Eine *Schulordnung aus dem 19. Jahrhundert* (SB, S. 14) bietet gerade wegen der großen sprachlichen und zeitlichen Distanz gute Möglichkeiten, über etwas „aus der Mode gekommene", aber dennoch (heute wieder) bedeutsame Verhaltensweisen zu sprechen und eigene Regeln für Kommunikation und/oder Konfliktlösung zu formulieren, einzuüben und auf ihre Einhaltung zu achten.

„Christliches Miteinander bedeutet immer auch Füreinander." (Wolfgang Schrage) Dies kann anhand von *1.Kor 12* und der *Zeichnung von Charley Case* (SB, S. 15f.) erarbeitet werden.

Zentrales Thema von Text und Bild ist die Einheit einer (christlichen) Gruppe, die aus der Vielfalt lebt. Um diese Wechselseitigkeit und Verflochtenheit zu veranschaulichen, greift Paulus das in der Antike vor allem in der stoischen Philosophie weit verbreitete Bild vom Organismus des Leibes und der Glieder auf. Das durch Parallelismen, rhetorische Fragen und

Anaphora geprägte Gleichnis macht deutlich, dass die Gemeinde durch Geist und Taufe eine Einheit in Christus bildet, wobei die Vielfalt der Gaben und Fähigkeiten Einzelner als Bereicherung angesehen werden muss. Der Leib droht zu zerspringen, weil einige ihre Fähigkeiten höher bewerten und so Schwächere ausgrenzen. Gerade die vermeintlich Schwächeren aber können für eine Gemeinde eine Bereicherung bedeuten. Dass Miteinander auch Füreinander heißen sollte, gilt (selbstverständlich) auch für eine Lerngruppe im RU!

Gemeinsames Handeln, bei dem jede(r) mit seinen (ihren) Fähigkeiten und Stärken einen Beitrag leisten kann, sollte am Ende der UE stehen (z.B. Gestalten eines Gruppenmandalas, eines Festes, eines gemeinsam geplanten Ausfluges, eines (sozialen) Einsatzes für andere ...).

2. Intentionen

Die Sch. sollen

- mit ihren Erfahrungen, Lebenshintergründen, Erwartungen, Unsicherheiten und Ängsten im RU der neuen 5. Klasse ankommen und Unterstützung für einen gelingenden Übergang erhalten
- durch ganzheitliche und erfahrungsorientierte Methoden und Aktionsformen für eigene Empfindungen und Fähigkeiten offen werden und sich mit ihren Rollenbildern und Selbstkonzepten auseinander setzen
- andere kennen lernen, aufmerksam werden für Bedürfnisse und Fähigkeiten anderer und Gruppenkompetenzen, wie z.B. Team-, Kommunikations- und Kooperationsfähigkeit, einüben
- die Bereitschaft entwickeln, Konflikte konstruktiv und fair zu regeln
- über Kinderrechte und -pflichten in der eigenen Lerngruppe und über die Verwirklichung der Kinderrechte in der Welt nachdenken
- anhand von 1.Kor 12 erkennen, dass aus der Vielfalt und Pluriformität der christlichen Gemeinde nicht Ausgrenzung, sondern die Chance zu Kooperation und gemeinsamem Handeln resultieren sollte
- erkennen, dass die Einheit in der Vielfalt der christlichen Gemeinde christologisch begründet ist
- Bezüge herstellen zwischen 1.Kor 12 und der eigenen Lebenswelt; dabei kann deutlich werden, dass ein Miteinander im RU immer auch ein Füreinander meint
- sollen ihren Platz in der Lerngruppe finden und anfangen, Ich-Stärke und ein Wir-Gefühl zu entwickeln.

3. Literatur zur Vorbereitung

- Rainer Albertz, Art. Mensch II, Altes Testament, in: TRE 22, S. 464–474.
- Harald Hegermann, Art. Mensch IV, Neues Testament, in: TRE 22, S. 481–493.
- Gerald Kruhöffer, Der Mensch – das Bild Gottes, Vandenhoeck & Ruprecht, Göttingen 1999.
- Wolfgang Schrage, Der erste Brief an die Korinther. 3. Teilband (1Kor 11,17–14,40), EKK VII/3, Benziger/Neukirchener, Zürich/Düsseldorf 1999, S. 204–272.
- Friedrich Schweitzer, Die Suche nach dem eigenen Glauben. Einführung in die Religionspädagogik des Jugendalters, Gütersloher Verlagshaus, Gütersloh 1998[2].
- Ders., Die Religion des Kindes. Zur Problemgeschichte einer religionspädagogischen Grundfrage, Gütersloher Verlagshaus, Gütersloh 1992, S. 394–413.

4. Unterrichtsideen

A. Ankommen

a) Kennenlernübungen

⇨ *„Robert mag Regenschirme"*: Die Sch. sitzen im Stuhlkreis. Jede/r Sch. nennt den Vornamen und einen Gegenstand, den er/sie mag. Name und Gegenstand müssen mit demselben Buchstaben anfangen (Bsp.: „Ich bin Robert und mag Regenschirme." „Ich bin Sabine und mag Spagetti.").

⇨ *Krokodilspiel:* Die Sch. sitzen im Stuhlkreis. Material: Handpuppe oder anderer Gegenstand.
Der/die L. hat den Gegenstand in der Hand, sagt: „Ich heiße ... und behaupte, dass dies ein Krokodil ist" und gibt den Gegenstand weiter. Die nächste Person sagt: „Ich heiße Robert. Herr/Frau ... und ich behaupten, dass dies ein Krokodil ist." Nach dem Weitergeben an die Nachbarin sagt diese: „Ich heiße Sabine. Herr/Frau ..., Robert und ich behaupten, dass dies ein Krokodil ist." Es müssen stets alle Personen genannt werden, die den Gegenstand in der Hand hatten. Hilfen sind notwendig. Zum Schluss ist der/die L. nochmals an der Reihe.

⇨ *Bedeutungen von Namen:* Mithilfe von Namenslexika Bedeutungen heraussuchen (lassen) und vorstellen; reflektieren darüber, ob der Name und seine Bedeutung zur Person passen.
Warum mögen Kinder es gar nicht, wenn Erwachsene, Lehrer/innen ihre Namen verwechseln?
In der UN-Kinderrechtskonvention ist ausdrücklich auch das Recht auf einen Namen genannt. Warum ist dies so?
Der Name charakterisiert den Träger und zeichnet ihn als Person aus. Religionsgeschichtlich ist der Name Kraftträger. Erst durch die Nennung des Namens wird jemand konkret.
Bezüge zu Jes. 43,1, zur Taufe und zum Namenstag sind denkbar.
🕮 Siehe hierzu: Iris Kramer, „Ich habe dich bei deinem Namen gerufen ...". Gottes Zusage in Jes. 43,1 für Kinder in der Primarstufe, in: forum religion 2/92, S. 15–19 (auch für die OS geeignet).

b) Erfahrungen, Erwartungen, Wünsche

⇨ Je nach Lerngruppe ist es in der Einstiegsphase möglicherweise auch notwendig, auf erste Erfahrungen mit der neuen Schule (im Vergleich zur Grundschule), mit dem Schulweg, mit neuen Mitschüler/inne/n, neuen Lehrer/inne/n etc. einzugehen. Auch Wünsche und Erwartungen an die neue Schule oder an den RU könnten hier formuliert werden. (Zu *fächerübergreifenden Projekten* am Schuljahresanfang s.u., Materialien und Medien, S. 30.)
Möglicher Text, der Gesprächsanlässe bieten könnte:

Ankommen
Es ist soweit! Die Ferien sind vorbei. Meine Grundschulzeit ist beendet. Endlich in der 5. Klasse! Vieles wird anders in meiner neuen Schule: eine neue Klasse, viele neue Gesichter, viele neue Klassenkameraden und Klassenkameradinnen. Zum Glück kenne ich Lisa, Timo und Daniel schon. Es gibt bestimmt auch Kinder hier, die gar keinen kennen. Vielleicht ist auch jemand ganz neu hierher gezogen. Einmal waren wir in der 4. Klasse schon zu Besuch in der neuen Schule und durften uns alles schon einmal angucken. Trotzdem kommt mir jetzt alles so groß und fremd vor: die Gebäude, die Klassenräume, der Schulhof, die Turnhalle – einfach alles.
Werden wir Kinder uns schnell kennen lernen und uns gut verstehen?
Werden meine neuen Lehrer und Lehrerinnen nett sein?
Werde ich sie schnell kennen lernen, obwohl wir in fast jeder Stunde einen anderen Lehrer oder eine andere Lehrerin haben?
Werde ich Spaß haben an den neuen Fächern?
Wie wird unser Klassenraum sein und neben wem werde ich sitzen?
Welchen Klassenlehrer oder welche Klassenlehrerin bekomme ich?
Wer wird mich in Mathe, Englisch, Religion ... unterrichten?
Ich frage mich viel und bin gespannt, was auf mich zukommt. Ich freue mich auf das neue Schuljahr, aber ich bin auch aufgeregt und hab' auch ein bisschen Angst.

B. Sich selbst kennen lernen

⇨ Bildbetrachtung: *Paul Klee, Hat Kopf, Hand, Fuß und Herz, 1930* (SB, S. 5)

Anhand dieses Bildes ist eine erste Einführung in die *Methodik der Bildbetrachtung* möglich:

1. Stilles Betrachten (Abtasten und Lesen des Bildes)
2. Spontane, unzensierte Äußerungen
3. Analyse der Farben, Formen, des Aufbaus, der Strukturelemente, Bewegungen ...
4. Botschaft des Bildes
5. Gefühle und Assoziationen des Betrachters
6. Identifikation mit dem Bild
7. Weiterarbeit/Weitergestaltung: Titel zum Bild finden ...

- Mögliches Arbeitsblatt zum Bild von Klee: 3 Spalten vorbereiten, folgende Aufgaben dazu:
  Male in die linke Spalte (Sp. 1) die im Bild erkennbaren Sinnesorgane! Welches Sinnesorgan ist gemeint (Sp. 2)?
  Schreibe zu jedem Sinnesorgan die passenden Tätigkeitswörter dazu (Sp. 3)! Was fällt dir auf ? Was fehlt?
- Sammeln der Ergebnisse (OHP); ambivalente Handlungen benennen.
- Was macht den Menschen nach Meinung Paul Klees aus? Was könnte zu einem „ganzen Menschen“ fehlen? (Sinnesorgan Ohr)
- Überlegt euch eine Tätigkeit, die ihr besonders gut könnt, ordnet sie einem Sinnesorgan zu und teilt sie der Gruppe mit: „Ich bin ... Ich habe mir die Hand ausgesucht, weil ich besonders gut auf Seide malen kann.“
- Was könnte das Bild „Hat Kopf, Hand, Fuß und Herz“ mit dem Religionsunterricht zu tun haben? Eigene Erfahrungen mit RU in der Grundschule verbalisieren.

⇨ *Übungen:* Vielfalt der Sinne, KIM-Spiele, Sinnesorgane-Parcour im Klassenraum

Hand:

a. Betrachten der eigenen Hände; den eigenen Händen oder mit den eigenen Händen etwas Gutes tun (Streicheln, Massage)
b. Mit den Händen etwas gestalten (Ton, Knetmasse)
c. Malen (z.B. Mandalas)
d. Gegenstände in einem Sack ertasten (Obst, Gemüse, Nüsse, Blätter, Federn etc.)
e. Übung: *Sprechende Hände* (erfordert Begleitung und anschließendes Reflexionsgespräch; genügend Zeit lassen; Freiwilligkeit; wer nicht berührt werden möchte, kann die Übung auch mit einem gedachten Partner allein machen):
   Suche dir eine(n) Partner(in), mit dem (der) du dich gut verstehst. Stellt oder setzt euch gegenüber. Legt die Handflächen aufeinander und schließt die Augen. Spielt die folgende kurze Geschichte mit den Händen mit:
   „Stellt euch vor, eure Hände treffen sich auf der Straße. Sie freuen sich und erzählen sich etwas Lustiges. ... Plötzlich hupt ein Auto. Beide bekommen einen großen Schreck und sind ganz aufgeregt, denn an der Straßenecke scheint etwas passiert zu sein. ... Die Hände tuscheln miteinander. ... Plötzlich haben sie es sehr eilig. Der Bus kommt. Ganz schnell drücken sie sich zum Abschied und gehen auseinander.“

Nase:

Mit geschlossenen (nicht verbundenen!) Augen Gewürzkräuter, Gemüse, (getrocknete) Rosenblüten riechen und erraten.

Fuß:

Hüpfspiele, Sprünge, Tänze.

Mund:

a. Mit geschlossenen Augen schmecken (Milch, Saft, Wasser, Obst)
b. Lieder singen oder pfeifen (z.B. *Ohren – Augen – Herz*, SB, S. 6)
c) Gedichte oder Sprüche ganz bewusst und betont lesen.

Ohren:

a. Geräusche erkennen: Papierrascheln, Steine klopfen u.s.w.; Geräusche-CD's: Alltags-, Wetter-, Wald-, Wassergeräusche (siehe 5. Materialien und Medien). Eigene Geräusche-Kassetten herstellen.
b. Musikinstrumente erkennen
c. Hör-Memory herstellen und damit spielen: Filmröllchen sammeln und je zwei mit gleichartigen Dingen füllen (z.B. Büroklammern, Gewürznelken, Geldstücke, Stecknadeln, Zucker, getrocknete Erbsen etc.). Paare auf der Unterseite des Filmröllchens z.B. mit farbigen Klebepunkten

kennzeichnen. Sonst muss man die Röllchen zur Kontrolle zu oft öffnen. Spielverpackung (Karton) schön gestalten. Nach den bekannten Memory-Regeln spielen.

d) Stilleübungen (siehe 5. Materialien und Medien, S. 30).

Stirn/Kopf:

Rätsel und Denksportaufgaben.

Augen:

a. Mehrere Gegenstände nebeneinander stellen und anschauen. Augen schließen und möglichst viele aus dem Gedächtnis nennen. Variante: Einen Gegenstand bei geschlossenen Augen wegnehmen, der dann genannt werden muss.
b. Original und Fälschung: auf Bildern (z.B. aus Zeitschriften) eine bestimmte Anzahl Fehler finden.
c. Baumringe einer Baumscheibe zählen.

Herz:

a. Gefühle auf Kärtchen schreiben, pantomimisch darstellen, erraten.
b. Gefühle nach positiv und negativ ordnen und dabei feststellen, dass manche Gefühle ambivalent sind.
c. Aus Zeitschriften Gefühlsbilder sammeln und Collagen erstellen, evtl. geordnet nach traurigen, ärgerlichen, ängstlichen, fröhlichen Gefühlen.
d. Jeder fühlt ein bisschen anders.

⇨ Lied: *Ohren – Augen – Herz* (SB, S. 6)
Das Lied nimmt vieles von dem auf, was anhand des Bildes von Paul Klee (s. o.) und der Übungen zur Vielfalt der Sinne erfahren werden kann. Zudem bietet es die Möglichkeit, über Rituale und Abläufe in den Familien (am Morgen) und über Naturerfahrungen zu sprechen.

⇨ Textarbeit: *Susanne Kilian, Innendrin* (SB, S. 7)
Die Geschichte handelt von einem Jungen, der sich selbst als biologisches Objekt mit den dazugehörigen vegetativen Funktionen zu verstehen beginnt. Andererseits ergreift ihn auch ein Staunen über das Phänomen „Leben“. Er stellt Vermutungen darüber an, woher sein Leben kommt, wem er sein Leben verdankt.

Gesprächsanlässe/mögliche Erarbeitung:

a. Dinge benennen, woran man spüren kann, was im Körper steckt (Herzklopfen, Atmen, Magenknurren ...); Situationen benennen, in denen man körperliche Funktionen besonders spürt (sportliche Anstrengung, Krankheit, Aufregung ...).
b. Wer oder was könnte der zweite sein, „der macht, dass der Junge lebt“? – Vielschichtigkeit einer Persönlichkeit, Schattenseiten einer Persönlichkeit, Seele des Menschen. Hierzu: *Fotografie eines halb im Schatten stehenden Jungen* (SB, S. 8).
c. Sich selbst im Spiegel betrachten (Handspiegel); Positives und Negatives benennen; erkennen, dass das Bewerten des eigenen Spiegelbildes auch abhängig ist von der inneren Verfassung („Ich fühle mich heute schön, morgen vielleicht nicht“); Begrenztheit des Spiegels als Mittel der Selbsterkenntnis (Was sehe ich nicht, wenn ich in den Spiegel schaue?).
d. Partnerübung: Der eine ist der Spiegel des anderen; Grimassen oder Mimik des anderen „spiegeln“; nach einer Minute wechseln; Aussprache über Erfahrungen; evtl. Weiterführung: Warum kann man manchmal sagen: „Er/sie hält mir einen Spiegel vor“?
e. Gruppenübung: Stuhlkreis: Einer wird aus dem Raum geschickt. Die Gruppe einigt sich, wer der „Vormacher“ von Handlungen ist, die die anderen dann unmittelbar darauf „spiegeln“. Aufgabe des draußen Wartenden ist es, den „Vormacher“ herauszufinden.
f. Meditation/Phantasiereise *Spiegelbild* (ZM 1); im Anschluss: Gespräch über die „Erlebnisse“ während der Phantasiereise und Malen eines Bildes (möglichst blattfüllend, evtl. mit Musik). Fertige Bilder nebeneinander hängen oder legen. Eine neue Geschichte erzählen, in der jedes Bild vorkommt (Gruppenergebnis!).
g. Rahmen gestalten, in den ein Spiegel (Alternative: Alufolie) oder ein Bild der Sch.

eingeklebt wird (evtl. Werklehrer/innen um Hilfe bitten).

h. Sätze vollenden: Ich bin nicht ...; ich bin kein ...; andere sagen, ich bin ...; andere sagen, ich bin kein ...; Unterschied: Selbst- und Fremdwahrnehmung.

Mögliche Exkurse:
- Spiegel im Märchen (ambivalente Bedeutung von Spiegeln; Zusammenarbeit mit dem Fach Deutsch)
- Diskussion über Egoismus, Egozentrismus und extreme Eigenliebe (ZM 2).

⇨ Gedicht: *Du bist du* (ZM 3)
Anknüpfungspunkte für ein Gespräch:
a. Keiner ist genauso wie ich: Charakteristische Erknennungszeichen und -merkmale sammeln. Was macht einen Menschen einmalig ?
b. Still darüber nachdenken, was das eigene Geheimnis sein könnte.
c. Über die eigene körperliche und geistig-psychische Entwicklung von der Geburt bis zur Gegenwart nachdenken.
d. Gestalten des eigenen Lebensweges, der eigenen Entwicklung (evtl. mit Fotos); Wünsche für die Zukunft formulieren.

⇨ Lied: *Du bist ein Gedanke Gottes (Vergiss es nie)* (SB, S. 9)
Das Lied nimmt den letzten Gedanken am Schluss des Kilian-Textes (SB, S. 7) auf und führt ihn weiter. Nachdenken über die Liedzeilen „Du bist keine Laune der Natur“ (Rolle der Eltern) und „Du bist ein Gedanke Gottes“.

C. Andere kennen lernen – Freunde finden

⇨ Gedichte von *Rolf Krenzer: Wer eine(n) Freund(in) hat* (SB, S. 10)
- Sätze vollenden: Ein/e gute/r Freund/in ist für mich wie ...
- Geschichten erzählen/aufschreiben, wie jemand einen Freund gewinnt.
- Evtl. passende Passagen aus A. de Saint Exupéry „Der kleine Prinz“ lesen.
- Aufnahme der Gedichtzeile „Und manchmal denkt er so wie du.“ – Situationen benennen, in denen es gut sein könnte, ganz anders als der Freund/die Freundin zu denken (Freunde als Korrektiv für falsches Verhalten; falsch verstandene Freundschaft).
- Aspekte von Freundschaft benennen, die nicht im Gedicht vorkommen (z.B. Streiten und Versöhnen).
- „Jetzt ist es mit der Freundschaft aus.“ – Situationen durchspielen zum Thema „Freundschaft in der Krise“. (🕮 siehe hierzu: Gudrun Mebs, Judith, Neues Vorlesebuch Religion 2, Kaufmann, Lahr 1998², S. 114–117).
- Darüber diskutieren, ob und inwiefern es Unterschiede gibt zwischen Jungen- und Mädchenfreundschaften.
- Evtl. *Kindermutmachlied* singen (SB, S. 143).

⇨ Bildbetrachtung: *Keith Haring*, 1992 (SB, S. 11)
Das Bild drückt die Nähe der Freunde trotz ihrer Verschiedenheit aus (Farbgebung!) und macht außerdem deutlich, dass die Freundschaft nach außen hin „ausstrahlt“.

⇨ Textarbeit: *Gina Ruck Pauquèt, Migi und Janos* (SB, S. 12)
- Vorlesen bis „‚Du Arsch mit Ohren!‘, sagte der Janos.“.
- Geschichte weiterschreiben; verschiedene Varianten diskutieren, z.B. Eskalation von verbaler Beschimpfung, Prügeleien etc.
- Darüber nachdenken, dass manchmal die Grenzen zwischen Spaß und Ernst fließend sind.
- Situationen aus dem Schulleben durchspielen, in denen eine scherzhafte Rangelei bitterer Ernst wurde.
- Ende der Geschichte vorlesen; Diskrepanz zwischen Selbstwahrnehmung der Jungen und Fremdwahrnehmung durch die Erwachsenen benennen.
- Geschichten zum Verlauf von Streit unter Freunden/Kindern erzählen.
- Evtl. Kriterien zum Umgang mit Konflikten, für faires Streiten entwickeln; s.u., S. 30.

D. Wir sind/werden eine Gemeinschaft

a) Wir Kinder haben Rechte

⇨ *Was braucht ein Kind, um gut und glücklich zu leben?* (ZM 4) Unterscheidung von Grundbedürfnissen und weiter reichenden Bedürfnissen; evtl. eigene Gedichte/Texte schreiben, in denen deutlich wird, was ein Kind zum Leben braucht.

⇨ Bildbetrachtung: *Kinderbilder* (SB, S. 13)
- Erkennen, dass die Grundbedürfnisse vieler Kinder dieser Erde nicht oder nur in Teilen erfüllt sind; Beispiele benennen; Hilfen aufzeigen; über Bedeutung von UNICEF sprechen.

⇨ *Alle Kinder haben Rechte* (SB, S. 13)
- Diskutieren, welche der Kinderrechte in Deutschland/in unserer Stadt verwirklicht sind.
- Umfrage in Anlehnung an den Stimmzettel der Kinderrechtswahl 1998–99, organisiert vom Aktionsbündnis „Kinderrechte" (unicef, Deutsches Kinderhilfswerk, terre des hommes, Deutscher Kinderschutzbund e.V.):

Was meinst du?
1. Welche Rechte werden bei uns, z.B. in deinem Ort, am meisten verletzt? Gib drei Rechte an!
2. Welche Rechte werden in der Welt, zum Beispiel in anderen Ländern, am meisten verletzt? Gib drei Rechte an!
3. Welches Recht, findest du, ist sonst noch besonders wichtig?
4. Hast du vorher schon einmal von den Kinderrechten gehört?

- Rechte und Pflichten von Kindern in der Familie und in der Schule diskutieren.
- Gründe dafür finden, warum es schlecht sein könnte, gar keine Pflichten zu haben.

b) Wir Kinder tragen Verantwortung in unserer Gruppe/für unsere Gruppe

⇨ *Schulordnung aus dem 19. Jahrhundert* (SB, S. 14)
- Vorlesen durch den/die L. (altertümliche Sprache), ohne Datierung; Vermutungen über das Alter des Textes äußern; Aspekte der Schulordnung benennen, die überholt und die immer noch aktuell sind; Welche Regeln fehlen aus heutiger Sicht?
- Erkennen, dass Regeln wandelbar, gruppenspezifisch, zeitgebunden sind, dass sie für eine Gruppe erkennbare Vorteile und Nutzen haben sollten.
- Vergleich mit der eigenen Schulordnung; Gründe benennen, warum Schulordnungen unerlässlich sind.
- Einen eigenen Klassen- oder Schulvertrag formulieren; Beispiel: *Schulvertrag der Kooperativen Gesamtschule Hemmingen* (ZM 5).

⇨ *Gruppenregeln* für Kommunikation, Interaktion und/oder Umgang mit Konflikten erarbeiten

Mögliche Regeln für das Aufstellen von Regeln:
- Am Gespräch über Regeln müssen alle beteiligt werden.
- Wir beschränken uns auf wenige Regeln.
- Unsere Regeln sind keine Verbote. Wir nennen dort Dinge, an die wir uns halten möchten.
- ...

Mögliche Kommunikationsregeln in der Klasse:
- Wir lassen jeden ausreden.
- Wer etwas sagen will, meldet sich.
- Wir sprechen vor der Klasse laut, in der Gruppe aber leise.
- ...

Mögliche Regeln für faires Streiten und Konfliktlösung:
- Wir benennen klar das Problem.
- Wir konzentrieren uns auf dieses eine Problem.
- Wir greifen das Problem an, nicht den anderen.
- ...

Entwickelt eure eigenen Regeln!

- Diskussionspunkt: „Je mehr Regeln, desto mehr Regelbrüche. Also: Keine Regeln?"
- „Fouls" im Klassenraum pantomimisch darstellen.
- Rechte des Einzelnen im Klassenraum und die daraus für alle resultierenden Verpflichtungen benennen.

📖 Literatur zum Thema Konfliktlösung/Soziales Lernen:

- K. Faller/W. Kerntke/M. Wackmann, Konflikte selber lösen. Trainingshandbuch für Mediation und Konfliktmanagement in Schule und Jugendarbeit.
- Kurt Faller, Mediation in der pädagogischen Arbeit. Ein Handbuch für Kindergarten, Schule und Jugendarbeit.
- Christina Großmann, Projekt: Soziales Lernen. Ein Praxisbuch für den Schulalltag.
  (alle drei Titel zu beziehen über: Verlag an der Ruhr, Mülheim)
- Annette Pölert-Klassen, Soziales Lernen, Arbeitsheft 1: Wir lernen uns kennen, Cornelsen, Berlin 1997.

c) Wir handeln gemeinsam

⇨ Übung: *Klassenbauwerk*

- Material: ca. 150 Bauklötze, evtl. Fotoapparat
- Die Sch. (max. 15!) errichten nonverbal und nacheinander mit Bauklötzen ein schönes Bauwerk.
- Sch. sitzen im Kreis. Jeder erhält fünf Bausteine.
- Jeweils ein Sch. erhebt sich vom Platz und legt einen Baustein ohne Worte auf das Bauwerk.
- Erst wenn der Sch. sitzt, steht der nächste auf. Die Reihenfolge ist beliebig.
- Die Übung geschieht ohne Worte.
- Auswertung unbedingt erforderlich:
  Wer hat seine Steine schnell untergebracht?
  Wer zögerte? Warum?
  Wer hatte Schwierigkeiten, seinen Stein so anzulegen, wie er wollte?
  Wie haben die Einzelnen sich erlebt: ungeduldig, ruhig, gespannt, zögernd?
  Gefällt euch das Bauwerk am Ende?
  Wie wäre die Übung mit Worten verlaufen?

⇨ 1.Kor 12: *Ein Körper – viele Glieder* (SB, S. 15) lesen oder erzählen;

- Die Verschiedenheit der Christen als Bereicherung und Chance sehen.
- Eine Rede schreiben zu folgendem Thema: „Die rechte Hand probt den Aufstand und will den Körper verlassen. Die anderen Körperteile überzeugen sie zu bleiben."
- Über die Aussage und Botschaft des Gleichnisses nachdenken und auf die eigene Gruppe übertragen; Thema „Ausgrenzung" ansprechen.

⇨ Bildbetrachtung: *Charley Case, 1999* (SB, S. 16)
Schwerpunkt: Aufbau und Farbgebung, Bedeutung und Botschaft des Bildes benennen; Gründe dafür finden, warum dieses Bild in einem Buch über Rassismus und Fremdenhass zu finden ist; Bezüge zu 1.Kor 12 aufzeigen.

⇨ Ein *Gruppen-Mandala* herstellen: Aus Packpapier einen sehr großen Kreis ausschneiden und in zwölf gleiche Teile schneiden; auf der Rückseite die Teile nummerieren (erleichtert das Zusammensetzen!). Die einzelnen Teile in Kleingruppen mit Wachsmalkreiden anmalen (mögliches Thema: Wir gehen durch einen Garten auf einen See zu; der See ist an der Spitze des Teiles). Mandala zusammensetzen und an einer Wand aufhängen.
Was passiert, wenn eine Gruppe kein Ergebnis hat, ein Teil vergisst oder verliert?

⇨ Eine *gemeinsame* (evtl. fächerübergreifende) *Aktion* planen und durchführen; Fest, Ausflug (WUK: Erkunden des Nahraums), Übernachtung in der Schule.

5. Materialien und Medien

Fächerübergreifender Unterricht/Projekte:

- Hartmut Fiebig/Frieder Winterberg, Wir werden eine Klassengemeinschaft. Soziales Lernen in der Orientierungsstufe, Verlag an der Ruhr, Mülheim 1998 (gute Kennenlernspiele!).
- Susan Fountain, Wir haben Rechte ... und nehmen sie auch wahr. Kinderrechte. Eine Aktivmappe für Jugendliche ab 10 Jahre, Verlag an der Ruhr (Unicef), Mülheim 1996.
- Wolfgang Kalmbach, Miteinander leben und lernen. Vorschlag für ein fächerverbindendes Projekt in Kl. 5, in: entwurf 1/94, S. 90–98.
- Annette Pölert-Klassen, Soziales Lernen, Arbeitsheft 1: Wir lernen uns kennen, Cornelsen, Berlin 1997.

Stilleübungen:

- Bernhard und Stefan Britz, Sich der Stille öffnen, in: Materialheft 3/96 (Beih. zu d. Kat. Bl.), hg. v. Deutschen Katechetenverein e.V., S. 6–15.

Geräusche-CD's:

- Alltags-, Wasser-, Wetter-, Wald-, Bauernhofgeräusche, zu beziehen über den Verlag an der Ruhr; Verlagsauslieferung: pädexpress, Postfach 120363, 45439 Mülheim, Tel.: 0208/495040, Fax: 0208/4950495.

Kinderlieder (CD):

- Reinhard Lakomy / Ulrich Maske / Gerhard Schöne u.a., Buntes Kinderland. Von Freunden und Fremden, Unicef/Jumbo, Neue Medien und Verlag GmbH, Hamburg 1995.

Literatur zum Thema Fremdenhass, Rassismus und Toleranz:

- Tahar Ben Jelloun, Papa, was ist ein Fremder? Gespräch mit meiner Tochter, Rowohlt, 1999 (Europäischer Preis der Künstler für den Frieden, Global Tolerance Award der UNO).

ZM 1

Spiegelbild

Schließt die Augen und konzentriert euch ganz stark auf eure Atmung. Achtet nur auf die Luft, die in euren Körper fließt ... und wieder ausströmt. Während ihr atmet, stellt euch vor, dass euer Körper mit jedem Ausatmen immer entspannter wird. (*Pause*)

Stell dir jetzt vor, dass du ohne Furcht durch einen schönen Wald läufst ... In der Ferne siehst du einen kleinen See durch die Bäume schimmern. Du näherst dich dem See ... und betrittst einen kleinen Holzsteg. Dort setzt du dich hin und betrachtest das ruhige Wasser ..., das Schilfrohr ..., die Seerosen in der Mitte des Sees ..., die bunten Libellen, die wie fliegende Edelsteine aussehen ..., die Bäume am Ufer ... Die Sonne scheint und dir ist wohlig warm.

Im Hintergrund vernimmst du die Geräusche des Waldsees: Vogelgezwitscher und Blätterrauschen, Schwirren der Insekten und Quaken eines Frosches ... Du hast eine schöne Stelle gefunden und fühlst dich sehr wohl ... Nach einer Weile schaust du in das Wasser an dem Steg und entdeckst dein Spiegelbild. Du betrachtest es ... Was siehst du?

(*Pause*)

Plötzlich zwinkert dir dein Spiegelbild zu. Du schaust es dir genau an. Was sind das für Augen? Sind sie blau oder grün, braun oder rot, groß oder klein? ... Das Spiegelbild lacht dich an und du lachst zurück. Was ist das für ein Lachen? Das ganze Gesicht lacht: Die Augen und der Mund ... Wie sieht der Mund aus und wie die Lippen? ... Es ist ein fröhliches Gesicht. Du siehst dir jetzt die Haare genauer an: Welche Farbe haben sie? Sind sie ordentlich gekämmt oder wuschelig durcheinander, lang oder kurz, glatt oder gelockt? ...

Dein Spiegelbild dreht sich nun ein wenig. So kannst du die Nase viel besser sehen ... und auch die Ohren ... Ihr schaut euch gegenseitig an und seid zufrieden ...

Jetzt zwinkerst du deinem Spiegelbild zum Abschied noch einmal zu. Du verlässt diesen zauberhaften See und kommst hierher zurück. Du behältst alle Einzelheiten deines Spiegelbildes in deinem Gedächtnis.

Ich werde gleich bis zehn zählen. Zählt bitte mit, wenn ich bei sechs angelangt bin, und öffnet eure Augen bei zehn. Ihr fühlt euch dann entspannt und seid hellwach.

Eins ... zwei ... drei ... ... neun ... zehn. Streckt und reckt euch nun.

Aus: Hartmut Fiebig/Frieder Winterberg, Wir werden eine Klassengemeinschaft. Soziales Lernen in der Orientierungsstufe, Verlag an der Ruhr, Mülheim 1998, S. 40.

ZM 2

Eine Fabel zum Nachdenken

Narziss, ein junger Mann, sah sein Spiegelbild im Wasser. Er fand es so schön, dass er sich leidenschaftlich in es verliebte. Er kümmerte sich fortan um keinen anderen Menschen mehr und fand keinen reizenderen Gegenstand für seine Liebe als sich allein. Eines Tages wollte er sein Spiegelbild umarmen: Dabei fiel er ins Wasser und ertrank.

Aus: Dietmar Rost/Joseph Machalke, Mein Traum vom Leben. Texte der Hoffnung, Gütersloh 1998, S.12.

ZM 3

Du bist du

Kein Mensch
auf der ganzen Welt
hat Augen so wie deine.

Manche sind braun
und groß und rund dazu,
doch deine sind einzig,
es sind eben deine.

Dich gibt's nur einmal,
du bist eben du.

Nicht eine Stimme
klingt genau wie deine,
ob sie nun stammelt,
redet oder singt;

denn deine Stimme
hast nur du alleine,
sonst gibt es keine,
die so klingt.

Du bist etwas Besonderes;
denn dich gibt's nur einmal.
Keiner ist genauso,
wie du eben bist.

Du hast eigene Gefühle
und hast dein Geheimnis
und dein eigenes Glück,
das tief in dir ist.

Und keiner kann lächeln,
so wie du jetzt lächelst.
Kein Mensch der Welt
macht's genau wie du.

Dein Gesicht hast du
ganz für dich alleine.
Du bist etwas Besonderes.

Du bist eben du.

Quelle unbekannt.

ZM 4

Was ein Kind braucht

Wenn ein Kind geboren ist,
braucht es eine Wohnung,
Kleider, eine Spielzeugkiste,
Bonbons als Belohnung,
Murmeln und ein eignes Bett,
einen Kindergarten,
Bücher und ein Schaukelbrett,
Tiere aller Arten,
Wälder, Wiesen, eine Stadt,
Sommer, Regen, Winter,
Flieger, Schiffe und ein Rad,
viel andre Kinder,
einen Mann, der Arbeit hat,
eine kluge Mutter,
Länder, wo es Frieden hat
und auch Brot und Butter.

Wenn ein Kind nichts davon hat,
kann's nicht menschlich werden.
Dass ein Kind das alles hat,
sind wir auf der Erden.

Peter Maiwald

Quelle unbekannt.

Schulvertrag der Carl-Friedrich-Gauß-Schule, Kooperative Gesamtschule Hemmingen

Liebe/r ____________________,

du wirst in den nächsten Jahren in unsere Schule gehen. Das ist sicher ein guter Entschluss. Du sollst dich mit vielen anderen Schülerinnen und Schülern bei uns wohl fühlen und etwas leisten. Damit das gelingt, sind viele Schritte nötig. Der erste davon ist dieser „Schulvertrag", den die Schule mit dir abschließen möchte. Bitte lies dir den Text durch. Wenn du ihn so akzeptieren kannst, dann unterschreibe bitte diesen Vertrag, du erhältst davon eine Kopie.

Schulvertrag

Ich verstehe und unterstütze das Ziel der KGS Hemmingen:

„Gemeinsam leben, lernen und etwas leisten."

Das bedeutet:

1. Ich will die Regeln an der Schule und im Unterricht kennen lernen und einhalten.
2. Ich möchte in der Schule möglichst ohne Angst leben und arbeiten. Ich werde meine Mitschülerinnen und Mitschüler so behandeln, dass sie vor mir keine Angst zu haben brauchen.
3. Ich werde versuchen, mit den Lehrerinnen und Lehrern und mit den Mitschülerinnen und Mitschülern freundlich umzugehen und darf erwarten, dass alle, die an der KGS arbeiten und lernen, auch mit mir so umgehen.

Bitte und Danke, Entschuldigung und ein freundlicher Gruß gehören an der KGS Hemmingen zum guten Ton.

Schöpfung: Staunen – Erkennen – Bewahren

1. Theologische und didaktische Aspekte

„Das Staunen ist der unausschöpfliche Grund unserer Gemeinschaft miteinander, mit der Natur, mit Gott“ (Jürgen Moltmann). Staunen kann sowohl durch emotionale Erfahrungen als auch durch forschende Beobachtungen und rationale Erkenntnisse hervorgerufen werden. Die Natur entdecken heißt, sie begreifen und sich selbst neu wahrnehmen (vgl. SB, S. 20: *Über die Erde*; s. auch unten S. 39f.) Diese Phase der Wahrnehmung der Schöpfung sollte nicht allein als spielerische Hinführung zum Thema verstanden werden. Viele Sch. haben heute keinen Bezug mehr zur Natur als Lebensraum des Menschen und Teil ihrer Umwelt. Ihre Sinne sind wenig sensibilisiert für die Wahrnehmung der Natur und auf andere Begegnungen im Alltag ausgerichtet. Deshalb sollte der Unterricht Raum bieten für eine bewusste Begegnung mit der Natur.

Wo liegt der Ursprung dieses komplexen Gefüges der Welt? Die Menschen haben versucht, eine Antwort auf die Frage nach dem Woher und Wozu ihres Lebens zu finden. Dabei sind auf der ganzen Erde unabhängig voneinander die gleichen Motive mit unterschiedlicher Ausprägung entstanden.

Im 5. Jahrhundert v. Chr. (Exil und nachexilische Zeit) wurde die *priesterschriftliche Schöpfungserzählung* (Genesis 1,1–2,4a; SB, S. 22f.) verfasst, der ursprünglich ein Tatbericht zugrunde lag, welcher später durch einen Wortbericht und die Tageszählung ergänzt und korrigiert wurde. Auffällig ist die Struktur der Erzählung und die an die Evolution erinnernde Reihenfolge der Schöpfungswerke. Die Schöpfungserzählung ist aus dem Glauben erwachsen, dass Gott der Schöpfer ist, der es zulässt, dass der Mensch die Welt rational erfasst und forschend erkennt. Dies wird auch bei der Erschaffung des Menschen deutlich: Herrschaftsauftrag und Gottesebenbildlichkeit bestimmen das Wesen des Menschen. Es gibt verschiedene theologische Auslegungen zur Gottesebenbildlichkeit. W.H. Schmidt und H. Wildberger vertreten den Standpunkt, dass der Mensch durch die Gottesebenbildlichkeit Stellvertreter, Repräsentant Gottes auf Erden ist. Karl Barth sagt dagegen: „Sie besteht nicht in irgendetwas, was der Mensch ist oder tut. Sie besteht, indem der Mensch selber und als solcher als Geschöpf Gottes besteht. Er wäre kein Mensch, wenn er nicht Gottes Ebenbild wäre. Er ist Gottes Ebenbild, indem er Mensch ist.“ Darin wird der besondere Charakter der menschlichen Existenz beschrieben, mithilfe dessen der Mensch Gott gegenüber verhandlungsfähig wird und damit ein von Gott anzuredendes Du und ein vor Gott verantwortliches Ich ist.

Der kosmologische Charakter von Genesis 1 wird besonders im Vergleich mit der *jahwistischen Schöpfungserzählung* (SB, S. 25) deutlich (um 950 v. Chr. entstanden: Blütezeit Salomos, die durch politischen, wirtschaftlichen und geistigen Aufschwung geprägt wurde. Das Werk des Jahwisten zeichnet sich durch seine Nähe zur Weisheit aus.). Weltschöpfung und Menschenschöpfung gehören nicht von Anfang an zusammen. Die Erzählung von der Entstehung des Menschen ist älter und unterscheidet sich tief greifend von der priesterschriftlichen Erzählung. Von Anfang an sind Schöpfung und Verfehlung ebenso miteinander verbunden wie das von Gott verliehene Herrsein des Menschen und das Sich-Stellen gegen Gott. Der Jahwist greift auf traditionelle Vorstellungen zurück, wenn er in Genesis 2,7 die Erschaffung des Menschen in zwei Akten darstellt: Er wird von Gott aus Lehm geformt und bekommt von ihm den Lebensatem eingehaucht. Der Mensch hat sein Dasein und sein Lebendigsein von Gott, ist aber aus irdischem, vergänglichem Material.

Beide Schöpfungsmythen sind ein Lobpreis und Bekenntnis zu Gott. Sie sind nicht aus theoretischem Interesse des Menschen an seiner Herkunft erwachsen, sondern aus einer Situation des konkreten Bedrohtseins und der Gefährdung menschlicher Existenz. Der Jahwist fragt nach dem Woher des Menschen und beantwortet dabei auch die Frage nach dem Vorgang der Entstehung des Menschen. In der priesterschriftlichen Schöpfungserzählung dagegen steht die Frage im Mittelpunkt, als was und wozu der Mensch von Gott geschaffen wurde. Das Wie der Schöpfung tritt in den Hintergrund, da das Geheimnis der Schöpfung für das menschliche Verstehen nicht zugänglich ist.

Die Frage nach der Erschaffung der Welt war für die Menschen des Alten Testaments keine Glaubensfrage. Es gab keine andere als die von Gott gesetzte Wirklichkeit. Deshalb wird im Alten Testament vielstimmig von Gott dem Schöpfer und seiner Schöpfung gesprochen. Die Sch. müssen diese Intentionen der Schöpfungserzählungen kennen, um das Verhältnis zwischen biblischer Schöpfungsvorstellung und naturwissenschaftlicher Erklärung der Weltentstehung im Vergleich herausarbeiten oder zumindest nachvollziehen zu können.

In den *Offenbarungen des Islam* (SB, S. 26) gibt sich Gott ebenfalls als Schöpfer zu erkennen. Der Koran enthält jedoch keine komplexen, zusammenhängenden Schöpfungserzählungen wie das Alte Testament. Vielmehr zieht sich der Schöpfungsgedanke durch den ganzen Koran. Parallelen zur biblischen Schöpfungserzählung lassen sich aufzeigen (z.B. Dauer der Erschaffung der Welt, Schöpfungswerke, Schöpfung durch das Wort). Immer aber wird die Welt als Schöpfung Gottes durch die Augen des Menschen gesehen und auf ihn bezogen. Die Schöpfungswerke sind zum Nutzen des Menschen. Der Mensch ist einerseits Diener bzw. Sklave Gottes, andererseits Gottes Statthalter. Der Mensch muss demnach passiv sein gegenüber Gott und aktiv gegenüber der Welt. Mensch sein bedeutet, in vollkommener Unterwerfung von Gott zu empfangen und an die Schöpfung weiterzugeben. Im Unterricht sollte der Schwerpunkt auf die Gemeinsamkeiten biblischer und islamischer Schöpfungsaussagen gelegt werden, ohne Unterschiede (bibl.: Herrschaftsauftrag; islam.: Mensch ist Diener und Statthalter Gottes) zu nivellieren.

Die Berücksichtigung der islamischen Schöpfungsaussagen in diesem Kapitel ist eine Reaktion auf unsere multikulturelle Gesellschaft und die daraus folgende veränderte Situation in den Klassen. Die Zahl der muslimischen Sch. in den Schulen und im Religionsunterricht hat zugenommen. Um gegenseitiges Verstehen und damit verbunden gegenseitiges Respektieren zu fördern, sollte der interreligiöse Aspekt des Themas „Schöpfung: Staunen – Erkennen – Bewahren“ deutlich werden.

Naturwissenschaftlich betrachtet (SB, S. 27) ist der Kosmos eine evolutive Größe. Am Anfang vor ungefähr 13–15 Milliarden Jahren ereignete sich – nach heutigem Erkenntnisstand – der so genannte „Urknall“: Geballte Energie von großer Dichte explodierte mit enormem Druck. Kurz danach fiel die Temperatur, aus Protonen, Neutronen und Elektronen bildeten sich die ersten Atomkerne und eine Gaswolke. Nach 700 000 Jahren, in denen das Universum von Helligkeit erfüllt war, fanden die ersten chemischen Reaktionen statt. Die Materie verdrängte das Licht. Eine Million Jahre nach dem Urknall entstanden erste Galaxien, indem sich Regionen mit dichtem Gas von solchen mit weniger dichtem Gas absetzten. Innerhalb der Galaxien verbanden sich die Gase Wasserstoff und Helium zu Sternen, sodass wieder Licht in das Universum kam. Grundlage des Universums sind die Sternensysteme, z.B. die Milchstraße. Die Abstände zwischen den Sonnen einer Galaxie sind so groß, dass sie in Lichtjahren gemessen werden. (Ein Lichtjahr ist die Strecke, die das Licht bei einer Geschwindigkeit von 300 000 Kilometer pro Sekunde in einem Jahr zurücklegt.) Ein Modell zur Veranschaulichung: Würde jede Sonne durch eine Kirsche dargestellt, betrüge der Abstand zwischen den Kirschen mehrere hundert Kilometer. Würde man die Kirschen in den Hauptstädten Europas verteilen, so bekäme man ein Maß für die Dimensionen der Sternensysteme (Idee: Hubertus Halbfas).

Das für die Sch. anspruchsvolle naturwissenschaftliche Modell zur Erklärung der Weltentstehung sollte in den Jahrgängen 5 oder 6 angesprochen werden, da es den meisten Sch. bereits in Ansätzen bekannt ist. Doch gerade dieses Halbwissen führt häufig zu einem unkritischen Umgang mit naturwissenschaftlichen Erkenntnissen.

In den ersten beiden Unterkapiteln „Schöpfung wahrnehmen“ (SB, S. 20ff.) und „Schöpfung und Weltentstehung“ (SB, S. 21ff.) soll die Schöpfung mit Kopf, Herz und Hand wahrgenommen und der Blick für die Wunder der Welt geöffnet werden. (Hier bietet sich auch fächerverbindendes Arbeiten an.) Dies ist die Grundlage, um das Verantwortungsgefühl der Sch. für ihre Umwelt zu fördern. Die Materialien des Teilkapitels „Umgang mit der Schöpfung“ (SB, S. 28ff.) sprechen den Sch. mit leisen und zarten Tönen an, sodass sie weder angreifen und verurteilen noch explizite Handlungsanweisungen enthalten. Dadurch muss der Leser weder sich noch sein Verhalten verteidigen, noch fühlt er sich überfordert. Auf diese Weise können Sch. für die Umweltproblematik sensibilisiert werden.

Theologisch und didaktisch bilden Schöpfung und Sintflut, „Zerstörung und Neubeginn“ (SB, S. 32), eine Einheit. Die biblische Fassung der Flutgeschichte ist das Produkt einer Verknüpfung aus zwei ursprünglich selbstständigen Erzählungen des Jahwisten und der Priesterschrift. Das Chaos, das die Schöpfung umgibt und das dadurch ausgegrenzt ist, breitet sich wieder aus und zerstört teilweise die Schöpfung. Die darauf folgende Neuschöpfung ist nicht identisch mit der ursprünglichen Schöpfung. Das Leben zwischen den Menschen und zwischen Mensch und Tier ist nicht mehr allein durch friedliche Koexistenz, sondern auch durch Gewalt und Vergeltung geprägt. Gott wird jedoch die Schöpfung nicht mehr zerstören. Für dieses Versprechen Gottes und seinen darin geschlossenen Bund mit der Erde steht das Symbol des Regenbogens. Auch heute hat das Symbol des Regenbogens eine ambivalente Bedeutung: Es steht für die Gefährdung der Schöpfung durch menschliches Handeln und für die Hoffnung auf eine katastrophenfreie und gewaltfreie Zukunft. Da Gott auf die Gleichgültigkeit und Gewalt der Menschen nicht mit Zerstörung und Gewalt antwortet, soll auch der Mensch sich auf ein gewaltfreies, nicht das Gegenüber zerstörendes Verhalten einlassen. Eine Aktualisierung der Sintflutgeschichte bietet das Bild „Arche Noah“ von *Sieger Köder* (SB, S. 32), das auch als Grundlage für konkrete Handlungsmöglichkeiten der Sch. dienen kann.

Insgesamt soll dieses Kapitel nicht als Lehrgang, sondern als Materialsammlung verstanden werden, die den Rahmen bietet für eine individuelle Schwerpunktsetzung und Platz lässt für die Ergänzung von Texten (z.B. Ps 8; Ps 104 oder andere außerbiblische Schöpfungsmythen). Dadurch können die berücksichtigten didaktischen Aspekte (Symboldidaktik: Symbol Licht, Regenbogen; Hermeneutik; Problemorientierung sowie Aspekte der Erlebnispädagogik) unterschiedlich akzentuiert werden.

2. Intentionen

Die Sch. sollen
- in ihrer Wahrnehmung der Natur sensibilisiert werden, indem sie sie erkunden
- den Schöpfungsglauben als Teil religiöser Tradition kennen lernen
- das in der Schöpfung beginnende Verhältnis

zwischen Gott und Mensch und das durch Herrschaftsauftrag und Gottesebenbildlichkeit bedingte Menschenbild erarbeiten
- mindestens nachvollziehen, dass die biblischen Schöpfungsgeschichten Antworten geben auf die Frage nach dem Woher und Wozu der Welt, die naturwissenschaftlichen Erkenntnisse dagegen Auskunft geben wollen über die genauen Vorgänge bei der Weltentstehung
- ihren eigenen Umgang mit der Natur reflektieren und auf dem Hintergrund des Schöpfugsauftrages überdenken
- die Sintfluterzählung als Warnung bzw. Mahnung und zugleich als Hoffnungsgeschichte verstehen.

3. Literatur zur Vorbereitung

- Walter Beltz, Die Mythen des Koran. Der Schlüssel zum Islam, Aufbau Verlag, Berlin/ Weimar 1979; Claasen Verlag, Düsseldorf 1980 (für die Bundesrepublik Deutschland).
- Hubertus Halbfas, Religionsunterricht in der Grundschule. Lehrerhandbuch 3, Patmos, Düsseldorf 1985.
- Friedrich Johannsen/Christine Reents, Alttestamentliches Arbeitsbuch für Religionspädagogen, Kohlhammer, Stuttgart 1987.
- Seyyes Hossein Nasr, Der Islam, in: Sharma Arvind, Innenansichten der großen Religionen, Fischer Taschenbuch, Frankfurt a.M. 1997, S. 387-539.
- Werner H. Schmidt, Einführung in das Alte Testament, de Gruyter, Berlin 1989[4].
- Bartholomeus Vrijdaghs, Liebeserklärung an die Erde, in: forum religion 2/1996, S. 4–11.
- Claus Westermann, Schöpfung. Wie Naturwissenschaft fragt – was die Bibel antwortet, Kreuz, Stuttgart 1983.

4. Unterrichtsideen

⇨ ZM 5 kann als Vorlage für eine *Meditations- bzw. Konzentrationsübung* oder auch für eine *Phantasiereise* verwendet werden, die zusammen mit weiteren Texten dieser Art ihren festen Platz am Anfang einer Religionsstunde haben kann. Es müssten Änderungen je nach Jahreszeit und geographischer Lage der Schule erfolgen.

A. Schöpfung wahrnehmen

⇨ Einstieg über die Geschichte *Vater Jahn, die Amsel und der Urknall* (ZM 1)
Der L. liest den Text vor; anschließend mit den Sch. über die eigene Wahrnehmung der Natur sprechen; Brainstorming zum Thema Schöpfung (Sch. sitzen im Stuhlkreis, in der Mitte ein Stück Tapete, Sch. schreiben nacheinander, ohne zu sprechen, ihre Assoziationen zum Begriff „Schöpfung").
Alternative: Die Sch. schreiben die Geschichte weiter: „Stellt euch vor, Michael begegnet am Nachmittag Vater Jahn. Welche Fragen könnte Michael ihm stellen?" Diese Fragen sollten im weiteren Verlauf beantwortet werden. Um die Wahrnehmung der Natur zu fördern, können die Sch. eine Wochen lang ein Natur-Tagebuch führen, in dem sie alle Eindrücke (z.B. Geräusche, optische Wahrnehmungen) aus ihrer Umwelt festhalten.

⇨ Zur Vertiefung: Gedicht: *Martin Auer, Über die Erde* (SB, S. 20)
Das Gedicht wird vom L. vorgelesen. Anschließend spontanes Sammeln der Gefühle, die das Bild im Sch. auslöst, und Austauschen von ähnlichen Erlebnissen der Sch. Schließlich konkretes Erarbeiten der Fragen: Wie beschreibt Martin Auer die Natur? Was erfährst du im Gedicht über den Menschen?

Alternative bzw. Ergänzung zum Text:

a) *Tastpfad:* Auf dem Schulhof oder im Klassenraum werden an zwei Stellen Gegenstände aus der Natur (Äste, Steine, Laubblätter, Tannennadeln, Erde, Muscheln) ausgelegt. Es führt jeweils ein Sch. einen anderen Sch. über diesen Tastpfad. Der Mitschüler muss die Gegenstände benennen und beschreiben, was er empfindet. Anschließend werden die Rollen getauscht und der andere Tastpfad „erfühlt".

b) Sch. *erkunden die Natur* in ihrer Umgebung und ergänzen folgende Satzanfänge:

- Wenn ich über eine Wiese gehe, ist das wie ...
- Wenn ich Steine berühre, habe ich das Gefühl, dass sie ...
- Ich versuche, einen Baum zu umarmen. Das ist, als würde ich ...
- Ich lege mein Ohr an die Erde. Dabei fühle ich ...
- Ich schließe die Augen und lausche ganz intensiv. Ich höre ...

Sch.-Erfahrungen aus a) und b) werden gesammelt und geordnet.

B. Schöpfung und Weltentstehung

⇨ Bild: *Thomas Zacharias, Schöpfung, 1966* (SB, S. 21)
Das Bild muss sehr genau beschrieben und interpretiert werden, um von den Sch. nicht als Dublette zu Genesis 1 gesehen zu werden.
Aspekte der Bildbetrachtung:

- Vergleich Genesis 1 und Bild bezüglich der Schöpfungstage.
- Aufbau des Bildes, farbliche Gestaltung.

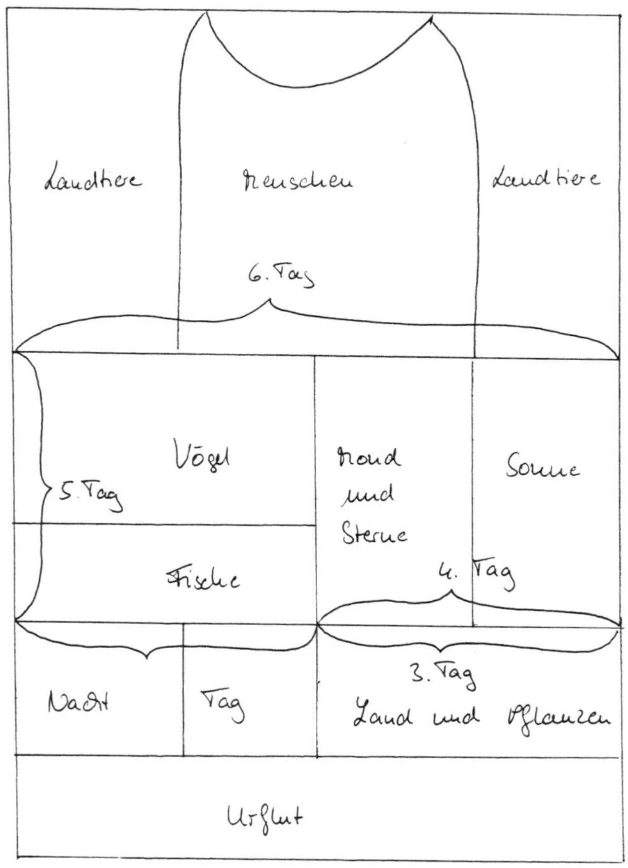

- Genaue Betrachtung des 6. Schöpfungstages; Darstellung des Menschen; Beziehung zwischen Mensch und Schöpfung der ersten fünf Schöpfungstage.
- Suche nach Gott im Bild.

Ziel der Bildbetrachtung: hierarchischer Aufbau des Bildes; Mensch als „Krone der Schöpfung", als Beherrscher; Schöpfung hat dienende (vgl. Haltung der Tiere), dienliche Funktion (vgl. auch Kommentar zu Genesis 1).

⇨ Die Schöpfungserzählung *Genesis 1* (SB, S. 122f.) wird von 7 Sch. gelesen.

Alternative: Die Sch. ordnen in Partnerarbeit den zerschnittenen Text, kleben ihn geordnet in ihr Heft und zeichnen neben die Tage die entsprechenden Schöpfungswerke.

Alternative: Malen von Dias: Jeder Sch. malt ein Schöpfungswerk auf einen OH-Folien-Schnipsel (Format 4 x 3,5 cm). Anschließend werden die Folien gerahmt und als Dia mit Musik (evtl. „Schöpfung" von Haydn) projiziert.

Abschließende Erarbeitung des Gottes- und Menschenbildes sowie der Bedeutung des Herrschaftsauftrages. Eine vorherige Betrachtung des Aufbaus unter Berücksichtigung des Druckbildes, kann hilfreich sein.

Schöpfungserzählung in Genesis 1

Gottesbild
Gott ist mächtig.
Er ist der Schöpfer.
Er ordnet das Chaos.
Er erschafft alles durch sein Wort.
Er segnet Tiere und Menschen.
Er ist zufrieden mit seiner Schöpfung.

Menschenbild
Der Mensch ist Gottes Ebenbild.
Er bekommt von Gott den Auftrag, über die Erde zu herrschen.
Er wird als Mann und Frau erschaffen.

Der Mensch hat die Herrschaft über die Erde bekommen, weil Gott ihn als sein Ebenbild erschaffen hat. Deshalb bedeutet „herrschen" bewahren und nicht zerstören!

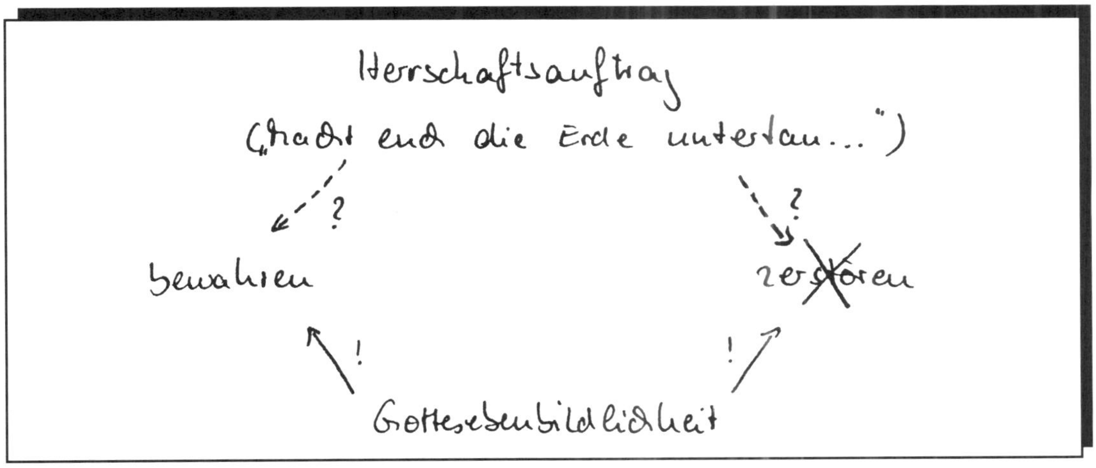

Alternative: Um die Textarbeit zu vereinfachen, erhalten die Sch. ein Arbeitsblatt mit zutreffenden und nicht zutreffenden Aussagen zum Gottes- und Menschenbild. Die Sch. wählen die richtigen Apekte mithilfe des Bibeltextes aus.
Wird Genesis 1 in Zusammenhang mit dem Bild „Schöpfung" von *Thomas Zacharias* (SB, S. 21) behandelt, sollten vor allem die Aspekte Herrschaftsauftrag des Menschen, Gottesebenbildlichkeit und der Gedanke von der Krone der Schöpfung betrachtet werden. Als Alternative zu Thomas Zacharias malen die Sch. *eigene Bilder* zu Genesis 1 und zum Verhältnis von Mensch und Natur.

⇨ Das *Babylonische Weltbild* kann im Zusammenhang mit Genesis 1 erarbeitet werden.

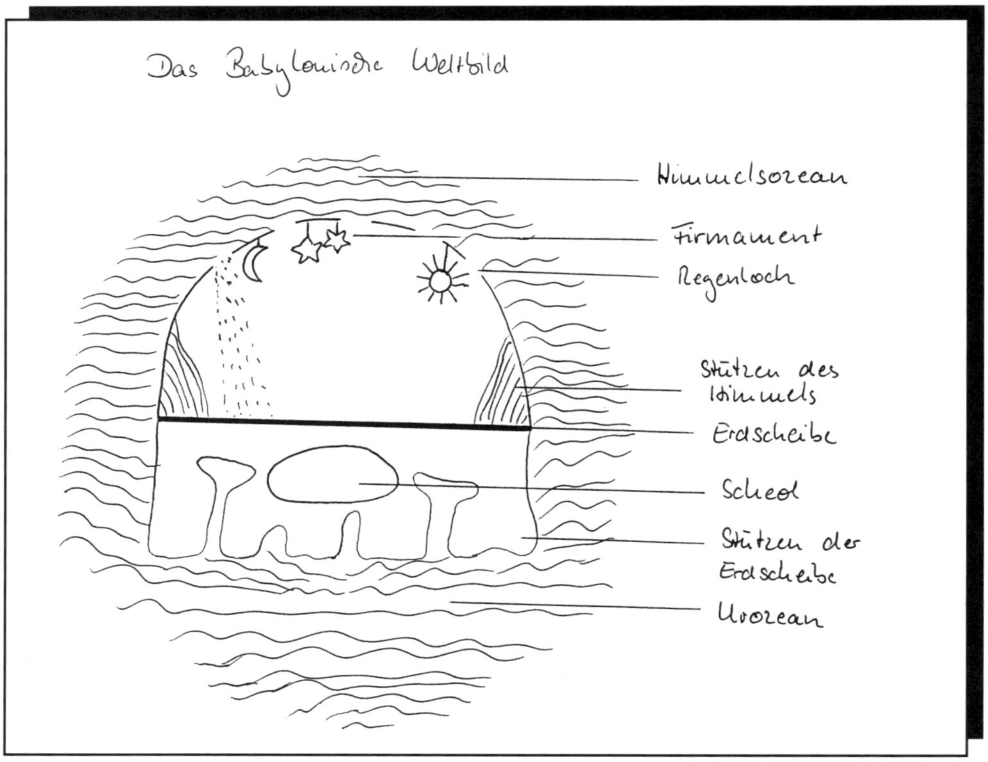

⇨ Vertiefung: Bildbetrachtung: *Gabriel Loire, Der vierte Schöpfungstag, 1986* (SB, S. 19) Das Bild kann auch als Verknüpfungsmaterial zwischen biblischer Schöpfungsvorstellung und naturwissenschaftlicher Erklärung zur Weltentstehung (SB, S. 27) eingesetzt werden.

⇨ In Verbindung mit *Genesis 1* und dem Psalm *Licht-Schöpfung* (s.re.) sollte das *Symbol Licht* im Mittelpunkt stehen. Das Bild „Der vierte Schöpfungstag" wird mithilfe eines offenen Impulses besprochen. Anschließend malen die Sch. mit Wasserfarben auf einen länglichen Papierstreifen (ca. 15 x 40 cm) eine lückenlose Farbpalette mit dem Auftrag, links die Farben aufzutragen, die sie mit Licht verbinden, und rechts die Farben, die sie mit Dunkelheit verbinden. In der Mitte sollen sie einen Übergang finden. Nachdem die Farben getrocknet sind, notieren die Sch. auf ihrem Farbbogen ihre Assoziationen zu Licht und Dunkelheit. Vor dem Hintergrund des eigenen Bildes wird der Psalm „Licht-Schöpfung" vorgelesen.

Licht-Schöpfung
Psalm 36

Gott sprach:
Es werde Licht!
Die Finsternis soll weichen,
die Kälte und die Angst.
Das Licht soll sich ausbreiten,
die Wärme und Geborgenheit.
Nicht der Hass, sondern die Liebe
durchziehe die Welt.

Es werde Licht!
Das war und ist Gottes Wille.
Die Dunkelheit wird vertrieben,
Kälte und Angst besiegt,
das Licht gewinnt Raum
unter Menschen und Tieren.
Gottes Schöpfung wird licht
im dunklen All.

Uwe Seidel

Aus: Hanns Dieter Hüsch/Uwe Seidel, Ich stehe unter Gottes Schutz, S. 50, 1999/4, © tvd-Verlag, Düsseldorf 1996.

- Die Sch. markieren die positiven Begriffe des Psalms gelb, die negativen dunkelblau; sie ergänzen die von ihnen im Psalm unterstrichenen Begriffe an passender Stelle auf ihrem Malbogen.
- „Gott will, dass sich Liebe und Wärme unter den Menschen ausbreiten. Welche Geschichten in der Bibel erzählen davon?" Auf diese weiterführende Frage haben die Sch. die Möglichkeit, biblische Geschichten zu erzählen.
- Eine Rückführung des Gespräches auf das Bild *Der vierte Schöpfungstag* (s.o.) kann sinnvoll sein. Das Bild könnte am Anfang eines Zyklus stehen. Auftrag für die Sch. wäre, ein mögliches Folgebild zu malen.

⇨ Die Schöpfungserzählung in *Genesis 2* (SB, S. 25) wird im Vergleich zur Schöpfungserzählung in Genesis 1 besprochen. Folgende Aufgaben können zu relativ selbstständigem Arbeiten der Sch. führen:
- Schreibe und male die Schöpfungswerke der Reihe nach auf!
- Die Schöpfung in Genesis 1 verläuft ganz geordnet in sieben Tagen. Wie ist das in Genesis 2?
- Vergleiche die Erschaffung des Menschen in Genesis 1 und Genesis 2! Wie bezeichnet Gott den Menschen in Genesis 1? Wie erschuf Gott den Menschen in Genesis 2? Die Schöpfung in Genesis 1 geschieht durch Gottes Wort. Vergleiche mit Genesis 2!

Die folgenden Fragen sind die Grundlage für ein weiterführendes Unterrichtsgespräch: In der Bibel stehen zwei Schöpfungserzählungen. Welche ist die ältere? Überlege dir Gründe, warum die Menschen 500 Jahre später eine zweite Erzählung geschrieben haben! Der/die L. kann helfen, indem er/sie über das Leben der Israeliten zur damaligen Zeit berichtet.

⇨ Bild: *Erich Grün, Und die Erde war wüst und leer ..., 1983 (Gen 1,2)* (SB, S.24)
Das Bild lässt dem Sch. einerseits viel Raum für eigene Vorstellungen, andererseits kann es ihm eine Ahnung vom Schöpfungsgeschehen vermitteln. Der fast schwarze, zum Horizont hin leicht schweflige Himmel und die dunklen, mächtigen Wellen wirken bedrohlich und unheimlich. Doch zeigt sich am Himmel ein erster zarter Lichtstrahl, der in seinem Versuch, die Dunkelheit zu durchbrechen, von der Helligkeit am Horizont unterstützt wird. Das Licht verdrängt die Dunkelheit, Hoffnung und Wärme stellen sich Kälte und Angst entgegen. Eine genaue Beschreibung des Bildes, die das Sehen schult, ist notwendig. Das Bild kann vor der Behandlung von Genesis 1, in Verbindung mit Genesis 2, dem Schöpfungs-Psalm und dem naturwissenschaftlichen Bericht von der Entstehung der Welt eingesetzt werden.

⇨ *Die islamischen Schöpfungsaussagen* (SB, S. 26) weisen sowohl Gemeinsamkeiten als auch Unterschiede zur priesterschriftlichen Schöpfungserzählung auf. Beides können die Sch. gut erkennen, wenn sie in Kleingruppen malen (Packpapier Din A0 und Wachsmalstifte). Die Sch. malen, ohne zu sprechen, Motive aus dem Text, können aber Verbindungen zu Bildelementen der Mitschüler zeichnen. Anschließend werden die Bilder und der Text verglichen. Der Text kann im Vergleich zur biblischen Schöpfungserzählung mithilfe folgender Fragen noch genauer betrachtet werden: Schreibe die Gemeinsamkeiten der beiden Schöpfungserzählungen auf! Wie wird von der Schöpfung berichtet? Wer hat die Herrschaft über die Welt in der biblischen Schöpfungserzählung? Wer hat die Herrschaft in den islamischen Schöpfungsaussagen?
Hilfreich bei der Erarbeitung so komplexer Texte wie den Schöpfungserzählungen kann die Methode sein, die Sch. Fragen überlegen zu lassen, die der Text beantwortet.

⇨ Anknüpfend an die Sch.-Äußerungen bei der Betrachtung des Bildes *Der vierte Schöpfungstag* (u.a.: Urknall und Sternenentstehung) wird *Eine sehr kurze Geschichte der Welt* (SB, S. 27) gelesen. Unbekannte Begriffe (z.B. Atom, Molekül) sollten die Sch. selbstständig mithilfe des Fremdwörterbuches klären. An dieser Stelle der Einheit wäre eine fächerverbindende Arbeit sinnvoll (z.B. mit

Biologie bei Themen wie „Wirbeltiere unter Berücksichtigung evolutiver Aspekte“ und „Fossilien“; verstärkte Einführung von Versuchen).

Um ein Gespür für die zeitlichen Dimensionen der Weltentstehung zu bekommen, stellen die Sch. die Urknall-Theorie chronologisch an einem *Zeitstrahl* dar. Ergänzungen und Hilfen durch L. sind notwendig.

heute	
vor einigen tausend Jahren	Schrift entsteht
vor ca. 1 Million Jahren	Mensch entsteht (Homo habilis)
vor ca. 2 Millionen Jahren	Vorfahre des heutigen Menschen entwickelt sich
vor ca. 3 Milliarden Jahren	erste Lebewesen entstehen
vor ca. 5 Milliarden Jahren	Sonne und Planeten entstehen, u.a. die Erde
vor ca. 12 Milliarden Jahren	Sternensysteme entstehen (z.B. Milchstraße)
	Raum, Zeit, Materie entstehen
vor ca. 15 Milliarden Jahren	Urknall

Sch. erkundigen sich, seit wann es Fische, Landpflanzen und Vögel gibt.
Wird die Entwicklung seit der Erdentstehung als Uhr dargestellt, können diese Zeitpunkte eingetragen werden. Je nach Interesse der Sch. können noch weitere Entwicklungsschritte berücksichtigt werden (z.B. Auftreten der Dinosaurier).

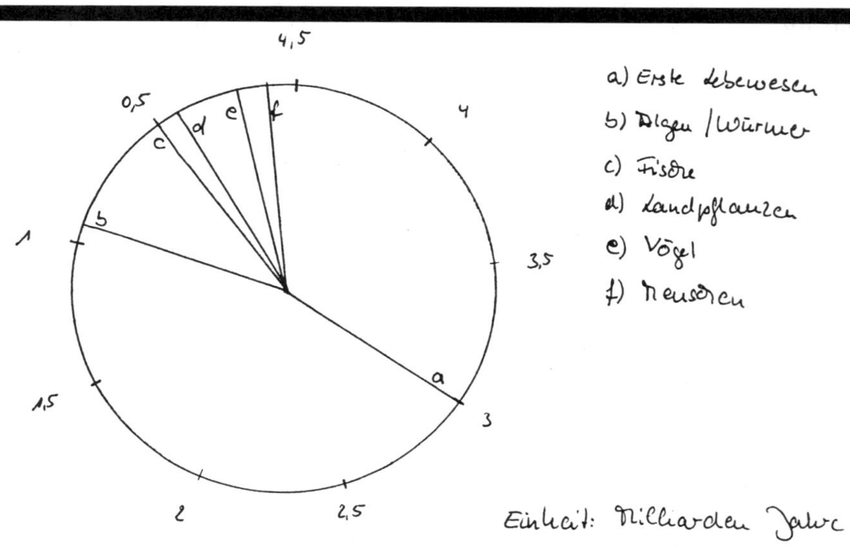

Weitere Ideen:
- Montessori-Kordel
- Collagen: Die Sch. suchen aus Zeitschriften Bilder zu jedem Abschnitt der Weltentstehung. (vgl. Unterrichtsideen Religion 6, Calwer, S.15)

⇨ Weiterführung: *Reflexion* des Verhältnisses von Schöpfung und Weltentstehung. Da Sch. in diesem Alter dazu neigen, in klaren Alternativen zu denken, kann dieser Aspekt nur angedacht werden. Hilfreich können die beiden Fragekomplexe sein: a) Warum haben die Menschen damals die Schöpfungserzählung geschrieben? Welche naturwissenschaftlichen Theorien über die Entstehung der Welt kannten sie? b) Wie gehen Wissenschaftler vor, um zu ihren Erkenntnissen zu kommen? Welche Frage stellen sich Wissenschaftler vor ihrer Arbeit? c) Überlege, warum für viele Wissenschaftler die Erkenntnisse der Naturwissenschaft und der Glaube an einen Schöpfergott kein Widerspruch sind! Ziel dieser Phase könnte sein: Die biblischen Schöpfungserzählungen wollen keine Antwort auf die Frage nach dem Wie der Entstehung der Welt geben, sondern nach dem Woher und Wofür der Welt. Sie sind Lobpreis des Schöpfergottes. Die Naturwissenschaften wollen dagegen genau die Vorgänge und Gesetzmäßigkeiten der Weltentstehung erklären.

C. Umgang mit der Schöpfung

⇨ Gedicht: *Erich Fried, Humorlos* (SB, S. 28)
Tafel: Die Jungen werfen mit Steinen nach Fröschen.
Nach einer Spontanphase schreiben die Sch. den Satz weiter zu einer Geschichte.
Ein anschließender Vergleich der Sch.-Geschichten a) untereinander und b) mit dem Gedicht von Erich Fried zielt auf die Reflexion des Verhältnisses von Mensch und Natur. Der Aspekt, dass Menschen fremdes Leben aus Spaß, d.h. aus Gefühllosigkeit, pervertiertem Lustgewinn oder egoistischer Gleichgültigkeit gefährden oder sogar töten, sollte betont werden.

⇨ Text: *Gudrun Pausewang, Das Wunder* (SB, S. 29f.)
L. liest die Geschichte ohne Überschrift und ohne Brief am Ende vor. Zwischendurch unterbricht L., sodass die Sch. Handlungen erklären und bewerten sowie Vermutungen über den weiteren Verlauf äußern können. Als arbeitsteilige Aufträge können sich anschließen: 1. Versetze dich in die Situation von Willi und schreibe den Brief an seine Urgroßmutter! 2. Male die Geschichte als Bildergeschichte, sodass sie ohne Text verstanden werden kann. Überlege dir eine Überschrift!
Unter Berücksichtigung der Überschrift und des „Originalbriefes“ beschreiben die Sch. den Umgang mit der Natur und ihren Stellenwert in der Geschichte. Ergebnis dieser Reflexion könnte sein: Bei genauem Hinsehen können viele kleine Wunder in der Natur entdeckt werden. Sie muss jedoch mit Ausdauer geschützt und gepflegt werden, da sie durch die Gleichgültigkeit und Achtlosigkeit vieler Menschen gefährdet ist. Diese Aspekte werden anhand eines Arbeitsblattes (ZM 2) vertieft.
Die Geschichte kann auch praktisch umgesetzt werden, indem die Klasse selbst ein Beet anlegt. Das kann zur Erstellung eines eigenen „Verhaltenscodex“ führen, in dem die Sch. zusammenstellen, wie sie sich gegenüber der Natur/ihrer Umwelt verhalten wollen.

⇨ Nach Bearbeitung des Gedichts von Erich Fried und der Geschichte von Gudrun Pausewang sollten beide *vergleichend* beurteilt werden und Bezüge sowohl zu den biblischen Schöpfungserzählungen (SB, S. 22f./25) als auch zum Gedicht von Martin Auer (SB, S. 20) hergestellt werden.

D. Zerstörung und Neubeginn

⇨ Bild: *Sieger Köder, Noach* (SB, S. 32)
Das Bild ist ein Teilbild des Misereor-Hungertuches „Hoffnung den Ausgegrenzten“ (1996). Im Zentrum steht die Arche, gebaut wie eine Slumhütte, auf einem Felsen. In der Arche sind drei Menschen aus der Dritten Welt (ein Schwarzer, eine Chinesin und ein Araber) und im Hintergrund Noah. Die Menschen und die Natur werden von einer Ölflut bedroht (Tanker im Hintergrund, ölverschmierter Vogel, Totenköpfe und Müll im Wasser), doch der Felsen (Gott?) gibt ihnen Sicherheit. Regenbogen und Taube zeigen die Hoffnung und sind Zeichen des Friedens, den Gott mit der Welt geschlossen hat.
Die Sch. malen einen *Regenbogen* und schreiben ihre Assoziationen zum Regenbogen hinein. Vor diesem Hintergrund betrachten die Sch. das Bild „Noach“, lassen es auf sich wirken und beschreiben, was sie entdecken können. Erste Erklärungen fließen ein. Vielleicht kann ein Sch. die biblische *Noah-Geschichte* erzählen. Abhängig davon, wie bekannt die Geschichte (ZM 3) in der Klasse ist, sollte sie von L. zum Bild vorgelesen oder von allen Sch. gemeinsam ohne Bild gelesen werden.
Alternative zur Betrachtung des Bildes im

Ganzen: Zerschneiden des Bildes und Erarbeiten in der Reihenfolge 3, 1, 2.

Ziel des sich anschließenden Unterrichtsgespräches könnte sein: Der Regenbogen ist ein Zeichen für den Bund Gottes mit den Menschen. Gott wird die Erde nicht mehr zerstören. Auch die Menschen sollen die Erde nicht zerstören, sondern sie sollen die Erde bewahren. Anschließend wird das Bild erneut betrachtet und im Vergleich mit dem Text die Aktualisierung des Motivs der Sintflut verdeutlicht. Hier könnte genannt werden, dass sich heute die Sintflut in Form einer Gift- und Müllflut darstellt.

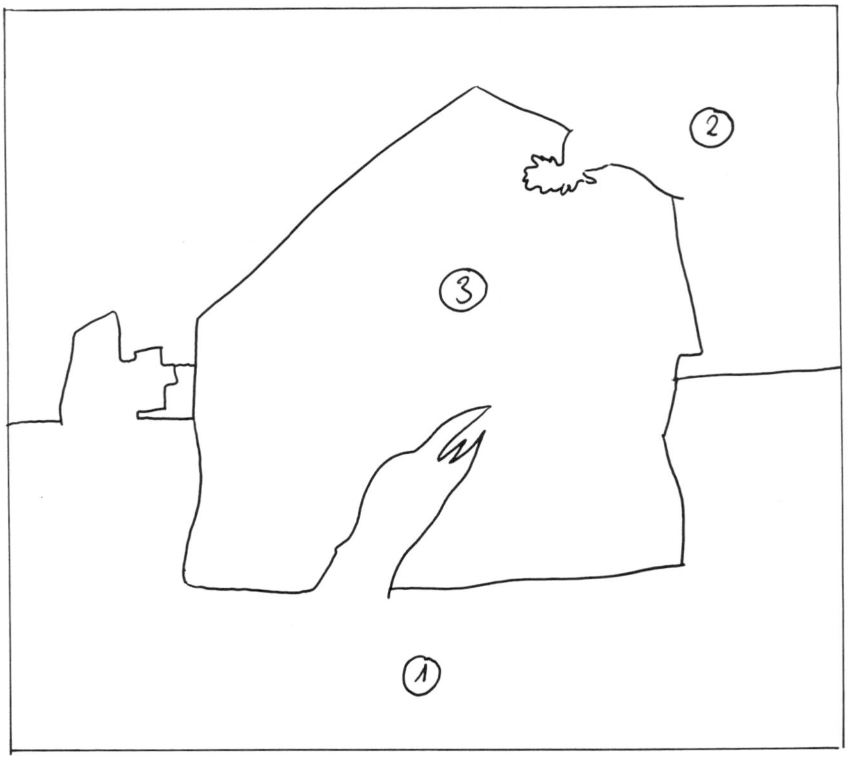

⇨ Die Besprechung und Aktualisierung des Bildes von S. Köder kann in konkrete Aktionen münden: wöchentliche Müllsammlungen auf dem Schulhof, Besuch bei Greenpeace, einer Recyclingfirma oder eines Klärwerks. Auch der *Bau eines Mini-Klärwerks* (ZM 4) kann das Problem der Umweltverschmutzung veranschaulichen (doch sollte dann auch Regen- und Flusswasser verwendet werden) und für einen sorgsamen Umgang mit der Schöpfung sensibel machen.

5. Materialien und Medien

Vorlesegeschichten:
- Erhard Domay (Hg.), Leben in Gemeinschaft mit der Schöpfung: ein Vorlesebuch für Schule und Gemeinde, Kaufmann, Lahr 1994.
- Dietrich Steinwede/Ingrid Ryssel (Hg.), Schöpfung spielen und erzählen, Gütersloher Verlagshaus, Gütersloh 1996.

Erlebnispädagogik:
- Joseph Cornell, Mit Kindern die Natur erleben, Verlag an der Ruhr, Mülheim an der Ruhr 1991.
- Der Verlag Mülheim an der Ruhr bietet unter den Stichworten „Natur erleben“ und „Natur schützen“ viele Praxisbücher an (Verlag an der Ruhr, Postfach 102251, 45422 Mülheim an der Ruhr, Tel.: 0208/439540, Fax: 0208/4395439, e-mail: info@verlagruhr.de).

Vater Jahn, die Amsel und der Urknall

Michael ist auf dem Weg in die Schule. Er schlendert zum Bus. Heute hat er erst zur dritten Stunde und viel Zeit. Er hat gestern Abend nämlich vergessen, seiner Mutter Bescheid zu sagen, dass sie ihn später wecken solle.

Auf der Mauer sitzt ein Kätzchen und putzt sich die Vorderpfote. Michael bleibt stehen und streichelt es. Wie es sich an seine Hand drückt und sich dreht und windet, um überall gekrault zu werden! Michael mag Tiere – auch Katzen. Sie haben so ein samtiges, weiches Fell. Doch als der Junge ganz verträumt das Kätzchen streichelt, springt es plötzlich auf, macht einen Satz und verschwindet zwischen den Tannen zum Nachbargrundstück. „Schade", murmelt Michael und schlendert langsam weiter. Er denkt daran, dass er nachher von Martin eine neue Version seines Lieblingscomputerspiels bekommt. Martin ist sein bester Freund und sein Vater arbeitet bei einer Computerfirma. Praktisch!

„Guten Morgen, Junge! Heute erst so spät Schule?" Michael erschrickt. Vater Jahn – so nennen ihn die Leute in der Straße liebevoll, obwohl er gar keine Kinder hat – steht mit seiner Pfeife am Gartentor. Michael war so in Gedanken, dass er ihn nicht bemerkt hatte.

„Morgen, Vater Jahn!"

„Junge, du träumst ja am helllichten Tage! Mach die Augen und Ohren auf. Sonst bekommst du nichts mit vom Leben. Die Amseln singen jeden Morgen kräftiger und die ersten Krokusse sind schon ganz zu sehen. Es wird Frühling!"

Michael schaut zum Schornstein hoch, dort singt die Amsel ihr Morgenlied. Komisch, er hat sie noch nie gehört! Auch die Krokusse – gelbe und lilafarbene – sind ihm nie aufgefallen. Schön, wie sie verstreut im Rasen wachsen.

„Na, Michael, du siehst heute wohl zum ersten Mal in meinen Garten!" Vater Jahn schaut den Jungen gespielt vorwurfsvoll an. „Dabei ist die Welt mindestens genauso spannend wie die Welt in deinen Computerspielen." Michael schaut ihn verständnislos an. „Hast du dich schon einmal an einen Schmetterling herangeschlichen, um ihn genau zu beobachten? Hast du seinen einrollbaren Saugrüssel und die kleinen Schuppen auf den Flügeln entdeckt? Ist dir schon einmal aufgefallen, wie sinnvoll alles in der Natur eingerichtet ist?" Wenn Michael ehrlich ist, muss er zugeben, dass das recht selten vorkommt. Vater Jahn erzählt weiter: „Manche Pflanzen wachsen als Nahrung für Tiere und Menschen, andere können als Heilmittel verwendet werden. Pflanzen und Tiere, die Schatten brauchen, leben in und unter Bäumen. Pflanzen und Tiere, die wenig Wasser brauchen, leben in Wüsten und Steppen. Es gibt Wasser und Licht, damit Pflanzen, Tiere und Menschen existieren können. Menschen atmen Kohlenstoffdioxid aus und brauchen Sauerstoff zum Leben. Pflanzen stellen diesen Sauerstoff her und verarbeiten das schädliche Kohlenstoffdioxid." Vater Jahn macht eine Pause, nimmt einen tiefen Zug aus der Pfeife und fährt fort: „Und alles ist einmalig! Niemand auf der Welt ist genau so wie du! Keiner lacht wie du. Keiner weint wie du. Keiner hat den gleichen Fingerabdruck wie du."

Michael schaut nachdenklich und erinnert sich, manches im Biologieunterricht gehört zu haben. Aber da hatte er immer nur daran gedacht, dass er darüber eine Arbeit schreiben müsse. Jetzt, wo Vater Jahn davon erzählt, klingt alles viel spannender. Der Junge spürt, wie begeistert Vater Jahn von dem ist, was er erzählt. Das steckt an!

„Und warum ist das alles so, wie es ist?" Michael findet seine Frage jetzt, nachdem er sie ausgesprochen hat, kindisch. Aber er hat sich das schon manchmal gefragt. In einem seiner Bücher hat er etwas über den Urknall und die Entwicklung des Menschen aus dem Affen gelesen. Deshalb sagt er jetzt: „Stimmt es, dass alles durch den Urknall entstanden ist und Gott nicht existiert, Vater Jahn?"

„Nun ja." Vater Jahn macht eine Pause und stopft seine Pfeife nach. „Naturwissenschaftler haben eine gute Theorie über den Urknall und die Evolution aufgestellt, die vieles erklären kann. Aber sie können nichts darüber sagen, ob es Gott gibt oder nicht. Sie können auch nicht sagen, *warum* die Welt entstanden ist. Viele große Naturwissenschaftler waren umso überzeugter von der Existenz Gottes, je mehr sie erforscht hatten. – Warte mal!"

Vater Jahn geht mit schnellem Schritt ins Haus. Michael denkt noch über die letzten Sätze von Vater Jahn nach. Manches verwirrt ihn ein bisschen: Glaube und Naturwissenschaft widersprechen sich nicht?

Vater Jahn kommt mit einem Buch in der Hand zurück. „Wenn du Lust hast, kannst du ein bisschen in diesem Buch schmökern. Vielleicht hilft es dir, eine Antwort zu finden. – Junge, die Turmuhr schlägt schon neun Uhr! Musst du nicht zum Bus?"

„Verflixt! Tschüss, Vater Jahn, und danke!"

Michael rennt los, biegt um die Ecke und springt gerade noch in den Bus hinein, bevor sich die Türen schließen. Ganz außer Atem lässt er sich in den Sitz fallen. Neugierig gemacht von Vater Jahn schlägt er das Buch auf. Da steht: „Schöpfung: Staunen – Erkennen – Bewahren."

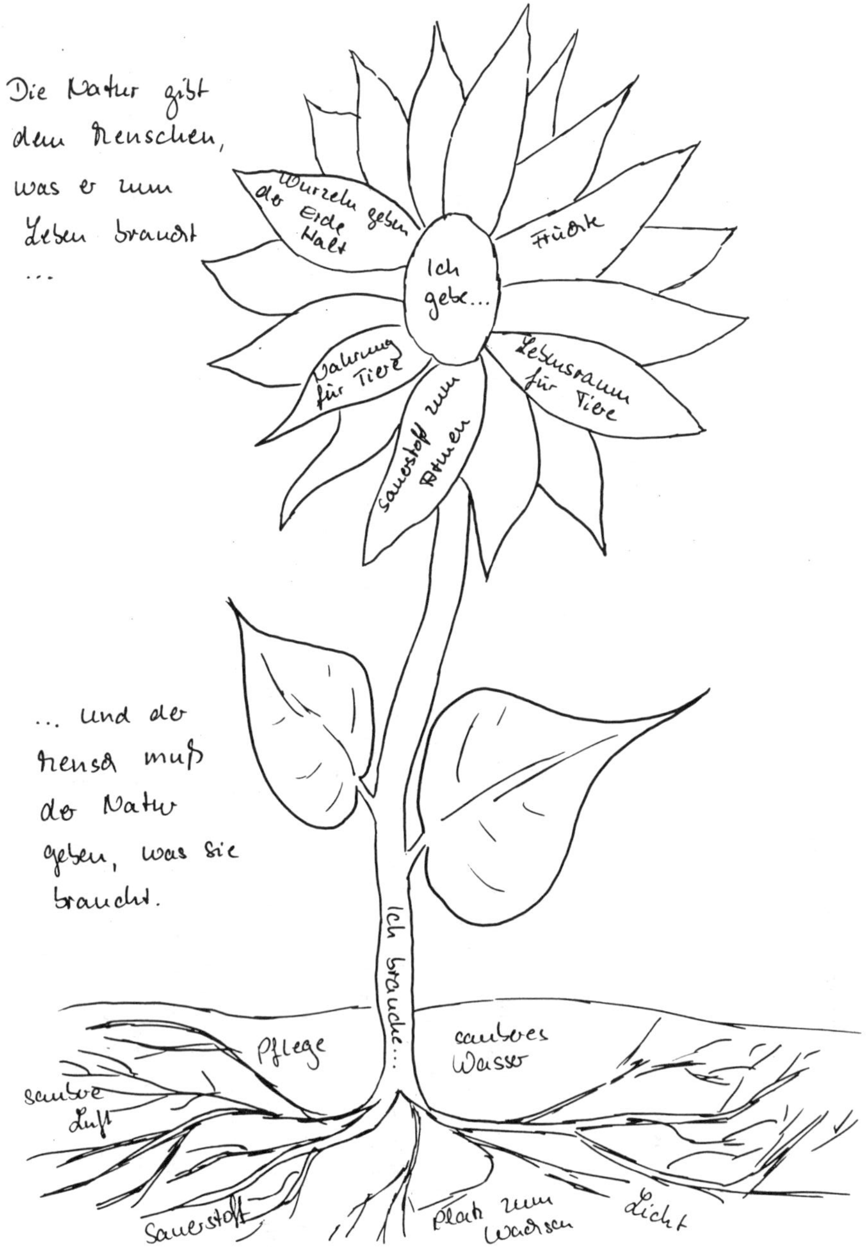
Die Natur gibt dem Menschen, was er zum Leben braucht …
Ich gebe…
Wurzeln geben der Erde Halt
Früchte
Nahrung für Tiere
Sauerstoff zum Atmen
Lebensraum für Tiere
… und der Mensch muß der Natur geben, was sie braucht.
Ich brauche…
Pflege
sauberes Wasser
saubere Luft
Sauerstoff
Platz zum Wachsen
Licht

Noah und die Arche

Bald dachten die Menschen nicht mehr an Gott. Sie spielten sich auf, als seien sie selbst Gott, und verdarben alles, was er gemacht hatte. Sie raubten und mordeten und machten sich nichts daraus. Jeder dachte nur an sich selbst und tat, was ihm allein nützte.

Da tat es Gott leid, dass er die Menschen gemacht hatte. Und er sprach zu sich: „Ich will die Menschen mitsamt der Erde verderben. Denn sie sind alle von Grund auf verdorben."

Nur einer war anders: Noah. Er hörte auf Gott und lebte, wie Gott es gefiel.

Da sprach Gott zu Noah: „Bau dir ein Schiff! Denn bald wird es regnen, so viel, dass alles Land im Wasser versinkt. Auch die Blumen und Bäume, sogar die Tiere und Menschen, alles, was lebt, wird ertrinken. Aber dich will ich am Leben erhalten, dich und deine Frau und deine drei Söhne mit ihren Frauen."

Da hörte Noah auf Gott. Und er baute die Arche, ein riesiges Schiff, so hoch wie ein Haus, drei Stockwerke hoch, mit zahllosen Kammern, mit Tür und Fenster und einem richtigen Dach.

Danach sprach Gott: „Nun wähle von allen Tieren je ein Paar aus und bringe sie in die Arche hinein! Denn auch sie will ich am Leben erhalten."

Und schon kamen sie an, Löwen und Schafe, auch Vögel und Käfer, alles, was kriecht und was Beine hat. Von allen brachte Noah je ein Paar in die Arche, wie Gott gesagt hatte. Auch schaffte er für die Tiere gewaltige Mengen an Futter herbei.

Darauf ging Noah selbst in die Arche hinein, er, seine Frau und seine drei Söhne mit ihren Frauen. Und Gott schloss die Tür zu.

Sieben Tage lang blieb es still auf der Erde. Dann verschwand die Sonne hinter den Wolken. Der Himmel wurde ganz schwarz. Ein furchtbarer Regen brach los. Es schüttete. Es goss in Strömen. Die Flüsse traten über die Ufer. Sie überschwemmten das Land. Menschen und Tiere ertranken. Bald stand alles Land unter Wasser.

Und immer noch hörte der Regen nicht auf. Das Wasser stieg höher und höher, bis zu den höchsten Bergen empor. Schließlich war nichts mehr zu sehen, nur Wasser – ein unendliches Meer! Aber die Arche schwamm auf dem Meer, ruhig und sicher. Kein Tropfen Wasser drang in sie ein.

Vierzig Tage lang dauerte der furchtbare Regen. Da dachte Gott an Noah und setzte dem Regen ein Ende. Der Himmel riss auf. Die Wolken verschwanden. Und am blauen Himmel strahlte wieder die Sonne. Aber noch war alles Land von den Fluten bedeckt.

Tage und Wochen vergingen. Das Wasser sank nur ganz langsam. Die Arche trieb immer noch ziellos dahin. Endlich, nach vielen Wochen, lief sie auf einen Berg auf. Der lag noch ganz unter Wasser. Aber nach und nach trat die Spitze des Berges aus dem Wasser hervor.

Nun wusste Noah: Bald ist es so weit. Er öffnete das Fenster und ließ eine Taube hinausfliegen. Aber am Abend kam die Taube zurück. Sie hatte kein Futter gefunden.

Da wartete Noah noch eine Woche. Danach ließ er noch einmal die Taube hinausfliegen. Und wieder kam sie zurück. Aber diesmal hielt sie ein Ölblatt im Schnabel, als wollte sie sagen: „Seht doch, die Bäume tragen schon wieder Blätter!"

Noch eine Woche verging. Danach ließ Noah noch einmal die Taube hinausfliegen. Aber diesmal kam sie nicht mehr zurück. Da deckte Noah das Dach ab und schaute hinaus. Und sieh da: Das Land war überall trocken.

Und Gott sprach zu Noah: „Nun geh aus der Arche, du und deine Frau und deine drei Söhne mit ihren Frauen, dazu alle Tiere!"

Da machte Noah die Tür weit auf. Menschen und Tiere stürmten hinaus. Wie schön war die Erde wieder! So schön wie am Anfang! Aus dem Boden spross grünes Gras. Und überall blühten Blumen.

Da baute Noah einen Altar und brachte Gott Opfer. Gott hatte sein Versprechen gehalten und alle am Leben erhalten, Menschen und Tiere. Wie dankbar war Noah dafür! Aber was hatte Gott in Zukunft mit ihnen vor? Würde er die Erde noch einmal vernichten?

Doch Gott sprach zu Noah: „Ich will die Erde nicht mehr verderben. Nie mehr soll es so eine große Flut geben. Solange die Erde steht, soll nicht aufhören Saat und Ernte, Frost und Hitze, Sommer und Winter, Tag und Nacht. Und wenn noch einmal ein großes Unwetter kommt, sodass ihr euch fürchtet, dann schaut auf zum Himmel! Dort steht in den Wolken mein Bogen. Er ist das Zeichen, dass ich mein Versprechen halte."

Und als Noah aufschaute, da sah er am Himmel einen großen Regenbogen. Der spannte sich über die Erde von einem Ende zum andern und leuchtete in allen Farben.

Da dankte Noah Gott für sein großes Versprechen. Und er fing wieder von vorn an. Er pflügte die Erde, legte Äcker und Weinberge an, säte und pflanzte. Und Gott ließ wachsen und reifen, was er gepflanzt hatte.

Aus: Irmgard Weth, Neukirchener Kinder-Bibel mit Bildern von Kees de Kort, 12. überarbeitete Auflage in neuer Rechtschreibung, Kalenderverlag des Erziehungsvereins, Neukirchen-Vluyn 2000.

Bau eines Mini-Klärwerks

ZM 4

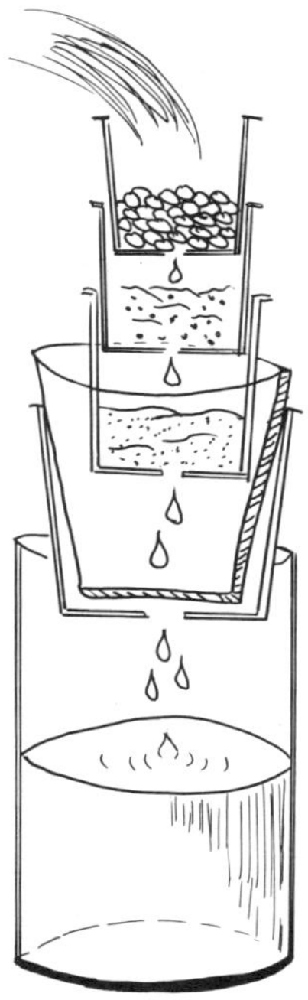

Wie Wasser gereinigt wird, siehst du am besten, wenn du dir ein Mini-Klärwerk baust:

Bohre in die Böden von vier leeren Bechern je ein kleines Loch. In den ersten Becher füllst du Kies, in den zweiten groben Sand und in den dritten feinen Sand. In den vierten Becher steckst du eine Kaffeefiltertüte. Stelle die vier Becher folgendermaßen übereinander: Den Becher mit dem Kies nach oben, dann den Becher mit dem groben Sand, anschließend den mit dem feinen Sand und schließlich den Becher mit der Kaffeefiltertüte. Diesen Turm stellst du auf ein Glasgefäß. Jetzt kannst du verschmutztes Wasser (z.B. Geschirrspül-Wasser) durch dein Klärwerk laufen lassen. Es wird in vier Stufen gereinigt und fließt klar in das untere Glas.

Viel Spaß beim Bauen!

ZM 5

Meditationsübung – Phantasiereise

Suche dir eine bequeme Lage und setze dich ganz entspannt hin. Atme ruhig und gleichmäßig. Schließe die Augen und konzentriere dich auf das, was du hörst.

Es ist früh am Morgen und du gehst barfuß über eine saftige, grüne Wiese. Tau hat sich auf dem Gras gebildet. Du fühlst ihn unter deinen Füßen. Du spürst den feuchten Nebel auf deinem Gesicht. Du atmest tief ein und riechst die feuchte, frische Luft. Die Bäume recken ihre kahlen Äste in den grauen Himmel. Sie sehen aus wie Schattengestalten. Du gehst durch den Nebel und fühlst dich ganz leicht. Alle Geräusche sind leise und unwirklich. Du hörst aus der Ferne das friedliche Muhen der Kühe. Auf einem Baum siehst du einen kleinen Vogel sitzen. Die Meise singt ihr fröhliches Morgenlied. Das ist ansteckend und du gehst beschwingt weiter. Die Sonne geht auf. Eine kalte Herbstsonne. Es ist ein wunderschönes Bild, wie sie sich langsam durch den Nebel schiebt. Sie hat Kraft. Du spürst ihre Strahlen auf deiner Haut. Du schließt die Augen und fühlst die Wärme der Sonne. Es ist ein angenehmes Gefühl. Du gehst weiter über die Wiese. Da vorne ist ein kleiner Bach. Langsam fließt er sein Bachbett entlang. Du siehst auf das Wasser. Es ist beruhigend und gibt dir das Gefühl von Geborgenheit und Ruhe. Du schaust noch einmal den Weg zurück, den du gekommen bist und erinnerst dich an deine Begegnungen und Gefühle. *(Sprecher/in macht eine kurze Pause)* Dann gehst du über die Brücke. Sie knarrt ein bisschen und riecht angenehm nach Holz. Du gehst über die Brücke zurück in diesen Raum und nimmst ein Bild als Erinnerung mit.

Abraham steht am Anfang

1. Theologische und didaktische Aspekte

Die Abrahamserzählungen bilden den Anfang der so genannten „Vätergeschichten“ in Gen 12–50. Sie verbinden die Ur- und Völkergeschichte mit der Mosetradition, dem Exodus, und sind aus den verschiedenen Traditionen von Jahwist, Elohist und Priesterschrift zusammengestellt worden.

Die „Zeit der Väter“ wird auf 2200–1200 v. Chr. datiert. Da es keine Quellen über Abraham außerhalb der Bibel und des Korans gibt, wurde bezweifelt, ob es einen „wirklichen Abraham“ gegeben hat; vielleicht sind die Geschichten um Abraham „erfunden“ worden, um den Israeliten die wichtigen Fragen nach ihrer Herkunft und dem Ursprung ihrer Verhaltens- und Lebensregeln zu beantworten.

Abraham lebte als Nomade in Haran (kam aber nach Gen 11,31 aus Ur), als er Gottes Ruf zum Aufbruch und Weggang empfing. Er zögerte nicht und zog mit seiner Frau Sara, seinem Neffen Lot und seinen Leuten los, in das Land, das Gott ihm verheißen hatte. Gott verhieß Abraham viele Nachkommen, aber er und Sara waren schon alt. Nach langem Warten und als Sara noch immer kein Kind hatte, schlug Sara Abraham vor, ihre Magd Hagar zur Frau zu nehmen und mit ihr ein Kind zu zeugen, welches sie dann als das ihre anerkannte. (Diese Praxis war in der damaligen Zeit üblich.) Abraham stimmte zu und tatsächlich wurde Hagar schwanger. Von nun an gab es aber Streitigkeiten und Eifersucht zwischen den beiden Frauen und so lief Hagar, noch während ihrer Schwangerschaft, fort. Sie wurde aber von einem Engel mit einer Verheißung für ihr Kind wieder zurückgeschickt. Von drei Besuchern, die Abraham eines Tages bei sich bewirtete, wurde Sara erneut ein Sohn verheißen. Sie konnte das aber wegen ihres Alters nicht glauben und lachte über die Verheißung. Doch es geschah wie verheißen und Sara bekam einen Sohn, den sie Isaak nannte. Es ergaben sich erneut Spannungen zwischen Abrahams beiden Frauen und Sara verlangte, dass Abraham Hagar fortschickte. Abraham beugte sich Saras Willen, nachdem Gott ihm „zugeredet“ und ihm seinen Schutz für Ismael zugesichert hatte. Hagar und Ismael wurden in die Wüste geschickt und drohten dort zu sterben, als wiederum ein Engel erschien und Hagar einen Brunnen zeigte (Islam: Quelle Zamzam). Isaak wuchs heran, als Gott Abraham auftrug, seinen Sohn zu opfern. Ohne Widerspruch brach Abraham auf, um Isaak zu opfern. In letzter Sekunde wurde Isaak jedoch von Gott gerettet und ein Widder an seiner Stelle geopfert.

In diesem Kapitel werden zwei Schwerpunkte gelegt:

Das Leben Abrahams

Abraham war ein *Nomade*, d.h. dass er mit seinen Herden umherzog. Falsch ist die Vorstellung, dass Nomaden ständig hin- und herziehen auf der Suche nach Nahrung für die Herden. Zumeist beschränkte es sich auf ein halbjährliches Wechseln der Weidegründe.

Nomaden lebten mit ihren Sippen in Zelten. Besondere Bedeutung hatte der Sippenverband. Wenn man ohne Sippe dastand, hatte man keinen Schutz und war auf das Wohlwollen anderer Sippen angewiesen. Abraham hat mit seinem Fortgang aus seiner Sippe auf Gottes Wort hin (Gen 12,1–4) ein großes Risiko auf sich genommen.

Abraham war entgegen der Tradition – Abraham, das Vorbild im Glauben – kein „perfekter" Mensch. Er war ein Mensch mit Fehlern. Deutlich zu sehen ist dies an seinem Umgang mit *Hagar*. Abraham stand immer wieder zwischen Zweifel und Glaube. Einerseits glaubte er den Verheißungen Gottes, andererseits versuchte er aber, diesen Verheißungen nachzuhelfen (Zeugung eines Kindes mit Hagar). Somit ist Abraham ein Vorbild im Glauben und Vertrauen auf Gottes Gnade, aber er bleibt doch auch Mensch in seinen Zweifeln. Darin kann sich fast jeder Glaubende wieder finden.

Abraham vertraute einem Gott, der sich von den Göttern seiner Zeit deutlich unterschied. Sein Gott war nicht an einen Ort gebunden, sondern zog mit ihm auf seinem Weg. Abrahams Gott war einer, der mit den Menschen mitging und sie nicht nur zu sich kommen ließ. Erst in späteren Traditionen wurde der Gott Abrahams mit Jahwe in Verbindung gebracht.

Der interreligiöse Aspekt – die abrahamitische Ökumene

Die drei „abrahamitischen Religionen" berufen sich alle, wie der Name schon sagt, auf Abraham. Das *Judentum* sieht in Abraham den Prototyp des frommen Juden und der Gesetzestreue (obwohl oder gerade weil er das mosaische Gesetz noch nicht kannte). Abraham ist der erste glaubenstreue Monotheist. Im *Christentum* ist Abraham das Vorbild für Glauben und Vertrauen auf Gottes Gnade. Die Christen können sich nicht wie die Juden auf physische Abstammung von Abraham berufen, aber sie sehen sich als rechtmäßige „Kinder Abrahams", da Abraham ein „Vater" für alle die ist, die so leben und glauben wie er. Im *Islam* („Hingabe an Gott") ist Abraham der erste „Muslim", ganz im wörtlichen Sinn: „Muslim" ist einer, der sich Gott „ganz hingegeben" hat.

In den Abrahamserzählungen wird die Völkergeschichte dargestellt. Abraham, der Vater des Glaubens, wird zum Vater vieler Völker. Daraus ist deutlich zu erkennen: Wenn Abraham der Vater vieler Völker ist, sind diese Völker (wie) Geschwister. Aus dieser Tatsache lässt sich der Wunsch oder die Notwendigkeit einer *abrahamitischen Ökumene* begründen und verstehen.

In unserer multikulturellen Gesellschaft ist es dringend nötig, Toleranz – auch/nicht nur in Glaubensfragen – zu üben. Auch Schülerinnen und Schüler sollten lernen, dass nicht – ohne die Wahrheitsfrage preiszugeben – eine Religion vorschnell als die bessere bezeichnet werden kann. Im Koran wird die Pluralität der drei abrahamitischen Religionen deutlich als Gottes Wille gesehen. Die drei Religionen müssen also lernen, die anderen als Geschwister im Glauben an den einen Gott zu sehen.

Es wäre aber auch zu kurzsichtig, zurückkehren zu wollen zu dem ursprünglichen Glauben Abrahams, der uns alle verbindet. Keine Religion kann ihre Genese vergessen. Abraham bleibt für alle das Urbild des Glaubens, ersetzt aber nicht Mose, Jesus und Mohammed. Vielmehr muss der Glaube Abrahams, der geprägt ist von Hingabe an Gottes Willen und Vertrauen in Gott, in allen drei Religionen in ihren Traditionen konkretisiert werden.

Besonders Christentum und Judentum dürfen die Nachfahren Ismaels nicht als weniger wert betrachten. Ismael steht – nach der Bibel – ebenso unter Gottes Schutz und Segen wie Isaak (Gen 16,10; 21,18).

Claus Westermann hat sich in einer Abraham-Meditation für die abrahamitische Ökumene ausgesprochen:

Abraham steht am Anfang
Er steht am Anfang in den drei Religionen, der des Judentums, des Christentums, des Islams. Könnte er, weil er für alle drei am Anfang steht, eine neue Bedeutung bekommen in einer Zeit, in der das Verhältnis der Religionen zueinander sich wandelt in einer säkularisierten Welt?

Er könnte eine neue Bedeutung gewinnen nur, wenn in den drei Religionen im Verständnis der Gestalt des Abraham etwas Gemeinsames gefunden werden könnte. Das sollte nicht unmöglich sein, wenn man sich klar macht: Abraham war kein Israelit, er war kein Muslim, er war kein Christ. Er war vor allen dreien.
Abraham steht am Anfang.

2. Intentionen

Die Schüler sollen
- die Herkunft Abrahams und die Lebensverhältnisse seiner Zeit verstehen
- Abraham als einen Menschen begreifen, der ein Leben im Vertrauen auf Gott führt
- Abraham als Menschen mit Fehlern und Zweifeln erfahren
- Abraham als den Vater des Glaubens in den drei großen Weltreligionen kennen lernen
- durch die Auseinandersetzung mit Texten aus der Bibel und dem Koran Einsicht in die entsprechenden Traditionen der Religionen gewinnen
- für ein geschwisterliches Zusammenleben der drei Religionen sensibilisiert werden.

3. Literatur zur Vorbereitung

- Diego Arenhoevel, Erinnerung an die Väter. Genesis 12–50, Katholisches Bibelwerk, Stuttgart 1976.
- Adel Theodor Khoury/Ludwig Hagemann/Peter Heine, Islam-Lexikon. Geschichte - Ideen - Gestalten (3 Bde.), Herder, Freiburg i. Br. 1991.
- Alfred J. Kolatch, Jüdische Welt verstehen. Sechshundert Fragen und Antworten, Fourier, Wiesbaden 1997³.
- Karl-Josef Kuschel, Streit um Abraham. Was Juden, Christen und Muslime trennt - und was sie eint, Piper, München 1994.
- Gerhard von Rad, Das Opfer des Abraham, Kaiser, München 1971².
- Annemarie Schimmel, Im Namen Allahs, des Allbarmherzigen. Der Islam, Deutscher Taschenbuch Verlag, München 1999.
- Erich Zenger, Einleitung in das Alte Testament, Stuttgart 1998³.

4. Unterrichtsideen

⇨ Abb.: *Nomade* (SB, S. 35)
Auf dem Bild ist ein älterer, „moderner“ Nomade zu sehen. Um ihn herum ist nichts als Wüste. Er hebt seine Hände schützend gegen die gleißende Sonne vor sein Gesicht und seine Augen. Wohin schaut er? Was mag in ihm vorgehen?
Es bietet sich hier die Möglichkeit, Vorwissen der Sch. in die Besprechung des Bildes einzubeziehen (z.B. Was hat dieses Bild mit dem Thema Abraham zu tun?).

⇨ Bild: *Wiener Genesis, um 550 n. Chr.* (SB, S. 36)
Abraham steht am linken Bildrand. Vor sich hat er nichts als Leere. Er steht fest, ein wenig vornübergeneigt, die verhüllten Arme ausgestreckt. Ist es eine Last oder ein Geschenk, was er empfangen soll? Sein weißes, mit zwei

dunklen Streifen verziertes Gewand hat er vorn angehoben, um den Füßen mehr Spielraum zu lassen. Er steht so hinlauschend und hinschauend, dass er vergisst zu gehen. Im Weiß seiner Kopf- und Barthaare wird sein hohes Alter angedeutet.
Der Blick Abrahams geht nach oben. Der wie ein Tuch gespannte und von Sternblumen übersäte Ausschnitt des Himmels wird durchstoßen von der Hand Gottes. Sie weist nach vorn, in den offenen Raum und erfüllt die Leere mit einer großen Verheißung.
Da viele Sch. in diesem Alter noch recht unerfahren mit Bildbeschreibungen sind, sollte L. nach der Äußerung der Gedanken und Gefühle und nach einer genauen Beschreibung der im Bild enthaltenen Elemente gezielte Fragen stellen:

- Worauf kann die Tür am linken Bildrand hindeuten? – Die Tür kann als Hinweis auf Abrahams bisheriges Leben gesehen werden: Hier hat er Sicherheit, hier ist seine Heimat.
- Wofür steht die Hand am oberen Bildrand? – Es ist die Hand Gottes, die durch den Sternenhimmel Abraham den Weg in sein neues Leben weist.
- In der rechten Bildhälfte ist nicht viel dargestellt, was könnte das bedeuten? – Dies stellt die Weite dar, in die Abraham auf Gottes Geheiß hin gehen soll, sein neues Leben.
- Zur weiteren Deutung des Bildes bietet sich folgende Fragestellung an: Betrachtet die Körperhaltung Abrahams. Was drückt sie aus? – Er hat offene Arme, hört ganz genau in den Himmel, er schaut in den Himmel, er hat sein Gewand angehoben, um gehen zu können. Abraham hat sich ganz Gott zugewandt.
- Welchen Titel könnte man diesem Bild geben?
  Um eine Vertiefung zu erreichen, können die Sch. die Gedanken und Gefühle aufschreiben, die Abraham durch den Kopf gehen.

⇨ *Gen 12,1-3* (SB, S. 36)
Der Bibeltext wird gelesen und die Sch. äußern spontan ihre ersten Eindrücke.
Was bedeutet diese Aufforderung Gottes für Abraham und seine Familie?
Weiterarbeit:
Als Vertiefung sollen die Sch. eine *Szene in einer Familie* spielen, die aus ihrem Heimatort wegziehen muss, weil die Großmutter in einer anderen Stadt nicht mehr allein in ihrem großen Haus leben kann und die Familie keinen Platz für die Großmutter hat. In Gruppen finden die Sch. Gründe der einzelnen Familienmitglieder (Vater, Mutter, Kinder, evtl. Onkel, Tante – je nach Gruppengröße) für und/oder gegen den Wegzug und wählen einen Sprecher für die Gruppe. Das Familiengespräch wird dann von den ausgesuchten Sprechern gespielt, der Rest der Gruppe ist die Beobachtungsgruppe, die im Anschluss an das Gespräch die einzelnen Positionen nochmals zusammenfasst. Die Gesamtgruppe arbeitet die *Pro- und Contra-Argumente* heraus, die als Tafelbild festgehalten werden. Im Laufe des Plenum-Gesprächs können sich Schwierigkeiten ergeben, manche Argumente den Rubriken Pro bzw. Contra zuzuordnen, dann könnten die Rubriken „Hoffnungen und Befürchtungen" zusätzlich an der Tafel aufgeschrieben werden.

⇨ Text: *Bericht eines Nomadenkindes/Abb.: Nomadenzelt* (SB, S. 37)
Wie lebte Abraham? Um den Sch. einen Eindruck vom Leben der Nomaden zu geben, wird der Bericht gelesen. Die Sch. überlegen, ob sie sich ein solches Leben vorstellen könnten und vergleichen es mit ihrem Leben.
Weitere Ideen:
An dieser Stelle können natürlich noch weitere Dias (oder Folien, Bilder etc.), die das Leben von Nomaden zeigen, eingesetzt werden. Hilfreich hierzu ist das *Bildwerk zur Bibel von Jörg Zink* oder die *Neue Schulbibel* und die Folien/Dias dazu.
Weiterarbeit:
L. gibt Informationen, dass Abraham ähnlich gelebt hat. Evtl. Rückverweis auf das Bild des Nomaden auf der ersten Seite des Kapitels. Die Sch. schreiben nun in Anschluss an Gen 12,1-3 und die Informationen über das Leben des Abraham in Partnerarbeit einen *Dialog zwischen Abraham und Sara*, in dem beide

über den Weggang sprechen (Pro und Contra, Hoffnungen und Befürchtungen).
Die Sch. äußern ihre Vermutungen, ob Abraham und Sara gehen werden oder nicht. L. liest *Gen 12,4* und gibt somit die „Lösung“. Anschließen sollte sich ein Gespräch über das Ungewöhnliche dieser Bibelgeschichte: Abraham geht allein auf Gottes Wort hin aus seiner Heimat fort. Er verlässt seine Familie und somit den Schutz, unter dem er bisher gelebt hat. Ohne Sippe ist ein Nomade fast schutzlos und auf die Gastfreundschaft anderer Sippen angewiesen.
Auf diesem Hintergrund bekommt der starke Glaube und das Gottesvertrauen Abrahams, auf Gottes Wort hin seine Heimat zu verlassen, eine wichtige Bedeutung, die den Sch. verdeutlicht werden sollte.

⇨ Zur Vertiefung: Lied: *Habt ihr schon gehört von Abraham?* (SB, S. 38).
Die Sch. können sich in Gruppen Gesten und/oder Tanzschritte zu dem Lied ausdenken und der Klasse vorführen.

⇨ Verheißungen an Abraham: Sch. vergleichen *Gen 12,1–4* und *Gen 15,1–5* (SB, S. 38) in einer Tabelle unter folgenden Fragestellungen: Sp. 1: Was tut Gott? Sp. 2: Was tut Abraham? Sp. 3: Was wird verheißen?
In dieser Gegenüberstellung wird deutlich, dass Abraham darüber sehr verzweifelt ist, dass er keine Nachkommen hat, obwohl Gott es ihm schon zu Beginn (Gen 12,1–4) verheißen hat.
Um die Wiederholung und die Wichtigkeit der Verheißung zu verdeutlichen, werden die Sch. aufgefordert, die Verheißung Gen 15,5 in ihr Heft zu schreiben und *ein Bild* dazu zu malen (z.B. Abraham unter dem Sternenhimmel).

⇨ Rückschläge und Warten: Gemeinsame Lektüre des Textes *Hagar* (SB, S. 39), der die Geschehnisse aus Gen 16,1–16 und 21,1–14 aus der Sicht der ägyptischen Magd Hagar erzählt, die Abraham seinen ersten Sohn Ismael schenkt und schließlich, von Sara initiiert, einige Jahre nach Isaaks Geburt weggeschickt wird.
Durch diese Geschichte soll deutlich werden, dass Abraham Zweifel bekommt, ob Gott seine Verheißungen erfüllt. Deutlich werden seine Zweifel daran, dass er mit der Magd Hagar ein Kind zeugt, obwohl Gott ihm Nachkommen verheißen hat.
Wichtig zu erarbeiten ist, dass Hagar schon hier eine Verheißung für Ismael empfängt: Er soll viele Nachkommen haben. Diese Verheißung wird im nächsten Text *Hagar und Ismael* (s.u.) erneut aufgegriffen und sollte auch dort den Sch. deutlich gemacht werden.
Die Frage am Ende des Textes lädt dazu ein, mit den Sch. darüber nachzudenken, welche Gefahren drohen und was Hagar in dieser Situation tun kann.
Weitere Idee:
Ein *großes Wüstenbild* malen und dieses auf den Fußboden des Klassenraumes legen. Die Sch. sollen nun überlegen, was sie Menschen, die in der Wüste leben – wörtlich oder symbolisch verstanden – wünschen würden. Was kann man für sie erbitten? Die Sch. schreiben ihre Wünsche und Bitten auf Zettel und legen sie auf (oder um) das Wüstenbild. Dazu kann das Lied „Bewahre uns, Gott“ (EG 171) gesungen werden. Wüstenbild für die nächste Geschichte aufbewahren!

⇨ Bild: *Hagar* (SB, S. 39)
Mit den Sch. wird das Bild betrachtet und es werden spontane Äußerungen zugelassen. Die Sch. der 5./6. Klasse können sich relativ leicht in Personen hineinversetzen und auch hier wird es ihnen nicht schwer fallen, sich vorzustellen, wie sich Hagar in dieser Situation fühlt.
Man kann mit den Sch. besprechen, was es heißt, „in die Wüste geschickt zu werden“. Haben die Sch. das schon einmal selbst erlebt oder haben sie schon mal jemanden „in die Wüste geschickt“?

⇨ Text: *Hagar und Ismael* (SB, S. 40)
In diesem Text wird das weitere Schicksal von Hagar und Ismael erzählt, wie sie die Wüste überleben. Der Engel bringt mit seiner Verheißung und seiner Rettung wieder Kraft und Hoffnung in Hagars und Ismaels Leben. Der Brunnen, der in dem Text genannt wird, ist die Quelle Zamzam, die noch heute bei der

Wallfahrt der Muslime eine wichtige Rolle spielt (s.u.).
Wie beim vorherigen Text sollte bei oder nach der Lektüre des Textes auf die Verheißung für Ismael hingewiesen werden. Ismael steht ebenso wie Abraham und Isaak unter Gottes besonderem Segen und Schutz. Er ist nicht einfach nur der ausgestoßene Sohn Abrahams, sondern der Stammvater vieler Nachkommen – wie Isaak.
Weitere Idee:
Im Anschluss an die Lektüre des Textes kann *das Wüstenbild* (s.o.) wieder auf den Fußboden gelegt werden (mit oder ohne die Wunsch- und Bittzettel). Im Text wird von der lebensrettenden Quelle erzählt. Diese Quelle kann nun in das Wüstenbild eingezeichnet werden oder es kann eine Schüssel mit Wasser auf das Bild gestellt werden. Auf vorbereitete Wassertropfen-Zettel schreiben die Sch. nun ihre „Wasser"- bzw. Kraftquellen, ihre Hoffnungsschimmer. Dazu können Hoffnungslieder gesungen werden (z.B. *Von guten Mächten*).

⇨ Abb.: *Pilger im Tal zwischen Marwa und Safa* (SB, S. 40)
Die Quelle Zamzam, die der Engel Hagar und Ismael zeigte, gibt es noch heute. Sie wird bei der Wallfahrt nach Mekka von allen Pilgern besucht. Die Quelle, der heilende Kräfte zugeschrieben werden, liegt heute nicht mehr in der Wüste. Der Legende folgend, hat Ismael bei der Quelle die Stadt Mekka gegründet. Laut Koran ist Hagar auf der Suche nach Wasser für Ismael und sich selbst siebenmal zwischen den Hügeln Marwa und Safa hin- und hergelaufen. Dieses verzweifelte Suchen ahmen die Pilger noch heute nach, indem sie siebenmal zwischen den Hügeln hin- und herlaufen. Der Weg und die Hügel sind heute überdacht.
Weiterarbeit:
L. kann an dieser Stelle einen Vortrag über Gen 17 halten, in dem er die Namensänderungen (Abram-Abraham, Sarai-Sara) thematisiert, wenn dies nicht schon im Verlauf der Unterrichtsreihe notwendig geworden ist.
Im Anschluss daran können die Sch. die Bedeutungen ihrer Namen erkunden.

⇨ Text: *Sara* (SB, S. 41)
In diesem Text wird Gen 18,1–15 in der Fassung der Neukirchener Kinder-Bibel dargeboten. Es ist die Erzählung vom Besuch Gottes bei Abraham und von Saras Lachen über die erneute Verheißung eines Sohnes.
Mit den Sch. sind folgende Fragen zu klären:
1. Warum lacht Sara? (Ihr Alter lässt eigentlich keine Schwangerschaft mehr zu.)
2. Wie verhält sich Abraham den Gästen gegenüber? (Bedeutung der Gastfreundschaft zu Abrahams Zeiten)

Dazu kann auch der Film *Begegnungen mit der Bibel, Film 1: Abraham und Sara* (Gen 18) der Deutschen Bibelgesellschaft gezeigt werden. In diesem Film werden die Lebensumstände der Nomaden Sara und Abraham anschaulich gemacht und es wird der Besuch der drei Männer, die von Abraham bewirtet werden und die Geburt eines Sohnes verheißen, dargestellt.

3. Wie verhalten sich die Sch., wenn sie Gäste haben?

Weitere Idee:
Die Sch. können in ihrer Klasse ein Gastmahl feiern. Man kann Fladenbrot zusammen backen oder kaufen. Jeder bringt etwas mit und ist somit Gastgeber und Gast.
Weiterarbeit:
Um über die Erfüllung der Verheißung von Isaaks Geburt zu informieren, kann L. eine kurze Information über Gen 21 geben oder den Text in der Bibel mit den Sch. gemeinsam lesen.

⇨ Bild: *Kees de Kort, Sara und Abraham, 1989* (SB, S. 41)
Die Sch. haben schon von den Problemen, die sich durch die Dreiecksbeziehung ergeben haben, gehört. Um das bisher Gelernte zu vertiefen, sollen die Sch. versuchen, anhand des Bildes die Beziehung dieser drei Erwachsenen (mit den Kindern) zu erklären und evtl. als Beziehungsdreieck (mithilfe von L.) darzustellen.

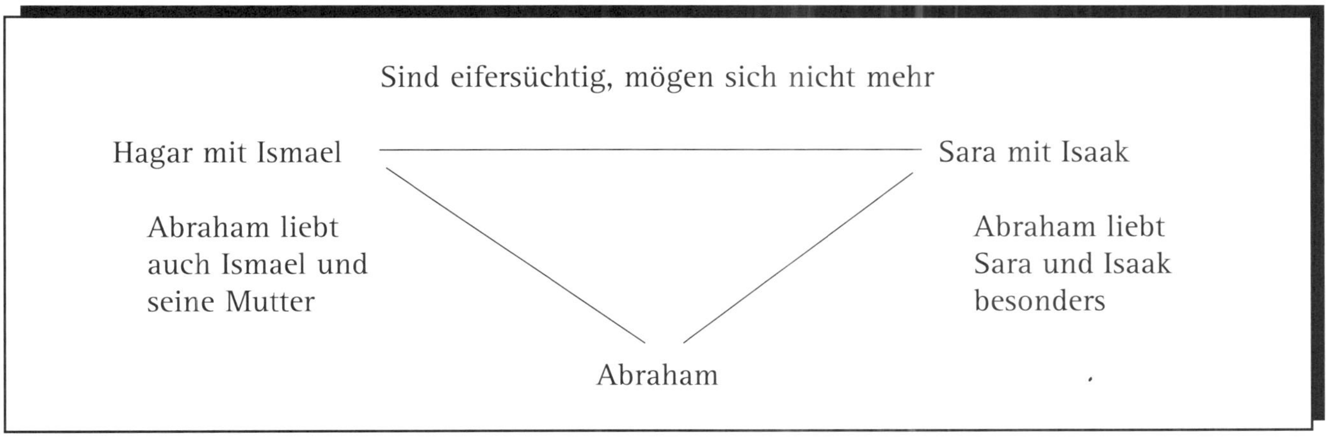

⇨ Text: *Opferung Isaaks in der Bibel* (Gen 22) (SB, S. 42f.)
Diese schwierige Erzählung von der Opferung Isaaks oder – wie Luther überschreibt – „Abrahams Versuchung" wird hier als Text aus der 1984 revidierten Lutherbibel dargeboten.
Es ist eine problematische Geschichte und auch für viele Erwachsene schwer verständlich.
Abraham geht auf Gottes Geheiß, um seinen lang ersehnten Sohn Isaak zu opfern.
Im Bibeltext steht nicht, dass er zweifelt oder zögert, und gerade das stört den Leser. Die offensichtlichen Fragen, warum Abraham sich nicht gegen Gott auflehnt und was er dabei denkt, mit seinem Sohn zum Opfer loszugehen, werden sicherlich auch die Sch. beschäftigen.
Warum also steht diese Erzählung in der Bibel? Von vielen Exegeten wird als wichtigster Grund genannt, dass diese Geschichte die Ablösung des Kindesopfers durch das Tieropfer belegen will. In ihrer Umwelt erlebten die Israeliten Kindesopfer, z.B. bei den Kanaanäern. Um sich davon abzusetzen, wurde die Geschichte von Abraham und Isaaks Rettung überliefert. Der Gott Abrahams ist ein barmherziger, ein Leben schenkender Gott.
Ein zweiter Grund für die Überlieferung dieser Geschichte wird auf den Prüfungscharakter dieses Geschehens zurückgeführt. In Gen 22,1 steht, dass Gott Abraham versuchte, d.h. seinen Glauben prüfen wollte. In Sure 37,107 finden wir dasselbe („denn dies war offenbar ja nur Allahs Prüfung"). Abraham besteht diese Prüfung und bevor er Ernst macht und Isaak bzw. Ismael geopfert werden, wird ihm ein Widder gegeben, den er anstelle seines Sohnes opfern kann. Seitdem ist Abraham immer wieder als *das* Vorbild im Glaubensgehorsam dargestellt worden.
Der schwierige Text wird gemeinsam gelesen und es werden – ganz wichtig – spontane Eindrücke der Sch. zugelassen und gesammelt. Folgende Fragen können zum Unterrichtsgespräch anregen: 1. Was geht wohl in Abraham vor?, 2. Was geht wohl in Isaak vor?
Weitere Idee: die Sch. überlegen lassen, wie man die in der Bibel beschriebene Szene malerisch umsetzen könnte.
Zumeist werden die Sch. die bedeutendste Szene – Abraham mit dem Messer in der Hand, bereit den gebundenen Isaak zu opfern, und mit dem Engel, der Abraham aufhält – nennen und somit den Aufbau der bekannten Gemälde wie z.B. von Rembrandt van Rijn beschreiben. L. könnte eine Farbfolie von *Rembrandts Bild* bereithalten, um den Sch. zu zeigen, wie nah (oder weit entfernt) ihre Vorstellungen den Darstellungen in der Kunst sind.

⇨ Bild: *Jan Lievens, Das Opfer Abrahams, um 1638* (SB, S. 43)
Im nächsten Schritt wird das Bild betrachtet. Sch. beschreiben das Bild. L. sollte, falls die Sch. es nicht von selbst nennen, den Unterschied zwischen dieser und Rembrandts Darstellung thematisieren.
In Jan Lievens Bild wird dargestellt, wie sich Abraham und Isaak nach der Rettung Isaaks in den Armen liegen. Unten links sieht man

das blutige Messer und den Widder. Auf dem Altar (Mitte links) brennt Feuer. Beide schauen nach links oben, gen Himmel. In ihren Gesichtern, besonders in Isaaks, sieht man gleichermaßen die ausgestandene Angst und die Erleichterung über die Rettung. Der Künstler hat die Geschichte in seinem Bild „weitererzählt", denn von dieser Szene wird in der Bibel nichts erwähnt.

⇨ Text: *Opferung Ismaels im Koran* (Sure 37,100–110) (SB, S. 44)
Zum Vergleich mit Gen 22 soll hier die Darstellung der Opferung des Ismael, wie sie im Koran dargestellt wird, mit den Sch. gelesen werden. Die Sch. erinnern sich an Ismael als den Sohn Abrahams und der Magd Hagar. L. kann mit den Sch. die Unterschiede zur Genesis-Erzählung herausarbeiten.
Der Hauptunterschied ist sicherlich, dass Ismael von Gottes Forderung weiß und ihr zustimmt. Ismael wird an dieser Stelle im Koran als junger Mann gesehen, im Unterschied zur jüdisch-christlichen Tradition, die den zu opfernden Isaak stets als Knaben sieht.

⇨ Bild: *Das Opfer Abrahams* (SB, S. 44)
Dieses orientalische Bild illustriert die Opferung Ismaels. Hier werden die Sch. wieder die typischen Elemente (Messer, Engel, Widder ...) entdecken.
Interessant ist die unterschiedliche Darstellung und Kleidung der Figuren. Anschließen sollte sich ein Vergleich mit Jan Lievens Darstellung (s.o.).

⇨ Abb.: *Abraham – der Stammvater der drei Religionen* (SB, S. 45)
Damit die Sch. einen Überblick über das bisher Gelernte erhalten, wird der Stammbaum der drei abrahamitischen Religionen mit den Sch. besprochen.
Wichtig ist an dieser Stelle, deutlich herauszuarbeiten, dass – wenn man den Stammbaum ernst nimmt – die drei Weltreligionen Geschwister im Glauben sind.
Um den Sch. diese Schlussfolgerung zu erleichtern, könnte man sie zuvor einen Stammbaum ihrer Familie malen lassen und über die Verwandtschaftsgrade sprechen.

Weitere Idee:
Um die Verbindungen zwischen Judentum, Christentum und Islam durch Abraham noch stärker zu betonen und zu verdeutlichen, können die Sch. ZM 1 bearbeiten. Sie sollen Segenssprüche aus der Bibel den drei abrahamitischen Religionen zuordnen.

⇨ Text: *Das Opferfest der Muslime* (SB, S. 46)
Um die heutige Bedeutung der Erzählung von Ismaels Opferung zu zeigen, wird mit den Sch. die Geschichte über das Opferfest gelesen.
Weitere Idee:
An Schulen mit türkischen Sch. können diese in den Religionsunterricht eingeladen und zum Opferfest befragt werden.

⇨ Abb.: *Opferfest* (SB, S. 46)
Auf dem Bild sieht man die Schlachtung eines Schafes in der Türkei (in einem alevitischen Dorf in der Provinz K'maras). Welche Elemente der Koran- bzw. Bibelerzählung können die Sch. auf dem Foto bei diesem Gedenken an Abraham/Ibrahim wieder erkennen?

⇨ Text: *Erinnerung an Abraham und Isaak bei den Juden* (SB, S. 47)
Ähnlich dem Gedenken an Ibrahim und Ismael hat auch bei den Juden das Gedenken an die Opferung Isaaks heute noch im Gottesdienst an bestimmten Feiertagen seinen festen Platz in der Liturgie. Der kurze Text bringt detaillierte Informationen für die Sch.
Möglich ist hier ein Vergleich der beiden Formen der Erinnerung an Abraham bei den Muslimen und den Juden. Während bei den Muslimen ein eher aktives Gedenken – durch die Schlachtung des Schafes – vorherrscht, ist bei den Juden dieses Gedenken eher symbolisch durch das Blasen eines Widderhorns.

⇨ Abb.: *Schofar* (SB, S. 47)
Auf dem Bild ist zur Veranschaulichung ein Schofar (Widderhorn), das im jüdischen Gottesdienst verwendet wurde, zu sehen.
Hier könnte nach der Erinnerung der Christen an Abraham gefragt werden. Das Christentum hat keine feste Form des Erinnerns an Abraham, obwohl auch sie sich als Kinder Abrahams betrachten.

⇨ *Gemeinsame Gebete* (SB, S. 48)
Als Konsequenz aus dem bisher Erarbeiteten ergibt sich auch für die Sch., dass Judentum, Christentum und Islam nicht so weit voneinander entfernt sind, wie es oft scheint. Daher sollte es auch möglich sein, gemeinsam zu beten. Eine Ökumene ohne gemeinsame Gebete ist schwer vorstellbar. Mit den Sch. wird überlegt, warum bzw. ob es möglich ist, diese Gebete gemeinsam zu sprechen.
Die Sch. werden gebeten, sich die Gebete in Ruhe durchzulesen und zu entscheiden, welches Gebet sie am meisten anspricht. Vielleicht können die Sch. Gründe dafür - aufgrund des Gelernten - nennen.

Weitere Idee:
Wenn jüdische, christliche und muslimische Sch. an einer Schule unterrichtet werden, gäbe es vielleicht die Möglichkeit, ein gemeinsames religiöses Fest zu organisieren und durchzuführen.

⇨ Zur *Ideenecke* (SB, S. 49)
Für das Einzeichnen von „Abrahams Wanderung" in eine Karte sind folgende Bibelstellen wichtig: Gen 11,31; 12,5–10; 13,1–4; 13,18. Als Vorlage/Beispiel für das anzufertigende Spiel kann ZM 2 dienen.

5. Materialien und Medien

Film:
- Begegnungen mit der Bibel, Filme 1-3, Film 1: Abraham und Sara (Gen 18), Deutsche Bibelgesellschaft, Stuttgart 1992, Produktion Eikon-Film.

Diaserien/ Foliensätze:
- Hans Eggenberger (Hg.), Neue Schulbibel. Diaserie für den biblischen Unterricht, Benziger/Theologischer Verlag Zürich, 1973.
- Jörg Zink (Hg.), Bildwerk zur Bibel. Geschichte und Umwelt, Burckhardthaus-Laetare, Gelnhausen 1983.

Vorlesegeschichten:
- Werner Laubi, Geschichten zur Bibel. Bd. 3: Abraham, Jakob, Josef, Kaufmann/Benziger, Lahr/Zürich 1985.

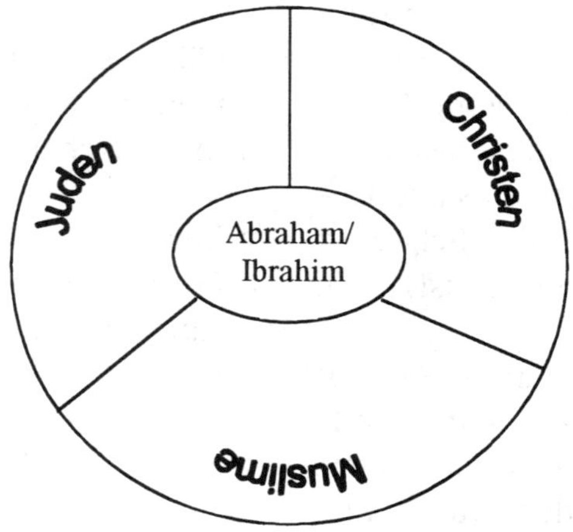

In dir sollen gesegnet werden alle Völker auf Erden. (Gen 12,3)

1. Gott sprach zu Abraham: „In dir sollen gesegnet werden alle Völker auf Erden." (Gen 12,3)
2. Gott sprach zu Abraham: „Sara, deine Frau, wird dir einen Sohn gebären, den sollst du Isaak nennen. Mit ihm will ich meinen ewigen Bund aufrichten und mit seinen Nachkommen." (Gen 17,19)
3. Gott sprach zu Abraham: „Und für Ismael habe ich dich auch erhört. Siehe, ich habe ihn gesegnet. Zwölf Fürsten wird er zeugen und ich will ihn zum großen Volk machen." (Gen 17,20)
4. Gott sprach zu Abraham: „Auch den Sohn der Hagar will ich zu einem Volk machen, weil es dein Sohn ist." (Gen 21,13)
5. Paulus schrieb in seinem Brief an die Galater: „Wenn ihr zu Jesus Christus gehört, so seid ihr auch Abrahams Kinder und erbt die Segensverheißungen." (Gal 3,29)
6. Gott sprach zu Abraham: „Durch deine Nachkommen sollen alle Völker auf Erden gesegnet werden." (Gen 22,18)
7. Paulus schrieb an die römische Gemeinde: „Die Segensverheißung gilt den Juden als Abrahams Nachkommen und den Christen. Er ist unser aller Vater." (Röm 4,16)
8. Gott sprach: „Ich will Sara segnen und von ihr will ich dir einen Sohn geben. Völker sollen aus ihr werden und Könige über viele Völker." (Gen 17,16)

Aufgaben:

a) Schneide eine Segensverheißung aus, die zu Abraham – Sara – Isaak passt, und klebe sie in oder neben das passende Kreisdrittel!

b) Schneide eine Segensverheißung aus, die zu Abraham – Hagar – Ismael passt, und klebe sie in oder neben das passende Kreisdrittel!

c) Schneide eine Segensverheißung aus, die an die Christen gerichtet ist, und klebe sie in oder neben das passende Kreisdrittel!

d) Gib jedem Drittel eine besondere Farbe. Wie kannst du ausdrücken, dass Juden und Christen besonders eng zusammengehören? Überlege dir, welche Farbe ein Segenskreis um alle drei Religionen herum haben könnte, und zeichne ihn ein!

Durch die Wüste

Spielregeln

Ein Weg durch die Wüste ist mit vielen Überraschungen verbunden. – Hier die Regeln für das „Weg-Spiel":
a) Jeder Mitspieler bekommt eine Mensch-ärgere-dich-nicht-Figur.
b) Nacheinander würfelt jeder je einmal. Wer beginnt, wird ausgelost.
c) Hindernisse und Überraschungen warten bei den dunklen Punkten:

4 Hat die Vorräte vergessen; zurück auf 1.
6 Gerät in einen Sandsturm; setzt alle Kraft ein. Darf würfeln, bis die 6 kommt.
9 Versteckt sich vor einem brüllenden Löwen; einmal aussetzen.
12 Verschläft den Weiterweg; muss warten, bis alle vorbei sind.
16 Wird vom Krokodil erschreckt; zurück auf 13.
18 Gibt einem Durstigen zu trinken; noch 2 x würfeln.
20 Verjagt einen Räuber aus dem Lager; geht 3 Schritte zurück und dann 5 Schritte vor.
23 Staunt über eine Sonnenfinsternis; muss vor dem Würfeln die Zahl erraten; wenn richtig geraten, noch einmal würfeln.
25 Wird von einer Schlange gebissen, muss langsam treten; 3 x würfeln, die höchste Zahl gilt.
27 Rettet ein Schaf, das in einen Brunnen gefallen ist. Muss 2 x würfeln und wenn die zwei Würfe mehr als 4 ergeben, die überzähligen Punkte von 31 an wieder zurück.
30 Isst zuviel von den frischen Datteln; bekommt Bauchschmerzen und ruht sich aus; zurück auf 12.

Eva Bruchmann, Würfelspiel, aus: Haas/Vicktor, Spielideen zur Bibel, © Verlag Ernst Kaufmann, Lahr.

Exodus – Aufbruch in ein neues Land

1. Theologische und didaktische Aspekte

Das *Buch Exodus* ist in das biblische Gesamtwerk der Fünf Bücher Mose integriert. Es berichtet vom Werden des Volkes Israel bis zur Landnahme in Kanaan. Nach einer längeren mündlichen Erzähltradition wurde etwa um 400 v.Chr. mit der Verschriftlichung der Erzählung begonnen. Die frühen Schriften des Judentums waren noch nicht in Büchern aufgeschrieben, sondern auf Tierhäuten. Der Umfang derartiger Schriftrollen war begrenzt, deshalb wurde das Geschichts- und Gesetzeswerk auf fünf Rollen aufgeteilt. In der griechischen Sprache nennt man diese Bücher „Pentateuch“, das bedeutet „Fünfrollenbuch“. Im Hebräischen lautet der Name „Tora“, das heißt „Göttliche Weisung“, sie ist die Grundlage des jüdischen Glaubens.

Das 2. Buch Mose heißt Exodus. Das Wort „exodus“ kommt aus dem Lateinischen und bedeutet „Auszug“. Es enthält u.a. die zentralen biblischen Gotteserfahrungen, in Ex 3,14: „Ich bin, der ich bin“ o.Ä.; in Ex 11ff.: Gott tut Wunder; Gott befreit sein Volk; in Ex 20: Gott verbündet sich mit seinem Volk und schenkt ihm eine sinnstiftende Ordnung.

Die Befreiung des Auszugs war das Geschenk einer neuen Lebensordnung für das Volk Israel, sie wurde als grundlegende Tat Gottes begriffen. Im Pessach (Passafest) ist diese Erinnerung an das Exodusgeschehen lebendig gehalten. Das Bekenntnis zu „Jahwe“ – der hebräische Eigenname Gottes –, der Israel aus Ägypten herausgeführt hat (Ex 20,2; Dtn 5,6; 26,5f.; Ps 81,11), ist der Kern des israelitischen Gottesglaubens.

Wer aber war *Mose*? Wie ist seine zentrale Persönlichkeit und Führungsrolle im Exodusgeschehen zu verstehen?

Mose ist ein Mythos und legendärer Held, dessen Schwächen allerdings nicht verschwiegen werden. In seiner Person treffen vielschichtige Voraussetzungen zusammen: Mose war Hebräer, doch von seiner Herkunft kein hebräischer Fronarbeiter. Er war ein am ägyptischen Hof ausgebildeter und erzogener Mann, doch von seiner Herkunft her Hebräer und kein Ägypter. Mose war ein Hirte bei den Medianitern, den Halbnomaden, zu denen er nach seiner Flucht stieß. Verschiedene Lebenswelten vereinigten sich in der Leitfigur des Mose. Er hatte somit gute Voraussetzungen, die Führung des schwierigen Auszugs zu übernehmen. Wenn die Bibel bereits verschiedene Auffassungen über Mose und sein Amt zulässt, darf auch im Unterricht die Möglichkeit der Sortierung und Auswahl getroffen werden. Das Wissen um die biblische Traditionsbildung macht es möglich, die Mosegeschichten zu aktualisieren, sie in unsere Zeit und deren Problemstellungen einzubeziehen.

Eine weitere zentrale Schaltstelle in der Exoduserzählung ist die Kult- und Berufungsaussage. An unerwarteter Stelle traf Mose auf den heiligen Ort am brennenden Dornbusch. Für diese Erscheinung gibt es mehrere natürliche Erklärungsversuche, u.a. werden dornige Akazienbüsche beschrieben, die im Licht der Wüste brennend wirken. Fotos hierzu finden sich in manchen Bilderbibeln. Die dem Feuer innewohnenden Kräfte gehören zu den Urbildern des menschlichen Bewusstseins. Da es oft auch mit Blitz und Licht im Zusammenhang auftritt, wurde das Feuer als Ausstrahlung göttlicher Macht empfunden. Gottes Anwesenheit symbolisiert sich im Feuer. Das Feuer gehört zu den Elementen von Theophanieschilderungen. Hier in der Exoduserzählung ist es ein Zeichen für Gottes Unnahbarkeit und sein Anderssein. Es ist nicht ein Name, der Mose in der Berufungsgeschichte aus dem Dornbusch verraten wird, es sind ursprünglich hebräische Verben, die bedeuten: „gegenwärtig sein, da sein". Mose erhält auf seine Frage die Antwort: „Ich bin, der Ich bin" bzw. „Ich werde da sein bei dir" – das ist das Gottesversprechen, das auch Abraham, Isaak und Jakob gegeben wurde. Diesen Gottesnamen kann man nicht besitzen und beschwören.

Die Bedeutung des Namens ist in diesem Zusammenhang für die Sch. zu abstrakt, sie werden aber verstehen, wenn von diesem Gott gesagt wird: „Das Wichtigste an mir ist nicht ein Name, das Wichtigste ist, dass du weißt, dass ich für dich da sein werde."

Doch die Exoduserzählung darf nicht als historischer Bericht für die Geburtsstunde des israelitischen Volkes missverstanden werden. Die Geschichte, die scheinbar so stimmig erzählt wird, ist in Wirklichkeit das Resultat eines komplizierten und langfristigen Überlieferungsprozesses. Neben der grundlegenden Bedeutung des Textes muss auch danach gefragt werden: Was ist über das Volk Israel bekannt? Wer war das Volk Israel? Was ist Geschichte? Was ist Sage?

Es ist kaum möglich, das Exodusereignis historisch zu belegen. Unter Vorbehalt lässt sich annehmen, dass zwischen 1500–1200 v. Chr. wiederholt schutz- und nahrungssuchende Nomadenstämme an der Ostgrenze des Nildeltas zuwandern. Sie mussten unter ägyptischen Herrschern als Fronarbeiter dienen. Die in Ex 1,11 erwähnten Vorratsstädte „Ramses" und „Pithon" sollen unter Ramses II (1301–1234 v.Chr.) mit ihrer Hilfe erbaut worden sein. In diese Zeit fiel wahrscheinlich auch der Auszug der israelitischen Stämme, der sich als langer und uneinheitlicher Prozess vollzog. In der uns überlieferten biblischen Erzählung verdichtet sich das Geschehen als eine grundlegende Begegnung der Israeliten mit ihrem Gott.

Die biblische Geschichte vom Exodus erzählt somit nicht in erster Linie eine historische, sondern vermittelt eine tiefer liegende Wahrheit. Sie verweist auf einen Prozess, den jeder Mensch durchlaufen muss, um sich selbst und vielleicht auch Gott zu finden. Je nach Lebenserfahrung werden die Bilder der Erzählung in den Zuhörern Spuren hinterlassen.

Unabhängig von der sozialgeschichtlichen Wirkungsgeschichte enthalten die Moseerzählungen Grunderfahrungen des Menschen und des Glaubens. Sie sind Weggeschichten, die Orientierung anbieten. Immer müssen sich Menschen auf einen neuen Weg wagen, der zwischen dem „Wo komme ich her?" und „Wo wird mein Ziel sein?" noch keine fertigen Antworten bereithält. Hier ist auch der Ausgangspunkt für die Beschäftigung mit der Exodustradition im Unterricht.

Die Aktualität der *heutigen Flüchtlingsströme* (SB, S. 51) ermöglicht einen sehr zeitgemäßen Einstieg in das Thema. Berichte aus dem Fernsehen und anderen Medien können ergänzend hinzugezogen werden. Auch die Vergangenheit bietet vielfältige Anknüpfungspunkte, ob Auswanderungswellen in vorigen Jahrhunderten oder Migrationsbewegungen heute. Wie eindringlich die biblischen Texte die Lebenssituation unterdrückter Gruppen widerspiegeln, zeigen die *Befreiungslieder* der Sklaven in den Staaten.

Obwohl die Exodustradition schon in der Grundschulzeit angeklungen ist und vielleicht bei einzelnen Schülern durch das Elternhaus vermittelt wurde, ist das Wissen um das gesamte Geschehen doch bei den meisten Sch. nicht mehr vorauszusetzen.

Um ihnen den Exodus in seiner traditionsgeschichtlich überlieferten Ganzheit nahe zu bringen, durchzieht eine freie Erzählung das Kapitel. Vielfältige kreative Zugänge (szenische Übungen, bildnerisches Gestalten, Singen, Dichten ...) zu den einzelnen Aspekten der Erzählung werden hierfür angeboten. Der Stoff beinhaltet außerdem eine hervorragende Möglichkeit zu fächerübergreifendem Unterricht, z.B. Geschichte: Alltagsleben und Herrschaftsstrukturen im alten Ägypten, Architektur, Götterwelt, Schriftzeichen/Völkerwanderungen/Sklaven in Amerika; Geographie: Lebensformen in Wüstenregionen, Topographie des Vorderen Orients; Kunst: Bildbetrachtung und Bildgestaltung.

Nur die mit allen Sinnen gefestigte Gesamtkenntnis der Exoduserzählung kann auf dem schwierigen Lebensweg der Heranwachsenden zu einem seelischen Rückhalt werden.

Die *Sinaitradition* wurde vermutlich später in den Zusammenhang der Auszugstradition eingefügt, ist somit im strengen Sinne sekundär, denn die umfangreichen Gesetzesformulierungen des Pentateuch setzen zum Teil Sesshaftigkeit und Ackerbau voraus. Die Stiftung einer dauerhaften Bundesordnung wird in der Traditionsgeschichte jedoch zum Mittelpunkt, auf den die Rettung aus Ägypten ausgerichtet ist. Die Befreiung aus der Sklaverei ist keine Befreiung in eine grenzenlose Leere, sondern eine, die auf Schalom, Recht und Freiheit verpflichtet ist.

Einzelgebote des *Dekalogs* finden sich bereits lange vor der Zeit des Mose in Gesetzessammlungen der vorderorientalischen Völker. Es scheint belegt, dass der Dekalog auf zwei Steintafeln, in der sog. „Bundeslade“ auf der Wüstenwanderung transportiert wurde. Das beweist, dass die 10 Gebote eine große kultische und religiöse Bedeutung hatten. Der Dekalog ist bis heute das Kernstück des jüdischen Glaubens und wurde von Jesus, fast noch verschärfend, bestätigt, somit auch in den christlichen Glauben übernommen.

Die 10 Gebote erscheinen in ihrem kurzen Wortlaut sehr einprägsam, doch ihr Sinn und ihre Bedeutung sind nicht zeitlos fest geschrieben und unwiderruflich. Die Formulierungen haben sich im Laufe der Zeit oft gewandelt. Im Schülerbuch sind deshalb eine an die alte *hebräische Version* angelehnte Wiedergabe der 10 Gebote und *Luthers Übersetzung* gegenübergestellt (SB, S. 63f.). Die Sch. werden die Unterschiede herausarbeiten und Fragen stellen, warum es zu diesen Veränderungen gekommen ist. Hier sind Hintergrundinformationen für den/die Lehrer/in wichtig, denn Gebotsformulierungen sind immer wieder als veränderungswürdig empfunden worden.

Das zweite Gebot z.B., „Du sollst dir kein Bildnis machen“, hat Luther für überholt gehalten und nicht mehr in seinen Katalog übernommen. Beim dritten Gebot wurde der ursprüngliche Wortlaut „Du sollst den Sabbat heilig halten“ für den christlichen Bereich in „Du sollst den Feiertag heiligen“ umgeändert. Die wörtliche Übersetzung des fünften Gebots heißt: „Du sollst nicht morden“, Luther übersetzt frei „töten“. Fragwürdig und uns nicht mehr verständlich ist der Wortlaut des 10. Gebots, nach dem die Frau mit dem Vieh gleich gestellt wird und als Eigentum des Mannes angesehen wird. Bereits im 5. Buch Mose, dem Deuteronomium, ist eine Umformulierung erfolgt. Die 10 Gebote sind somit keine Zwangsbestimmungen, sondern Versuche des Menschen, Gottes Anforderungen an sein Verhalten in Worte zu fassen; dieses sollte im Unterricht als wesentlicher Schwerpunkt deutlich werden.

Gottes Wille tut sich für den Menschen in der Schöpfung kund, die dem Menschen Verantwortung für das Leben auf der Erde überträgt. Die 10 Gebote sind Bestätigung dafür, dass der Mensch als freiheitliches Wesen geschaffen ist. Sie enthalten Grundsätze, Regeln und Leitlinien, die dazu helfen, dass ein Leben in Freiheit gelingt.

2. Intentionen

Die Sch. sollen

- in wesentlichen Grundzügen die traditionsgeschichtlich überlieferte Exoduserzählung kennen lernen und nacherlebend für sich erschließen
- Informationen über historische Hintergründe zum Leben der Israeliten in Ägypten erhalten und das Exodusgeschehen geographisch zuordnen

- die Wegstationen der Knechtschaft in Ägypten, der Berufung am Dornbusch, des Wüstenweges und des Sianaibundes als symbolhafte Bilder menschlicher Lebenserfahrung nachempfinden und eigene Bezüge dazu herstellen
- den Zusammenhang zwischen der Geschichtserfahrung Israels (Befreiung aus der Sklaverei), dem Bekenntnis zu Jahwe-Gott und den Geboten kennen
- den Zuspruch Gottes „Ich bin bei dir" als zentrale Aussage des Glaubens entdecken.

3. Literatur zur Vorbereitung

- Rainer Albertz, Religionsgeschichte Israels in alttestamentlicher Zeit. Bd. I, Vandenhoeck & Ruprecht, Göttingen 1992.
- Martin Buber, Moses, Lambert Schneider, Gerlingen 1994[4].
- Frank Crüsemann, Bewahrung der Freiheit – Das Thema des Dekalogs in sozialgeschichtlicher Perspektive, Gütersloher Verlagshaus, Gütersloh 1993.
- Wolfgang Dietrich, Und Mirjam nahm die Pauke in die Hand. Impulse aus dem Auszug aus Ägypten, Verlag am Eschbach, Eschbach 1985.
- Friedrich Johannsen/Christine Reents, Alttestamentliches Arbeitsbuch für Religionspädagogen, Kohlhammer, Stuttgart 1987.
- Ina Willi Plein, Das Buch vom Auszug, Kleine Biblische Bibliothek, Neukirchener, Neukirchen-Vluyn 1988.
- Werner H. Schmidt, Exodus. Biblischer Kommentar. AT II/1, Neukirchener, Neukirchen-Vluyn 1988.
- Michael Walzer, Exodus und Revolution, Fischer, Frankfurt a.M. 1998.
- Erich Zenger, Einleitung in das Alte Testament. Studienbücher Theologie, Kohlhammer, Stuttgart 1998[3].

4. Unterrichtsideen

A. Der Traum von der Freiheit

⇨ Das Titelbild *Flüchtlinge im Kosovo* (SB, S. 51) ist ein stummer Impuls aus der jüngeren Zeitgeschichte. In einem Brainstorming werden zunächst alle Äußerungen zugelassen. Im Anschluss daran sollte in der Klasse darüber nachgedacht werden, welche Motive Menschen dazu bewegen, ihre Heimat zu verlassen. Ein solcher Einstieg gibt Aufschluss über das Vorwissen, deutet auf Ängste und Befindlichkeiten innerhalb der Lerngruppe hin. Entsprechend der Thematik werden die hier bereits spürbaren Fragestellungen zu einem späteren Zeitpunkt im Unterricht wieder aufgenommen und vertieft.

⇨ Das Lied *Lasst uns gehen* (SB, S. 51) nimmt die Vision der Befreiung bereits vorweg. In Einzel- oder Gruppenarbeit malen die Sch. möglichst großformatige Bilder zum Thema: Wie sollte eine Welt, ein Land des Friedens aussehen? Die Arbeitsergebnisse werden während der gesamten Arbeit am Thema gut sichtbar im Klassenzimmer ausgehängt. Die Vision der Befreiung ist somit den Sch. als Hoffnungspunkt ständig im Bewusstsein.

B. Ein Volk wird unterdrückt

⇨ Bildbetrachtung: *Dioritstatue des Pharao Chephren* (SB, S. 52)
Die Abbildung der Statue wird still betrachtet, die Sch. sammeln Adjektive, die die königliche Gestalt näher beschreiben. Die Größe, Macht und Unnahbarkeit der Persönlichkeit des Pharao sollte in den Beschreibungen deutlich werden.

⇨ Der Wandfries *Grabmalerei* (SB, S. 52) zeigt semitische Arbeiter bei der Herstellung von

Ziegeln im alten Ägypten aus der Grabkammer des Rechmire (1460 v. Chr.). Wasser wird aus einem Becken geschöpft, Strohhäcksel mit Lehm und Wasser vermischt. Der Lehm wird in Behältern transportiert und dann in Formen gepresst. Die Lehmziegel trocknen in der Sonne und werden verarbeitet. Ein Aufseher kontrolliert die Arbeitsstelle. Im Text (SB, S. 52), der Ex 1 zusammenfassend nacherzählt, wird das schwere Los der Knechtschaft angedeutet. In eine kopierte Vorlage des Wandfrieses können Sprech- und Denkblasen eingezeichnet werden, die die Gedanken und Gefühle der Arbeiter aufnehmen.

⇨ *Weiterarbeit:* Das grausame Gebot des Pharao, alles Erstgeborene zu töten, löst große Ängste bei den israelitischen Familien aus, doch die extreme Not setzt auch Phantasien frei. Die Sch. überlegen in kleine szenischen Übungen oder in Briefform, was sie zur Rettung der Neugeborenen unternehmen wollen. Psalmworte (SB, S. 120f.) helfen ein Gebet zu formulieren, das Mütter in dieser Situation gesprochen haben könnten.

C. Mose

⇨ Die *Nacherzählung von Ex 1,15ff.* (SB, S. 53) dient der Überleitung auf die Mosetradition. Die Sch. können die Geschichte um Moses Herkunft als Einstiegscomic zur Comicfolge (s.u.) zeichnen.

⇨ Die *Comicfolge* zur Jugend des Mose (SB, S. 53f.) lässt sich in verteilten Rollen lesen. Die Sch. sollen sich in die Person Mose hineinversetzen: Was geht in ihm vor, was wird er unternehmen, wovor fürchtet er sich? Die Methode des „Doppelns“ bietet sich an. Hierbei stellt ein Sch. stumm den Mose dar, andere treten hinter seine Person und sprechen stellvertretend für ihn Gedanken und Gefühle aus. An dieser Stelle muss deutlich werden: Mose ist schuldig geworden.

⇨ *Weiterarbeit*: Der Pharao erlässt einen Suchbefehl. Die Sch. entwickeln den Wortlaut in Form eines Plakats. Ein *Fahndungsplakat* in „Hieroglyphenschrift“ findet sich in (ZM 1). Die Entschlüsselung kann als kleiner Wettbewerb durchgeführt werden. Zügig arbeitende Sch. können eigene verschlüsselte Texte in „Hieroglyphenschrift“ verfassen. Thema könnte sein: „Mose schreibt an seine Freunde in Ägypten einen geheimen Brief, in dem er über seine geglückte Flucht berichtet“. Hierzu muss Ex 2,11–22 noch einmal genau gelesen werden. Auflösung zu ZM 1: MORD AN EINEM AUFSEHER. GESUCHT WIRD MOSE ... (1 Buchstabe pro Hieroglyphe).

D. Was für ein Feuer

⇨ Bildbetrachtung: *Sieger Köder, Mose am Dornbusch, 1989* (SB, S. 55)
Zur Annäherung an das Symbol Feuer wird zunächst die Abbildung des Mose auf einer Farbfolie abgedeckt, sodass ausschließlich das Feuer im Zentrum der Aufmerksamkeit steht. Die Sch. betrachten das Bild eine Weile still und äußern sich dann assoziativ. Zusammenfassend sollten die lebensbedrohenden und -erhaltenden Seiten des Feuers gleichwertig in einer Tabelle festgehalten werden.

⇨ Die Ambivalenz des Feuers spiegelt sich auch in der *der Berufungsgeschichte* Ex 3–4 wider (nacherzählt im SB, S. 56). Die Person Mose wird in der Farbfolie (s.o.) aufgedeckt und in Bezug zum Feuer betrachtet. Das Spannungsverhältnis zwischen der Angst des Mose, zu versagen und überfordert zu werden, und Gottes Zuspruch in der Wärme des Feuers, das auf Mose abstrahlt, soll nachempfunden werden. Passende Psalmworte (SB, S. 120f.), Gottes Zuspruch (Ex 4) oder Zeilen aus dem Lied *Fürchte dich nicht* (SB, S. 55) können in die Flammen eines skizzierten Feuers eingetragen werden.

⇨ *Weiterarbeit*: In einem *Entscheidungspiel* soll jeder Sch. nach einigen Abwägungsschritten zu einer begründeten Entscheidung gelangen: Wird Mose den Auftrag annehmen oder lieber ablehnen? Die Sch. überlegen Argumente, die für und gegen die Entscheidung sprechen und halten diese zunächst schriftlich fest.
Etwa sechs Fußspuren werden mit Kreide auf den Boden gezeichnet, dann folgt eine Kreidelinie, die Entscheidungslinie. Die Sch. sprechen pro Schritt eine Überlegung aus und

treffen eine Entscheidung an der Linie. Diese Übung lässt sich auch für Entscheidungsfragen auf der Sch.-Ebene durchführen, z.B.: Soll die Klassensprecherwahl angenommen werden oder nicht?

⇨ Der vierstimmige Kanon *Wechselnde Pfade* (SB, S. 56) kann in Gruppen, dem Einsatz entsprechend gehend, gesungen werden. Die singenden Gruppen ziehen aneinander vorüber, so wird ein emotionaler Zugang für den Wechsel der Stimmungen, aber auch für den Zuspruch Gottes angebahnt.

⇨ ZM 2, das fiktive *Gespräch Moses mit seiner Familie*, bietet eine Reflexion bzw. Zusammenfassung der Gesamtproblematik zur Berufungsgeschichte an.

E. Pharao gegen Gott

⇨ Bildbetrachtung: *Esben Hanefelt Kristensen, Die 10 Plagen, 1992*/Text: *nach Ex 4ff.* (SB, S. 57)
Das Bild kann durch schrittweises Aufdecken der Abbildungen erschlossen werden. Die Geschichte der Plagen entwickelt sich aus den Bildern. Schicht um Schicht wird die Not größer und unerträglicher, bis sie bei der zehnten Plage zum Auslöser des Exodus wird.

⇨ Bildbetrachtung: *H.R. Berlinicke, Passa, 1986*/Text: *Liebe Svenja* (SB, S. 58f.)
Mithilfe des Briefes von Hanna an Svenja kann das Bild erschlossen werden. Weitere Hinweise zu den Passa-Speisen finden sich hier im WB auch auf S. 185f. In dem Brief wird deutlich, dass der Auszug aus Ägypten die Nahtstelle für die Begründung der jüdischen Glaubenstradition geworden ist. Der kopierte Brief kann zum Lückentext umgearbeitet werden, wenn die Schlüsselwörter wie z.B. Passa, Mazzen, bittere Kräuter u.v.a. herausgenommen werden. Die Sch. können durch Einsetzen der fehlenden Wörter überprüfen, ob sie die Abfolge und die wesentlichen Aussagen der Passatradition verstanden haben.

⇨ *Weitere Ideen:*
- *Videofilm* „Begegnung mit der Bibel, Teil II, Exodus: Auszug aus der Sklaverei"; verknüpft anschaulich das Exodusereignis mit der Sedertradition (vgl. 5. Materialien und Medien)
- Lied *When Israel was in Egyptsland.*

F. Aufbruch und Flucht

⇨ Bildbetrachtung: *Rita Frind, Exodus, 1994* (SB, S. 60)
Auf die Gefühlswerte der Farben sollte hingewiesen werden: Blau = Kälte, Gelb, Rot = Wärme, Schwarz (eigentlich eine Nichtfarbe) = die schwere dunkle, bedrückende Vergangenheit und auch Gegenwart. Die Sch. fertigen eine Skizze des Bildes an und schreiben in die entsprechenden Bildsegmente Angst- und Mutmachtexte (s. Kap. „Angst und Geborgenheit", S. 120f.). Diese Texte können auch auf kleine Kärtchen geschrieben werden. Die Sch. mit den Angstkärtchen bilden ein Spalier, sie verkörpern die Flutwände. Die übrigen Sch. ziehen als „Volk Israel" hindurch. Abwechselnd werden Angst- und Mutmachäußerungen gesprochen. Zum Schluss der Aktion kann das bekannte Lied *When Israel was in Egyptsland* gesungen werden.

⇨ *Weiterarbeit*: Weltweit sind 50 Millionen Menschen auf der Flucht vor akuten Bedrohungen wie politischer Verfolgung, Krieg oder Terror, unter ihnen sind viele Kinder. Die Betrachtung der Exodusgeschichte darf nicht in einem distanzierten Zurkenntnisnehmen stehen bleiben. Die Sch. sollen die Möglichkeit erhalten, neben der Information zum aktuell stattfindenden Exodus auch Hoffnungspunkte kennen zu lernen, die ihnen die Vision der Befreiung in Gottes Zuspruch, näher bringt. Vielleicht können sie selbst Anteil an diesem mutmachenden Prozess nehmen.
Viele Caritas-Verbände geben zur Flüchtlingsproblematik anschauliches Material heraus, dass auch schülernahe Projektunterstützungen vorschlägt.
Einige Adressen (s. auch SB, S. 206f.):
- *Brot für die Welt*, Stafflenbergstr. 76, 70184 Stuttgart
- *Misereor*, Bischöfliches Hilfswerk, Mozartstr. 9, 52064 Aachen

- *Amnesty International*, Heerstr. 178, 53111 Bonn
- *Kindernothilfe*, Düsseldorfer Landstr. 180, 47249 Düsseldorf
- *Aktionsgemeinchaft Solidarische Welt e.V.*, Hedemannstr. 14, 10969 Berlin.

G. Rettung

- Text: *nach Ex 14ff.*/Bild: *Sieger Köder, Mirjam, 1996* (SB, S. 61)
  Das Bild bezieht sich auf das Mirjamlied Ex 15,(1–18)21; hier handelt es sich um eine sehr alte Überlieferung. Der knappe Text lässt sogar die Person des Mose unerwähnt. In späteren Traditionen wird der Vorgang erheblich ausgeschmückt. Geographisch werden für den Ort des Geschehens drei Hypothesen aufgestellt: 1. Das Gebiet um die heutige Suez-Kanalzone (Bitterseen), 2. an der Mittelmeerküste, östlich des Nildeltas (Bereich des Sirbonischen Sees), 3. Am Golf von Elath, bzw. Aquaba. Einheitlich bleibt, trotz unterschiedlicher Sichtweisen, dass Gott Israel unerwartet Leben und Freiheit schenkt.

⇨ *Weiterarbeit*: Die Erfahrung der Befreiung sollte im Unterricht lebendig und sinnlich erfahrbar nachvollzogen werden. Die Befreiungstexte können verklanglicht werden. Bei etwas mehr Zeit oder für einen besonderen Anlass, z.B. Schulgottesdienst, Projekt o.Ä. können Instrumente und Brot für das Fest selbst hergestellt werden. Die „Freudenrufe der Israeliten" (ZM 3) können zur Herstellung eines *eigenen Dankliedes* genutzt werden. Herausgearbeitet werden sollte an dieser Stelle, dass die Israeliten Hoffnung und Stärkung durch das befreiende Erlebnis am Schilfmeer erhalten. Freude und Dank finden in Festen ihren Ausdruck.

H. Die Wüstenwanderung

Die Wüste ist für die Israeliten ein Ort, der viele ambivalente Lebensaspekte aufweist. Wie ein roter Faden durchzieht das Motiv der Gefährdung und der Bewahrung die Überlieferungen. Hunger, Durst, Feinde und Schlangen sind Beispiele für die Gefährdung einerseits und Wachteln, Manna, Wasser, Zeichen der Bewahrung andererseits. „Wüste" bedeutet in dieser Form der Exodustradition eine erzählerische Überbrückung der Lücke zwischen den Themen „Herausführung aus Ägypten" und „Hinführung in das Kulturland".

Ziel der Betrachtung dieses Erzählabschnittes sollte die Reflexion über die Fremd- und Selbstbestimmung sein. Die existenzielle Verunsicherung in der Wüste löst Unzufriedenheit aus. Die Befreiung wird immer wieder als Last empfunden, in ihr wird die ägyptische Vergangenheit idealisiert und der Wunsch nach einem greifbaren Gott, der Errichtung eines Stierbildes nach ägyptischen Vorbild angebahnt.

⇨ Eine *Imaginationsübung* (ZM 4) ins Land der Wüste nimmt die Vorstellungen und inneren Bilder der Sch. zum Thema Wüste auf. Der Text sollte in ruhiger entspannter Atmosphäre gelesen werden. Im Anschluss berichten oder malen die Sch. ihre „Wüstenerlebnisse".

⇨ Bildbetrachtung: *Paul Klee, Mit zwei Dromedaren und einem Esel, 1991* (SB, S. 62)
Das Bild wird still betrachtet. Viele Elemente aus der Exodusgeschichte können entdeckt werden, z.B. die Dromedare, deren Rücken wie Pyramiden wirken. Sie sind sowohl Symbol für Ägypten als auch ein Zeichen für Wüstenwanderung. Wege deutet das Bild nur an, sie sind immer wieder unterbrochen. Wüste ist kein toter Raum, verschiedene Farbgebungen erinnern an die glühende Hitze, Sandböden, aber auch an fruchtbare Oasen mit schattenspendenden Bäumen und Quellen. Die Sch. können in eine vergrößerte, hell kontrastierte Kopie Ereignisse der Exodusgeschichte eintragen bzw. hineinmalen.

⇨ *Weiterarbeit*: Der Ex 16f. nacherzählende Text (SB, S. 62) wird gelesen. Die Sch. bearbeiten in Partner- oder Gruppenarbeit einerseits Argumente für die klagenden Israeliten und andererseits Argumente für Moses Position. Die Argumente können als Sprechblasen in ZM 5, Bild von den *Israeliten auf der Wanderung*, eingetragen werden.

⇨ Das Lied *Bewahre uns Gott* (EG 171) nimmt den Hoffnungsgedanken auf. Es leitet einen

Transfer von der konkreten Entbehrung in der Wüste nach Wasser und Brot hin zu einer symbolischen Ebene, auf das Leben, das Gott gibt.

I. Der Gottesbund am Sinai – die 10 Gebote

- Bildbetrachtung: *Marc Chagall, Moses empfängt die Gesetzestafeln, 1954–67*/ Text: *nach Ex 19f.* (SB, S. 63f.)
  Nach einer stillen Betrachtungsphase (Bearbeitungsmöglichkeiten vgl. Arbeitsvorschläge im Anhang des SB, S. 204) lesen die Sch. mehrfach den Ex 19f., 32 und Dtn 5ff. nacherzählenden Text und/oder die *Spielszene* (ZM 6). Die Erzählung kann nun in ein freies Spiel umgestaltet werden.

⇨ *Weiterarbeit*: Sch. sind mit Ersatzgöttern, die unsere Zeit verspricht, sehr gut vertraut. Sie schneiden aus Illustrierten Werbematerial, als Symbol für die Götzen unserer Zeit, heraus und kleben die Bilder als Collage zu einer Art Berg auf ein großes DIN-A3-Blatt übereinander. Nun wird ein Stierbild gemalt, ebenfalls ausgeschnitten und auf den „Berg" geklebt. So entsteht eine aktuelle Version der Geschichte vom goldenen Kalb.

⇨ Auf spielerische Art nimmt **ZM 7**, *Zehn Gebote, gut gemischt*, die Auseinandersetzung mit den 10 Geboten auf.

⇨ Im Spiel *Spurensuche* (**ZM 8**) können die Sch. einen der möglichen Wanderungswege der Israeliten von Ägypten bis zum Land Kanaan selbst oder in Partnerarbeit herausfinden. Die gesamte Erzählung wird somit punktuell noch einmal ins Gedächtnis gerufen.

5. Materialien und Medien

Handlungsorientierte Hinweise:
- Hajo Bücken (Hg.), Mit Kindern die Bibel erleben 8–13, Burckhardthaus-Laetare, Gelnhausen 1987, S.95–102 (Konzeption zu einem Exodusspiel).
- Dieter Haas/Gerhard Vicktor (Hg.), Spielideen zur Bibel. Anregungen und Beispiele für Schule und Gemeinde, Kaufmann, Lahr 1988[2].
- Inge Heck, Papyrus, Lehm und Wüstensand, Agentur des Rauhen Hauses, Hamburg 1990.
- Ingrid Rüssel, Helfen ist wichtiger als Gebote einhalten, in: Wolfgang Gerts (Hg.), Religion spielen und erzählen, Gütersloh 1992.

Filme:
- „Begegnung mit der Bibel", Teil 2, Exodus: Auszug aus der Sklaverei, Spieldauer 17 min., Deutsche Bibelgesellschaft, Stuttgart 1993, Bestellnr.: 6161 mit Begleitheft (der Film zeigt eindrucksvoll die Beziehung zwischen Exodustradition und Sederfeier).
- Krysztof Kieslowsky/Krystof Piesiwicz, Dekalog. Zehn Geschichten für 10 Filme, Hamburg 1990, Film 1: „Das 1. Gebot, Diene keinem Götzen" (Die Filme sind als VHS-Cassette in vielen Medienzentralen der Landeskirchen ausleihbar. Für die Kl. 5/6 eignet sich nur dieser erste Film.)

Vorlesegeschichten:
- Elfriede Conrad u.a., Erzählbuch zum Glauben, Bd.2, Die zehn Gebote, Kaufmann/Patmos, Lahr 1987[2].
- Arnulf Zittelmann, Mose, der Mann aus der Wüste, dtv junior, München 1995.

Arbeit mit Bildern:
- Christoph Goldmann, Kinder entdecken Gott mit Chagall, Vandenhoeck & Ruprecht/Christophoros, Göttingen/Freiburg 1978.
- Klaus Meyer, Ich bin mit dir: Der Weg Gottes mit seinem Volk, ein farblithographischer Zyklus des Jahres 1966 von Marc Chagall mit Bibeltexten aus dem Buch Exodus und Bildbesprechungen, Echter, Würzburg 1989.
- Jörg Zink, Bildwerk zur Bibel, Geschichte und Umwelt Bd. 3, Burckhardthaus Laetare/Christophorus, Gelnhausen/Freiburg 1981, S.136–198.
- Schul-Bilder-Bibel: Der Auszug, Calig, AV-Medien im Bernward Verlag, Hildesheim 1991.
- Josef Quadflieg/Rita Frind, Die Bibel. 14 Overheadfolien mit Begleitheft für Schule und Gemeinde, Patmos, Düsseldorf 1998.

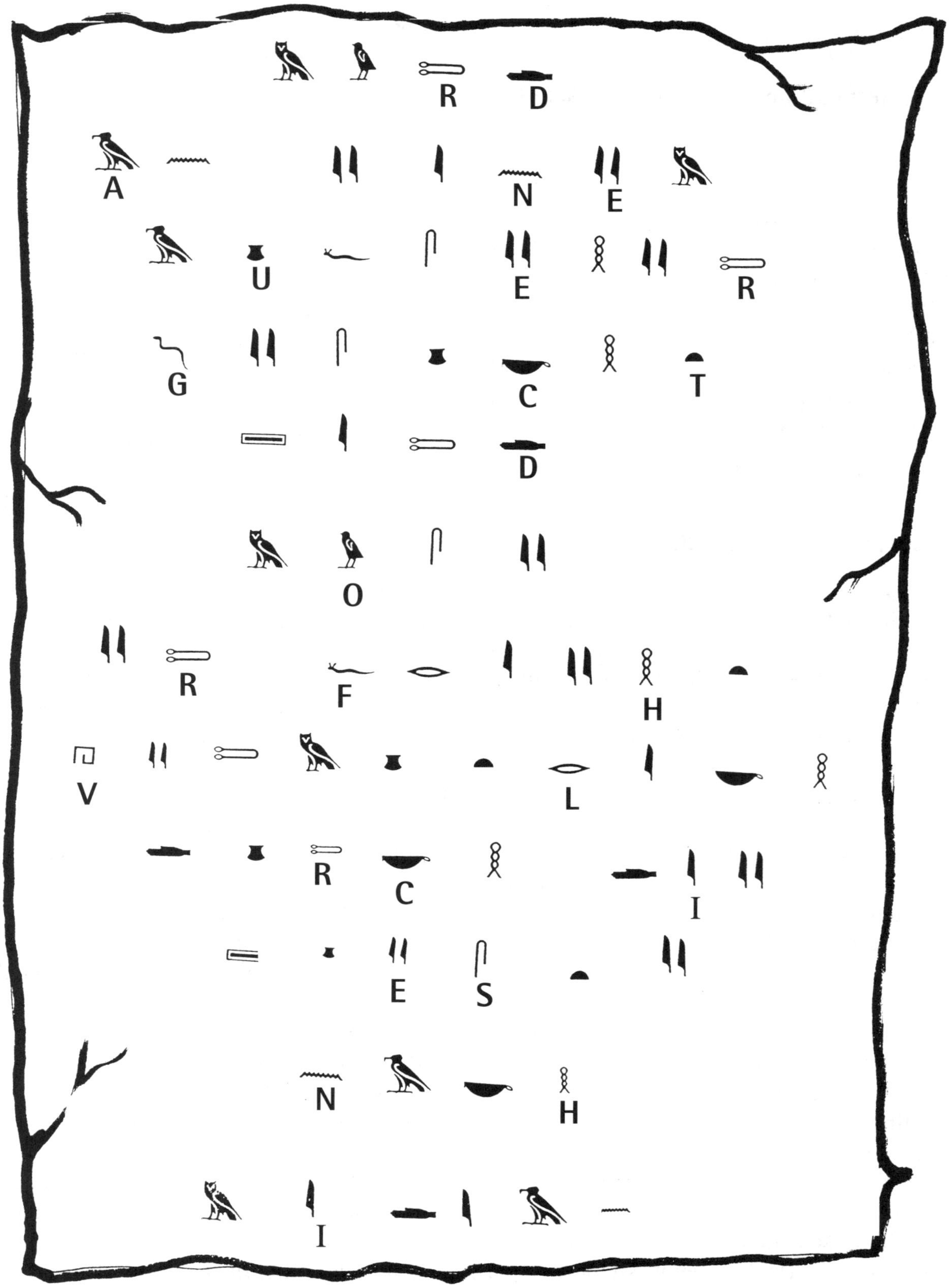

Kannst du das in Hieroglyphen geschriebene Fahndungsplakat entschlüsseln?

ZM 2

Als Mose zu seiner Familie zurückkehrt, erzählt er von seinem Erlebnis am Dornbusch. Seine Frau, sein Schwiegervater und seine Söhne stellen ihm verwundert Fragen.
Was wird Mose geantwortet haben?

ZM 3

Das Fest der Befreiung

Die Israeliten jubeln vor Freude über die Befreiung. Sie rufen in der Aufregung alle durcheinander:

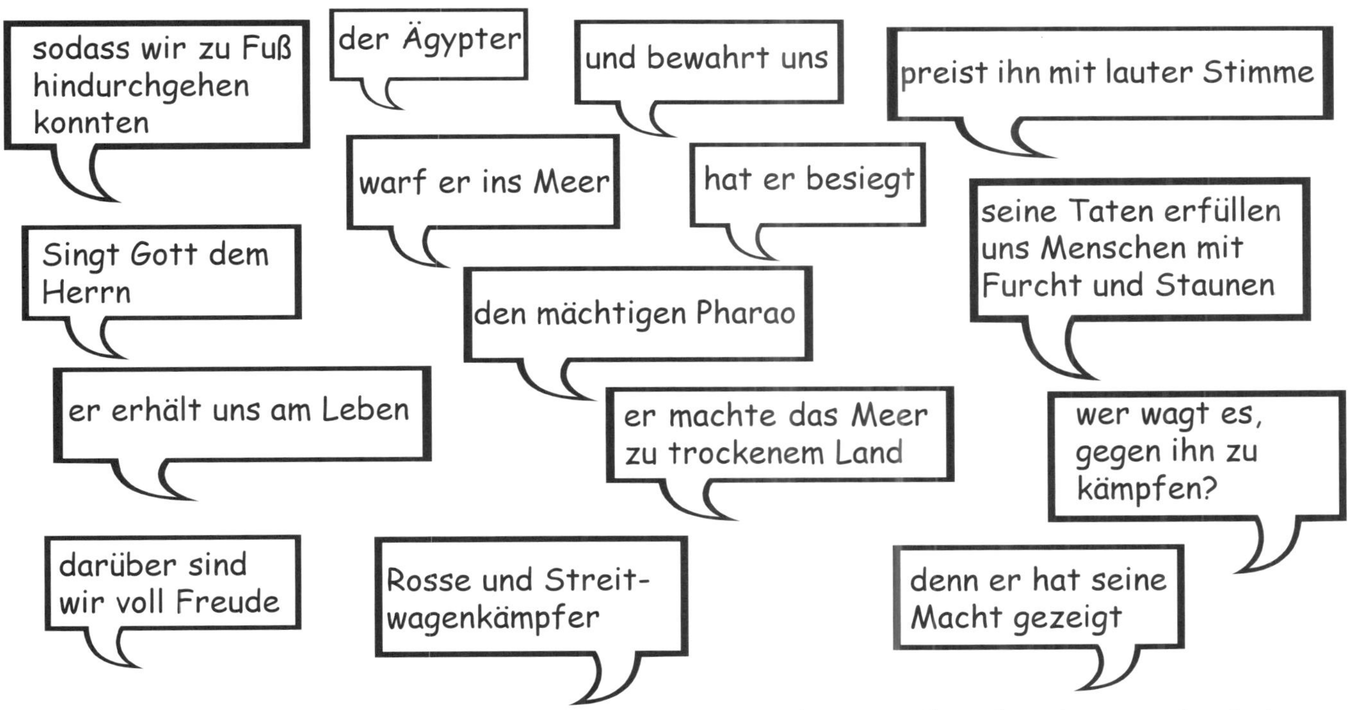

Mirjam hört die jubelnden Rufe der Geretteten, doch alle schreien in ihrer Begeisterung durcheinander. Sie ordnet die Gesprächsfetzen und verfasst ein kurzes Lied.

Schreibe ein kurzes Danklied! Es muss nicht mehr als 4–5 Zeilen haben!

ZM 4

Traumreise in das Land der Wüste

Betrachte das Bild von Paul Klee intensiv!

(Jetzt geht die Reise in das Land deiner Phantasie gleich los. Immer wenn du das Zeichen ∞ siehst, schließt du die Augen, legst den Kopf auf die Arme und träumst eine kleine Zeit. Auf geht's!)

Stell dir eine Wüstenlandschaft vor, gehe in deiner Wüste spazieren, guck dir alles genau an, berühre den Sand und die Steine. Gehst du umher oder bleibst du ruhig an einem Ort? Atme die Luft ein, wie sieht deine Wüste aus? ∞ Nun wechselt das Wetter in deiner Wüste, ein Sturm kommt auf, was tust du, um dich zu schützen? ∞ Der Sturm hat sich gelegt, es wird jetzt schnell dunkel und sehr kalt. Du kuschelst dich gemütlich in einen warmen Schlafsack und guckst in einen Sternenhimmel, so schön wie du ihn nie gesehen hast. ∞ In der Frühe wachst du auf, groß und rot geht die Sonne am Horizont auf, doch bald wird es unerträglich heiß und du trinkst die letzten Schlucke aus deiner Wasserflasche. Wie fühlst du dich? ∞ Du schließt dich einer vorbeiziehenden Karawane an und ziehst mit ihnen weiter, bis zur nächsten Oase. Als ihr dort ankommt, bist du überrascht von der Schönheit dieser Oase.

Wie sieht deine Oase aus?

ZM 5

Aus: Inge Heck, Kleine Leute – große Leute: Papyrus, Lehm und Wüstensand, Illustration: Andreas Röckener, © Agentur Des Rauhen Hauses, Hamburg 1990 (Titel vergriffen).

1. Israelit: Mose ist jetzt schon lange auf dem Berg.
2. Israelit: Er ist ja schon ziemlich alt, vielleicht ist er dort oben gestorben und kommt nie wieder.
3. Israelit: Immer hat er mit uns über Gott geredet, diesen Gott, der uns aus Ägypten geführt hat.
1. Israelit: Ich habe aber immer nur Mose gesehen, der uns geführt hat, Gott habe ich noch nie gesehen.
2. Israelit: Wahrscheinlich gibt es diesen unsichtbaren Gott nicht und Mose ist vielleicht auch tot!
3. Israelit: Das ist schlimm für unser Volk. Wir sind hier mitten auf unserer Wanderung durch die gefährliche Wüste und haben weder einen Gott noch einen Anführer!
1. Israelit: Lasst uns zu Moses Bruder gehen und ihn fragen, wie es mit uns weitergehen soll.
Aaron: Ja, ja, ich mache mir auch Sorgen, so kann es wirklich nicht weitergehen!
1. Israelit: In Ägypten hatten sie so schöne Götter!
2. Israelit: Ja, große Tiergötter aus Gold!
3. Israelit: Die konnte man wenigstens sehen und anfassen!
Aaron: Ja, diese mächtigen Götterbilder machen ein Volk wie die Ägypter wohl auch so stark.
1. Israelit: Wir wollen auch so ein starkes, schönes Götterbild haben!
Aaron: Gut, dann sagt den Frauen, sie sollen mir ihren Schmuck zum Einschmelzen bringen, ich werde euch daraus einen Stier als neuen Gott formen. (*Aaron beginnt mit der Arbeit.*)
2. Israelit: Der Stiergott sieht gut aus, morgen wollen wir ein großes Opferfest zu seiner Ehre feiern. Das Volk bereitet sich schon mit viel Freude auf dieses Fest vor.
Alle: Es lebe unser neuer Gott. Er ist mächtig und stark. Er führt uns sicher durch die Wüste. Wie gut er aussieht, viel besser als dieser komische unsichtbare Gott, von dem uns Mose immer erzählt hat.

Während das Volk ausgelassen feiert, kommt Mose zurück und sieht zornig, was passiert ist.

Mose: Warum habt ihr das getan? Ihr habt Gott enttäuscht! Bis jetzt hat er euch geholfen, das ist also eure Dankbarkeit! (*Voller Wut zerstört Mose das Götzenbild. Das Volk ist still geworden.*)

ZM 7

Zehn Gebote, gut gemischt

In welcher Reihenfolge stehen sie in der Bibel?
Wenn du die richtige Reihenfolge kennst, findest du auch heraus,
in welches Land die Israeliten mit Mose weiterwandern.

Aus: Werner „Tiki" Kustenmacher, „Wo ist der verlorene Sohn?". Ein lustiges „Bibel-Bilder-Rate-Buch", Claudius Verlag, München 1996[15].

Spurensuche

Du hast jetzt viel über die Geschichte der Israeliten auf ihrem Weg von Ägypten durch die Wüste ins Gelobte Land erfahren. Wie die Geschichte vom Volk Israel und seinem Bund mit Gott weitergeht, kannst du in der Bibel nachlesen. Hier erfährst du, wie es das Gelobte Land Kanaan endlich erreicht.

Vielleicht findest du den Weg, den die Israeliten vermutlich gegangen sind. Bis heute sind sich die Forscher nämlich nicht ganz einig über die Wanderroute:

- Suche dir einen Partner, mit dem du gemeinsam auf Spurensuche gehen kannst.
- Nennt euch gegenseitig mithilfe des Koordinatensystems die Stationen der Wanderung. Wenn ihr die Punkte mit einer Linie verbindet, findet ihr den Weg der Israeliten von Ägypten nach Kanaan.
- Zur Übung:
  a) Sucht das Planquadrat 3 B: Hier findet ihr den kleinen Mose im Schilfkörbchen.
  b) Sucht das Planquadrat 5 F: Hier kommt Mose nach Midian.

Jetzt geht es los:

Zwangsarbeit der Israeliten, Mose tötet einen Ägypter und muss fliehen (Ex 2,11–15)	2	B
Mose tritt mit Aaron vor den Pharao und zehn Katastrophen in Ägypten (Ex 7–10)	1	B
Die Ägypter verfolgen die Israeliten im Schilfmeer und ertrinken (Ex 14,5–31)	3	C
Das bittere Wasser von Mara wird zu Trinkwasser (Ex 15,23–27)	4	C
Gott sorgt in der Wüste für Nahrung, Wachteln und Manna (Ex 16)	5	E
Die Israeliten erhalten ihre Gesetze am Berge Sinai (Ex 20,1–17)	5	D
Die Israeliten werden Gott untreu und tanzen um das goldene Kalb (Ex 32)	6	E
Das Stiftshütte und die Lade werden gebaut (Ex 35,4–38,20)	6	E
Aufenthalt in der Oase Hazerot	4	E
Aufenthalt in der Oase Kadesch, Mose schlägt Wasser aus dem Fels (Num 20,1–33)	3	E
Kundschafter bringen eine Riesentraube aus dem Land Kanaan (Num 13,21–33)	2	E
Rückkehr in die Oase Kadesch	3	E
Wanderung nach Elath	4	F
Die Edomiter verbieten den Israeliten den Durchzug durch ihr Gebiet (Num 20,14–21;21, 4–9)	3	F
Der Moabiter-König Balak wird von dem babylonischen Zauberer Bileam umgestimmt und lässt die Israeliten durch sein Gebiet ziehen (Num 22–24)	2	G
Mose darf aus der Ferne das von Gott versprochene Land sehen und stirbt (Dtn 34,1–5)	1	G

Wanderkarte

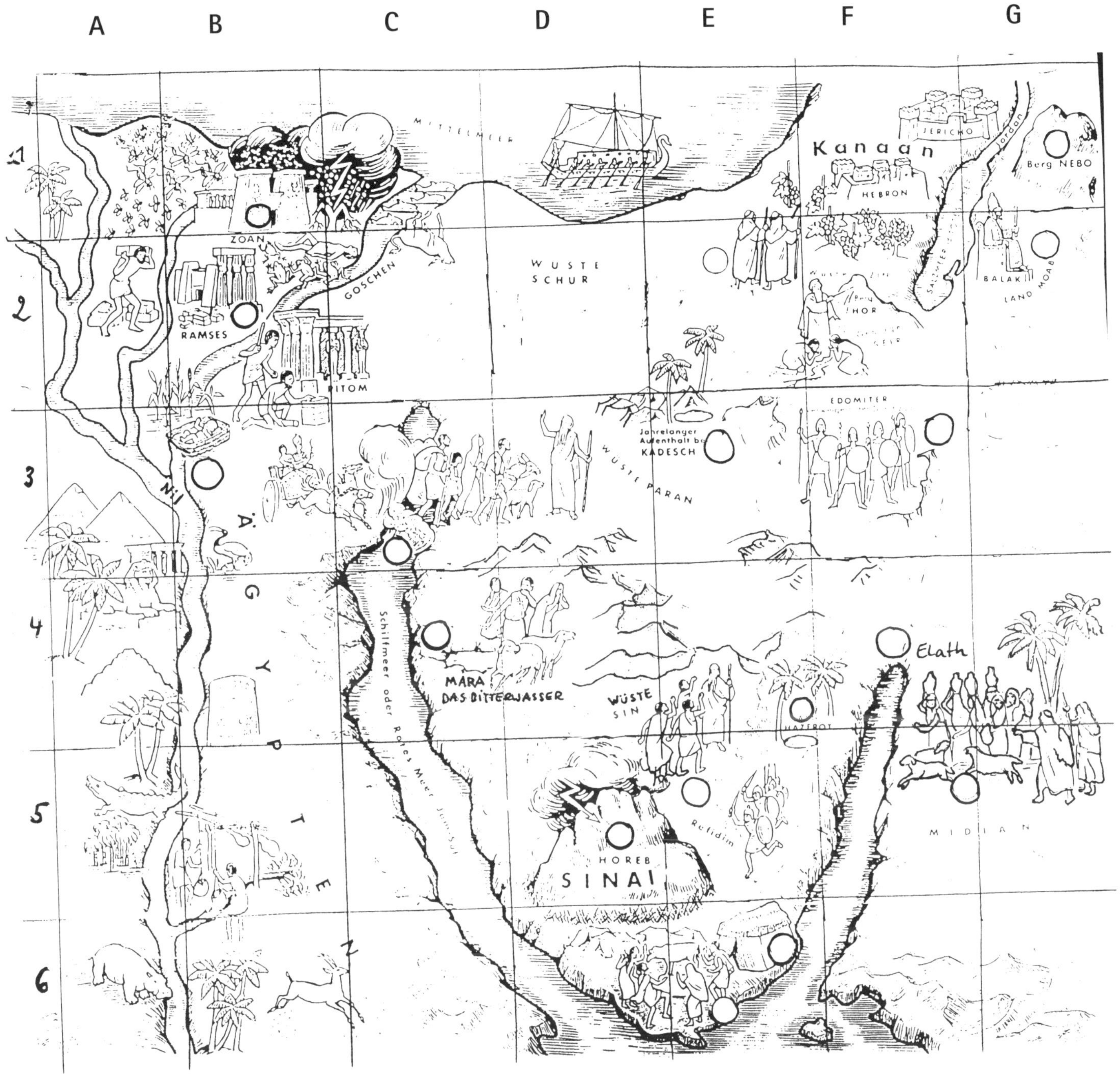

Möckmühler Arbeitsbogen Nr. 6 „Mose und die Auswanderung Israels aus Ägypten", Aue-Verlag, Pf. 1108, 74215 Möckmühl (bearbeitet).

Gesucht: Ein Mensch namens Jesus

1. Theologische und didaktische Aspekte

Jesus hat kein Buch geschrieben und keine einzige Schrift hinterlassen. Bei allen schriftlichen Berichten über Jesus handelt es sich ausschließlich um indirekte Zeugnisse, die einige Jahrzehnte nach seinem Tod niedergeschrieben wurden. Für Historiker stellt das Neue Testament die einzige interessante Quelle dar. In außerbiblischen Schriften finden sich bei Tacitus, Plinius und Flavius Josephus eher beiläufige Erwähnungen zur Person Jesu. Immerhin festigen sie den Beleg, dass es sich bei der Person Jesu nicht um eine mythologische Figur, sondern um eine historische Gestalt handelt, die tatsächlich gelebt hat.

Als früheste Quelle gelten die Paulusbriefe (50 – 60 n.Chr.). Da Paulus jederzeit mit der Wiederkehr Christi rechnete, war die Erinnerung an das irdische Leben Jesu für ihn kaum von Bedeutung. Im Mittelpunkt seiner Schriften stehen Jesu Tod und Auferstehung.

Als die Naherwartung sich als Täuschung erwies, entwickelte sich langsam das Bedürfnis, das Wissen der ersten Christen schriftlich festzuhalten, damit es nicht in Vergessenheit geriet. Etwa 50 n.Chr. entstand das Evangelium des Markus, ca. 85 n.Chr. das Matthäusevangelium und ca. 95 n.Chr. das Evangelium des Johannes. Doch auch die Evangelien sind keine historischen Tatsachenberichte. Ihr Jesusbild ist immer durch den Glauben an den auferstandenen Christus gefärbt. Sie liefern keine Fakten, sie predigen und verkündigen, jeder mit einem etwas anderen Akzent. Das bedeutet: Über den historischen Jesus wird in keinem Evangelium unmittelbar berichtet. Seine historischen Spuren müssen aus den Glaubensaussagen der Evangelien herausgefiltert werden (vgl. SB, S. 68f.). Christliche und nichtchristliche Historiker haben sich auf eine Reihe von Fakten geeinigt, die als geschichtlich anerkannt gelten: Als das historisch sicherste Ereignis gilt die Kreuzigung Jesu durch die Römer – wohl am 7. April 30.

Geboren wurde Jesus noch in den letzten Regierungsjahren Herodes d.Gr. Als 532 n.Chr. unsere heutige Zeitrechnung festgelegt wird, errechnet der Abt Dionysus fälschlich Jesu Geburtsdatum im Jahre 0. Das gilt als widerlegt.

Jesus ist nur zwischen 30 und 40 Jahre alt geworden. Da über sein Äußeres in den Evangelien nichts gesagt wird, ist anzunehmen, dass er sich darin nicht von anderen Männern seiner Umwelt unterschied. Er war Jude und ist es bis zu seinem Tod geblieben. Er ist in den jüdischen Traditionen groß geworden, lehrte später in Synagogen und wurde mit „Rabbi“ („Lehrer“) angesprochen. Jesus erlernte, wie damals üblich, den Beruf des Vaters und wird Bauhandwerker. Er wuchs im Kreise von mehreren Geschwistern in seinem Heimatort Nazareth in Galiläa auf. Wahrscheinlich ist Jesus auch hier geboren, denn der von Lk und Mt genannte Geburtsort Bethlehem entspricht eher ihren Verkündigungsinteressen als einer historischen Tatsache. Der Name „Jesus" war damals ein häufig gewählter Jungenname; er hat die Bedeutung „Gott hilft". Jesus sprach Aramäisch, beherrschte aber auch das Hebräische, denn er konnte die Bibel mühelos lesen. Wahrscheinlich hat er als Junge eine Synagogenschule besucht, wo diese Fähigkeiten vermittelt wurden.

Die Unterdrückungspolitik der Römer bestärkte viele Juden in der Erwartung auf ein neues, von Gott geschaffenes Reich. Doch zuvor würde Gott ein Strafgericht kommen lassen, in dem er die Bösen bestraft und die Guten belohnt. Die endzeitliche Erwartungsstimmung ließ viele religiöse Bewegungen entstehen. Die Menschen wurden zur Umkehr zu Gott aufgefordert. Auch die Bewegung um den Buß- und Taufprediger Johannes rief dazu auf. Jesus schloss sich diesem an, er war damals ungefähr 28 Jahre alt. Die Taufe wurde für Jesus zum entscheidenden Berufungsereignis. Die Schilderung der Taufe trägt Züge eines Visionsberichts und erinnert an eine göttliche Adoptionshandlung. Schon kurz nach diesem Ereignis löste Jesus sich aus der Bindung an Johannes und trat selbstständig auf. Während seiner gesamten Wirkungszeit blieb Jesus fest seiner jüdischen Glaubenswelt verbunden. Er wollte das Gesetz – die Tora –, wie er selbst sagt, nicht außer Kraft setzen, er wollte ihm zu voller Geltung verhelfen (vgl. Mt 5,17).

Doch was war das Besondere an seiner Botschaft?

Jesus verkündete die Botschaft von Gottes Himmelreich und Herrschaft und er trat als charismatischer Heiler auf. Er drohte nicht, wie Johannes der Täufer und andere Wanderprediger, mit der bevorstehenden Strafe des nahen Gottesgerichts. Ihm kam es primär auf die Umkehr der Menschen an, sie sollten sich bessern. Gott war für Jesus ein Vater, der sich um die Menschen sorgt. Bei ihm hatten alle eine Chance! Er verglich Gott mit einem Hirten, der zur Rettung eines einzigen Schafes sogar die ganze übrige Herde allein lässt. Jesus drückte sich in einfachen sprachlichen Bildern aus, die alle Menschen verstanden. In seinen Gleichnissen und Wundererzählungen wird immer wieder deutlich, wie gut Jesus mit den Gegebenheiten seiner Heimat vertraut war. Er nannte in seinen Geschichten z.B. Pflanzen und Früchte, er spielte auf soziale Spannungen an, er kannte das schnell umschlagende Wetter am See Genezareth, er wusste um den Hunger und die Armut seiner Mitmenschen. Seine Zuhörer fand er auf dem Lande in Galiläa, oft hielt er sich am See Genezareth auf, lebte wohl auch eine längere Zeit in dem Ort Kapernaum.

Für Jesus war das Himmelreich nicht mehr fern, es hatte bereits begonnen. Er verglich es mit einem Schatz im Acker oder einer Perle: Es ist zunächst noch verborgen, doch in Wirklichkeit schon da.

Trotz der Schlichtheit der Worte ist in ihnen eine enorme Ethik enthalten: So wie Gott die Menschen liebt, so sollen auch wir Menschen unsere Mitmenschen lieben, ja selbst unsere Feinde! Gott war für Jesus eine große Kraft, die bald zur Rettung der Armen, Schwachen und Kranken die Welt verändern wird. Wenn Jesus mit diesen Menschen gemeinsam aß, sie besuchte, einlud, sie heilte und segnete, hatte Gottes Reich bereits hier auf der Erde seinen Anfang genommen. Diese Sicht führte zu mancher Diskussion mit den ihm nahe stehenden Pharisäern. Gemeinsam hatten sie als gläubige Juden den Wunsch, Gottes Willen zu erfüllen, doch über den Weg waren sie sich nicht immer einig.

Warum wurde Jesus zum Tode verurteilt?

Der Tempel in Jerusalem war seit König Salomo das größte Heiligtum. Hier übten die Hohen Priester, die zur gesellschaftlichen Schicht der Sadduzäer zählten, ihren Dienst aus. Jesus kritisierte den Opferkult als äußerlich. Er verkündigte, nur eine innere Umkehr könne Gottes Gnade bewirken, aber Opfergaben im Tempel nicht. Als er im Vorhof des Tempels seinen Worten Taten folgen ließ und mit Gewalt gegen den Verkauf von Opfergaben vorging, hatte er die Tempelaristokratie nicht nur verärgert, er provozierte sie auch. Jesus war in ihren Augen ein gefährlicher Unruhestifter, der ihrem Ansehen und ihrer Macht schaden könnte. Da sie ihn nach römischem Recht nicht selbst verurteilen durften, lieferten sie ihn an die Römer aus.

Über Jesu Verhaftung und Verurteilung kann nur gemutmaßt werden. Die Passionsberichte der Evangelien sind hier wieder stark von der nachösterlichen Sicht geprägt. Mit einiger Sicherheit kann davon ausgegangen werden, dass Jesus beschuldigt wurde, er habe sich als Messias ausgegeben. Jesus hat sich zu diesen Anschuldigungen wohl nicht geäußert. Pilatus, als römischer Statthalter im Gebiet Judäa, schien auch nicht ganz sicher gewesen zu sein, was mit Jesus zu geschehen habe. Eigentlich war er politisch und rechtlich gar nicht zuständig für den Fall, denn Jesus kam aus Galiläa und dort herrschte Herodes Antipas, der Sohn Herodes des Großen. Herodes Antipas war zu den Feierlichkeiten nach Jerualem angereist, doch der wies den unbequemen Fall an Pilatus zurück. Der verhängte das Urteil und hoffte, dass durch diese abschreckende Maßnahme in diesem Fall für immer Ruhe einkehren wird. Der Jude Jesus wurde als politischer Unruhestifter am Kreuz hingerichtet. Für seine Anhänger und Freunde war das eine Katastrophe, denn die Hinrichtungsart der Kreuzigung war die entwürdigendste Tötungsmethode, die die Römer anwandten. Sie zerstreuten sich und fürchteten um ihr Leben. Trotzdem wurde schon bald nach Jesu Tod und Grablegung bezeugt, dass Jesus auferstanden sei. Die Auferstehung lässt sich historisch nicht belegen. Historische Tatsache ist aber, dass der Glaube an die Auferstehung sich ausbreitet und die Entwicklung zum Christentum einleitet.

Die Person Jesu und ihr Wirken ist eingebunden in historische, soziokulturelle und geographische Rahmenbedingungen. Für das Verständnis der Person und ihres Wirkens ist diese Kenntnis eine wichtige Voraussetzung. Der Schwerpunkt des Themas „Gesucht: Ein Mensch namens Jesus“ bleibt das konkrete Kennenlernen der Zeit und der Umwelt Jesu. Der historische Jesus ist in den Evangelien allerdings nur noch schemenhaft hinter einem christologisch bezeugten zu entdecken. Der Unterricht sollte sich bemühen, die beiden Ebenen aufeinander zu beziehen. Das kann z.B. bei der Behandlung der *Beispielerzählung vom Zöllner und Pharisäer* ebenso geschehen wie bei den *Seligpreisungen* oder der *Kindersegnungserzählung*. Sicher sollte eine Auseinandersetzung mit den christologischen Fragestellungen erst in höheren Jahrgängen vertieft werden, doch auch zehn- bis zwölfjährige Sch. sollten schon ansatzweise nachvollziehen, dass historische Tatsachen nicht unbedingt einen Bruch für den Glauben bedeuten müssen. Es ist wichtig, dass neben den kognitiven Anteilen der Wissensvermittlung, die z.B. die Beschäftigung mit der Politik der Römer und der geographischen Lage Israels mit sich bringt, immer erfahrungsbezogene und teilweise spirituelle Anteile den Unterricht durchdringen. Das Thema „Gesucht: Ein Mensch namens Jesus“ ist keine abgeschlossene Sache. Die Beschäftigung mit der Person Jesu und seiner Botschaft lädt bis heute zu ständig kritischer Auseinandersetzung und Engagement ein.

2. Intentionen

Die Sch. sollen
- das Land, in dem Jesus lebte, kennen lernen und mit den historischen und geographischen Bedingungen vertraut gemacht werden
- erfahren, dass Jesus eine historische Person ist, die tatsächlich gelebt hat, die immer auch in ihren sozialen, politischen und historischen Bezügen gesehen werden muss
- den „historischen“ Menschen Jesus von Nazareth in Galiläa kennen lernen
- erkennen, dass Jesus fest in der jüdischen Tradition verwurzelt ist und bis zu seinem Tod auch bleibt
- Jesu Botschaft von der nahe herbeigekommenen Gottesherrschaft in Erzählungen kennen lernen und ihre Wirkung nachempfinden.

3. Literatur zur Vorbereitung

- Ulrich Becker/Friedrich Johannsen/Harry Noormann, Neutestamentliches Arbeitsbuch für Relgionspädagogen, Kohlhammer, Stuttgart u.a. 1997[2].
- Hubertus Halbfas, Religionsunterricht in Sekundarschulen – Lehrerhandbuch 5: Jesus, Patmos, Düsseldorf 1994[2], S. 317–371.
- Das Neue Testament, hg.v. Gerhard Iber mit Hermann Timm, Piper, München 1999[6].
- Wolf-Rüdiger Schmidt, Der Mann aus Galiläa. Suche nach einem Unbekannten, GTB Siebenstern, Gütersloh 1990.
- Gerd Theissen/Annette Merz, Der historische Jesus, Vandenhoeck & Ruprecht, Göttingen 1997[2].
- Michel Quesnel, Jesus Christus, Verlagsgruppe Lübbe, Bergisch Gladbach 1998.

4. Unterrichtsideen

A. Gesucht: Ein Mensch namens Jesus

⇨ Bildbetrachtung: *Margaret Cusack, The Three Kings, 1982* (SB, S. 67)
Das Motiv des Bildes entspricht dem Anliegen des Themas: Die Suche nach dem, was uns wichtig ist, was uns Hoffnung gibt, dauert manchmal lang, erfordert Geduld und Ausdauer. Die Zeichen müssen erkannt werden, die helfen, die richtige Spur zu finden.
Das Bild verweist auf die Erzählung von den Heiligen Drei Königen, wie sie in der Tradition genannt werden. (Luther übersetzt „Weise", die Bibel „Sterndeuter"). Die Drei sehen einen besonderen Stern, gehen ihm nach und finden das Kind. In ihm erkennen sie den „neugeborenen König der Welt" und beten ihn an (nach Mt 2,1–12). Die Erzählung berichtet nicht von einem historischen Ereignis, es handelt sich um eine Legende, die schon das Wissen um Jesu Leben und seine christologische Weiterentwicklung in sich trägt. Auch das Bild vereinigt beide Ebenen. Die Drei reiten zum Stern und tragen kostbare Geschenke bei sich, die nur einem Herrscher zukommen: Gold, Weihrauch und Myrrhe, doch sie kehren auch reich beschenkt zurück. Das Bild kann sowohl als Hin- und/oder Rückreise gelesen werden. Die Diagonale verläuft direkt vom Stern im ersten Bild links oben zum Bild rechts unten und trifft dort auf das Geschenk in Form einer Grabkirche (Hinweis auf Auferstehung Jesu und Ausbreitung des Christentums). Erfahren die Hirten Gott im Verborgenen, so symbolisieren die drei Weisen/Könige die weltweite Öffnung des Christentums. Seit dem 9. Jahrhundert werden sie oft als Vertreter der Völker dargestellt. Ihnen wurden die Namen Kaspar, Melchior und Balthasar gegeben.
Die Erinnerung an die Ankunft der Weisen/Könige wird im Epiphanias-Fest gewahrt. Die Tradition des Sternsingens (s. auch SB, S. 80), die besonders in katholischen Gemeinden gepflegt wird, ist seit dem 2. Weltkrieg wieder neu belebt und in den Dienst der Weltmission gestellt worden.

⇨ *Sich auf den Weg machen, aufbrechen!* (ZM 1) beinhaltet ein fiktives Gespräch der drei Weisen, in denen Beweggründe genannt werden, die Menschen veranlassen bzw. hindern, sich auf die Suche nach einem Weg zu begeben. Im Anschluss an das Lesen können Gründe herausgearbeitet werden, die für oder gegen die Entscheidung der Drei stehen. Die einzelnen Schritte der Entscheidung können unter der Überschrift „Der Weg zum Stern!" in kleinen aufgezeichneten Schritten festgehalten werden.

B. Das Land, in dem Jesus lebte

⇨ *Verschiedene Bilder* (SB, S. 68) vermitteln einen lebendigen Eindruck von der abwechslungsreichen Landschaft Galiläas.

⇨ *Weiterarbeit*: Eine große *Europakarte*, die auch den Vorderen Orient zeigt, sollte für eine gewisse Zeit im Klassenraum präsent sein, damit die Sch. ihren eigenen geographischen Standort zum Land Israel in Beziehung setzen können.
Filme, Videos oder Dias (vgl. Materialien und Medien) vertiefen den Kenntnisstand über die geographischen, historischen und religiösen Hintergründe der Zeit Jesu anschaulich.

⇨ Der Text *Das Land, in dem Jesus lebte* von Dietrich Steinwede (ZM 2) fasst die für das Verständnis der Umwelt Jesu wesentlichen Bedingungen anschaulich und leicht verständlich zusammen. Mithilfe der Karte vorn im SB (Palästina zur Zeit Jesu), können die Sch. nun eigenständig Eintragungen in eine „stumme Karte" vornehmen. (Eine solche Karte findet sich z.B. in: RU praktisch, 5. Schuljahr, Vandenhoeck & Ruprecht, Göttingen 1998, S. 31.)

C. Was die Bibel über Jesus verrät

⇨ Die Auswahl der *Bibeltexte* im SB, S.68f., ist als Vorschlag zu verstehen. Sie geht in der Reihenfolge der Evangelien vor, lässt sich sicher aber noch erweitern. Man kann die Sch. zur Person Jesu auch einen *Steckbrief* erstellen lassen. Die Erarbeitung kann zunächst in Partner- oder Einzelarbeit erfolgen. Während der Auswertung sind vertiefende L.-Informationen und Erklärungen nötig.
Mögliche Steckbrieffragen: **1.** Name: Jesus (Mt 2,1/Lk 2,21); **2.** Geburtsort: Bethlehem (Mt 1,2); **3.** Eltern: Maria u. Josef (Mt 1,18); **4.** Brüder: Jakobus, Joses, Judas u. Simon (Mk 6,3); **5.** Kaiser von Rom: Augustus (Lk 2,1); **6.** König: Herodes (Mt 2,1); **7.** aufgewachsen: in Nazareth (Lk 4,16); **8.** Religion: Judentum (Mk 6,56; die erwähnte Quaste ist eine Franse am Tallit/Gebetsmantel; sie weist Jesus als frommen Juden aus); **9.** getauft von: Johannes (Mt 3,13); **10.** Volkszugehörigkeit: Judentum (Mt 1,1; Abraham und David gelten als Stammväter des Judentums); **11.** Beruf: Zimmermann (Mk 6,3); **12.** spät. Wohnsitz: Kapernaum (Mk 2,1); **13.** spät. Tätigkeit: Wanderprediger/Heiler/Lehrer (Mt 4,23); **14.** Name und Beruf zweier „Mitarbeiter": Petrus u. Andreas/Fischer (Mt 4,18–20) ...
Mögliches Kreuzworträtsel (s. Abb.): 1. Beruf Jesu und seines Vaters (Zimmermann), 2. so viele Jahre hat J. öffentlich gepredigt (Eins), 3. in diesem Teil Israels wirkte er am häufigsten (Galiläa), 4. aus dieser kleinen Stadt stammte seine Familie (Nazareth), 5. seine Mutter (Maria), 6. seine Religion (Jude), 7. sein Vater (Josef), 8. hier wirkte J. (Genezareth), 9. es war für einen jüd. Lehrer ungewöhnlich, sie in seiner Gefolgschaft zu haben (Frauen), 10. er verurteilte J. zum Tod (Statthalter), 11. für sie setzte sich J. besonders ein (Kranke), 12. Stadt, in der J. verhaftet und hingerichtet wurde (Jerusalem).

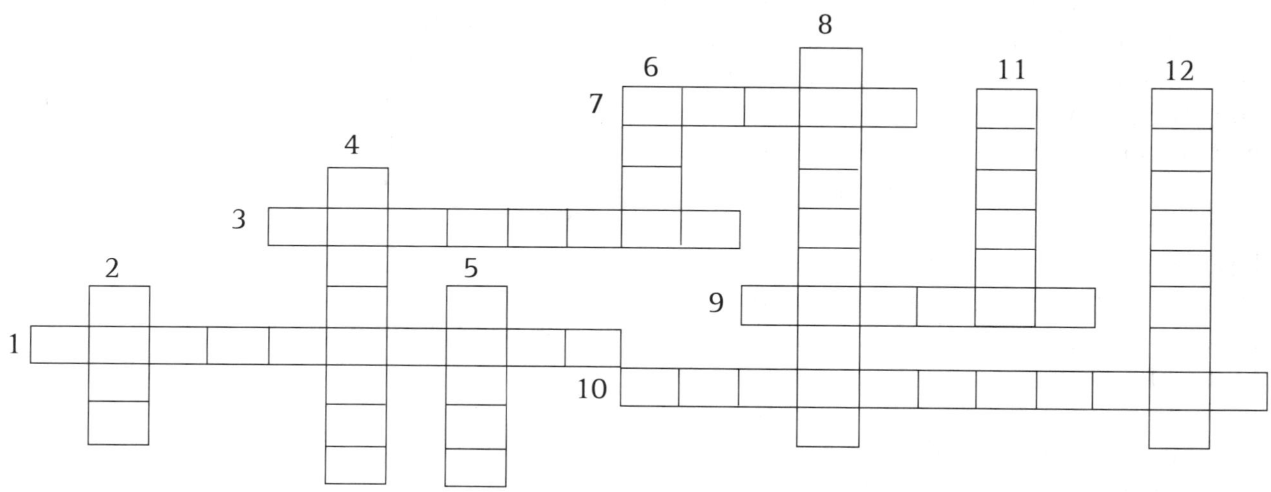

D. Das Land, in dem Jesus aufwuchs

⇨ Der Abschnitt *Die Römer in Israel* (SB, S. 69f.) geht auf die Herrschaft der Römer ein, nimmt noch einmal einige geographische Aspekte Galiläas auf und verweist auf den kulturellen Kontrast zwischen Besatzern und der jüdischen Bevölkerung.
Um die große Spannung, die zwischen den römischen Machthabern und deren Vertretern, zu denen auch die Zöllner zählen, deutlich werden zu lassen, sollten hier einige wesentliche Grundzüge der jüdischen Religion vertieft werden. Das Kapitel „Andere Erfahrungen – andere Religionen: Das Judentum“ (SB, S. 179ff.) ermöglicht die Erarbeitung.
Sehr wichtig ist, dass die jüdische Herkunft Jesu an dieser Stelle erkennbar gemacht wird.

E. Menschen, denen Jesus begegnet ist

⇨ Jesus hatte eine außergewöhnliche Beziehung zu den Personen, die mit ihm in Kontakt kamen. Um die besondere Bedeutungsebene verständlich zu machen, sollte die soziale Stellung der Menschen innerhalb ihrer Gesellschaft vermittelt werden. Neben Informationen über die religiösen Gruppen, sind auch solche über andere Mitglieder der damaligen Bevölkerung sehr hilfreich: *Menschen, denen Jesus begegnet ist* (SB, S. 71). Der Text *Menschen im Alltag Jesu* (ZM 3) beschreibt die Lebenssituation von Handwerkern, Zöllnern, Bauern u.a. Gruppen.

F. Die Taufe

⇨ Bildinterpretation: *Joachim Patinier, Taufe Christi, um 1515* (SB, S. 72)
Die Taufe Jesu zählt in der neutestamentlichen Ikonographie zu den ältesten Bildelementen. Dieses Bild entstand viel später, Anfang des 16. Jahrhunderts. Das Zentrum der Darstellung liegt in der Mitwirkung des dreifaltigen Gottes. Gott-Vater, die Taube (Symbol für den Heiligen Geist) und Sohn (Jesus) sind in gerader Linie untereinander angeordnet. Johannes' Armhaltung während der Taufhandlung ist zugleich eine hinweisende Geste auf das Matthäusevangelium (Mt 3,11: „... der aber nach mir kommt, ist stärker als ich ...“).
Dieselbe Geste und Aussage findet sich, wenn man in der hinteren Bildhälfte links Johannes als Prediger vor seinen mittelalterlich gekleideten Zuhörern betrachtet. Die Gemeinde besteht aus Menschen unterschiedlicher sozialer Herkunft. Jesus ist im Hintergrund schon zu erkennen, er ist auf dem Weg.
Einige Zuhörer drehen sich bereits neugierig nach ihm um, andere ignorieren ihn. Das Bild interpretiert somit die neutestamentliche Berichterstattung zum Leben Jesu ebenso wie seine spätere christliche Wirkungsgeschichte: Einige werden offen für die Botschaft Jesu sein, einige werden sich verschließen, andere werden sie bekämpfen. Weitere christologische Hinweise: Der kahle Baum links und das daneben liegende Gewand Jesu deuten auf seinen Tod hin. Der Baum ist gleichzeitig wieder Hinweis auf das Mt-Evangelium (Mt 3,10: „... jeder Baum, der nicht gute Frucht bringt, wird abgehauen und ins Feuer geworfen ...“). Das offene Grab und die Haltung Christi beinhalten bereits die Auferstehung, wie sie in vielen älteren Bildern ähnlich zu finden ist. Das weiße Leinentuch ist gleichzeitig Siegesfahne und symbolisiert die Überwindung des Todes.

⇨ *Weiterarbeit*: Die Sch. entdecken zunächst *einige Elemente*, die sie aus dem Bibeltext (SB, S. 72) erschließen können. Mit einem Lineal können schnell die Hauptbezugslinien im Bildaufbau entdeckt werden. Die doppeldeutige Taufgeste des Johannes sollte vom L. erklärt werden. Die genaue Betrachtung der Gemeinde im Hintergrund kann unter der Fragestellung stehen: Wie reagieren die Menschen auf Jesus? Wie ist das eigentlich heute? Jesu Tod und Auferstehung ist zu diesem Zeitpunkt noch kein Thema, die Bildbetrachtung sollte sich zunächst auf das Taufgeschehen konzentrieren.
Es ist ebenfalls nicht sinnvoll, in dieser Altersstufe auf die *Trinitätslehre* einzugehen, trotzdem können einige Elemente von den

Sch. durchaus nachvollzogen werden. Die Taube kann in der Geschichte von Noah (Gen 8) wieder entdeckt werden; sie ist hier wie dort ein Zeichen für den Bund Gottes und sein Versprechen, die Erde und die Menschen zu retten. Der Begriff „Heiliger Geist“ ist für die Sch. zunächst ein theologisches Fremdwort, er kann gut durch Begriffe wie „die Kraft“ und/oder „Liebe“ Gottes ersetzt werden, ohne den theologischen Sinngehalt zu verfälschen. Der direkte Bezug zwischen Gott und Jesus ist in dem Bild gut zu erkennen, trotzdem bleibt das Verständnis für den Zuspruch Gottes zunächst noch sehr abstrakt. Deshalb ist es sinnvoll, sich an dieser Stelle im Unterricht erst einmal ganz auf die irdische Bedeutung des Wortes „Liebe“ zu konzentrieren. In der Beziehung Eltern/Kind ist das für die Sch. nachvollziehbar.
Wenn die Sch. mit der Passionsgeschichte vertraut sind und den daraus resultierenden Glauben an die Auferstehung kennen gelernt haben, sollte dieses Bild noch einmal gemeinsam betrachtet werden. Die Sch. sind nun fähig, die verschiedenen Erzählebenen der Darstellung zu erschließen.
Die Taufe Jesu ist Voraussetzung für die Entwicklung der christlichen Tauftradition, hierauf kann im Kap. „Evangelische Christen – katholische Christen: ...“ (SB, S. 174) näher eingegangen werden.

G. David, ein Junge zur Zeit Jesu

⇨ Der Text *David, ein Junge zur Zeit Jesu* (SB, S. 73) ist in drei Abschnitte unterteilt.
Teil A erzählt vom Alltag und dem Unterricht in der Synagoge zur Zeit Jesu. Weil sich die Pharisäer sehr für die religiöse Bildung im Volk engagierten, war der Bildungsgrad in der Bevölkerung relativ hoch.

⇨ *Weiterarbeit*: Die Sch. gestalten die Alltagswelt Palästinas zur Zeit Jesu in unterschiedlichster Weise. Hier bietet sich Projektunterricht und/oder fächerübergreifender Unterricht mit dem Fach Kunst an. Es ist eine nicht zu unterschätzende Erfahrungsebene, wenn Sch. ihr Wissen in konkrete Nachbildungen umformen bzw. Wissen durch aktives Handeln erworben wird.

⇨ In *Teil B* wird Bezug genommen auf die Beschneidung und das Auslösungsritual im Tempel, das für jeden erstgeborenen jüdischen Jungen durchgeführt wurde, also auch für Jesus. Der Konflikt mit dem Opferkult wird angedeutet.

⇨ *Teil C* beschreibt die aus der Bibel gespeiste Hoffnung der Juden nach einem Messias. Jesus unterscheidet sich mit seiner Friedensbotschaft streng von den Zeloten. Das von Jesus geforderte gewaltfreie Widerstehen der Machtlosen wird am Schluss des Textes angedeutet. Jesu Friedensbotschaft hat das Ziel, Unrecht bewusst zu machen und zu überwinden. Es ist kein passives Sich-Ausliefern (vgl. sein Vorgehen im Tempel SB, S.76), es ist aber eindeutig eine Alternative zur zelotischen Widerstandsbewegung. Gewaltlosigkeit ist keine neue theologische Erfindung Jesu, sie hat ihre Wurzeln in der biblischen Tradition (vgl. Jes 11,6–8, SB, S. 74).

⇨ *Weiterarbeit*: Mit der Frage „Soll man sich alles gefallen lassen?“ kann Jesu Friedensgebot, Lk 6,27, Anlass zu einer aktuellen Auseinandersetzung zum Thema „Gewalt- und Gewaltlosigkeit in der Klasse“ werden. Hier sind die Sch. ganz unmittelbar betroffen. Das Kapitel „Angst und Geborgenheit“ (SB, S. 115ff.) bietet hier vielfältige Bearbeitungsmöglichkeiten an. Formen gewaltfreien Reagierens können kennen gelernt und wenn möglich auch erprobt werden.
🕮 Als unterrichtspraktische Materialien sind zu empfehlen :
- Ulrike Pagel-Hollenbach, Aggression und Gewalt. Mit Gewalt leben, Agentur des Rauhen Hauses, Hamburg 1997
- Reinhold Miller, „Du dumme Sau“. Von der Beschimpfung zum fairen Gespräch“, AOL-Verlag, Lichtenau 1999².

H. Jesu Botschaft vom Reich Gottes

Die *Gleichnisse Jesu* (SB, S. 75) sind eingebettet in die Enderwartungshaltung seiner Zeit. Alle Gleichnisse stehen unter der Fragestellung, die die Menschen der damaligen Zeit bewegte: „Wann kommt endlich das Reich Gottes?“

Literarisch werden diese Texte der Gattung „Gleichnis“ zugeordnet. Gleichnisse schildern ein wiederkehrendes, typisches Ereignis. Sie nehmen den Hörer mit in das Geschehen hinein und machen somit die Wirklichkeit Gottes erfahrbar. Gleichnisse sind nie nur Veranschaulichung und Vergleich, sie sind immer auch Verkündigung. Im Unterricht sollten *zwei Ebenen* unterschieden werden:

⇨ Die erste Ebene befasst sich mit der Einbettung der Gleichnisse in die zeitgeschichtliche Realität Jesu; dabei müssen *Begriffe aus der Alltagswelt* Jesu für die Sch. geklärt werden. Ähnliche Beispiele aus unserer Alltagswelt können herangezogen werden, die den Aussagegehalt der Gleichnisse unterstützen, aber nicht verfälschen: Am Beispiel von Kressesamen erzielt man zwar nicht das Wachsen eines Baumes, doch lässt sich innerhalb weniger Tage das Wachsen und die Kraft eines kleinen Samenkorns beobachten. Der Sauerteig kann durch Hefeteig ersetzt werden und ebenso heranwachsen.
Während der Beobachtung bzw. des theoretischen Nachvollzugs dieser Prozesse wird den Sch. klar, dass die Entwicklung zur Pflanze/des Teigs bereits in seiner Fülle angelegt ist, also eigentlich schon vorhanden ist.

⇨ Der zweite Schritt hin zur Metaphorik Jesu kann nun von den Sch. nachvollzogen werden. Auch Gottes Reich ist bereits in seiner vollen Ausprägung angelegt, doch seine Größe und sein Wert muss genau wie bei einem Samenkorn, Teig oder Schatz unterstützt, wahrgenommen und entdeckt werden.
Mit diesem Schritt ist die Übertragung in die Wirklichkeit der Sch. eingeleitet. Wenn sie die Gleichnisse Jesu erschlossen haben, fällt es ihnen nicht mehr schwer, diese Ebene auf ihre eigene Wirklichkeit zu übertragen und *eigene kleine „Gleichnisse“* zu verfassen.

I. Jesu Verhalten gegenüber Ausgegrenzten

⇨ Die *biblischen Texte* (SB, S. 76f.) betonen Jesu Zuwendung gegenüber sozial belasteten und ausgegrenzten Menschen. Die „Armen“ sind in der biblischen Tradition im realen Sinne arm, aber auch im übertragenen religiösen Sinn. Im Markus- und Lukasevangelium wird das noch deutlicher als bei Matthäus und Johannes. Beide Aspekte dürfen nicht gegeneinander ausgespielt werden.
Jesus verkündigt, dass arme Menschen, aber auch andere mit sozialen, physischen und moralischen Defiziten ein besonderes Vertrauensverhältnis zu Gott haben. Er macht deutlich, dass *die neue Rechts- und Sozialordnung der Gottesherrschaft* geprägt ist von der bedingungslosen Vergebungsbereitschaft Gottes. Alle Geladenen haben teil am Rang dessen, der das große Gastmahl gibt. Die Verkündigung der Gottesherrschaft zielt bis heute auf die Verunsicherung der gesellschaftlich Abgesicherten. Heil und Unheil sind anders verteilt als die Menschen es erwarten. In ihr kommen Gruppen, die unterprivilegiert sind, zur Geltung.
Jesus redet nicht im Sinne eines Vertröstungspolitikers. Wenn Menschen sich nicht untereinander richten, haben sie schon jetzt alle Anteil an Gottes Herrschaft. (vgl. Vater unser, SB, S. 173)

⇨ In diesem Sinne ist auch die Beispielerzählung vom *Pharisäer und Zöllner* (SB, S. 76) zu verstehen. Es geht hier nicht um die Abwertung der Pharisäer. Sie waren wie Jesus daran interessiert, Gottes Willen zu erfüllen, und standen ihm in vielen Punkten in seinen religiösen Erneuerungsgedanken sehr nahe. Pharisäer waren Menschen, die sich in der Tora und anderen religiösen Schriften besonders gut auskannten. Sie besaßen im Volk ein hohes Ansehen (vgl. SB, S. 71). Jesus nimmt hier nur einen Pharisäer zum Beispiel für all die Menschen, die wegen ihres Wissens, ihrer Zugehörigkeit zu einer Gruppe, ihres Engagements für eine Sache sich über andere erheben. In der Traditionsgeschichte der Christen ist gerade diese Erhebung über Pharisäer und Juden in erschreckender Weise geschehen.

Auf die angemessene Betrachtung der Erzählung im Unterricht sollte deshalb großer Wert gelegt werden.

⇨ Bild: *Emil Nolde, Christus und die Kinder, 1910* (SB, S. 77)
Über das Leben der Kinder zur Zeit Jesu finden sich Informationen in ZM 3 und im SB, S. 73f.: *David, ein Junge zur Zeit Jesu.* Neben der Betrachtung der realen Aspekte ist es wichtig zu erinnern, dass für Jesus in der Hinwendung zu den damals als rechtlos geltenden Kindern Gottes Nähe bereits gelebt wird. Sein Verhalten provoziert und verblüfft (ZM 4).
Emil Nolde (1867–1956), bedeutender deutscher Expressionist, hat eine große Anzahl Bilder mit biblischer Thematik geschaffen. Für ihn waren Glaube, Religion und christliches Denken ein wesentliches Element im Leben. Mit seinem Bild *Christus und die Kinder* interpretiert er die Kindersegnung nach Mk 10,13ff.
Die Mitte des Bildes, das Zentrum des Geschehens, ist Jesus. Er wendet sich den Kindern zu (rechte Bildhälfte), beugt sich zu ihnen herunter, berührt sie, hat intensiven zärtlichen Kontakt. Die Freude, Neugierde, Offenheit und Begeisterung der Kinder spiegelt sich in ihren Gesichtern und Körperhaltungen wieder. Leuchtende Gelb- und Rottöne betonen die warme herzliche Atmosphäre. Im Gegensatz dazu ist die linke Bildhälfte eher in dunklen Farben gehalten. Sie passen zu der düsteren Stimmung, die von Jesu Jüngern, den Vertretern der etablierten Erwachsenenwelt, ausgeht. Ihre Mimik und Gestik drücken Skepsis, Ärger, Verwunderung, Aggression, Zweifel und Ignoranz aus. Obwohl sie ebenso nahe bei Jesus stehen wie die Kinder, wirken sie weiter entfernt und stehen im Schatten des Geschehens.
Nolde hat die Person Jesu als Trennungslinie zwischen den beiden Bildhälften angelegt. Das Bild weist hier über das Geschehen der Kindersegnung hinaus und deutet symbolisch an, dass sich an Jesu Ausstrahlung bis heute die Geister scheiden. Jesu Haltung regt nach wie vor zum Widerspruch an und stört die gängigen Normen. Emil Nolde versteckt seine eigene Einstellung nicht, er lenkt die primäre Blickrichtung des Betrachters immer wieder eindeutig auf die Kinder und damit auf Jesu Botschaft: „Wer sich Gottes neue Welt nicht schenken lässt wie ein Kind, wird Gottes Reich nicht erfahren." (nach Mk 10,15)

⇨ *Alternative*: Das Bild Emil Noldes wird zunächst nicht gezeigt! Die Erzählung der Kindersegnung wird den Sch. nach Lk 18,15ff. oder Mk 10,13ff. vorgelesen oder erzählt.
L. fertigt im Vorfeld der Unterrichtsstunde eine Skizze des Noldebildes an, in der nur die Umrisse der Personen zu sehen sind. (Die Konturen des Bildes können gut von einer vergrößerten s/w-Kopie abgepaust werden und dann wiederum kopiert werden.)
Die Sch. geben den Personen Gesichter und gestalten die Skizze farbig.
Im Unterrichtsgespräch versuchen die Sch zu begründen, warum sie ihre Bilder in der vorliegenden Form angefertigt haben. Es wird interessant sein, Unterschiede und Übereinstimmungen zwischen den Bildern zu beachten und zu besprechen. Die Bilder können in kleine Spielszenen umgewandelt oder in Standbildern nachempfunden werden.
Zum Schluss wird das Noldebild eingeführt. Die Sch. tauschen sich darüber aus, ob sie eine ähnliche oder sehr unterschiedliche Gestaltung gewählt haben. In jedem Fall werden sie wach und interessiert auf die Charaktere der dargestellten Personen im Bild Noldes reagieren und die biblische Erzählung auf diesem Weg zu ihrem eigenen Anliegen machen.

⇨ *Was soll man von diesem Jesus halten?* (ZM 4) nimmt Lk 18,15ff. auf. Die verschiedenen Positionen der religiösen Gruppen, die Stimmung in der Bevölkerung, aber auch Jesu Position können noch einmal erarbeitet werden.

⇨ Text und Bild: *Das letzte Abendmahl* (SB, S. 78)
Das Abendmahlsgeschehen wird erzählt oder in der Bibel nachgelesen. Jesu *Gespräch bei Tisch* mit seinen Freunden (ZM 5) kann im Zusammenhang der Bilderschließung hinzugezogen werden. Es vergegenwärtigt das Ge-

schehen am Vorabend des Passafestes. Es wird zunächst in verteilten Rollen gelesen und dann szenisch umgesetzt.
Eine Kopie des Abendmahlsbildes kann auf ein größeres, unbeschriftetes Blatt Papier geklebt werden. Nun werden die in ZM 5 enthaltenden Äußerungen herausgeschrieben und in Sprechblasen den entsprechenden Personen auf der Darstellung zugeordnet.

J. Zum Kreuz verurteilt

⇨ Der Text zu *Jesu Verurteilung* (SB, S. 79) lässt viele Fragen offen. Verantwortlich für den Tod Jesu ist der römische Statthalter Pontius Pilatus. Vermutlich haben im Verfahren gegen Jesus die Sadduzäer eine Rolle gespielt, evtl. sogar enttäuschte Zeloten, die sich für Barrabas, aber gegen Jesus entschieden, falls der Bericht dem historischen Ablauf entspricht. Keinesfalls aber hat sich das ganze Volk für die Verurteilung am Kreuz ausgesprochen. Dieser Aspekt der Passionsgeschichte sollte sehr deutlich betont werden. Leider hat die Ablösung der ersten Christen von ihrer jüdischen Glaubenstradition schon früh zu Spannungen geführt, die sich als Antijudaismen in den Evangelien niedergeschlagen und in der Traditionsgeschichte zur Entwicklung des Antisemitismus beitrugen.

⇨ Das Kreuz ist zunächst nicht „Hoffnungsbaum", es zeigt unbeschönigt die Gnadenlosigkeit und Brutalität des Todes. Während der *Kreuzmeditation* (Ideen-Ecke, SB, S. 81) kann das spirituell nachvollzogen werden. Wenn das Licht der Kerze am Kreuz ausgelöscht wird, ist für die Sch. für einen kurzen Moment sehr eindrücklich das Ende deutlich gemacht. Das erneute Entfachen des Lichts und die Entwicklung der Lichterkette nimmt die Endgültigkeit des Todes zurück und macht die Ausbreitung der christlichen Botschaft sinnlich erfahrbar.

⇨ Bild: *Odilon Redon, Christ en crois, um 1910* (SB, S. 79)
Der Maler und Grafiker Odilon Redon (1840–1916) ist der bedeutendste französische Vertreter des Symbolismus. Er wollte die „Logik des Sichtbaren in den Dienst des Unsichtbaren" stellen (Brigitte Selden 1996, anlässlich einer Ausstellung über den Symbolismus Odilon Redons).
Das Kreuz ist in diesem Bild Mittelpunkt, doch gehen seine Konturen schon eher verschwimmend in den Hintergrund über, es wird zurückgenommen. Der gekreuzigte Jesus wirkt nicht fixiert, die Armhaltung und Beinstellung deuten Bewegung an. Jesus hängt nicht hilflos am Kreuz, er ist mit der Wirklichkeit dieser Erde verbunden und wendet sich ihr segnend zu. Der lichte, sonnige Hintergrund symbolisiert die aufstrahlende Wirkung der christlichen Botschaft.

K. „Gott wurde Mensch"

⇨ Bild und Text zur *Armutssituation in Lateinamerika* (SB, S. 80) kann anregen, dass die Sch. selbst Material zusammentragen und eine Collage zum Thema anfertigen (Quellen: Zeitung, Internet ...).

⇨ Die Darstellung der *Sternsinger-Aktion* (SB, S. 80) kann in die Frage münden: Wie werden *wir* aktiv im Einsatz für eine Welt „in Jesu Sinne"? Dazu finden sich auch Anregungen in den Arbeitsvorschlägen zum Kapitel „Die Bibel: Das Haus der vielen Türen" (SB, S. 206f.).

5. Materialien und Medien

Handlungsorientierte Hinweise:

- Horst Klaus Berg/Ulrike Weber, Mit Jesus beginnt etwas Neues. Freiarbeit Religion – Folge I/II, Calwer/Kösel, Stuttgart/München 1995.
- Hajo Bücken (Hg.), Mit Kindern die Bibel erleben 8–13, Burckhardthaus-Laetare/Christophorus, Freiburg i.Br. 1987.
- Möckmühler Bastelbögen, Aue (Arbeit und Leben in Israel, Synagoge etc.), Möckmühl.
- Lois Rock, Bibel-Bastel-Buch: Die Zeit Jesus wird lebendig im Basteln, Kochen, Kleben, Nähen, Spielen, Katholisches Bibelwerk, Stuttgart 1999.

Medien:

- 12 Dias, in: Medienservice zu Forum Religion 3/95, Pädagogisch-theologisches Institut Kassel, Kassel 1995.
- Jesus von Nazareth – Auf der Suche nach einem Unbekannten, ein Film von Wolf-Rüdiger Schmidt, Teil I: Der Mann aus Galiläa, Teil 2: Letzte Tage in Jerusalem, Calwer.
- Das Land aus dem Jesus kam, Buch und Regie: Jörg Zink, Teil I + II, Stuttgart (Video).
- Neue Schulbibel, Diaserie für den biblischen Unterricht, Benziger, Zürich (S.51–98).
- Atlantis Video: terra magica/Israel, Die Welt der Bibel (Werbefilm).
- Arbeitsfolien Religion, Calwer/Cösel, Stuttgart/München, 1982.
- Siegfried Gruber, Christusbilder zwischen Provokation und Tradition, Religionspädagogisches Seminar, Diözese Regensburg, Regensburg 1997.

Vorlesegeschichten:

- Ginette Hoffmann/Jocelyne Ajchenbaum, Zur Zeit Jesu in Jerusalem, Union Verlag, München 1994[2].
- Werner Laubi, Geschichten zur Bibel – Jesus von Nazareth I, Kaufmann u.a., Lahr u.a. 1988.
- Benoit Marchon/Claude und Denise Millet, Jesus. Seine Heimat und seine Freunde, Kreuz Verlag, Stuttgart 1996.
- Ursula Wölfel, Isaak und Claudius, in: Walter Neidhart/Hans Eggenberger (Hg.), Erzählbuch zur Bibel, Benziger, Zürich 1975[3].
- Freya Stephan-Kühn, Viel Spaß mit den Römern, Arena, Würzburg 1996.

Literatur für den Unterricht:

- Peter Conolly, Das Leben des Jesus von Nazareth, Tessloff, Hamburg 1983.
- Claude-Bernard Costalde (Hg.), Die große illustrierte Kinderbibel, Verlag Katholisches Bibelwerk, Stuttgart 1999[2].
- Jacques Musset, Ich entdecke die Welt der Bibel, Neues Testament, Otto Maier, Ravensburg 1988.
- Ilka Kirchhoff, Jesus Christus, in: Arbeitshilfen Orientierungsstufe, Heft 1, o.J., Religionspädagogisches Institut Loccum, Rehburg-Loccum.

Sich auf den Weg machen, aufbrechen! ZM 1

1. Weiser: Seht, dort der Stern!
2. Weiser: Richtig, er steht genau in der von uns berechneten Position!
3. Weiser: Er müsste, lasst mich nachdenken, direkt über einem Ort in Palästina stehen!
4. Weiser: Ist es nicht etwas übertrieben, diesem Stern so eine besondere Bedeutung beizumessen?
5. Weiser: Es gab schon viele eigenartige Himmelserscheinungen, das ist normal für die Natur und hat nichts mit der Geburt eines neuen Gottessohnes zu tun!
1. Weiser: Vielleicht hast du Recht, doch ich habe das Gefühl, dass es sich um einen besonderen Stern handelt.
4. Weiser: Mit Gefühlen kommen wir in der Wissenschaft aber nicht weiter!
2. Weiser: Ich widerspreche dir, auch ein Wissenschaftler muss manchmal besondere Wege beschreiten!
3. Weiser: Das stimmt, nur so kommen wir zu wirklich neuen Erkenntnissen!
1. Weiser: Lasst uns aufbrechen, vielleicht können wir in Palästina die Richtigkeit unserer Forschung beweisen!
4. Weiser: So eine weite Reise wollt ihr antreten? Denkt nur an die hohen Kosten, das ist doch Geldverschwendung!
5. Weiser: Seid ihr euch der vielen Gefahren, die auf euch am Wege lauern, bewusst?
3. Weiser: Das nehmen wir auf uns, wir wollen den Weg zum Stern finden!

a) Welche Gründe sprechen für, welche gegen den Aufbruch?
b) Die Weisen machen sich auf den Weg; lies Mt 2,1–12 und denke daran: Sie müssen durch die Wüste reiten, sie durchqueren fremde Länder und treffen auf den hinterhältigen König Herodes. Schreibe einen Reisebericht!

Das Land, in dem Jesus lebte ZM 2

Jesus lebte im Land der Juden,
in Palästina am Mittelmeer.
Heute heißt das Land Israel.

Palästina hat drei Landesteile:
Das Gebiet im Norden um den See Genezareth,
genannt Galiläa,
das Bergland in der Mitte, genannt Samaria,
und das Bergland im Süden, genannt Judäa.

Jerusalem in Judäa ist die Hauptstadt aller Juden,
die Hauptstadt des ganzen Volkes Israel.

Der Fluss von Palästina ist der Jordan.
Er kommt aus den Bergen im Norden,
fließt durch den See Genezareth,
dann weiter in den Süden
bis in den großen salzigen See mitten in der Wüste,
genannt das Tote Meer.

Zwischen den Bergen von Galiläa liegt der See
Genezareth.
Viele Fische gibt es darin.
Jede Nacht fahren die Fischer hinaus, um ihre
Netze auszuwerfen.

Die Fischer wohnen in den Dörfern am See, in
Magdala, in Betsaida, in Kapernaum.
Manchmal gibt es einen Sturm auf dem See,
ganz plötzlich,
von einer Minute zur anderen.

Rings um den See ist fruchtbares Land,
Kornfelder, Wiesen,
Nussbäume, Feigenbäume, Olivenbäume.
Es ist wie ein großer Garten.

Jesus wohnt in Nazareth.
Das Dorf liegt an einem Berghang.
Hier ist der Boden nicht so fruchtbar.
Aber man schaut weit ins Land:
Berge nach allen Seiten.
Man schaut hinunter in die Ebene. Sie heißt Jesreel.
Eine Straße läuft dort unten, eine Handelsstraße.
Sie kommt aus Ägypten im Süden
und führt nach Damaskus im Norden.
Händler ziehen dort, Karawanen,
Kamele, Maultiere, Esel, beladen mit kostbaren
Gütern,
mit Seide und Teppichen, mit Gewürzen, Myrrhe
und Balsam.

Aus: Dietrich Steinwede, Jesus aus Nazareth. Sachbilderbuch zur Bibel, Verlag Ernst Kaufmann, Lahr 1972.

Der Zimmermann macht alle Holzarbeiten. Er ist gleichzeitig Holzhacker, Kunstschreiner und Schnitzer. Für die Reichen fertigt er Möbel und sorgt für die Innenausstattung ihrer Häuser. Für die Bauern fertigt er Holzkarren und landwirtschaftliche Geräte wie Pflüge, Gabeln und Dreschschlitten. Seine Werkzeuge sind Axt, Säge und Ahle.

Der Töpfer fertigt Küchen und Haushaltsdinge, zum Beispiel Krüge zum Aufbewahren von Getreide oder Wein, Wasserkrüge, Spielzeug und Behälter zum Aufbewahren von Papyrus- und Pergamentrollen. Manchmal besitzt er eine Töpferscheibe.

Der Maurer bricht und behaut Steine. Er baut die öffentlichen Gebäude und die Häuser der reichen Leute. Die Ziegel für die Häuser der ärmeren Leute werden aus Stroh und Lehm angemischt. Der feuchte Lehm wird in hölzernen Formen geformt. Der Maurer lässt sie in der Sonne trocknen. (siehe im Lehrbuch, S. 52)

Der Bauer bestellt den Boden, baut Getreide an, vorwiegend Gerste, denn das ist das Grundnahrungsmittel für die ärmere Bevölkerung. Weizen wächst auch, doch ist er nur für reiche Leute erschwinglich. Der Bauer erntet außerdem Feigen, Oliven und Trauben und züchtet Haustiere. Ziegen liefern Milch, Schafe die Wolle. Esel und Kamele dienen zur Beförderung von Lasten.

Die Fischer fischen überall an den Ufern des Mittelmeers, aber besonders am See Genezareth. Die Fischer haben sich oft wie in einer Genossenschaft zusammengeschlossen und mit großen Schiffen und Schleppnetzen wird gemeinschaftlich gearbeitet.

Die Zöllner stehen im Dienst der römischen Besatzungsmacht und haben viele Kontakte mit Nichtjuden. Schon deshalb gelten sie bei den frommen Juden als unrein.

Zur Zeit Jesu werden in Palästina die Zölle eines Bezirks, wie Marktzölle, Grenzzölle, verpachtet. Es gibt sogar Unterpächter, die wiederum einen festen Betrag an den Hauptpächter abführen müssen. Zwar setzen die Römer in Tarifen fest, wie viel Zoll für die einzelnen Waren erhoben wird, doch dieses System verleitet zum Betrug. Der festgesetzte Preis reicht oft nicht für den Lebensunterhalt eines Zöllners aus und darum ist er indirekt gezwungen, mehr Zoll in die eigene Tasche einzukassieren als die Römer eigentlich vorgeschrieben haben; auch deshalb sind die Zöllner im Volk verhasst.

Die Frauen haben zur Zeit Jesu nicht die gleichen Rechte und Pflichten wie Männer, was nicht bedeutet, dass sie nicht als gleichwertige Menschen angesehen werden. Mann und Frau werden als eine Gemeinschaft betrachtet, in der jeder seine besondere Rolle zu erfüllen hat. So vertritt der Mann die Gesellschaft nach außen, die Frau ist für den Bereich des Hauses zuständig, sorgt für den Haushalt und kümmert sich um die Erziehung der Kinder.

Es kommt bei dieser unterschiedlichen Arbeitsaufteilung leicht zu Ungerechtigkeiten, darunter leiden die Frauen, denn nur ein Mann kann vor Gericht aussagen und sich von seiner Frau trennen. Frauen dürfen nicht in der Öffentlichkeit auftreten und reden. Nur der Ehemann, Vater oder ein nächster männlicher Verwandter kann für eine Frau sprechen. Besonders schwer ist das Leben darum für Witwen und Waisen.

Ein Kind ist ein Geschenk Gottes, seine Geburt wird freudig begrüßt. Wenn das Kind geboren ist, wird es zur Kräftigung mit Salz eingerieben. Es bekommt sofort einen Namen, der immer eine Bedeutung hat. „Benjamin" bedeutet zum Beispiel: Sohn des Glücks, „David": Liebling Gottes. Der Name „Jesus" ist damals ein beliebter Vorname (aramäisch: Jeschua/griechisch: Josua), er bedeutet: Gott rettet.

Die Beschneidung des Jungen findet am achten Tag nach seiner Geburt statt. Dabei wird die Vorhaut am Glied des Jungen entfernt. Dieses Ritual ist ein Zeichen für die Zugehörigkeit zum Volk Gottes.

Die Eltern lehren das Kind ein Handwerk oder einen anderen damals üblichen Beruf. Sie erzählen ihren Kindern Geschichten und feiern mit ihnen die Feste ihrer Religion.

Wie alle Kinder spielen sie gern, besonders beliebt sind Würfel- und Brettspiele.

Die Jungen gehen etwa vom fünften Lebensjahr an in die „Schule". Diese findet in der Synagoge statt, dort lernen sie die Tora kennen. Vieles wird auswendig gelernt, doch auch Lesen, Schreiben, Rechnen und manchmal sogar Geschichte und Geographie stehen auf dem Lehrplan des Rabbis.

Mädchen erlernen die Haushaltsführung und werden von ihren Müttern mit den Traditionen vertraut gemacht. Mit 12 Jahren kann ein Mädchen bereits verheiratet werden.

Mit der „Bar Mizwa"-Feier endet für einen jüdischen Jungen die Kindheit. Am Sabbat nach seinem 13. Geburtstag liest er zum ersten Mal aus dem Gesetz und den Propheten vor. Danach wird er vom Rabbi gesegnet. (vgl. im Lehrbuch, S. 73,108,186)

Kinder unter 12 Jahren gelten noch nicht als vollwertige Menschen. Sie stehen auf der selben rechtlosen Stufe wie Taube, Stumme, Blinde, Heiden (Menschen, die nicht dem jüdischen Glauben angehören) und Frauen.

Was soll man von diesem Jesus halten?

Vielleicht hat sich die Geschichte mit Jesus und den Kindern auf einem Marktplatz abgespielt. Ganz in der Nähe steht eine Taverne (Gasthaus). Hier trifft man sich und tauscht die neuesten Nachrichten aus.

Gideon: Ruben, ich habe gehört, du hast gesehen, wie die Kinder zu Jesus gingen?

Ruben: Stimmt, ein Lärm war das!

Aaron: Meine Frau war auch da mit unseren Kindern. Sie glaubt, Jesus ist der von uns so ersehnte Messias.

Jakob: Was, das hast du zugelassen? So ein Schlappschwanz, der sich mit Frauen und Kindern abgibt – ach, geh mir weg, den kannst du doch als Retter vergessen!

Gideon: Richtig, unser Retter muss mindestens so stark und schlau sein wie damals König David, sonst haben wir gegen die Römer und ihre Handlanger keine Chance!

Ruben: Wir müssen uns streng an Gottes Weisungen halten, dann kommt der ersehnte Messias!

Josua: Ach, nur das fromme Leben bringt es auch nicht! Gott will, dass wir uns auch für ihn einsetzen, Beten allein ist keine große Tat! Wir dürfen uns nicht länger alles gefallen lassen, die Römer werden immer frecher mit ihren ewigen Steuererhöhungen, die andauernd nur uns kleine Leute treffen. Unser Geld und unsere Abgaben lieben sie, aber unsere Religion missachten sie! Das Elend im Volk wird immer unerträglicher! Es hilft nichts, wir müssen uns bewaffnen.

Aaron: Sag das nicht so laut, wenn hier ein römischer Spitzel in der Nähe ist, wirst du morgen wegen Verrat hingerichtet!

Jakob: Das ist doch ein Spinner, dieser Wanderprediger aus Nazareth! Neulich hat er sogar im Tempel für Unruhe gesorgt, das geht zu weit.

Josua: Ganz richtig, dass diesen Herren im Tempel mal ein bisschen Druck gemacht wird, einige Priester dort bereichern sich wirklich zu sehr! Es ist doch eine Gemeinheit, dass sie den armen Leuten noch ihre letzten Groschen für die Opfergaben abknöpfen.

Aaron: Ja und ständig verlangen sie höhere Preise, das hat doch mit unserem Glauben nicht mehr viel zu tun, das ist Wucher!

Jakob: Ich halte mich da als Geschäftsmann lieber raus. Ich bin schließlich auf den Handel mit den Römern angewiesen, sie hindern mich nicht an meiner Religion. Außerdem bin ich Realist, wer hat schon gegen diese Weltmacht eine Chance, unser kleines Land doch nicht! Ich sage euch, arrangiert euch! Seid vernünftig!

Josua: Ach, hör auf, immer klein beigeben, selbst die neue Kopfsteuer sollen wir begrüßen? Und dann noch diese unverschämten Kaiserabbildungen auf den Münzen, das ist Gotteslästerung, das dürfen wir nicht einfach hinnehmen! Du, Jakob, hast Vermögen, aber wir armen Schlucker ... Das heißt, uns Bauern und Fischern, uns geht es an den Kragen! Wir haben doch gar nichts mehr zu verlieren!

Jakob: Beruhige dich Josua! Wir haben verstanden, doch Ruben, nun erzähl du endlich, wie war das? Was hat Jesus gesagt? Wie wirkte er auf dich?

Ruben: Eigenartig war das schon, ich glaube, selbst seine Freunde, die ihn immer begleiten, wunderten sich über sein Verhalten.

Aaron: Das hat meine Frau mir auch erzählt. Sie hat mir gesagt, dass er eine ganz besondere Ausstrahlung hat. Gewalt ist ihm zuwider, er predigt sogar die Liebe zum Feind. „Liebt eure Feinde, tut denen Gutes, die euch hassen“, soll er wörtlich gesagt haben. Er geht zu den Ausgestoßenen und Kranken. Einer seiner Jünger soll früher tatsächlich Zöllner gewesen sein.

Ruben: Bevor die Sache mit den Kindern passierte, hörte ich, wie er sagte: „Gottes Reich kann jeden Augenblick kommen. Gott liebt jeden einzelnen Menschen so sehr wie ein Hirte, der seinem verlorenen Schaf nachläuft und dafür sogar seine übrige Herde allein lässt. Niemand ist gleichgültig und unwichtig für meinen Vater im Himmel! Wer sich um die Armen und Schwachen kümmert, der erfüllt seinen Willen!“

Gideon: Gott wird von ihm „Vater im Himmel“ genannt?

Ruben: Ja, er betonte immer wieder: „Gott liebt euch wie ein Vater seine Kinder, so wie er sollt auch ihr eure Mitmenschen lieben, dann ist das Himmelreich nahe.“

Aaron: Ich habe es meiner Frau erst nicht glauben wollen, aber sie erzählte, als die Kinder bei ihm waren, hat er zu seinen Freunden und anderen Erwachsenen diese Worte gesprochen: „Lasst die Kinder zu mir kommen und hindert sie nicht, denn für Menschen wie sie ist Gottes neue Welt offen. Wer sich Gottes neue Welt nicht schenken lässt wie ein Kind, wird niemals hineinkommen.“

Ruben: Du hast Recht, das hatte ich fast vergessen. Ich kann mir vorstellen, solche Reden machen ihn verdächtig.

Aaron: Ja, er tritt für alle Rechtlosen in unserem Volk ein. Es ist ganz schön mutig von ihm, sich so eindeutig auf die Seite der Schwachen zu stellen! Das macht ihn für die Römer sicher verdächtig!

Josua: Mir ist dieser Jesus zu friedfertig, so verändert er gar nichts! Ha, Feindesliebe, dass ich nicht lache, das wird den Herren Römern und ihresgleichen doch bestens gefallen! Soll das etwa heißen: Lasst euch alles gefallen? Ohne mich!

Jakob: Josua, du gehst immer einen Schritt zu weit, aber ich finde auch, dieser Jesus geht mit den Weisungen unserer Tora zu freizügig um, das will ich nicht akzeptieren. Er ist tatsächlich gefährlich, wenn er noch mehr Anhänger findet!

Gideon: Ich meine schon, dieser Jesus ist etwas Besonderes. Er redet niemandem nach dem Mund.

Ruben: Du hast Recht, er meint es ernst, er spielt sich nicht auf wie ein Wichtigtuer, man spürt, das etwas Neues von ihm ausgeht, auch wenn ich es schwer verstehen kann!

Aaron: Ein eigenartiger Messias!

ZM 5

Ein Gespräch bei Tisch

Vielleicht haben sich Jesus und seine Freunde am Vorabend vor dem Passafest so unterhalten:

Johannes: Jesus, du wirkst so bedrückt, was ist los?

Jesus: Ich spüre, dass mein Leben bedroht ist, ich mache mir nichts vor!

Jakobus: Warum, meinst du wegen deiner Kritik am Tempel wird der Hohe Rat dich vorladen?

Jesus: Mag sein, aber das allein wird als Argument gegen mich kaum ausreichen, um mich endgültig zu beseitigen.

Maria Magdalena: Natürlich sind sie wütend auf dich, du hast sie in ihrer Sicherheit gestört, aber sie wissen, dass viele im Volk genauso denken wie wir, das können sie doch gar nicht riskieren.

Jakobus: Die Priester im Hohen Rat kann man doch nur verärgern, sie können dir nicht wirklich gefährlich werden!

Jesus: Und ob sie können, unterschätze sie nicht. Sie sind mächtig und arbeiten, wenn es ihrem Interesse dient, mit den Römern zusammen, von dort kommt die Bedrohung!

Petrus: Egal was passiert, wir stehen an deiner Seite!

Jesus: Da bin ich mir gar nicht so sicher.

Thomas: Du zweifelst an unserer Treue?

Jesus: Einer von euch ist vielleicht bereits heimlich zu meinen Feinden übergelaufen.

Marta: Das sind ja ungeheuerliche Beschuldigungen, wie kannst du nur so etwas von uns denken?

Petrus: Ich jedenfalls halte zu dir, selbst wenn mein eigenes Leben in Gefahr wäre!

Jesus: Gerade du, Petrus, du wirst mich bereits dreimal verleugnet haben, bevor der Hahn zweimal gekräht hat.

Petrus: Ach, Unsinn, ich halte zu dir, komme, was da wolle!

Die Sache Jesu geht weiter

1. Theologische und didaktische Aspekte

Das Kapitel soll den Sch. helfen nachzuvollziehen, wie das Christentum sich zu einer bedeutsamen Religion entwickelte.

Für die meisten Sch. wird es das erste Mal sein, dass sie mit einem kirchengeschichtlichen Thema in Kontakt kommen, da solche Themen in der Grundschule zumeist nicht behandelt werden. Manchmal können sich Schwierigkeiten ergeben, da die Sch. in dieser Altersstufe unter Umständen noch kein ausgeprägtes Bewusstsein für Geschichte haben.

Das Kapitel ist in *fünf Sequenzen* unterteilt:

Die *erste* – optionale – Sequenz, die nur im Werkbuch enthalten ist, bereitet das Thema Pfingsten durch Erinnerung und Behandlung der Ereignisse von Ostern und Himmelfahrt vor.

Jesus wollte keine neue Religion gründen, sondern er wollte das Judentum reformieren. So kommt es, dass das Christentum eng mit dem Judentum verbunden ist, was auch dadurch deutlich wird, dass das christliche Alte Testament inhaltlich mit der jüdischen Bibel, dem sog. „Tenach", übereinstimmt. Diese enge Verbindung mit dem Judentum sollte den Sch. deutlich gemacht werden.

Dies geschieht am Beginn des Kapitels, indem auf Ostern und Pfingsten eingegangen wird. Das christliche Pfingsten wird 50 Tage nach Ostern begangen, genau wie bei den Juden das Erntefest oder Schawuot (Wochenfest) 50 Tage nach dem Passa-Fest (Erinnerung an den Auszug aus Ägypten) gefeiert wird.

Pfingsten ist das Thema der *zweiten* Sequenz. Pfingsten gilt als Geburtstag der Kirche, da die Jünger durch die Wirkung des „Heiligen Geistes" ihre Angst verloren und begannen, die Lehre Jesu öffentlich zu verkündigen. Die Pfingstgeschichte, so wie sie in der Apg beschrieben wird, ist sicherlich kein historischer Bericht, sondern eine Glaubensgeschichte, die zeigen soll, wie der Heilige Geist die Menschen dazu bringt, offen ihren Glauben zu bekennen und weiterzugeben. Von der Begeisterung der Jünger wurde eine große Menschenmenge (ca. „3000" Zuhörer) angesteckt, die sich im Anschluss an das Pfingstgeschehen taufen ließen. Die Freude, die von Pfingsten ausgeht, kann mit den Sch. in liturgischen Feiern – soweit dies im Rahmen der Schule möglich ist – nachempfunden werden.

Mit den Pfingstereignissen treten die Apostel in den Blickpunkt. In dieser *dritten* Sequenz werden die beiden bekanntesten Apostel *Petrus und Paulus*, aber auch *Philippus* genannt.

Die Sequenz beginnt mit *Petrus*, dem Jesus-Jünger, der ursprünglich Simon hieß. Petrus wurde von Jesus von seinem Fischerboot weg berufen, Jünger zu sein. Er lebte in Kapernaum und war verheiratet. Simon erhielt seinen Beinamen „Petrus“, griechisch „Petros“ und aramäisch „Kepha“, was „(Edel- oder Grund-)Stein“ bedeutet. Im Mt-Evangelium erhält Simon Petrus den Namen im Anschluss an sein Christusbekenntnis (Mt 16,16). In diesem Zusammenhang erklärt Jesus (Mt 16,18): „Du bist Petrus und auf diesen Felsen will ich meine Gemeinde bauen.“ Wahrscheinlich ist dieser Beiname aber erst nach Jesu Tod dem Simon zugeordnet worden. Petrus hat unter den Jüngern eine Sprecherfunktion, er sieht den Auferstandenen als Erster (nach den Frauen) und er ist der Erste, der Pfingsten predigt. Aber er ist auch durch und durch Mensch. Er zweifelt an Jesus (Wandeln auf dem Wasser) und er verrät Jesus dreimal, bevor der Hahn kräht; dennoch ist er auch überzeugt, dass Jesus Gottes Sohn ist. Diese Widersprüche machen ihn sehr menschlich. Er ist vermutlich der erste Leiter, d.h. Bischof, der christlichen Gemeinde in Rom. Die katholische Kirche sieht in ihm den ersten Papst, der nach katholischer Lehre der Stellvertreter Christi auf Erden ist. Petrus missionierte in Jesu Auftrag (Missionsbefehl Mt 28,18–20) wohl hauptsächlich Juden, während Paulus wohl hauptsächlich Heiden missionierte. Petrus erlitt ca. 67 n.Chr. unter Nero (54–68 n.Chr.) den Märtyrertod (Kreuzigung) in Rom. Der Petersdom in Rom soll über seinem Grab errichtet worden sein, was allerdings weder eindeutig bewiesen noch widerlegt werden kann.

Die Sch. sollen Petrus als den menschlichen Apostel mit Zweifeln und Fehlern kennen lernen, sodass ihnen deutlich werden kann, dass Gott auch die fehlerhaften, zweifelnden Menschen annimmt und ihnen wichtige Aufgaben überträgt.

Der zweite wichtige Apostel ist *Paulus*. Ursprünglich hieß er Saulus, wurde ca. 3/5 n.Chr. geboren und war jüdischer Zeltmacher und Wanderprediger. Er genoss eine rabbinische Ausbildung in Jerusalem und war wohl gegen die Lehre der Christen. Historisch war er kein so eifriger Christenverfolger, wie es im Neuen Testament dargestellt wird. Im NT erscheint Paulus zum ersten Mal im Zusammenhang mit der Steinigung des Stephanus (Apg 7,58). Seine Berufung wird in Apg 9 beschrieben: Auf einer Reise erscheint Christus in einem hellen Licht dem Saulus und fragt ihn: „Saul, Saul, was verfolgst du mich?“ Saulus ist daraufhin einige Tage blind, wird durch Hananias geheilt und lässt sich taufen.

So lebendig wie in der Apg beschreibt Paulus seine Berufung in seinen Briefen nicht, er führt sie nur als Legitimation seiner Tätigkeit an. Paulus unternimmt drei Missionsreisen und legt dabei ca. 5000 km zurück. In den damaligen Zeiten war das Reisen, besonders zur See, von großen Gefahren begleitet. Paulus starb ca. 67 n.Chr. den Märtyrertod (Enthauptung) unter Nero. Paulus hat in seinen Briefen seine Theologie entwickelt und den Gemeinden, die er betreute, erklärt. Auch gibt er in den Briefen Rat und Hilfe bei Problemen in den Gemeinden.

Doch die Lehre Jesu wird nicht nur durch diese beiden wichtigen Apostel verbreitet. In der biblischen Geschichte von dem *Kämmerer aus Äthiopien* (Apg 8,26–40; SB, S. 93) ist es *Philippus*, der dem Fremden die Worte der Schrift erklärt und ihn tauft.

Zudem muss man davon ausgehen, dass Mission auch durch einfache Menschen wie Händler oder Soldaten getrieben wurde. Im Römischen Reich gab es gute Handelswege, über die viele Menschen weit reisten. Außerdem war das Griechische – wie heute das Englische – eine Verkehrssprache, die von vielen gesprochen und verstanden wurde. Diese Faktoren begünstigten die Verbreitung der Lehre Jesu.

Eine *vierte* Sequenz dieses Kapitels widmet sich den ersten Christen und ihrer Lebensweise. In dem Auszug aus Willi Fährmanns Buch *Ein Fisch ist mehr als ein Fisch* (SB, S. 94f.) lernen die Sch. das Geheimzeichen der Christen, den Fisch, kennen. Dieses Wort ist ein Akrostichon, wie in der Geschichte an dem deutschen Wort „Fisch“ gezeigt wird (Freund Jesus sucht Christen). Ein weiterer Text (SB, S. 96) zeigt, welche Probleme die Christen in den Anfängen hatten und wie sie Gottesdienst feierten. Durch diese Texte sollen die Sch. Einblick in das Leben der urchristlichen Gemeinden bekommen.

Nur im Werkbuch enthalten ist ein Beispiel für einen christlichen Märtyrer, *Polykarp*, und die weitere Entwicklung des Christentums zur Staatsreligion unter *Konstantin* (ZM 4/5). Kaiser Konstantin (306–337) gelangte nach dem ausbleibenden Erfolg der Christenverfolgungen zu der Überzeugung, dass der Christengott mächtig sei. Dies ist sicherlich auch beeinflusst durch seinen Sieg an der Milvischen Brücke (312), den er im Zeichen des Christengottes erlangte. 313 gewährten Konstantin und seine Mitkaiser den Christen Religionsfreiheit. Nachdem Konstantin Alleinherrscher geworden war, begann er das Christentum zu bevorzugen. Plötzlich war es für gewisse Berufe und Stellungen von Vorteil, Christ zu sein. Obwohl Konstantin das Christentum sein restliches Leben lang förderte, ließ er sich erst auf dem Totenbett (337) taufen.

Im Jahre 391 erhebt Kaiser Theodosius das Christentum zur alleinigen Staatsreligion.

2. Intentionen

Die Sch. sollen
- die Zusammenhänge zwischen Ostern, Himmelfahrt und Pfingsten erkennen
- die Bedeutung von Pfingsten als den Geburtstag der Kirche erfahren
- Petrus und Paulus als die bekanntesten Apostel kennen lernen und ihre Bedeutung für das Christentum begreifen
- Stationen im Leben des Apostels Petrus als den manchmal schwachen und schwachgläubigen Menschen verfolgen und erarbeiten
- Paulus, dem ehemaligen Christenverfolger, als dem eifrigen Missionar für die Sache Jesu Christi begegnen
- in Ansätzen vertraut werden mit der Situation der ersten Christen (Christenverfolgungen, Leben der Urgemeinde ...)
- informiert werden über den Fisch als Geheimzeichen der Christen.

3. Literatur zur Vorbereitung

- Rudolf Bultmann, Das Urchristentum im Rahmen der antiken Religionen, Patmos, Düsseldorf 1998[6].
- Kurt Hennig (Hg.), Jerusalemer Bibellexikon, Hännsler, Neuhausen-Stuttgart 1990.
- Ilsetraut Ix/Rüdiger Kaldewey, Was in Religion Sache ist. Lern- und Lebenswissen, Patmos, Düsseldorf 1988.
- Werner G. Kümmel, Art. „Urchristentum“, in: RGG[3], Bd.6, Sp. 1187f.
- Werner Georg Kümmel, Die Theologie des Neuen Testaments nach seinen Hauptzeugen Jesus - Paulus - Johannes, Vandenhoeck & Ruprecht, Göttingen 1976.
- Jürgen Roloff, Neues Testament, Neukirchener, Neukirchen-Vluyn, 1992[5].

4. Unterrichtsideen

A. Hinführung

Zum Einstieg ist es sinnvoll, den Sch. die Geschehnisse von Ostern und Himmelfahrt in Erinnerung zu rufen. Eine gute Möglichkeit ist es, mithilfe von Bildern zu wiederholen. Für Ostern, also die Auferstehung, bietet sich z.B. das (abstraktere) Bild *Auferstehung* von Alfred Manessier an.

⇨ Himmelfahrt ist den Sch. möglicherweise nicht so gut bekannt wie Ostern. Als motivierender Einstieg bietet sich das *Entschlüsseln der Geheimschrift* (vom Hebräischen her) von Apg 1,9–11 in **ZM 1** an (s. auch S. 190). Möglich ist natürlich auch der Einsatz von Bildern der Himmelfahrt.

B. Pfingsten

⇨ Um die Sch. auf die Pfingstgeschichte einzustimmen, erhalten sie in Kleingruppen Zettel, auf denen *Redewendungen* stehen, die etwas mit „Geist/Wind“ oder „Feuer/Flamme“ zu tun haben. Folgende Redewendungen oder Aussprüche sind möglich:
- Ich bin Feuer und Flamme ...
- Mir ist ein Licht aufgegangen
- Ich bin total begeistert
- Sei nicht so stürmisch und aufbrausend
- Hier herrscht ein guter Geist
- Er ist ein richtiger Wirbelwind

Die Sch. werden aufgefordert, ihre Redewendung pantomimisch, musikalisch, getanzt, gespielt oder zeichnerisch so darzustellen, dass die Mit-Sch. diese erraten können. (Geheimhaltung der Sprüche!)
Nach dem Vorstellen der Gruppenergebnisse erkennen die Sch. leicht, dass sich in diesen Redewendungen die Begriffe „Geist/Wind“ und „Feuer/Flamme“ wiederholen.
Sollten die Sch. nicht darauf kommen, kann L. die Redewendungen an die Tafel oder auf Folie schreiben und nach gleichen oder ähnlichen Wörtern fragen und diese farblich (eine Farbe für „Geist/Wind“ und eine andere für „Feuer/Flamme“) markieren.
Nach dieser Einstimmung kann leicht auf die Pfingstgeschichte übergeleitet werden, indem L. auf die gerade erarbeiteten Begriffe und deren Vorkommen in der folgenden Geschichte hinweist.

⇨ Text: *Pfingsten* (SB, S. 84)
Diese Geschichte erzählt, in Anlehnung an Apg 2,1–15.41, das Pfingstereignis: Die Aussendung des Heiligen Geistes und die Predigten der „begeisterten“ Jünger.
In diesem Zusammenhang sollte auf die Herkunft des christlichen Pfingstfestes verwiesen werden. Im Text wird das „Erntefest“ der Juden genannt. Das jüdische Pfingstfest („Pfingsten“, von gr. „Pentekoste“ = „der 50. Tag“) oder Schawuot (7-Wochen-Fest) ist der Nährboden für das christliche Pfingstfest. Es sollte deutlich werden, dass Pfingsten keine christliche „Erfindung“ ist, sondern dass das Christentum auch mit diesem Fest eng an das Judentum geknüpft ist (vgl. Ostern – Passa). Möglich ist hier auch die Frage nach der Entstehung der Sprachverwirrung. Zumeist ist der Turmbau zu Babel (Gen 11,1–9) und die damit zusammenhängende Sprachverwirrung in der Grundschule behandelt worden.

⇨ *Radierung von Thomas Zacharias, Und fingen an, zu predigen in anderen Sprachen – Apg 2,4, 1990* (SB, S. 85)
Wichtig ist, dass die Sch. sich dieses Bild einige Zeit in Ruhe anschauen, denn erst nach einiger Zeit des Betrachtens werden sie das „Aha-Erlebnis“ haben.
Auf den ersten Blick scheint dieses Bild sehr verwirrend. Nach intensivem Hinschauen erkennt der Betrachter aber in diesen vielen Strichen Gesichter. Unterschiedliche Gesichter, die nach außen, von der dunklen, etwas chaotischen Mitte wegschauen. Aus ihren Mündern kommen Striche, Strahlen. Es sind die Jünger, die, vom Geist beseelt, in allen Sprachen predigen, Apg 2,4: Und fingen an zu predigen in anderen Sprachen.
In der Mitte erscheint – ganz unauffällig und dünn gezeichnet – ein Herz.

⇨ *Weitere Idee*: Um die Geschichte von Pfingsten und den Zusammenhang mit Ostern und Himmelfahrt zu festigen, kann L. den Sch. die Zeichnung von Thomas Zacharias als Kopie geben, auf der den Köpfen *Sprechblasen* hinzugezeichnet wurden. Die Sch. werden aufgefordert, in die Sprechblasen hineinzuschreiben, was die Jünger der Menschenmenge gepredigt haben (könnten). Wenn mehrsprachige Kinder in der Klasse sind, können die Kinder für alle etwas in ihrer Muttersprache an die Tafel schreiben (z.B. Jesus ist auferstanden), was von allen auf das Arbeitsblatt übernommen wird. Schließlich predigten die Jünger auch in verschiedenen Sprachen.

⇨ Lied: *Zu Ostern in Jerusalem* (SB, S. 86)
Im Anschluss bietet sich dieses Lied an, da in diesem Lied das bisher Erarbeitete (Ostern – Pfingsten) noch mal zusammengefasst und somit vertieft wird. Das Lied ist von der Melodie her einfach und eingängig, sodass das Erlernen kein Problem ist. Dieses Lied kann

während der Pfingst-Sequenz quasi als „Erkennungslied“ in jeder Stunde gesungen werden. Auch später, wenn es um die ersten Gemeinden geht, kann es wieder gesungen werden.

⇨ Bild: *Astrid Schiller, Pfingstfeuer, 1998* (SB, S. 86)
Das Bild enthält viele biblische Symbole: In der Bildmitte, als Erinnerung an Pfingsten, eine *zarte Flamme*, die aus einem Herzen sprießt. Sie erinnert an das Johanneswort: „Ich bin das Licht der Welt. Wer mir nachfolgt, der wird nicht wandeln in der Finsternis, sondern wird das Licht des Lebens haben“ (Joh 8,12).
Der *Regenbogen* ist gegenwärtig am Stiel der Flamme und umfasst die Grenzen der Erde. Die Flamme selbst hat Ähnlichkeit mit einer Blumenzwiebel: Wo Glauben wächst, ist Jesus Christus gegenwärtig. Das Licht, als Hoffnung, ist überall: Ich bin bei euch alle Tage bis an der Welt Ende (Mt 28,20).
Das Licht der Welt begleitet die Christenheit bis an der Welt Ende. Die Verunsicherung der ersten Christengemeinde in Jerusalem wurde durch die Aussendung des Heiligen Geistes durchbrochen, es tat sich für die Verängstigten ein weiter Raum auf. Beseelt von der wunderbaren Gegenwart des Herrn begaben sie sich in die Öffentlichkeit und erschlossen die Völker des Mittelmeerraumes für das Evangelium. Immer weitere Kreise zog die „Gute Nachricht“. Die pfingstliche Dynamik zeichnet das Bild „Pfingstfeuer“ in bewegten Formen und Farben nach. Die Weite der Länder und Völker lagert sich konzentrisch um den geistlichen Kern, der bis in alle Ewigkeit die Macht des Bösen in die Schranken weist. Das schwunghafte, vom Geist inspirierte Leben feiert das Fest des Vertrauens. Ganz gleich, welche Schatten auf das Leben des Einzelnen oder der Gemeinde fallen mögen.
Mit diesem Bild kann den Sch. die weit reichende Bedeutung des Pfingstereignisses deutlich gemacht werden. Auf die Frage, was dieses Bild mit Pfingsten zu tun hat, kommen die Sch. schnell auf das Feuer, die Flamme in der Mitte des Bildes.

⇨ Text: *Pfingstsymbole* (ZM 2)
Das Symbol Feuer ist schon mit dem Bild von Astrid Schiller (s.o.) besprochen worden. In ZM 2 werden in kurzen *Informationstexten* weitere wichtige Symbole, die zum christlichen Pfingstfest gehören, erläutert.
Vor dem Lesen dieser Informationen oder im Anschluss daran bietet es sich an, in verschiedenen Pfingstbildern nach diesen Symbolen zu suchen (z.B. in: „Pfingsten hier und anderswo – Vom Turm zur Taube“, hg.v. Evangelischen Missionswerk in Deutschland, 1998; unter Tel. 040/25456-148 kostenlos zu bestellen).

⇨ *Weitere Ideen*: Da Pfingsten auch als Geburtstag der Kirche gilt, kann in der Klasse – besonders, wenn es zum Kirchenjahr passt – eine *Geburtstagsfeier* für die Kirche gefeiert werden (oder ein Gottesdienst oder eine Andacht), in der die Kirche Geschenke erhält, z.B. einen Geburtstagskuchen, Wünsche der Sch. für die Zukunft auf Karten geschrieben ...
Man kann auch in Erinnerung an die „3000“, die sich nach Petrus Pfingstpredigt haben taufen lassen, an die Taufe anknüpfen. Man könnte einen Taufgedächtnisgottesdienst (oder -Andacht) feiern, in dem die Sch. ihre Taufkerzen, Taufsprüche, Bilder der eigenen Taufe etc. mitbringen (vgl. Kapitel „Evangelische Christen – katholische Christen: Was sie eint, was sie trennt“, SB, S. 174).

⇨ *Ausgießung des Heiligen Geistes, Stundenbuch, Niederlande, um 1420* (SB, S. 87)
Ein Stundenbuch ist ein Gebetbuch für Laien, das Gebete und Lieder für die einzelnen Tageszeiten enthält. Besonders im Mittelalter wurden Stundenbücher mit kostbaren Miniaturen geschmückt.
Im Anschluss an die Besprechung der Pfingstsymbole bietet es sich an, die Symbole – in einem ersten Schritt – auch in diesem Bild zu entdecken. Zu sehen sind deutlich die Taube, Symbol für den Heiligen Geist, der in Strahlen auf die versammelten Jünger und Maria ausstrahlt. Auch die Farbe Rot ist in diesem Bild deutlich vorhanden.

C. Die Verkündigung der Lehre – die Apostel

a) Petrus

⇨ *Steinmeditation*

Als Einstimmung auf die Beschäftigung mit der Person des Petrus kann eine Steinmeditation angeboten werden: Jeder Sch. bringt einen Stein mit oder man macht einen kurzen Gang über den Schulhof und sammelt Steine.

Nimm den Stein in die Hand, fühle ihn.
Er ist hart, wie die Herzen der Herrschenden;
hart wie Stein.

Umschließe ihn mit der Hand,
erwärme ihn, den kalten Stein.
Nur wenn du ihn begreifst, wirst du dich mit ihm befreunden.
Fühle über seine Fläche, die glatte, an der alles abperlt,
die kantige, die dir weh tut und dich verletzen kann,
deine Empfindlichkeit, dein Fingerspitzengefühl,
deine Haut, die dich schützt.

So wird er ein Teil von dir:
Denn so bist du oft selber – steinhart und kalt
und aalglatt und gefühllos
und kantig, scharf und verletzend.

Geschleudert als Stein gegen die Befreiung der Unterdrückten,
geschleudert, um jede menschliche Regung im Keim zu ersticken,
geworfen gegen die verzweifelten und schreienden Menschen.

Ich mit meiner Meinung, mit meinem Vorurteil,
steinhart in meiner Gleichgültigkeit,
treffe die Armen, die Lieblinge Gottes,
und lasse sie treffen – täglich.

Stille

Nur wenn einer kommt
und die Hand um dich legt,
wandelt deine Kälte sich um in Wärme.

Nur wenn einer kommt
und dich umfasst,
wird die stumme Kälte sich auflösen
und Steine werden reden.

Nur wenn einer kommt
und sich deiner annimmt,
wirst du nicht mehr „zum-Stein-erweichen"
zum Himmel schreien.

Nur wenn einer kommt
und dich aufnimmt,
wird niemand mehr über dich stolpern.

Nur wenn einer kommt
und dich anrührt,
wird aus Steinen klares Wasser fließen;
die Durstigen werden ihre Sehnsucht stillen.

Uwe Seidel: Steinmeditation, aus: „Es sind doch deine Kinder", S. 25f., © tvd-Verlag, Düsseldorf 1983.

Im Anschluss an die Meditation werden die Steine mit dem Anfangsbuchstaben der Sch. (oder dem ganzen Namen) beschriftet und auf die Tische gelegt.
Der Text Mt 16,18 wird vorgelesen und drei große Steine vom L. herausgegeben und unter der Fragestellung „Welcher Stein könnte Petrus sein, warum?" wird einer ausgesucht. Aus den restlichen großen Steinen versuchen die Sch. eine Kirche zu bauen, wobei der Petrusstein das Fundament bildet. Sie werden merken, das der Bau wackelt und leicht in sich zusammenfällt. Nun können die Sch. ihre Steine benutzen, um den Bau zu stützen. Sie merken, dass Petrus ihre Hilfe braucht, damit die Kirche gebaut werden kann. Wir alle sind die Kirche.

⇨ Biblische Texte: *Petrus* (SB, S. 88f.)
Die Bibelstellen werden zusammen gelesen. Um die wichtigen Stationen im Leben des Petrus zu vertiefen, kann entweder ein *Steck-*

brief des Petrus von den Sch. angefertigt werden oder man kann eine *Petrus-Ikone* basteln. Ausgehend von der Tradition altchristlicher Bildkunst, können in der Mitte die Person und um sie herum Situationen aus deren Leben dargestellt werden. Mit den Sch. wird die Auswahl der Bilder getroffen, die dargestellt werden sollen (z.B. Berufung – Fischfang, Wandel auf dem Wasser, Verrat – Hahn, Kreuzigung etc.). In Gruppen malen die Sch. die Bilder zu den Lebensstationen des Petrus, die sie in der Geschichte kennen gelernt haben und anschließend werden alle Bilder auf Pappkarton zu einer Ikone zusammengeklebt.

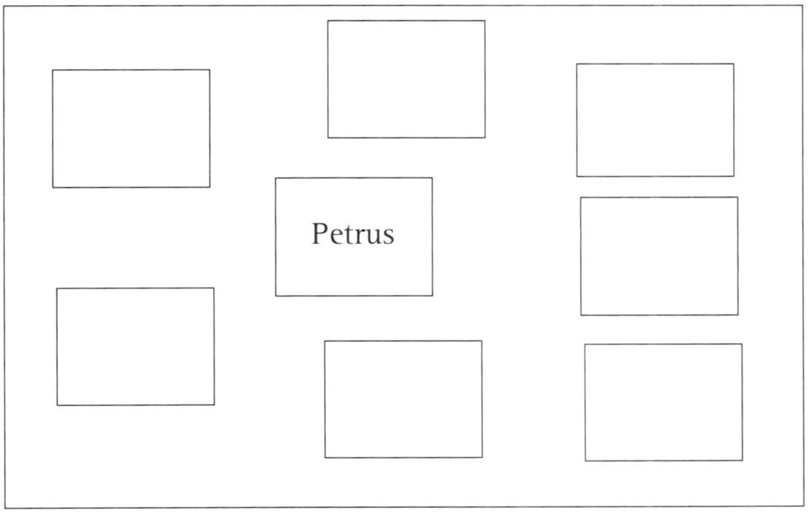

⇨ Bild: *Schlussstein, Sankt Petrus, ca. 1400* (SB, S. 89)
Anhand dieses Bildes kann L. die Herkunft dieser üblichen und häufig gebrauchten Art, Petrus darzustellen, erklären. Jesus sagt zu Petrus nach Mt 16,18–19: „Du bist Petrus und auf diesen Felsen will ich meine Gemeinde bauen und die Pforten der Hölle sollen sie nicht überwältigen. Ich will dir die Schlüssel des Himmelreiches geben: Alles, was du auf Erden binden wirst, soll auch im Himmel gebunden sein, und alles, was du auf Erden lösen wirst, soll auch im Himmel gelöst sein." Petrus erhält die Schlüsselgewalt, die Binde- und Lösegewalt, die in Mt 18,18 auf alle Jünger übertragen wird. Petrus bestimmt durch seine Entscheidungen über das, was erlaubt bzw. unerlaubt ist, und über Festhalten oder Vergeben der Sünden den Zugang zur Gemeinde Jesu. Er eröffnet oder verschließt (deshalb oft die Darstellung mit zwei Schlüsseln) also die Anwartschaft auf die Teilhabe an der kommenden Gottesherrschaft.

b) Paulus

⇨ *Mosaikbild aus Ravenna, Paulus, 5./6. Jh.* (SB, S. 90)
Hier dient ein Bild als Einstieg in die Sequenz über Paulus. Die Sch. haben es so leichter, sich die Person vorzustellen, die die folgende Geschichte erzählt. Zudem bietet es die Möglichkeit, evtl. Vorwissen der Sch. ins Unterrichtsgespräch mit einzubeziehen.

⇨ Text: *Paulus* (SB, S. 90)
In dieser kurzen Geschichte erzählt Paulus sein Leben in Grundzügen. Den Sch. soll der Unterschied zu Petrus deutlich werden, der von Anfang an zu Jesus gehörte. Paulus, der Jude und verbitterte Christenhasser, wird durch erst seine Bekehrung zum Christen.
Im Anschluss an diese Geschichte denken die Sch. über die Frage nach: Kennt ihr Menschen, die aufgrund eines Ereignisses ihr ganzes Leben völlig verändert haben?

⇨ Lied: *Mir ist ein Licht aufgegangen* (SB, S. 90)
Dieser Kanon illustriert in schöner Weise, was Paulus passiert ist.

Nach dem Singen kann nachgefragt werden, in welchen Situationen die Sch. schon einmal das Gefühl hatten, ihnen sei ein Licht aufgegangen.
An dieser Stelle kann auch an die Hinführungsphase erinnert werden, da dort die Redewendung „Mir ist ein Licht aufgegangen“ ja schon eine Rolle gespielt hat.

⇨ Eine große Bedeutung bei der *Mission des Paulus* hatten die Reisen. Hier sollte zunächst der Begriff „Mission“ geklärt werden.
Anschließend können auf einer Karte (zumeist in der Bibel) die Reisen des Paulus nachvollzogen werden. Es soll deutlich werden, dass Paulus sich in große Gefahr brachte (weite Reisen, gefährliche Schiffsreisen), um das Evangelium zu verkünden.
Weitere Idee: Die Sch. können die Missionsreisen auch nachvollziehen, indem sie diese auf einer abgepausten Karte (Vorlage hinten im SB) anhand der Bibelstellen einzeichnen.

⇨ Text: *Der Brief an die Christen in Rom* (SB, S. 91)
An dieser Stelle wird die Bedeutung der Briefe, die Paulus geschrieben hat, deutlich herausgearbeitet werden.
Mit Fragen wie „Worum geht es in dem Brief? Warum schreibt Paulus diesen Brief wohl?“ können die Sch. selbst ergründen, warum diese Briefe so wichtig waren.

⇨ *Weitere Idee*: Hier bietet sich ein *Projekt* zum Thema „Briefe schreiben und versenden zur Zeit des Paulus“ an. Auf Pergamentpapier können die Sch. mit angespitzten Federn und Tusche Briefe schreiben, die sie mit Kerzenwachs und Bändern versiegeln und die sie dann einem Boten (ein Mitsch.) übergeben.

⇨ Bild: *Die Apostelgeschichte* (SB, S. 92)
Auf diesem Bild können die Sch. unterschiedliche Ereignisse, die in der Apostelgeschichte beschrieben werden, erkennen. Wiedererkennen können sie z.B. die Pfingstdarstellung in der Mitte rechts.
Die Sch. können in Gruppen in dem im Bild angegebenen Kapitel nachlesen, was dort dargestellt ist. Alternative: das Bild als Überleitung zur nächsten Geschichte nutzen.

⇨ Text: *Der Kämmerer aus dem Morgenland – Apg 8,26–40* (SB, S. 93)
In dieser Geschichte wird berichtet, wie ein anderer Apostel – nicht nur Petrus und Paulus waren tätig – die Lehre Jesu Christi verbreitet. Es bietet sich an, die Sch. diese Szene in ein *Drehbuch* umschreiben und sie dann vorspielen zu lassen.
In Erinnerung an Paulus kann der Kanon *Mir ist ein Licht aufgegangen* (SB, S. 90) wieder gesungen werden.

D. Die ersten Gemeinden

⇨ Text: *Willi Fährmann, Ein Fisch ist mehr als ein Fisch* (SB, S. 94f.)
In diesem Auszug geht es um einen jungen Weber, der für seinen Herrn in Ephesus ein Tuch mit einem Fisch weben soll. Anfangs weiß der Weber nicht wieso, aber nach einer Begegnung mit Paulus, der ihn in der Weberei besucht, weiß er nun, dass der Fisch das Geheimzeichen der Christen ist.
An die gemeinsam gelesene Geschichte können sich folgende Fragen anschließen: Was erfahren wir über die Christen? Warum ist der Fisch das Geheimzeichen? (Hinweis auf Kapitel-Eröffnungsbild!)
Im Anschluss kann auch die griechische Erklärung für den Fisch vom L. gegeben werden.

I	–	Iesous – Jesus
CH	–	Christos – Christus
T	–	Theou – Gottes
Y	–	(H)yios – Sohn
S	–	Soter – Heiland

⇨ Text: *Das Leben der ersten Christen* (SB, S. 96)
Dieser kurze Text gibt den Sch. Einblick in das Leben der ersten Christen.
Man könnte versuchen, mit den Sch. einen „urchristlichen Gottesdienst“ vorzubereiten.
Auch sollten die Sch. nach ihrer Meinung gefragt werden: Könnten sie es sich vorstellen, zu Hause Gottesdienst zu feiern? Ist das

überhaupt Gottesdienst, wenn man zu Hause feiert?

⇨ Abb.: *S. Maria Antiqua, antikes Gebäude, das für christliche Gottesdienste genutzt wurde* (SB, S. 96)
Durch die Tolerierung des Christentums durch Kaiser Konstantin (s. auch unten ZM 5) wuchsen die christlichen Gemeinden und es war nicht mehr möglich, den Gottesdienst in Privathäusern zu feiern, da diese zu klein waren. So begann man, in großen und öffentlichen Gebäuden Versammlungen abzuhalten. Neben solchen Gebäuden, die umgewidmet wurden, begann man auch mit dem Bau von Kirchen im Stile der Basilika.
Mit den Sch. kann man überlegen: Warum feierten die Christen, die sich lange Zeit nur heimlich versammeln konnten, ihre Gottesdienste nun in öffentlichen Gebäuden?

E. Christen im Römischen Reich

⇨ Text: *Christen im Römischen Reich – Verfolgung (Polykarp)* (ZM 3)
Als ein Beispiel für den Umgang mit Christen und für die Glaubenshaltung der Christen wird in ZM 3 u.a. die Geschichte des Polykarp erzählt. Die Sch. können in Gruppen weitere Märtyrergeschichten sammeln.

⇨ Text: *Die Konstantinische Wende – Anerkennung der Christen* (ZM 4)
Um zu erklären, wie das so verfolgte Christentum doch noch großen Einfluss bekam, wird auf Konstantins Vision vor der Schlacht an der Milvischen Brücke eingegangen.

5. Materialien und Medien

- Willi Fährmann, Ein Fisch ist mehr als ein Fisch, Brendow, Moers 1997.
- Ilse Gretenkord, Petrus und Paulus – nur eine Apostelgeschichte?, in: :in Religion, Unterrichtsmaterialien Sek. I, 1/1998, Bergmoser + Höller.
- Anita Lorenz, Gesucht: Der Geist Gottes. Unterrichtsidee für die Grundschule zum Thema „Pfingsten“, in: PTI Kassel (Hg.), forum religion 1/96, Kreuz Verlag, Stuttgart 1996, S. 37–39.

Filme:
- Begegnungen mit der Bibel, Film 11 Petrus und Paulus: Schwierige Gemeinschaft; Film 12 Die Botschaft nach Philadelphia: Der Preis des Glaubens: Film 18 Verstehst du auch, was du liest? Philippus und der Kämmerer; Film 19 Freiheit zum Christsein: Die Kaiser Roms beenden die Verfolgung, Deutsche Bibelgesellschaft, Stuttgart 1992, Produktion EIKON-FILM.

Das Alte Testament wurde in hebräischer Sprache geschrieben. Hebräisch hat im Vergleich zum Deutschen folgende Besonderheiten:

- es werden völlig andere Buchstaben benutzt, z.B. א ב ג ה ח ט י ל מ פ ר ש ...
- es wird von rechts nach links geschrieben und gelesen.
- die ursprüngliche Sprache hatte keine Vokale (a,e,i,o,u), später wurden dann Punkte und Striche, die die Vokale darstellen, eingeführt, die über und unter die Buchstaben gesetzt wurden.

Gen 1,1–3 z.B. sieht in hebräischer Schrift so aus:

1 [1] בְּרֵאשִׁית בָּרָא אֱלֹהִים אֵת הַשָּׁמַיִם וְאֵת הָאָרֶץ׃ [2] וְהָאָרֶץ
הָיְתָה תֹהוּ וָבֹהוּ וְחֹשֶׁךְ עַל־פְּנֵי תְהוֹם וְרוּחַ אֱלֹהִים מְרַחֶפֶת עַל־פְּנֵי
Gen 1,1–3 הַמָּיִם׃ [3] וַיֹּאמֶר אֱלֹהִים יְהִי אוֹר וַיְהִי־אוֹר׃

Aus: Biblia Hebraica, Deutsche Bibelgesellschaft, Stuttgart.

So würde er (ungefähr) (von rechts nach links) gelesen:
1 Bereschit bara älohim et haschamajim we-et haaräz.
2 Wehaaräz hajeta toho wabohu wechoschäk al-pene thehom weruach älohim merachäfät al-pene hamajim.
3 Wajomär älohim jehi or wajehi-or.

Das bedeutet:
1 AmAnfang schuf Gott den Himmel unddieErde.
2 UnddieErde war wüst undleer undFinsternis über derUrflut und derGeistGottes schwebte über denWassern.
3 Undes sprach Gott: Eswerde Licht undeswurdeLicht.

Versuche, den folgenden Bibeltext zu entschlüsseln!

USEJ TRHAFLEMMIH EID
NERHI ROV RE EDRUW ,ETTAH TGASEG SAD RE SLA
FUA NHI MHAN EKLOW ENIE DNU ,NEBOHEGROPME NEGUA
.NEKCILB NERHI NHI GOZTNE DNU

HCN MH TDNWRVN S DNRHW
NDNTS ,NTHCSRPM LMMH MZ
NSSW N RNNM WZ HCLZTLP
.NNH B NRDNWG

,LLG VV RNNM R :NTGS DU
THCS DN D RH THTS SW
,SSJ RSD ?RPM LMMH MZ
SNB DRW ,GNG HC NV RD
TBH NH RH W NMMKRDW
.NHS NHGNH LMMH MZ

(Lösung: Apg 1,9–11)

ZM 2

Christliche Pfingstsymbole

Die Feuerzungen

Die Feuerzungen über den Köpfen der Jünger Jesu sind auf den meisten Pfingstdarstellungen zu sehen und stellen ihre Erleuchtung angesichts der Ausgießung des Heiligen Geistes dar.

Die Taube

In vielen christlichen Kirchen schwebt zu Pfingsten eine hölzerne Taube im Kirchenschiff.
In einigen Regionen fliegen zu Pfingsten auch echte weiße Tauben durch das „Heiliggeistloch“ ins Kirchenschiff. Die Taube steht als Symbol für den Heiligen Geist, aber auch für die Reinheit und das vom Geist inspirierte Denken.

Die Farbe Rot

Die Farbe Rot ist die Farbe für das Pfingstfest. Sie steht für die Erneuerung des Lebens, die Sonne, die Liebe und Freude und auch für das Pfingstfeuer. Aber sie ist auch die Farbe der Grausamkeit und des Märtyrertums.

Die Pfingsttaufe

Pfingsten ist der Geburtstag der Kirche und steht für die Taufe der 3000 nach der Petrusrede. Deswegen lassen viele Eltern ihre Kinder am Pfingstfest taufen.

Christen im Römischen Reich – Verfolgung ZM 4

Im ersten und zweiten Jahrhundert nach Christi Geburt gab es im römischen Weltreich nur wenige Christen. Andere Religionen spielten eine wichtigere Rolle.

Auch der römische Kaiser wurde als Gott verehrt. Politik des Kaisers und der Kaiserkult hielten das Reich zusammen. Das Judentum war vom Staat offiziell anerkannt. Es gab eine Sonderregelung, die die Juden von der Anbetung des Kaisers ausnahm, wenn sie ihren übrigen staatsbürgerlichen Pflichten nachkamen. Die Christen galten als Sekte und bekamen darum keine staatliche Anerkennung für ihren Glauben. Sie mussten also den Kaiser als Gott anbeten. Das aber konnten sie mit ihrer religiösen Einstellung nicht vereinbaren und darum hielt sie die kaiserliche Regierung für staatsgefährdende Kräfte. Bald gab es eine Reihe von Christenverfolgungen.

„Wenn der Tiber die (Ufer-)Mauern überflutet, wenn der Nil die Felder nicht überschwemmt, wenn das Wetter sich nicht ändert, wenn die Erde bebt, wenn es eine Hungersnot oder eine Seuche gibt, sofort schreit man: ‚Die Christen vor den Löwen.'" *(Tertullian, röm. Geschichtsschreiber)*

Nero (Regierungszeit: 54–68 n.Chr.) hatte auf diese Weise den furchtbaren Brand Roms im Jahre 64 den Christen in die Schuhe geschoben, obwohl Gerüchte nicht verstummen wollten, der Kaiser hätte die Stadt selbst anzünden lassen, um sie noch schöner aufzubauen.

Es gab noch viele grausame Christenverfolgungen. Viele Christen starben den Märtyrertod, d.h. sie starben für ihren Glauben an Christus.

So auch **Polykarp.**

Polykarp, der greise Bischof von Smyrna in Kleinasien, hielt sich im Jahre 155 n.Chr. auf einem Landgut auf. Freunde hatten ihn dazu überredet, weil eine schwere Verfolgung über die christlichen Gemeinden in Kleinasien hereingebrochen war und zahlreiche Christen den Märtyrertod erlitten hatten. „Ich möchte gern in der Stadt bleiben", hatte er ihnen gesagt, „aber ich dränge mich nicht zum Martyrium, sondern will nur als Märtyrer sterben, wenn es unvermeidbar ist." Eines Tages tauchten Soldaten bei Polykarp auf. Ein Sklave hatte unte Folterqualen den Zufluchtsort verraten. Als Polykarp ihnen entgegentrat, staunten sie über sein hohes Alter und seine Freundlichkeit und waren beschämt, dass sie mit einer so schwer bewaffneten Schar zu ihm gekommen waren. Sie brachten den greisen Bischof ins Stadion von Smyrna, wo das Volk seinem Tode zuschauen wollte. Der Statthalter sprach zu ihm: „Bedenke dein hohes Alter! Schwöre beim Kaiser und verfluche Christus!" Da antwortete Polykarp: „Sechsundachtzig Jahre diene ich ihm und er hat mir nie ein Leid getan: Wie könnte ich meinem König und Erlöser untreu werden?" Der Statthalter drohte: „Ich habe wilde Tiere, denen werde ich dich vorwerfen lassen, wenn du nicht dem Kaiser ein Opfer darbringst und ihn Herr nennst." Polykarp aber antwortete: „Lass sie nur kommen." Ein Herold musste dreimal verkünden: „Polykarp hat sich als Christ bekannt." Sofort schrie das Volk: „Die Löwen auf Polykarp! Verbrennt ihn!"

Viele Leute trugen Holz und Reisig herbei, errichteten einen großen Scheiterhaufen und banden Polykarp an einen Pfahl. Er betete: „Ich preise dich, Herr, dass ich zur Gemeinschaft der Märtyrer gehören darf und du mich am Kelche Jesu Christi teilnehmen lässt. Amen." Daraufhin zündeten sie den Holzstoß an und die mächtig lodernden Flammen verhüllten den Märtyrer.

Die Konstantinische Wende – Anerkennung der Christen ZM 5

Die Christen haben schwere Zeiten ertragen müssen – Verfolgungen, Morde und Hass der Bevölkerung. Doch das änderte sich im 4. Jahrhundert n.Chr. unter Kaiser Konstantin dem Großen (geb. um 285, gest. 337). Im Kampf um die Herrschaft des Reiches geschieht vor der Entscheidungsschlacht an der Milvischen Brücke im Jahre 312 Folgendes:

„Konstantin betete flehentlich zum Gott seines Vaters, ihm in der gegenwärtigen Not zu helfen. Da erschien dem Kaiser ein wunderbares Zeichen von Gott. Der Bericht wäre kaum glaubhaft, hätte mir nicht der siegreiche Kaiser selbst, lange Zeit später, davon berichtet und seine Darstellung unter Eid bekräftigt. Im Übrigen bestätigte das, was nachher geschah, dessen Wahrheit. In der Mittagssonne, so erzählte der Kaiser, habe er am Himmel das Siegeszeichen eines aus Licht gebildeten Kreuzes und darauf die Inschrift gesehen: ‚In diesem Zeichen wirst du siegen!'

Er habe lange über die Bedeutung des Zeichens gegrübelt. Schließlich sei die Nacht hereingebrochen. Im Schlaf sei ihm dann der Christus Gottes erschienen mit dem Zeichen, das er am Himmel gesehen habe. Der habe ihm befohlen, ein Abbild jenes Zeichens herzustellen und als Schutz vor den Feinden zu benutzen." *(Eusebius von Caesarea)*

Seit 313 hörten die Verfolgungen der Christen dann endgültig auf, denn Konstantin erließ ein Gesetz, das jedem die Freiheit gab, seine Religion frei zu wählen. Damit legte er den Grundstein für die spätere Vorherrschaft des Christentums.

Die Bibel: Das Haus der vielen Türen

1. Theologische und didaktische Aspekte

Der Titel weist darauf hin, dass die Erschließung der Bibel nicht durch einen einzigen Zugang möglich ist. Die vielfältigen Möglichkeiten, sich ihr zu nähern, werden in dem Eingangstext *Das Haus der vielen Türen* (SB, S. 100) angedeutet.

Für die meisten Sch. der Kl. 5/6 wird die Bibel ein weitgehend fremdes und fernes Buch sein, auch wenn sie sich vielleicht aus der Grundschulzeit noch an einige biblische Geschichten erinnern. Abenteuergeist, Erfindungen und Forschertätigkeit faszinieren Kinder dieses Alters. Da sie hier zum ersten Mal mit der ganzen Bibel bekannt gemacht werden, sollte das als Schlüssel für eine positive Grundeinstellung genutzt werden, damit diese erste Begegnung mit dem Buch der Bücher kein gelangweiltes Abblocken, sondern ein langfristiges Interesse bewirkt.

Die Sch. müssen schrittweise befähigt werden, mit der Bibel umzugehen. Zunächst wird ihr Interesse geweckt, wenn sie einen Eindruck von der Vielfalt und Verschiedenartigkeit der biblischen Bücher erhalten. Daraufhin lernen sie exemplarisch einige wichtige geschichtliche Hintergründe ihrer Entstehungsgeschichte und ihres Aufbaus kennen. Neben der historisch fassbaren Wirklichkeit der in der Bibel geschilderten Ereignisse ist die Einzigartigkeit dieses Buches immer wieder zu betonen. Sie ist Lebensmaßstab für den einzelnen Menschen und prägt bis heute unsere geisteswissenschaftliche Kultur.

Die Bibel ist die schriftliche Grundlage des jüdischen und des christlichen Glaubens. Sie erzählt die Geschichte des Volkes Israel mit seinem Gott und berichtet vom Leben Jesu von Nazareth. Die Christen glauben, dass Gott sich nicht nur in der Geschichte mit seinem Volk mitgeteilt hat, sondern auch in Jesus, dem Juden aus Nazareth, der vor etwa 2000 Jahren lebte. Gott hat in ihm, nach der christlichen Vorstellung, seinen Bund für alle Menschen erneuert. Die gemeinsame Wurzel für die beiden großen Weltreligionen bleiben die frühen Schriften der Bibel, die von den Christen das „Alte Testament" genannt werden. Das Christentum ist aus dem Judentum hervorgegangen, Jesus selbst war gläubiger Jude und tief in seiner Tradition verwurzelt. Das Judentum als Mutterreligion des Christentums sollte als wesentlicher Aspekt im Unterricht deutlich werden.

Der verstehende Umgang mit Texten der Vergangenheit ist immer bewusst oder unbewusst von Fragestellungen der Gegenwart geprägt. Die biblische Tradition kann nur im Zusammenhang mit der Wirklichkeitserfahrung der Sch. erschlossen werden, d.h. der Unterricht sollte sich auf ihre Erfahrungsebene einstellen und darauf aufbauen. Wenn sich z.B. aus dem Text „Gott wohnt auch in der Fremde" (SB, S. 106) die Frage entwickelt: Welche Probleme ergeben sich für Menschen aus einer anderen Kultur hier bei uns in Deutschland?, dann erschließt sich das biblische Geschehen, dessen Begebenheit fast 3000 Jahre zurückliegt, in großer Aktualität. Gleichzeitig eröffnet seine zeitliche Ferne eine Chance, angstfrei und offen miteinander zu sprechen.

Das Erwachsenwerden, das in dieser Altersstufe sichtbar beginnt, ist begleitet von intensiven Fragen nach dem Woher und Wohin unseres Lebens, nach seiner Bewältigung und Gestaltung. Die Auseinandersetzung mit biblischen Texten soll helfen, auf diesem Weg Antworten anzubieten.

2. Intentionen

Die Sch. sollen
- einen Eindruck erhalten von der Vielfalt und Verschiedenartigkeit der biblischen Bücher
- motiviert werden, sich mit der Bibel zu beschäftigen
- exemplarisch Einsichten in die Entstehungsgeschichte der Bibel gewinnen
- Bezüge herstellen zwischen biblischen Aussagen der Vergangenheit und heutiger Wirklichkeit
- den Aufbau und die Gliederung der Bibel kennen lernen
- die gemeinsamen Wurzeln des Christentums und des Judentums in der Bibel kennen lernen
- etwas über den Einfluss der Bibel auf unsere Kultur erfahren.

3. Literatur zur Vorbereitung

- Ingo Baldermann, Einführung in die Bibel, Vandenhoeck & Ruprecht, Göttingen 1988[3].
- Die Bibel – Das Buch der Christenheit, in: D. Hass/H. Hanisch, 20 Unterrichtseinheiten für den Religionsunterricht im 5./6. Schuljahr der Hauptschule, 1. Halbband, Calwer, Stuttgart 1985, S. 112ff.
- Hubertus Halbfas, Religionsunterricht in Sekundarschulen, Lehrerhandbuch 5, Patmos, Düsseldorf 1994[2].
- Martin Lienhard, Babylonisches Exil – zu Gen 1, in: W. Neidhardt/H. Eggenberger: Erzählbuch zur Bibel, Einsiedeln u.a. 1975, S. 201–205.
- Jaques Musset, Ich entdecke die Welt der Bibel (AT/NT), Otto Maier, Ravensburg 1987.
- Günther Wegener, 6000 Jahre und ein Buch, Oncken, Wuppertal 1992[2].

4. Unterrichtsideen

⇨ Da es sich bei der Entstehung der Bibel um relativ große Zeiträume handelt, ist die Erstellung einer *Zeitleiste* sinnvoll. Sch. dieser Altersstufe können sich noch sehr schwer geschichtliche Ereignisse chronologisch vorstellen. Die Zeitleiste sollte als persönliche Zeichnung angefertigt werden und/oder als großes sichtbares Anschauungsobjekt im Klassenraum hängen. Nach jedem Arbeitsschritt werden dort Eintragungen vorgenommen, sodass die Zeitschritte nachvollziehbar bleiben. Wenn Zeichnungen und kleine Bilder zu den Ereignissen angefertigt werden, wird die Zeitleiste lebendig und hinterlässt einen prägenden Eindruck. (Bsp. für eine Zeitleiste: ZM 1).

A. Die Bibel entdecken

⇨ *Kapiteleinstiegsseite* (SB, S. 99)
Die Sch. erhalten hier einen ersten Überblick zum Thema Bibel. Sie beschreiben die Vielfalt der Darstellungen und stellen fest: Die Bibel ist ein sehr altes Buch, sie hat ihre Gestalt im Lauf der Zeit immer wieder verändert. Menschen aus aller Welt, jung und alt, gehen mit ihr um. Die Abbildung soll anregen, eine eigene Beziehung zu diesem Buch anzubahnen. Es kann außerdem einen Anstoß geben, über die besondere Bedeutung dieses Buches nachzudenken.
Eine persönliche Beziehung entsteht, wenn die Kinder zu diesem Zeitpunkt auch Bibeln von zu Hause mitbringen und über ihre Geschichte erzählen können. Die Bibel ist auch wie ein Haus mit vielen Eingängen. Wenn Sch. Zugang zu ihr finden sollen, müssen sie unterschiedliche Fragen stellen. Zum Beispiel: Wer hat die Bibel geschrieben, warum und wann wurde damit begonnen, wen sprechen die biblischen Texte an?

⇨ Eine *Frageaktion* zeigt den Sch., dass es auch außerhalb des Klassenraums verschiedene Meinungen zu diesem Buch gibt. Die Äußerungen – von Ablehnung, Gleichgültigkeit bis Begeisterung – werden sie vermutlich wundern und neugierig machen, danach zu fragen, was es mit dieser Bibel eigentlich auf sich hat.
Der Fragebogen, den die Sch. selbst entwickeln, könnte u.a. folgende Fragen umfassen: *Aussagen zur Bibel: Wie bewerten Sie diese Aussagen?* (Die Bibel ist veraltet und passt nicht mehr in unsere Zeit; ... ist Gottes Wort; ... ist von Menschen für Menschen geschrieben; ... ist etwas für Ältere; ... enthält wichtige Aussagen über das Leben usw.) *Zu welchem Anlass wurde Ihre Bibel angeschafft?* (zur Taufe, Hochzeit ...) *Wie oft lesen Sie in der Bibel?* (regelmäßig, täglich ...) *Wer hat die Fragen beantwortet?* (Frau, Mann, Mädchen, Junge ...)

⇨ Text: *Das Haus der vielen Türen* / Bild: *M.C. Escher, Relativität, 1953* (SB, S. 101)
Der Text im Stil eines offenen Märchens führt in die Thematik ein. Es sollte hier zunächst der direkte Bezug zur Bibel vermieden werden. Die Gedankenwelt der Sch. entwickelt sich unvoreingenommener, wenn die Geschichte vom L. vorgelesen wird, bevor das SB von den Sch. in die Hand genommen wird. Im Anschluss daran wird der Text von den Sch. frei weiterentwickelt, schriftlich oder bildnerisch. Mögliche Aufgabenstellungen sind:
- Schreibe und/oder zeichne die Geschichte zu Ende!
- Welchen Weg hast du eingeschlagen?
- Was ist dir unterwegs passiert?
- Welche Räume hast du betreten?
- Wie und wo hast du deinen Schatz gefunden?
- Welche Momente aus der Geschichte kannst du in dem Bild wiederfinden?
- Versetze dich in die Rolle des Königs und überlege, welcher Schatz zu welchem Erbe passt. Versuche deine Entscheidung zu begründen!

In der Auswertungsphase wird die Erfahrung der vielen unterschiedlichen Wege herausgearbeitet. Ein besonderes Augenmerk sollte bei der „Bewertung" des Schatzes auf die Bewahrung des Hauses gelegt werden. Das Escher-Bild entspricht in vielen Punkten dem beschriebenen Inneren des Hauses.

⇨ *Projektidee* gegen Ende der Einführungsphase: Planung einer *Klasssenbibelausstellung*. Hier können die Sch. ihre eigenen Bibeln unter verschiedenen Gesichtspunkten ausstellen – ähnlich der Einstiegsseite des Kapitels.

B. Erst erzählt – dann verschriftet

Die Anfänge der Bibel sind in einer Zeit entstanden, als es noch keine Schriftsprache gab. Die Vorfahren der Israeliten waren Nomaden. Sie schrieben ihre Rechtsordnung, geschichtliche Erfahrung und ihre Religion nicht in dicke Bücher, die sie dann auf ihrer Wanderung mit sich führten. Die wichtigsten Überzeugungen wurden als Geschichten, Sprichwörter, Lieder und Gebete von den Eltern an die Kinder weitergegeben.

Das gesprochene Wort hatte in frühen Kulturen also eine sehr große Bedeutung. Es wurde nicht beliebig gebraucht. Auch als sich die Schrift schon durchgesetzt hatte, besaß es immer noch eine höhere Achtung. Im Viehhandel und bei Auktionen sind letzte Reste dieser Tradition auch heute noch in unserer Kultur vorhanden. Der Zuruf, nicht der schriftliche Vertrag, machten den Handel gültig.

Außerdem besaßen die Menschen früher ein bewundernswertes Gedächtnis. Als der Tempel in Jerusalem 586 v.Chr., und mit ihm alle Schriftrollen, niederbrannte, schrieb man die verloren gegangenen Texte wortgetreu aus dem Gedächtnis wieder neu. In unserer Zeit wird ebenfalls nicht ganz auf mündliche Übungen verzichtet. Es wird z.B. Wert darauf gelegt, dass Sch. Texte auswendig lernen und vortragen können und im Unterricht wird immer noch laut gelesen.

⇨ Einstieg: Im Vorfeld ist es sinnvoll, *Bilder aus der Landschaft Palästinas* zu zeigen, in der es bis auf den heutigen Tag Kleinviehnomaden gibt, die immer noch ähnlich wie die israelitischen Vorfahren leben (s. 5. Materialien und Medien). Kinder der 5/6. Kl. haben kaum geographische Vorstellungen. Sie sollen erfahren, dass es sich bei den Orten und Ländern, die in der Bibel genannt werden, nicht um Phantasiewelten handelt.

⇨ Abb.: *Zwei Nomaden im Gespräch*/Text: *nach Ps 78,3ff.* (SB, S. 102)
Obwohl die früheren Generationen sehr um die wortgetreue Wiedergabe ihrer Geschichten bemüht waren, veränderten sich ihre Erzählungen doch im Laufe der Jahrhunderte mit dem Wechsel der sozialen Bedingungen, in denen sie erzählt wurden. Zum Verständnis eines Textes muss der Zuhörer entsprechende Voraussetzungen mitbringen. Wenn er die Botschaft/Aussage einer Erzählung nachvollziehen soll, muss die tradierte Vorlage stets sprachlich aktualisiert und an die veränderte Lebenswirklichkeit des Adressaten angepasst werden.
Mit einer spielerischen Übung kann diese Veränderbarkeit nachvollzogen werden:
3 bis 5 Sch. verlassen den Klassenraum. Der erste Sch. wird hereingerufen. L. erzählt eine nicht zu lange, aber ereignisreiche Geschichte. Der Sch. bemüht sich, alles zu behalten, und erzählt nun dem nächsten hereingerufenen Sch. die Geschichte. Wenn der letzte Sch. erzählt hat, wird deutlich, dass es zu Ausschmückungen oder Auslassungen gekommen ist. Um den Entwicklungs- und Veränderungsprozess der Geschichte nicht zu verfälschen, dürfen während des Erzählens keine Kommentare von der im Klassenraum verbliebenen Gruppe gegeben werden.
Nach demselben Muster lässt sich dieses Spiel auch mit einem erzählten Witz oder einem sehr bekannten, kurzen Gedicht durchführen.
Im Unterrichtsgespräch kann man sich darüber austauschen, welche Erzählformen leichter als andere zu behalten waren.
Beispiele für die veränderte Wiedergabe von Erzählvorlagen sind in der Bibel zahlreich. Hier könnte z.B. in der Klasse das *Mirjamlied* (Ex 15,21), eine der vermutlich ältesten Überlieferungen, mit einer späteren Version der Erzählung vom *Durchzug durch das Schilfmeer* (Ex 15,1–18) verglichen werden.

⇨ Text: *nach Gen 25,19ff.; 27* (SB, S. 102)
Die *Geschichte von Esau und Jakob* gehört zu den ältesten Erzählungen der Bibel, die ursprünglich mündlich weitergegeben wurden. Sie deutet noch den Bruderkonflikt an, den die israelitischen Stämme mit den Edomitern hatten. Esau ist ihr Stammvater, sie haben ältere Rechte, denn sie besiedeln das Land vor den israelitischen Stämmen. Israel setzt sich gegen diese älteren Rechte durch. Der biblische Erzähler verschweigt nicht, wie das passiert ist: durch Betrug. Im Traum erfährt Jakob, dass Gott nicht fern und unerreichbar ist, nein, er wendet sich dem Menschen zu, ist ihm nahe.

⇨ Text: *Das Himmelstor*/*Bild von Jenny Dalenoord, Jakobs Traum, 1974* (SB, S. 103)
Menschen in den alten Kulturen glaubten, dass sich Gott in ihren Träumen mitteilte, sie nahmen diese Botschaften sehr ernst. Die Bedeutung von Träumen ist auch heute noch ein wichtiges Thema; oft werden sie als Schlüssel zur Seele betrachtet.
Sch. beschreiben gern ihre Träume, sie kön-

nen die *Geschichte von der Himmelsleiter* (nach Gen 28,11ff.) malen. Der Geschwisterkonflikt, der hier beschrieben ist, kann thematisiert werden. Gott hält zu Jakob, obwohl er schuldig geworden ist.
J. Dalenoords plakatives Bild macht es Kindern einfach, die wesentlichen Elemente der biblischen Erzählung von Jakobs Traum wieder zu entdecken.
Sie unterteilt ihre Darstellung in drei Ebenen: In der oberen Bildhälfte ist ein ornamentierter Himmel zu erkennen, der auf die Gegenwart Gottes hinweist. Ornamente ersetzen in der Religionsgeschichte und der damit im Zusammenhang stehenden Kunstgeschichte häufig symbolisch das konkrete Bild Gottes. Die orthodoxe Kirche und der Islam halten z.B. bis heute an dem strikten Abbildungsverbot der Person Gottes fest. Jenny Dalenoord nimmt, angelehnt an diese Tradition, das Ornament in ihrem Bild als Stilmittel auf.
Der darunter liegende Sternenhimmel bezieht sich auf das Versprechen Gottes an Abraham (Gen 15,5) und findet im Bund mit Jakob seine Fortsetzung.
Die mittlere Bildebene verweist auf den langen, beschwerlichen Lebensweg, den Jakob bereits hinter und noch vor sich hat. Die Bergkette und der Fluss (Jabbok) sind Zeichen für das Auf und Ab des Lebensweges, Trennungslinie zwischen Heimat und Fremde, von Gott verheißenes Land, Grenze zwischen Himmel und Erde.
Im Vordergrund des unteren Bildabschnitts ist der schlafende Jakob auf dem Stein abgebildet.
Die Himmelsleiter verbindet die drei Bildebenen. Schablonenhaft wirkende Engel sind Symbolfiguren für Gottes Nähe und Zuwendung. Ausdrücklich weisen die Engel auf Jakob hin. Ihre Geste beinhaltet Gottes Versprechen und seinen Auftrag an Jakob.

Die Bücher der Bibel geben keine genaue Schilderung von der *Sesshaftwerdung* der israelitischen Nomaden. 1400 v.Chr. gibt es in „Kanaan“ – wie die Phönizier dieses Land nennen – bereits kleine Stadtstaaten. Die Bevölkerung setzt sich aus Bauern, Händlern und Handwerkern zusammen. Dazwischen haben sich israelitische Gruppen, deren Vorfahren Nomaden waren, meist friedlich angesiedelt. Erinnerungsspuren an diese Besiedlungsphase finden sich in der *Exodusgeschichte*, in den Büchern *Josua* und *Richter*. Man kaufte eine Grabstätte, errichtete einen Altar, erwarb ein Stück Ackerland und baute einen Brunnen. Allmählich ersetzte ein festes Haus aus Lehm das Zelt. (vgl. Gen 13,1–12; 21,22–32; 23,1–20)

Eine Gruppe der eingewanderten Israeliten bringt die Erfahrung der Rückkehr aus Ägypten mit: Es ist Jahwe, unser Gott, der uns aus Ägypten herausgeführt hat. Er hat uns geholfen, dieses Land zu erwerben. Es ist sein Geschenk.

Gemeinsam verbindet nun alle Stämme dieser Glaube, an den einen Gott Jahwe. Sie schließen sich zu einem Bund zusammen (vgl. Jos 24,1–15).

⇨ Text: *Vom Zelt zum Haus* (SB, S. 104)
Die L.-Erzählung beschreibt die Phasen der Sesshaftwerdung. Für eine kleine Klassenausstellung zum Thema „Nomaden in Israel werden sesshaft“ können die Sch. die Schritte der Besiedlung mit Modelliermaterial nachbilden und ihre Exponate mit kleinen erklärenden Beschriftungen versehen.

Die *Schrift* wurde vor etwa 3600 Jahren in Indien erfunden. Von hier gelangte sie über Mesopotamien nach Ägypten. Zunächst kannten die Menschen nur eine Bilderschrift. Um so eine Bilderschrift lesen zu können, mussten 800–1000 Zeichen beherrscht werden. Der Beruf des Schreibers wurde darum von nur wenigen, hoch angesehenen Menschen ausgeübt.

Die Entwicklung des *Alphabets* ist deshalb eine bedeutende Erfindung. Händler in Syrien und Palästina gaben diese Idee weiter an andere Völker, die sie dann für ihre eigenen Sprachen weiter entwickelten. Die Schriften wurden auf Papyrus, Leder oder Pergament geschrieben. Papyrus wurde aus dem Stängel der Papyrusstaude hergestellt und zu Buchrollen verarbeitet.

⇨ Text und Abb.: *Palast und Tempel* (SB, S. 105)
Die frühen schriftlichen Aufzeichnungen wurden in Schriftrollen festgehalten. Die Sch. können kleine Schriftrollen basteln und den Text schön ausgestalten. Hierfür eignen sich

Psalmverse, die König David zugeschrieben werden.

Ps 4,9
Ich liege und schlafe ganz mit Frieden;
denn allein du, Herr, hilfst mir,
dass ich sicher wohne.

Ps 18,2–3
Herzlich lieb habe ich dich,
Herr, meine Stärke,
Herr, mein Fels,
meine Burg,
mein Erretter.

Ps 34,2
Ich will den Herrn loben
allezeit,
sein Lob soll immerdar
in meinem Munde sein.

Ps 36,6
Herr, deine Güte reicht,
so weit der Himmel ist,
und deine Wahrheit,
so weit die Wolken gehen.

Das *babylonische Exil* (586–538 v.Chr.) ist eine religiöse Schaltstelle für das Selbstverständnis der jüdischen Religion. In der Fremde verändert sich die Gottesvorstellung, die bis dahin an einem Stammesgott orientiert war. Diese Vorstellung wird hier zum ersten Mal verlassen, von nun an ist Gott nicht nur der Gott Israels, sondern auch Gott in der Fremde. Nicht der babylonische Gott Marduk, sondern der Gott Israels wird verehrt. Sein Bund und seine Verheißung, die er Mose beim Auszug aus Ägypten gegeben hat, wird bestimmende Glaubensaussage.

Im Konflikt zwischen der Bewährung der eigenen kulturellen Werte und der Anpassung an die babylonische Welt wird das Bewusstsein für die Notwendigkeit geregelter Glaubensaussagen geschärft. Die nachexilischen biblischen Texte sind diesem Anliegen verpflichtet.

⇨ Text: *Gott lebt auch in der Fremde* (SB, S. 106) Die Thematik des Exils hat viele Aspekte. In einem *Rollenspiel* können die Argumente, die für und gegen eine Anpassung in Babylon sprechen, nachempfunden werden.

Es lohnt sich, die babylonische Kultur genauer zu betrachten; vielleicht haben einzelne Sch. Lust, ein Referat zu diesem Thema anzufertigen.

⇨ *Weitere Idee*: Wenn das Thema „Kindheit im Nationalsozialismus" zeitgleich unterrichtet wird, können die Methoden der Nationalsozialisten mit dem Ps 137 in Beziehung gesetzt werden: Die jüdischen Gefangenen wurden wie ihre Vorfahren gezwungen, in Kapellen lustige Weisen zu spielen, während ihre Angehörigen gequält und getötet wurden. Gleichzeitig ist die Verheißung Gottes, auch in der Fremde zu seinem Volk zu halten, über viele Jahrhunderte eine große Kraftquelle für das jüdische Volk geblieben, die es zu unvorstellbar großen kulturellen Leistungen ermutigt hat.

⇨ Die Abb. *Ischtar-Tor* (SB, S. 106) zeigt das babylonische Ischtar-Tor, das als Nachbildung im Pergamonmuseum in Berlin steht. Das Tor ist dem babylonischen Gott Ischtar gewidmet. Es ist wunderschön ausgeschmückt und Teil einer Prachtstraße, die ins Innere der Stadt führte. Der babylonische Anspruch auf die herrschende Religion ist den gefangenen Israeliten somit täglich vor Augen gewesen.

⇨ Text: *Ps 137,1ff.* Die Sch. können einige gefangene Israeliten zeichnen und mit *Sprech- und/oder Denkblasen* versehen. Sie schreiben dort die Erinnerungen, Ängste und Hoffnungen der gefangenen Israeliten hinein. Diese Aufgabe nimmt die Gesamtthematik des Exils noch einmal auf. In *Standbildern* kann dann die erniedrigende Situation der erzwungenen Heiterkeit noch einmal nachempfunden werden: Ein/e Sch. verkörpert vorn im Klassenraum stumm einen Gefangenen. Nun treten abwechselnd Sch. hinter ihn/sie und sprechen stellvertretend für ihn/sie vielfältige Argumente aus, die die Situation der Gefangenen beschreiben. Die Methode aktiviert die Sch. und trägt zu einem vielschichtigen Meinungsspektrum bei.

⇨ Das Lied *By the rivers of Babylon* (SB, S. 107) verweist auf die aktuellen Bezüge, die dieses

Ereignis bis auf den heutigen Tag hat (vgl. ebenfalls Kap. „Exodus – Aufbruch in ein neues Land“, SB, S. 51ff.).

⇨ Material: *Die Bibel, eine Ur-Kunde des Bundes zwischen Israel und Gott* (SB, S. 108)
Hier soll anschaulich werden, dass der jüdische Glaube bis heute von einer großen Lebendigkeit geprägt ist. Der Besuch einer Synagoge und/oder Filme sowie weitere Bilder, sind an dieser Stelle des Unterrichts sehr wichtig (Anregungen: s. 5. Materialien und Medien; Kap. „Andere Erfahrungen – andere Religionen: Das Judentum“, SB, S. 182f.).

C. Sich in der Bibel zurechtfinden

Was bedeutet das Wort *Bibel*?

Die Bibel ist kein gewöhnliches Buch. Sie ist eher ein dicker Sammelband. Sie enthält 66 Bücher, die in zwei große Abschnitte eingeteilt werden: Altes und Neues Testament.

Am Ufer des Mittelmeers liegt nördlich der Hafenstadt Beirut ein kleiner Ort. Er hieß Jbail. Im ersten Jahrhundert v.Chr. war Jbail eine bedeutende Handelsstadt. In ihren Mauern trafen sich damals viele Händler und Gelehrte aus Ägypten, Mesopotamien, Arabien und anderen Mittelmeerländern. Besonders einflussreiche Kaufleute waren die Griechen. Sie gaben diesem Ort den Namen Byblos. Neben vielen anderen Handelswaren brachten die Schiffe auch Papyrus vom Nil nach Byblos. Mit Byblos wurde bald nicht nur der Name der Stadt verbunden, sondern auch die Papyrusrollen, auf denen man schrieb. Als die Bücher entstanden, rollte man die beschriebenen Blätter nicht länger zusammen, sondern heftete sie mit einer festen Hülle übereinander. Den Namen „Byblos“ behielt man für diese neue Buchform bei. Auch die Römer übernahmen später diese Bezeichnung. „Biblia“ bedeutet in ihrer Sprache „Bücher“. Hierauf geht auch das Wort „Bibliothek“ zurück. Später, als sich die christliche Kirche entwickelte, übernahm man dieses Wort auch für die Bezeichnung ihrer heiligen Schriften. Das Wort „Bibel“ bedeutet also nichts anderes als „Buch“.

Das *Alte Testament* besteht aus ursprünglich 39 in Hebräisch geschriebenen Büchern, die ca. 1000–50 v.Chr. entstanden sind. Juden und Christen haben dieselben Schriften, sie teilen sie nur etwas anders auf.

Als das Christentum sich entwickelte, entstand eine Anzahl neuer Schriften, die vom Leben Jesu und seiner Jünger berichten: das *Neue Testament.* Wenn Christen von der Bibel sprechen, meinen sie immer beides, Altes und Neues Testament.

Da die Juden Jesus aber nicht als ihren Erlöser/Retter/Messias anerkennen, lehnen sie es selbstverständlich ab, diese neuen Schriften ihrer Bibel hinzuzufügen. Deshalb besteht für die Juden die Bibel nur aus dem Teil der Bibel, der von Christen „Altes Testament“ genannt wird. Da es für die Juden kein „Neues Testament“ gibt, lehnen sie die christliche Bezeichnung „Altes Testament“ ab.

⇨ Materialien: *In der Bibliothek* (SB, S. 109)
Hier ist wichtig, dass die Sch. mit abwechslungsreichen Methoden spielerisch in den Umgang mit der Bibel eingeführt werden. L. sollte zunächst grob den Aufbau der Bibel erklären. Die Zweiteilung des Buches in Altes und Neues Testament, die Aufteilung der Bücher nach Kapiteln und nummerierten Versen und deren Abkürzungen sollten exemplarisch an der Tafel und im Unterrichtsgespräch eingeübt werden, damit die folgenden Übungen ohne große Probleme bewältigt werden können.

⇨ Etwas zeitaufwendig, aber schön, ist die Herstellung einer kleinen, aus beklebten Schachteln angefertigten *Mini-Bibliothek*. Das Arbeitsblatt **ZM 2** hilft hier und dient zur Einprägung der biblischen Systematik. **ZM 3a/b** bietet weitere *Spielvorschläge*, die der Festigung dienen:
Lösungen zum Kreuzworträtsel (ZM 3a):
1. Skorpion, 2. Fisch, 3. Taube, 4. Pferd, 5. Hirsch, 6. Schlange, 7. Schaf, 8. Kamel, 9. Wurm.
Bibelfußball, Beispiele für Fragen (ZM 3b):
a) Bezeichnung für ein bes. Stück Land, Spr 12,26: Weide, b) ein Blatt eines bestimmten Baumes, Gen 8,11: Ölblatt, c) Bauwerk einer Stadt, Hebr 11,30: Mauer Jericho ...
Die Gliederung der biblischen Bücher kann

auch als Programmieraufgabe für den Computer angeboten werden. Die Sch. erhalten den Auftrag, ein übersichtliches und/oder anschauliches Programm zu erstellen.

D. Eine Gute Nachricht breitet sich aus

⇨ Text: *Es ist ein Ros entsprungen* (SB, S. 110f.)
In dem Weihnachtslied „Es ist ein Ros entsprungen" (EG 31) wird die alttestamentliche Jesaja- Prophezeiung auf Jesu Geburt umgedeutet. Der in verteilten Rollen vorgetragene Text kann durch die Anfertigung eines *Mandala*-Transparents anschaulich gemacht werden. (Diverse Mandala-Bücher und -Vorlagen sind im Buchhandel erhältlich.) Wenn man das Mandala mit Speiseöl einstreicht, wird es ein Transparent, hinter das eine Kerze gestellt werden kann. Weihnachten vom Kreuz her gedeutet, weist auf die Keimzelle der Entstehung des christlichen Glaubens hin.
Wie unterschiedlich die Evangelien die Geburt Jesu erwähnen bzw. außer Acht lassen, kann bei Mt 1,1; Mk 1,11, Lk 2,11; Joh 1,5 verglichen werden.

Mandalazeichnung von: Wolfram Fischer

Mandala-Beispiel aus: Bruno Dörig, Schenk dir ein Mandala!, H. 2, © Verlag am Eschbach, 5. Aufl. 1998.

⇨ Bild: *Sieger Köder, Ihr habt mir zu essen gegeben, 1991* (SB, S. 111)
Das Bild zeigt die Situation der ersten Christen in der Tischgemeinschaft und ist gleichzeitig ein aktuelles Bild mit Menschen und Problemen unserer Zeit. Das Bild hat eine tiefe theologische Aussage:
Es weist auf den Anspruch eines in die konkrete Tat umgesetzten und gelebten Glaubens in der Nachfolge Christi hin. Die geöffnete Tür deutet an, dass die Kraft dieses Glaubens von der Überwindung des Kreuzes ausgeht. Der kompliziert klingende theologische Anspruch wird nicht auf der theoretischen Ebene belassen: Der Blick des Betrachters wird in das Geschehen hineingezogen, er sitzt quasi mit am Tisch.
Der hier idealtypisch dargestellte Anspruch der christlichen Nachfolge ist gleichzeitig kritische Anfrage an den Betrachter des Bildes und seine gelebte Wirklichkeit.
Mögliche Arbeitsaufgaben:
- Die Menschen auf dem Bild tun, was Jesus ihnen vorgelebt und gesagt hat – nenne Beispiele!
- Schreibe um das kopierte Bild herum einige Aussagen aus dem Text heraus und ordne sie passend zu!
- Du sitzt eigentlich als Betrachter mit am Tisch: Was wird damit vielleicht gemeint sein?
- Dein Blick fällt durch die geöffnete Tür auf das Kreuz: Wie ist es dargestellt, wie wirken die Farben des Himmels auf das Geschehen im Zimmer ein?

⇨ Liedtext: *Eine freudige Nachricht breitet sich aus* (SB, S. 112)
Das Lied nimmt den vorangegangenen Text und das Bild inhaltlich auf. Wenn es gesungen wird, können weitere „gute Nachrichten", die sich bei der Besprechung der vorangegangenen Aufgaben ergeben haben, zwischen Strophe und Kehrvers eingesungen werden. (Das Lied findet sich z.B. im EG, Regionalausgabe für Niedersachsen und Bremen, Nr. 558.)

Das ursprünglich in hebräischer Sprache abgefasste AT wird zwischen 300–130 v. Chr. ins Griechische übersetzt, nach einer Legende von

70 Gelehrten. Die Übersetzung der hebräischen Bibel wird deshalb „Septuaginta" genannt. Die ältesten erhaltenen *Handschriften* vom 1. und 2. Jh. v.Chr. wurden in den Qumram-Höhlen gefunden. Die Entdeckung der Schriften durch einen Hirtenjungen ist in jüngerer Zeit glaubwürdig angezweifelt worden.

⇨ Materialien: *In der Schreibstube (und Druckerei)* (SB, S. 112)
Die spannende Geschichte eignet sich gut, um Sch. für die Forschungsarbeit der Archäologen zu interessieren. Wahr ist immerhin, dass die Schriften von Nomaden in Höhlen entdeckt wurden. L. sollte die Geschichte als Legende kenntlich machen (ZM 4).

Nach dem Tod Jesu, ca. 30 n.Chr., werden seit Abschluss der mündlichen Überlieferungsphase, zunächst Briefe an die ersten christlichen Gemeinden geschrieben. Paulus schrieb seine Briefe ca. 50–60 n.Chr. Etwa 200 n.Chr. steht der Kanon des NT in seiner heutigen Form im Wesentlichen fest. (Es macht den Sch. großen Spaß, wenn sie eigene Botschaften in griechischen Buchstaben verfassen und an Klassenkameraden zum Entziffern geben.)

Die Bibel wurde oft abgeschrieben, im Mittelalter vorwiegend von besonders ausgebildeten Mönchen. Obwohl sie sehr sorgfältig und mit allergrößter Vorsicht arbeiteten, kam es häufig zu Abschreibfehlern. Wissenschaftler versuchen bis heute in mühevoller Kleinarbeit durch Vergleiche, Fehler in den Texten festzustellen und zu berichtigen.

⇨ Das älteste erhaltene Bruchstück vom NT ist das Papyrus P^{52}; es wird auf das Jahr 125 n.Chr. datiert. Die mühevolle Arbeit, die Wissenschaftler bei der Zusammenstellung von solchen Schriftbruchstücken leisten, kann von den Sch. mit eigener *Puzzlearbeit* (ZM 7) nachvollzogen werden.

⇨ Vor der Erfindung des Buchdrucks fertigen speziell ausgebildete Mönche immer wieder kunstvolle Abschriften der Bibel an. In einer *Schreibwerkstatt* können die Sch. diese Kunst nachempfinden. Sie wählen sich selbst einen Text aus der Bibel und verfassen eine Seite in „antiker" Schreibweise. Hierfür können Schriftvorlagen hilfreich sein oder die Betrachtung einer schön gestalteten alten Abbildung einer Bibelseite.
Natürlich haben sich bei der Abschrift der Bibel immer wieder Fehler eingeschlichen.
Die Sch. können einen kurzen Text aus der Bibel abschreiben und bewusst Fehler hineinmogeln. Die *Fehlertexte* werden dann mit Klassenkameraden ausgetauscht und die vergleichende Forschungsarbeit kann beginnen.

Der Mainzer *Johannes Gutenberg* (1394 oder 1399–1468) ist der Erfinder des Buchdrucks mit beweglichen Lettern. Für die Herstellung des ersten gedruckten Buches, die Gutenbergbibel, brauchte er zwei Jahre und verschuldete sich hoch. Für die Herstellung benötigte er Papier und Pergament. 170 Kälberhäute wurden für die Herstellung des Pergaments gebraucht. Der Preis für die erste gedruckte Bibel war sehr hoch; umgerechnet hätte die erste Bibel damals mehr als ein Auto der Mittelklasse gekostet. Die ersten in diesem Druckverfahren hergestellten Bibeln sind sehr kunstvoll. Gutenbergs Erfindung verbreitete sich schnell. Nun wurden bald auch billigere Druckverfahren entwickelt.

Bis zu Beginn der Reformation waren bereits 70.000 Bibeln gedruckt. Mit der gedruckten deutschen Bibelübersetzung *Martin Luthers* stieg die Anzahl enorm. Jetzt konnte jeder Mensch in Deutschland eine Bibel erwerben und – lesen. Bis heute ist die Bibel das meistgelesene Buch der Welt. Sie ist bereits in 2092 Sprachen übersetzt und 1994 wurden allein 18,4 Millionen Bibeln in 275 Sprachen verkauft!

⇨ *Luthers Bibelübersetzung*
Da das Thema „Luther und Reformation" in der 8. Klasse zum festen Themenkanon gehört, sollte hier nicht zu viel vorweggenommen werden. Sinnvoll ist aber eine kurze einführende L.-Information über einige wichtige Daten aus dem Leben Martin Luthers. Die Voraussetzungen, unter denen Martin Luther die Bibel übersetzt, sind alles andere als günstig und doch gelingt ihm ein Meisterwerk.
Der Text (ZM 5) kann in ein *Interview* umgearbeitet werden. Vielleicht lässt sich auch ein *Drehbuch* daraus erstellen, nach dem eine

interessierte Schülergruppe einen Videofilm drehen kann.

⇨ Sprache ist lebendig, deshalb ist auch die lutherische Übersetzung für Sch. oft kaum noch zu verstehen. Der *Psalmtext* (Ps 63,5; SB, S. 112) kann fotokopiert werden, die einzelnen Verse werden zu einem ungeordneten Textpuzzle auseinander geschnitten und wiederum fotokopiert. In einer kleinen vergleichenden Übung können die Sch. nun herausfinden, ob sie die Texte zeitlich richtig in einer Tabelle zuordnen können. Sie diskutieren, ob der neuzeitliche Text wirklich an die Aussage der alten Texte heranreicht. Die Sch. können mithilfe von L. selbst biblische Texte auswählen (z. B. die 10 Gebote, vgl. Kap. „Exodus –Aufbruch in ein neues Land", SB, S. 63f.) und in ähnlicher Weise bearbeiten.

⇨ Weitere Ideen: *Die Bibel im Projektunterrricht* Wenn im Projekt gearbeitet werden soll, bietet es sich an, einzelne Arbeitsschwerpunkte eigenständig von Schülergruppen erarbeiten zu lassen. Unterstützt vom L., der Arbeitsaufträge zuordnet und zusätzliche Materialien beschafft, richten die Sch. thematisch orientierte *Lernstationen* ein. Es sollten Verkleidungsutensilien, Malbedarf, Musikinstrumente und passende Räumlichkeiten zur Verfügung stehen.
Wenn es zur Präsentation kommt, werden die Abstände zwischen den Stationen zur Zeitreise. Wir beginnen etwa 1500 v.Chr. mit der Station „Im Zelt wird erzählt" und wandern weiter bis in das Jahr 1200. Hier erfahren wir etwas über die Phase der Besiedlung Kanaans. Um 1000 diktiert der König seinem Hofschreiber einige wichtige Botschaften und um 560 treffen wir auf die Gefangenen in Babylon, die über ihre schwierige Lage diskutieren usw. Auf diese Weise kann ein lebendiges Museum entstehen, vielleicht eine Idee für einen Tag der offenen Tür, Elternnachmittag u.ä.

⇨ *Zum Abschluss* kann ein Lückentext eingesetzt werden, in dem die Sch. ihr Wissen zur Bibel überprüfen können (ZM 6).

5. Materialien und Medien

- Ulrich Becker u.a., Neutestamentliches Arbeitsbuch für Religionspädagogen, Kohlhammer, Stuttgart 1997².
- Die Bibel als Buch, Einführung in die Bibel I, (5.–6. Schuljahr), Reihe: Unterrichtsmodelle – Fach Religion 2, Kösel, München.
- Die *Bibel als CD-ROM* wird von verschiedenen Gesellschaften angeboten, z.B. Patmos, Deutsche Bibelgesellschaft, Katholische Bibelanstalt.
- Klaus Deßecker/H.B. Kaufmann, Biblisches Arbeitsbuch. Gymnasien und Realschulen. 5.–7. Schuljahr, Ernst Kaufmann/Vandenhoeck & Ruprecht, Lahr/Göttingen.
- Friedhardt Gutsch/Reinhard Schinzer, Die Bibel kennen, Vandenhoeck & Ruprecht, Göttingen 1989².
- Friedrich Johannsen/Christine Reents, Alttestamentliches Arbeitsbuch für Religionspädagogen, Kohlhammer, Stuttgart 1987.
- Otto Niederer u.a., Arbeitsfolien Religion, Calwer/Kösel, Stuttgart/München 1989².
- Marlies und Jörg Schilling, Die Bibel – Begegnung mit einem ungewöhnlichen Buch, Klett, Stuttgart 1994.
- Reinhard Schinzer, Spielräume in der Bibel. Anregungen für den Umgang mit der Bibel in Gruppen, Vandenhoeck & Ruprecht, Göttingen 1989.
- *Video-Serie*: „Begegnung mit der Bibel", Geschichten und Gestalten des AT und NT. 18 große Begegnungsgeschichten aus der Bibel und drei Beispiele aus der Kirchengeschichte, Deutsche Bibelgesellschaft, Stuttgart.

Tabellarische Übersicht/Zeitleiste zur Entstehung von AT/NT

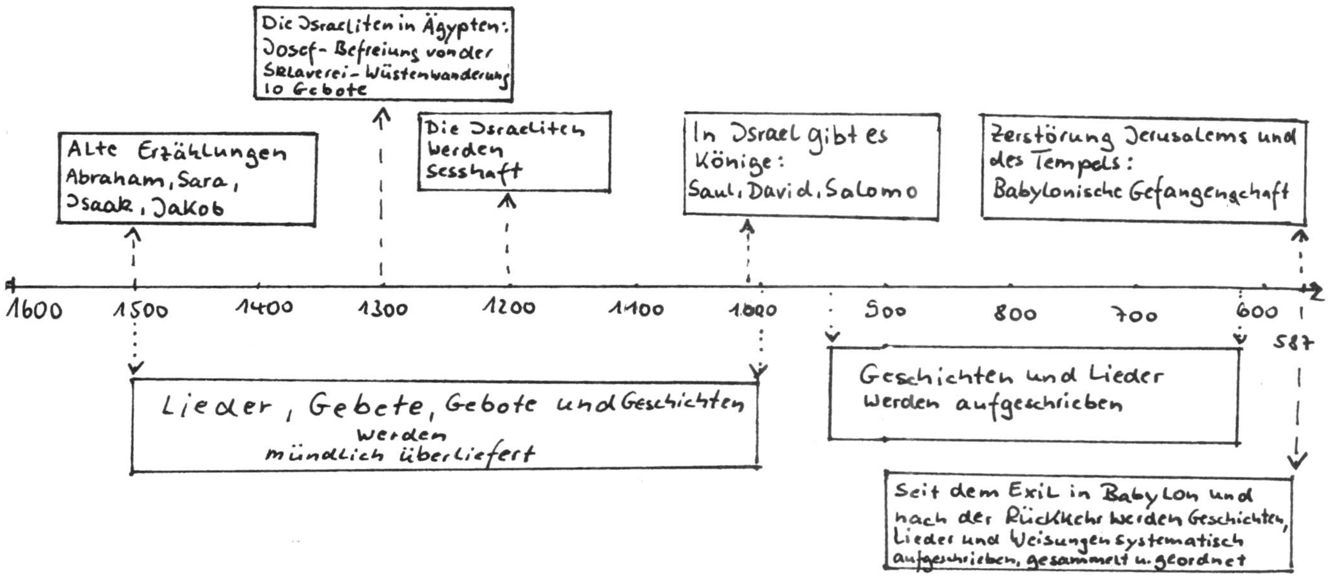

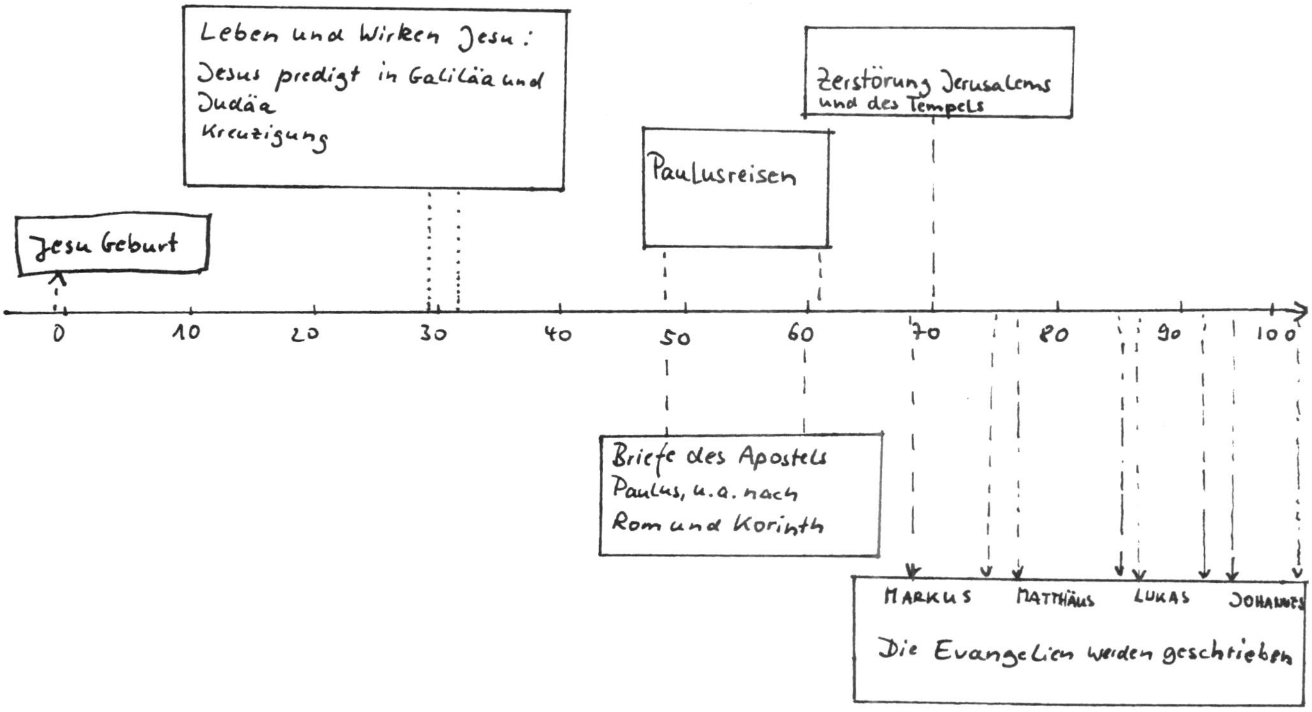

ZM 2

Die Bibel – eine Bibliothek

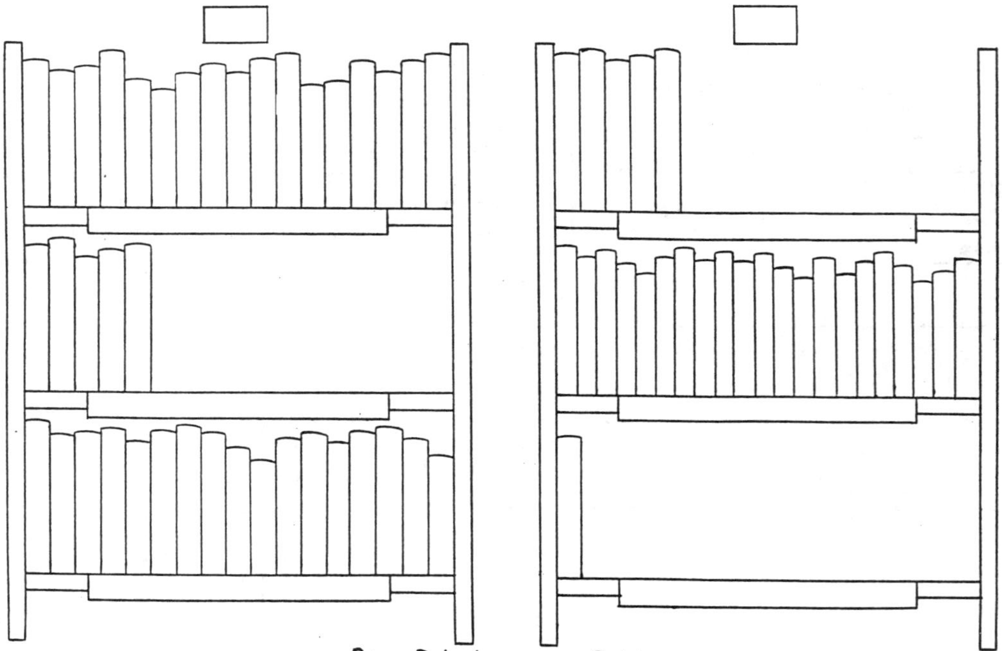

Die Bibel – eine Bibliothek

ZM 3a

Auf der Suche nach biblischen Tieren

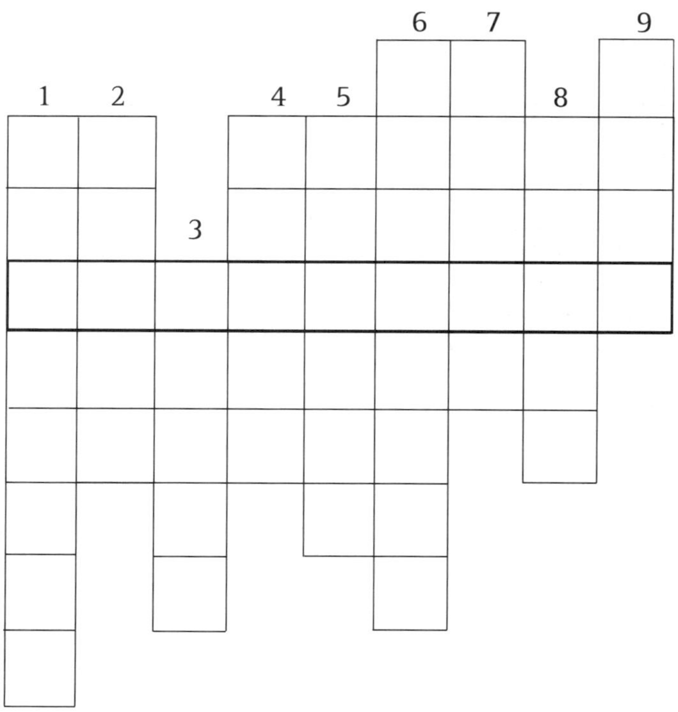

1. Offb 9,5 (Offenbarung)
2. Joh 21,13 (Johannes)
3. Joh 1,32 (Johannes)
4. Sach 1,8 (Sacharja)
5. Ps 42,2 (Psalm)
6. Apg 28,3 (Apostelgeschichte)
7. Lk 15,6 (Lukas)
8. Mk 10,25 (Markus)
9. Jona 4,7

Bibelfußball

ZM 3b

Das Spielfeld wird an die Tafel gemalt, ebenso der Ball und die Verteidigungslinien. Als Ball kann auch ein Magnetknopf dienen. Das Ganze kann auch aus „Flanellkarton" zugeschnitten werden und dann auf einer Wolldecke, die mit zwei Tischtuchklammern an der Wandtafel befestigt wird, haften.

Spielregeln:
Die Klasse wird in zwei Parteien eingeteilt.
Jede/r Sch. hat eine Bibel.
L. nennt einen Begriff aus einem Bibelvers, der gesucht werden soll.

Beispiel: Gesucht wird ein Raumschmuck! Zu finden ist er in Ex 26,31 usw.

Wer zuerst den gesuchten Begriff nennt, hat für seine Gruppe den Ball um ein Feld vorgestoßen. Die Gegengruppe hat jetzt die Chance, den Ball zurückzuschießen, oder sie muss im nächsten Durchgang ein Tor hinnehmen.

Cornelia Götz u.a., Die Bibel. Bausteine für einen Unterrichtsvorschlag in Klasse 5/6, aus: entwurf 1/92, S. 45.

ZM 4

Der Schatz in der Höhle

Wissenschaftler sind bemüht, die Texte der Bibel möglichst richtig wiederzugeben, deshalb sind sie besonders an frühen Schriften der Bibel interessiert. Leider ist das Material, auf dem man früher schrieb, sehr zerbrechlich und kaum erhalten. Im Jahre 1947 kam es allerdings zu einem sensationellen Fund.

Ein arabischer Hirtenjunge klettert am Steilhang der Westküste des Toten Meeres herum. Eine seiner Ziegen hätte sich verirrt, erklärte er später. In den zerklüfteten Felswänden stößt er plötzlich auf eine Höhle. Vorsichtig geht er hinein und tastet sich in der Dunkelheit vorwärts. Als sich seine Augen an das Dämmerlicht gewöhnt haben, entdeckt er einige von einer dicken Staubschicht überzogene Tonkrüge. Neugierig öffnet er einen davon und zieht eine alte beschriebene lederne Schriftrolle hervor. Vielleicht kann der Dorfschuster, der auch Antiquitätenhändler ist, das Leder gebrauchen? Zusammen mit seinen Stammesgenossen lassen die Nomaden den Inhalt einiger Krüge bei ihm und ziehen mit ihren Tieren weiter.

Der Hirtenjunge Muhammad adh-Dhib hatte, ohne es zu wissen, eine Entdeckung mit ungeahnten Folgen gemacht. Auf Umwegen gelangten die Lederstücke in ein Kloster und wurden dort von Gelehrten untersucht. Es wurde ihnen bald klar, dass es sich um fast 1000 Jahre alte Bibelhandschriften handelt. Als diese sensationelle Entdeckung bekannt wurde, kamen Wissenschaftler aus aller Welt und suchten nach mehr Höhlen. Tatsächlich fanden sie noch 11 weitere mit vielen sehr alten, wertvollen Schriftrollen und außerdem fanden sie in der Nähe der Höhlen die Reste des *Klosters von Qumram.* Als die Römer 70 n.Chr. Jerusalem zerstörten, hatten die Mönche des Klosters die Schriftrollen in den Höhlen versteckt. Ihre wertvollen Schriften sollten auf keinen Fall in die Hände der römischen Feinde gelangen.

Das Versteck in der Wartburg

Am 26. April 1521 fällt die Entscheidung beim Reichstag zu Worms. Martin Luther widerruft seine Schriften nicht. Der Kaiser verurteilt seine Lehre und verhängt die Reichsacht über ihn. Man nennt diesen Erlass das „Wormser Edikt". Darin wird befohlen: „Niemand darf diesen Luther hausen, höfen, ätzen (ernähren), tränken, seine Bücher soll niemand kaufen, verkaufen, lesen, behalten, abschreiben und drucken." Luther war durch die Acht „vogelfrei" und jeder Untertan des Kaisers war verpflichtet, ihn zu greifen und tot oder lebendig dem Gericht zu übergeben. Der Kaiser gewährleistet Luther nur noch freies Geleit für seine Heimreise nach Wittenberg, dann soll das Urteil gegen ihn in Kraft treten. Luther befindet sich bereits auf dem Heimweg, da wird seine Reisekutsche plötzlich von bewaffneten Männern angehalten. Luthers Begleiter fliehen, Luther erhält ein Pferd und muss neben den Männern herreiten, bis sie am Abend in dem Vorhof einer Burg eintreffen.

Bei diesem Überfall handelte es sich um eine geplante Aktion. Der Kurfürst von Sachsen wollte seinen Freund Luther für einige Zeit aus dem Verkehr ziehen. Er sollte sich so lange auf der Wartburg verstecken, bis sich die politische und religiöse Unruhe im Lande gelegt hatte.

Freundlich begrüßt der Burgherr v. Berlepsch den geheimnisvollen Gast. Er weist ihm ein kleines Turmzimmer zu, das man nur über eine angestellte Leiter erreichen kann. In der Nacht wird die Leiter hochgezogen, dort ist Martin Luther vor heimlichen Überfällen sicher. Niemand außer den engsten Freunden ahnt, wer der neue Gast ist. Er hat seine Mönchskutte mit der vornehmen Kleidung eines Junkers getauscht, lässt sich einen langen Bart wachsen und wird mit Junker Jörg angesprochen.

Fast ein Jahr muss Luther aus Sicherheitsgründen auf der Wartburg bleiben, doch er langweilt sich nicht. In seinem Gepäck befindet sich eine hebräische Bibel und ein griechisches Neues Testament. Mit ihrer Hilfe will Martin Luther das Neue Testament ins Deutsche übersetzen. Zwar gibt es schon einige deutsche Übersetzungen, doch sie sind Luther keine große Hilfe. Er möchte die Bibel so übersetzen, dass jeder Deutsche sie lesen und verstehen kann. Zu seiner Zeit gibt es in Deutschland keine hochdeutsche Sprache. Überall sprechen die Menschen einen unterschiedlichen Dialekt. Ein Bayer spricht bayrisch, ein Sachse sächsisch, ein Norddeutscher plattdeutsch usw. Luther muss für seine Übersetzung eine ganz neue Sprache schaffen. Er schließt sich bei seiner Arbeit nicht in sein Studierstübchen ein, sondern er geht zu den Marktfrauen, hört den Bauern zu oder achtet darauf, wie eine Mutter mit ihrem Kind spricht. Er ist diesen Menschen aus dem Volk nahe und gleichzeitig verfügt er über hervorragende Sprachkenntnisse. Ihm gelingt eine unvorstellbare Leistung. Von Dezember 1521 bis März 1522, in nicht mehr als vier Monaten, übersetzt er das gesamte Neue Testament.

Die ersten 3000 Exemplare, die in den Druck gehen, sind sofort vergriffen. 1534 ist die Übersetzung der gesamten Bibel abgeschlossen. Jetzt wird sie überall in Deutschland von allen Schichten des Volkes gelesen.

Die Übersetzung Martin Luthers ist ein großes literarisches Meisterwerk, sie ist der Ausgangspunkt einer einheitlichen deutschen Schriftsprache.

Noch bis in das 18. Jh. waren die von Luther übersetzte Bibel und der von ihm verfasste Katechismus an vielen deutschen Volksschulen die einzigen Lesebücher.

Es war Martin Luthers Interesse, die Bibel in verständlichem Deutsch zu verfassen. Heute ist seine Übersetzung auch schon fast 500 Jahre alt und muss immer wieder zeitgemäß überarbeitet werden.

Was weißt du über die Bibel? ZM 6

Die Bibel hat ihren Namen von dem griechischen Wort „biblos“ bzw. „biblion“ und das bedeutet __________ .

Sie besteht aus ________ einzelnen Schriften, die man auch „Bücher“ nennen kann. Bevor man begann, etwas aufzuschreiben, wurden die Geschichten,______________, Lieder und Lebensregeln ____________________ weitererzählt. So machten es auch die Vorfahren der Israeliten, die als ___________________ umherzogen. Sie erzählten sich in ihren ______________________ und an ihren Lagerfeuern von Erfahrungen, die ihre Vorfahren mit Gott gemacht hatten. Besonders wichtig war ihnen die Geschichte von der Befreiung aus der____________________ ____________________.

In der Regierungszeit König Davids begannen königliche ______________________ diese Erzählungen, Gebete und Gesetze auf Schriftrollen festzuhalten. Nach der ____________________ ____________________ war den Israeliten das geordnete Sammeln und Aufschreiben ihrer Glaubenserfahrungen sehr wichtig geworden, ca. 50 v.Chr. war diese Arbeit abgeschlossen, das __________ ____________________ war geschaffen. Es war ursprünglich in ____________________ Sprache geschrieben. Man teilt es in 3 große Gruppen ein:

1.________________________________
2.________________________________
3.________________________________.

In den Jahren 50–150 n. Chr. wurden die Schriften des ____________ ____________________ aufgeschrieben. Sie erzählen vom Leben und Wirken Jesu. Zu seinen ältesten Teilen zählen die ____________________ des Paulus.

Für die Gottesdienste der ersten christlichen Gemeinden wurde daraus ____________________ . Man schrieb sie immer wieder ab und sandte sie an andere Gemeinden weiter.

Das NT war ursprünglich in__________________ Sprache geschrieben. Man unterteilt es in drei große Schriftteile, sie heißen 1.____
2.___________________________ 3.______________________________ .

Das NT wird auch ______________________________ genannt, das bedeutet „gute Nachricht“.

Im Mittelalter arbeiteten __________________________ sorgfältig an der ________________________ der Bibel. Oft wurden die Kapitelanfänge mit kunstvoll verzierten Großbuchstaben geschmückt. Mit der Erfindung des ________________________ durch Johannes Gutenberg wurde die Bibel weit verbreitet. Martin Luther ______________________ die Bibel in verständliches __________________; jetzt konnten alle Menschen sie lesen und ________________________ .

Schreibe folgende Worte in die passende Lücke:

Gebete Zelten Neuen Testaments Briefe Prophetisches Buch ägyptischen Sklaverei Nomaden Schreiber Mönche hebräischer Buchdruckerkunst Briefe Propheten Abschrift Altes Testament übersetzte babylonischen Gefangenschaft Deutsch vorgelesen 66 Buch griechischer Geschichtsbücher (Tora) Evangelium Geschichtsbücher (= Evangelien und Apostelgeschichte) verstehen Lehrbücher (poetische Bücher) Briefe mündlich

---

Lösungen:
Buch 66 Gebete mündlich Nomaden Zelten ägyptischen Sklaverei Schreiber babylonischen Gefangenschaft Altes Testament hebräischer Geschichtsbücher (Tora) Lehrbücher (poetische Bücher) Propheten Neuen Testaments Briefe vorgelesen griechischer Geschichtsbücher (= Evangelien und Apostelgeschichte) Briefe Prophetisches Buch Evangelium Mönche Abschrift Buchdruckerkunst übersetzte Deutsch verstehen

Bibelpuzzle

Betätige dich als Bibelforscher und füge den Text wieder zusammen!

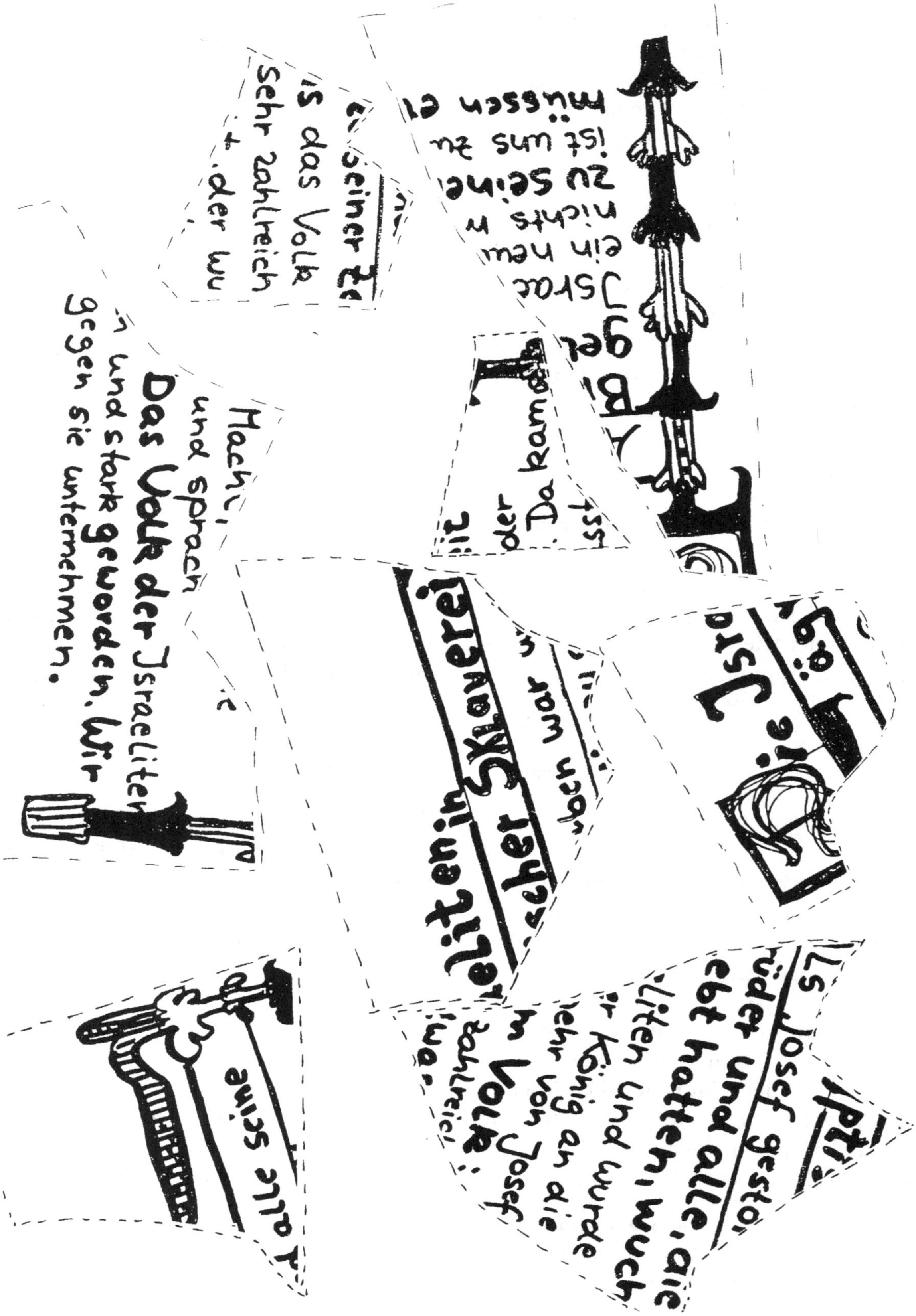

Angst und Geborgenheit

1. Theologische und didaktische Aspekte

Angst und die Sehnsucht nach Geborgenheit gehören unvermeidlich zum Wesen des Menschen. Angst ist ein notwendiges Stück seiner biologischen Ausrüstung.

Menschen aller Zeiten, aller Lebensalter, in allen Lebenskontexten und Kulturen kennen das Phänomen „Angst".

Sprachgeschichtlich hat das Wort „Angst" zunächst mit „Enge und Bedrängnis" zu tun. Das althochdeutsche Wort „angust" ist dem lateinischen „angustus" entlehnt und geht zurück auf „ango, anxi" = „(die Kehle) zuschnüren, (das Herz) beklemmen". Im Griechischen bedeutet „agcho" „zusammenschnüren, erwürgen, beängstigen". In anderen westeuropäischen Sprachen ist das Wort „Angst" im Sinne von „angustus" ebenfalls zu finden (engl. anguish, frz. angoisse, ital. angoscia usw.). Der gutturale Laut „ng" nimmt vermutlich das tiefe Schlucken oder damit verbundene Geräusche auf, die in Angstsituationen auftreten können.

Im Hebräischen bedeutet „Angst" „Enge" – im Gegensatz zum weiten Raum: „So reißt er dich aus dem Rachen der Angst in den weiten Raum, wo keine Bedrängnis mehr ist." (Hi 36,16)

Den Begriff „Angst" finden wir in der Hebräischen Bibel auch im Kontext der Angst und Not einer Gebärenden (Ps 48,7; Jer 4,31; 13,21 u.ö.), am häufigsten wird „Angst" in den Psalmen erwähnt.

Sch. der 5./6. Jahrgangsstufe wollen erfahrungsgemäß nicht gern über ihre Gefühle und schon gar nicht über Angst reden. Wie viele Erwachsene auch, verdrängen sie ihre Ängste und entwickeln Abwehrmechanismen. Sie sind vermutlich auch erleichtert darüber, dass sie manche Ängste der frühen Kindheit nicht mehr haben bzw. mittlerweile mit ihnen umgehen können.

Eine Hinführung zu diesem, für manche Sch. negativ besetzten Thema sollte behutsam geschehen. Dazu ist eine Vertrautheit der Sch. untereinander und mit der/m L. wie auch eine Unterrichtsatmosphäre notwendig, die von gegenseitigem Respekt und Offenheit geprägt ist. Zuhören und Zulassen sowie die Entscheidungsfreiheit darüber, welche Erfahrungen ein(e) Sch. verbalisieren möchte, sind wichtig für das Gelingen einer Unterrichtseinheit zu diesem Thema.

Die Imaginationsübung *Karla auf dem Dachboden* (s.u. S. 122) nimmt die Angst vor dunklen Räumen auf, die wohl jedes Kind irgendwann einmal hat(te). Das Bild *Melancholia* von Emil Schumacher (SB, S.116f.) lässt gerade durch seine Abstraktheit vielfältige Assoziationen, Gefühle und Erinnerungen zu. Erfahrungen mit Dunkelheit, schemenhaften Gestalten, Träumen etc. können eingebracht werden.

Ängsten Raum zu geben, sie (freiwillig!) zu verbalisieren, ohne sie vorschnell zu beschwichtigen oder zu beschönigen, sollte in der Einstiegsphase, wie auch in allen weiteren Arbeitsphasen möglich sein. Dabei ist darauf zu achten, dass keine Ängste erzeugt, sondern stets auch Hilfen in Angstsituationen oder Gegenbilder der Geborgenheit aufgezeigt werden (so z.B. im Gedicht *Ein Traum* von Viola Richter [SB, S. 117] oder bei der Radierung *Er weidet mich auf einer großen Aue* von Thomas Zacharias zum 23. Psalm [SB, S. 115]).

Die Alltagsängste von Kindern (und auch Erwachsener) sind Legion: Angst vor Dunkelheit, vor Unbekanntem, vor Versagen, vor Strafe, der Schule, Krieg, Trennung der Eltern, Verlust von nahe stehenden Menschen und Tieren, Angst, nicht geliebt zu werden etc. Wenn es gelingt, Angst als ein „normales", natürliches Gefühl zu begreifen, das jeder Mensch – in je subjektiver Weise – haben kann, wächst die Bereitschaft, eigene Ängste zu artikulieren.

Wichtige erste Schritte in Richtung „Angstbewältigung" werden im Abschnitt *Wenn wir Angst haben* (SB, S. 118f.) aufgezeigt. Die Sch. erhalten hier für sie notwendige Informationen über Angst als anthropologisches Phänomen, über körperliche Reaktionen bei Angst sowie über positive Aspekte von Angst (Schutzfunktion, Aktivierung von Energien für schnelle Reaktionen).

Die *alttestamentlichen Psalmen*, die Inhalt der folgenden Sequenz (SB, S. 120f.) sind, bieten auch dem/r heutigen Leser/in einen elementaren Zugang zu den anthropologischen *Grunderfahrungen „Angst und Geborgenheit"*. Menschen können sich mit ihren je eigenen Lebenserfahrungen in den Psalmen wieder finden (Luther, 2. Vorrede auf den Psalter, 1528: Die biblischen Psalmen „reimen sich auf unsere Sache".).

Mit ihren Bildern von archetypischer Ausdruckskraft können Psalmen auch heute noch die Tiefendimensionen des Menschen erreichen.

„Ich versinke im Schlamm ..." (Ps 69,3), „Das Wasser geht mir bis an die Kehle ..." (Ps 69,2), „Gewaltige Stiere haben mich umgeben ..." (Ps 22,13) – die in diesen und anderen Psalmworten zum Ausdruck kommenden Ängste lassen sich auch in der Gefühlswelt heutiger Jugendlicher wieder finden. In *Psalmworten des Vertrauens* findet die Sehnsucht der Kinder nach Geborgenheit und Nähe ihren Ausdruck. Gerade in einer von Medien und Technik geprägten, säkularisierten Umwelt kann es durch *Psalmworte der Angst und der Geborgenheit* gelingen, Erfahrungen und Gefühle zur Sprache zu bringen, die sonst nicht oder nur wenig tief greifend angesprochen werden.

Psalmen bieten allerdings nicht nur die Möglichkeit des Wiederfindens und der Identifikation, sondern sie zeigen auch mögliche Gegenerfahrungen heutiger Jugendlicher und Kinder auf, zum Beispiel das Ansprechen und Zugeben von Angst, das Hadern mit der eigenen, leidvollen Situation und mit Gott, die Klage, die auch zur Anklage Gottes werden kann, die Gewissheit, auch in der Angst nicht verlassen, sondern von Gott gehalten zu sein. Derartige Gegenerfahrungen können uns heute Lebenden Mut zum Leben, vielleicht auch zum Glauben machen.

Die Vielfalt der Gottesbilder in den alttestamentlichen Psalmen kann auch Sch. dieser Altersstufe bewusst werden: Der Psalmist kann sich trotz und in aller Not Gott im Vertrauen zuwenden, weil er *vorher schon* die Erfahrung des Vertrauenkönnens gemacht hat. Er kann Gott loben, ihm danken, aber auch mit ihm hadern und ihn anklagen.

Auch wenn die Intensität der Gottesbeziehung, die der Psalmbeter ungebrochen haben kann, heute nur noch schwer nachvollziehbar sein mag, laden das Gottesbild bzw. die Gottesbeziehung in den Klagepsalmen doch dazu ein, über eigene Gottesbilder nachzudenken, die Frage nach Gott (neu) zu stellen. Dabei können Sch. auch Orientierungspunkte für die Suche nach der eigenen Identität finden.

Der erste Zugang zu den Psalmworten erfolgt assoziativ und emotional-kreativ über einzelne Bildworte aus Klagepsalmen. Auch Sch. der 5. und 6. Jahrgangsstufe können die Tiefendimension dieser Angstäußerungen gut verstehen, da die Inhalte zumindest einiger Sätze in ihrer Erfahrungswelt vorkommen. Die bildhaft-symbolische Sprache der Psalmen rührt die Sch. an und lädt zur Verknüpfung mit eigenen Erfahrungen ein.

Der Farbholzschnitt *Petrus im Gefängnis* von Thomas Zacharias (SB, S. 120) ermöglicht es den Sch., einerseits aus der Distanz die Angst eines

Fremden zu beschreiben, sich andererseits aber auch mit diesem zu identifizieren und eigene Angsterfahrungen zu verbalisieren. Dies wird dadurch erleichtert, dass die Körperhaltung der abgebildeten Person den Sch. vertraut ist.

Der Vergleich des Farbholzschnittes mit den *Psalmworten der Angst* (SB, S. 120) kann den Sch. nochmals den symbolischen Gehalt der Psalmen deutlich werden lassen.

Die Erfahrung von Angst und Verzweiflung braucht eine Gegenerfahrung von gleicher emotionaler Tiefe. In ausgewählten *Psalmworten des Vertrauens* (SB, S. 127) können die Sch. ihre Sehnsucht nach Geborgenheit und emotionaler Nähe wieder finden, wobei sicherlich die anthropologische Dimension der Worte gegen die Angst im Vordergrund stehen wird. Dass das „Du" des Psalmisten Gott ist, kann den Sch. langsam deutlich werden.

Die Bleistiftzeichnung *Das kranke Kind* von Käthe Kollwitz (SB, S. 121) in ihrer einfachen und doch tief greifenden „Sprache" kann bei den Sch. Erinnerungen an eigene, ähnliche Erfahrungen wecken.

Anhand des Klagepsalms 22 und des Vertrauensliedes Psalm 23 sollen die Sch. die Erfahrung des Getragenseins durch Gott bis hinein in tiefste Not kennen lernen. Hierbei muss deutlich werden, dass nicht etwa aus der Klage zu Gott Vertrauen erwachsen kann. Im Gegenteil: Erst die bereits vorher gemachte Erfahrung des Vertrauens zu Gott lässt den Beter auch in tiefster Verzweiflung darauf hoffen, dass Gott ihm hilft, genauso wie er ihm *schon vorher* geholfen hat.

Psalm 22 (SB, S. 122) ist der wohl erschütterndste Notschrei eines Menschen am Abgrund der Verzweiflung. Das Lied führt den/die Leser/in zunächst hinab in die Tiefe des Leidens, um sich dann aufzuschwingen zum Lob und Dank Gottes. Der Psalm kann in zwei Teile gegliedert werden: V.2–22 (Klage), V.23–32 (Lob). Die vorliegende Unterrichtseinheit beschränkt sich auf den ersten Teil, wobei der Aspekt des Lobes durch das Lied *Ich lobe meinen Gott* (SB, S. 125) aufgegriffen werden kann.

Der Duktus des Psalms 22 mit dem Wechsel zwischen Klage, Hoffnung und Bitte soll von den Sch. benannt und als *Psalmweg* kreativ umgesetzt werden. Dabei sollten die Situation des Beters, seine Erfahrungen mit Gott, seine Hoffnungen und Wünsche thematisiert werden.

Das Vertrauenslied *Psalm 23* (SB, S. 126) bringt in poetisch-symbolischer Sprache eine Vielzahl anthropologischer Grunderfahrungen zum Ausdruck. In den Bildern vom Hirten und seiner Herde (V.1–4), von der Gastfreundschaft und Gemeinschaft (V.5–6) und vom finsteren Tal (V.4) beschreibt der Beter seine Lebens- und Gotteserfahrungen. Symbolhaft werden das Bedürfnis nach Geborgenheit, Schutz, Frieden, Lebensfülle, Gemeinschaft und Glück, aber auch die Erfahrung tiefster Verzweiflung und Bedrohung, sowie die Sehnsucht des Menschen nach Gottesnähe (Bleiben im Hause des Herrn) ausgedrückt. Den Gehalt dieser Bilder gilt es mit den Sch. zu erkennen, zu erarbeiten und ihre Bedeutung für die Gegenwart zu benennen.

Unterstützende Funktion bei der Übertragung des Bildes vom tiefen Tal in die Gegenwart hat der *Hintergrundtext* (SB, S. 126), der eine zufällige Sammlung von Zeitungsschlagzeilen der letzten Zeit bietet.

Aspekte beider Psalmen (tiefste Not/Verlassenheit und Hoffnung auf Gott) lassen sich in einer *Radierung von Thomas Zacharias* (SB, S. 123; ursprünglich: „Die Himmelsleiter") finden, die einen Menschen in einem engen, tiefen Tal zeigt, wobei man die Leiter als Motiv der Rettung und Hilfe deuten kann. Den Sch. wird auf emotionalem Weg ermöglicht, die unmittelbare Nähe von Leid und Hoffnung, von Angst und Vertrauen zu begreifen.

Die letzte Sequenz nimmt gerade diesen Aspekt der „Leiter" auf, indem sie sich mit konkreten Schritten aus der Angst beschäftigt. Paul Maars Geschichte *Die verschlossene Tür* (SB, S. 127f.) macht exemplarisch deutlich, dass man nicht in seiner Angst verhaftet bleiben sollte, dass man auf Ängste nicht passiv-verdrängend reagieren, sondern sich aktiv mit ihnen auseinander setzen sollte. Schritte zu einer konstruktiven Auseinandersetzung mit Angst und Angstbewältigungstechniken sollten an konkreten Fallbeispielen ebenso aufgezeigt werden wie Möglichkeiten, das Selbstvertrauen bzw. Zutrauen in die eigenen Fähigkeiten zu stärken.

2. Intentionen

Die Sch. sollen

- Angst und Geborgenheit als anthropologische Grunderfahrungen des Menschen erkennen und Bezüge zu ihren eigenen Erfahrungen herstellen
- durch die Auseinandersetzung mit alttestamentlichen Psalmen einen Teil christlicher Tradition kennen lernen
- an elementaren anthropologischen und theologischen Aussagen ausgewählter Psalmen eigene Lebens- und Glaubenserfahrungen reflektieren und ggf. verbalisieren,
- die Sprache der Psalmen als symbolhafte Rede mit überzeitlicher Bedeutung wahrnehmen, die auch für heute Lebende relevant bleibt
- notwendige Informationen erhalten über das anthropologische Phänomen Angst und die damit verbundenen physisch-psychischen Abläufe im Menschen
- Orientierungspunkte gewinnen für den Umgang mit ihren eigenen Ängsten und dadurch voranschreiten in ihrer individuell-persönlichen Entwicklung.

3. Literatur zur Vorbereitung

- Ingo Baldermann, Ich werde nicht sterben, sondern leben. Psalmen als Gebrauchstexte. WdL 7, Neukirchener, Neukirchen-Vluyn 1994[2].
- Ders., Wer hört mein Weinen? Kinder entdecken sich selbst in den Psalmen. WdL 4, Neukirchener, Neukirchen-Vluyn 1995[5].
- Deutscher Katechetenverband (Hg.), Materialheft 2/1995, Thema: Angst.
- Georg Fohrer, Psalmen, Walter de Gruyter, Berlin 1993.
- Eckhart Marggraf / Martin Polster (Hg.), Unterrichtsideen Religion. 6. Schuljahr, Calwer, Stuttgart 1997, S. 98–112 (Kapitel: Du hörst mein Weinen: Menschen erfahren Gott) und S. 113–129 (Kapitel: Wir haben Angst).
- Klaus Seybold, Die Psalmen. Eine Einführung, Kohlhammer, Stuttgart 1991[2].
- Themenheft „Erfahrungen mit Psalmen", in: ru 4/1988.
- Artur Weiser, Die Psalmen. ATD 14/15, Vandenhoeck & Ruprecht, Göttingen 1987[3].

4. Unterrichtsideen

A. Wir alle haben Angst

⇨ Imaginationsübung *Karla auf dem Dachboden*

Die Übung sollte im Sitzkreis, in einer ruhigen Atmosphäre stattfinden. Evtl. Stilleübung, die den Sch. hilft, ruhiger zu werden. Die Sch. werden gebeten, eine entspannte Sitzposition einzunehmen und evtl. die Augen zu schließen. Im Kreis kann ein weißes Bettlaken liegen, auf dem ein alter Koffer oder ein anderer Gegenstand, den man auf einem Dachboden finden könnte, steht.

„Karla ist gerade umgezogen. Die Familie wohnt nun in einem neuen Haus. Ganz oben im schmalen, hohen Haus entdeckt Karla eine Tür, die zum Dachboden führt. Sie öffnet die Tür. Es ist dunkel. Sie stößt gegen einen großen, sperrigen Gegenstand. Mit lautem Krach fällt ein Cello zu Boden. Karla horcht. (*Pause*) Sie hört weitere Geräusche. Es knarrt und knackt. Ein leichter Wind weht. Es riecht nach Staub und alten Sachen. (*Pause*) Auf dem Dachboden stehen noch andere, ebenfalls staubige Gegenstände. Einige sind mit weißen Laken abgedeckt. Was wohl darunter ist? (*Pause*) Karla kann es nicht genau erkennen. Es ist dunkel. Plötzlich fliegt eine Tür auf am anderen Ende des Dachbodens. Licht fällt in den dunklen Raum. Karla nimmt das Cello als Schutzschild, schleicht zur Tür und sieht ..."

🕮 *(in Anlehnung an: Ute Krause, Der Löwe auf dem Dachboden, Diogenes, Zürich 1998, S. 6f.)*

⇨ *Weiterarbeit:*
- die Geschichte von Karla auf dem Dachboden weitererzählen, -schreiben oder -malen; eigene Erfahrungen mit dunklen, unheimlichen Räumen oder Situationen erzählen
- evtl. Gefühle, die die Sch. in solchen Räumen oder Situationen gemacht haben, auf Kärtchen schreiben und in der Mitte des Stuhlkreises, z.B. in einem alten Koffer sammeln
- Träume von dunklen Räumen oder Angstträume erzählen (freiwillig!); dazu evtl. die Gedichte *Traurig* von Regina Schwarz (SB, S. 116) und *Ein Traum* von Viola Richter (SB, S. 117) lesen und eigene, ähnliche Erfahrungen verbalisieren.

⇨ Bildbetrachtung: *Emil Schumacher, Melancholia, 1989* (SB, S. 116f.)
Stilles Betrachten: Was sehe ich? Offener Impuls: „Ein eigenartiges Bild ...!?"; spontane, unzensierte Äußerungen.
Welche Gefühle, Erinnerungen oder Träume fallen euch beim Betrachten des Bildes ein? Wie ist das Bild aufgebaut? (Formen, Farben, Strukturen) Welche Stimmung wird in dem Bild deutlich? Welchen Titel könnte man dem Bild geben? Vergleich des Bildes mit den nebenstehenden Gedichten.

⇨ *Weiterarbeit:*
Eine Geschichte oder einen Traum zum Bild *Melancholia* von Emil Schumacher schreiben oder eigene Schwarz-Gelb-Bilder malen.

⇨ Bildbetrachtung: *Thomas Zacharias, Er weidet mich auf einer großen Aue, 1990* (SB, S. 115)
Bildbetrachtung (ohne Überschrift; zunächst nur der untere Teil); anthropologische Grunderfahrungen wie Angst, Verwirrung, Leid sowie Vertrauen und Geborgenheit benennen und Bezüge zu eigenen Erfahrungen herstellen.

⇨ *Wenn wir Angst haben* (SB, S. 118f.)
Andere Ausdrücke und Redewendungen finden für „Angst haben"; den Satz „Angst haben ist wie ..." weiterführen; Ängste in verschiedenen Lebensaltern: Sätze vervollständigen „Kinder haben Angst vor ...", „Erwachsene haben Angst vor ...".

Kinder haben Angst vor ...	Erwachsene haben Angst vor ...
... Dunkelheit	
... Schatten	
... dem „schwarzen Mann"	
... dem Alleinsein	
... Verlust eines Menschen	... Verlust eines Kindes
... Verlust eines Haustieres	
... Tod	... Tod
... größeren Kindern	
... Unterdrückung	
... Gewalt	... Einbrechern
... Krieg	... Krieg
... Feuer	... Weltuntergang
... der Schule	... Arbeitslosigkeit
... Lehrern und Lehrerinnen	... Armut
... schlechten Zensuren	... Umweltkatastrophen
... Tieren (z.B. Spinnen)	.. Tieren (z.B. Spinnen)

- Manche Ängste können alle Menschen haben, unabhängig vom Alter.
- Manche Ängste vergehen, wenn man älter und erwachsen wird.
- Manche Ängste tauchen erst im Erwachsenenalter auf (z.B. Angst vor Arbeitslosigkeit).
- Jeder hat andere Ängste.

⇨ Einen Körper auf Packpapier (Wandzeitung) oder Arbeitsblatt aufmalen: Was kann alles im Körper passieren, wenn wir Angst haben? (📖 Hans-Jürgen und Antje Friese, Manchmal habe ich solche Angst, Mama, Herder, Freiburg i. Breisgau 1997, S. 23); Symptome der Angst benennen, evtl. Situationen zuordnen; erkennen, dass Angst sich bei jedem anders äußern kann; Nutzen und positive Aspekte von Angst diskutieren (z.B. Schutzfunktion, Aktivierung von Energien, um in Gefahrensituationen schnell reagieren zu können); Beispiele finden für Ängste, auf die wir hören sollten; evtl. Mutproben thematisieren.

⇨ *Weitere Ideen:*
- Angstcollage aus Zeitschriften und Illustrierten
- Zeichentrickfilm: *Juli und das Monster im Klo* (8 min.), s. 5. Materialien u. Medien
- Angstgesichter malen.

B. Angst und Vertrauen in ausgewählten Psalmen

a) Worte der Angst und der Verzweiflung

⇨ *Psalmworte der Klage* (SB, S. 120)
Die Sch. erhalten die ausgewählten Verse aus Klagepsalmen zunächst handschriftlich auf Karten (mind. DIN A4). Die Karten werden gelesen. Spontanassoziationen sind erwünscht. Vielleicht wird an dieser Stelle schon genannt, dass es sich um bildhafte Aussagen über Angst und Verzweiflung handelt.
Die Sch. suchen sich einen Vers aus, mit dem sie sich näher beschäftigen möchten.
In Partner-, Einzel- oder Kleingruppenarbeit schreiben sie zunächst ihre Gedanken auf die Verskarte (Rückseite). *Möglichkeiten* der Weiterarbeit: a) ein Bild zum Psalmwort malen, b) eine Bildergeschichte mit Sprechblasen gestalten, c) eine Pantomime oder ein Standbild gestalten und vorspielen.
Unterschiedliche Möglichkeiten sind vor allem auch deswegen sinnvoll, weil manche Kinder Scheu zeigen, wenn sie etwas vorspielen sollen. Beim Gestalten und Erzählen der Psalmworte können die Sch. erkennen, dass die Sprache der Psalmen eine symbolische ist.
Evtl. eigene, ähnliche Erfahrungen benennen.

⇨ Bildbetrachtung: *Thomas Zacharias, Petrus im Gefängnis, 1965* (SB, S. 120)
Stilles Betrachten des Farbholzschnittes; Gefühle der Angst und Verzweiflung benennen; darüber nachdenken, welche Psalmworte zum Holzschnitt passen könnten; eigene Ängste benennen und evtl. malen.

b) Worte gegen die Angst – Worte des Vertrauens

⇨ Bildbetrachtung: *Käthe Kollwitz, Das kranke Kind, 1900* (SB, S. 121)
Den Worten des Vertrauens können sich die Sch. nähern durch die Betrachtung der Kohlezeichnung *Kopf eines Kindes* von Käthe Kollwitz. Dieses Bild zeigt ein trauriges, leidendes Kind, dessen Kopf von den helfenden, tröstenden Händen einer anderen Person (Mutter/Vater) zart berührt wird. Die in der Zeichnung zum Ausdruck gebrachten Erfahrungen können die Sch. unmittelbar nachvollziehen.

⇨ *Psalmworte des Vertrauens* (SB, S. 121)
Auch hierzu soll der Zugang emotional-kreativ geschehen. Die Psalmworte sollen wieder auf Karten geschrieben werden. Die Sch. suchen sich einen Satz, der sie besonders anspricht, heraus und schreiben ihre Assoziationen auf die Rückseite der Psalmkarte. Danach können sie eine Situation oder Geschichte malen oder schreiben, die zu dem Psalmwort passt.
Im Folgenden sollen die Sch. gemeinsam überlegen, welches Psalmwort die Zeichnung von Käthe Kollwitz am besten beschreibt.
Möglicherweise werden die Sch. schwer nachvollziehen können, dass das „du" in den Psalmworten Gott meint. Ein Weiterführen des Satzes „Gott ist für mich wie ..." kann ihnen helfen, sich über die eigenen Vorstel-

lungen von Gott klarer zu werden. Verschiedene Gottesbilder in der Lerngruppe vergleichen. Ein Leporello zum Gottesbild der Psalmen erstellen (📖 Holger Klischka, Bilder von Gott – Erfahrungen und Hoffnungen von Menschen, in: Rudolf Tammeus [Hg.], Religionsunterricht praktisch. 7. Schuljahr, Vandenhoeck & Ruprecht, Göttingen 1997, S. 187).

c) Angst und Vertrauen

⇨ *Psalm 22* (SB, S. 122)
Gemeinsames Lesen des Psalms (evtl. mit verschiedenen Sprechern); Worte der Angst und Verzweiflung, Worte der Hoffnung und des Vertrauens, Bitten um Hilfe und Rettung in verschiedenen Farben herausschreiben oder unterstreichen bzw. markieren lassen (Arbeitsblatt / OHP-Folie).
Einen *Psalmweg* erstellen (Wandzeitung + Bilder in DIN A4 / Wachsmalkreiden):
Die Sch. suchen sich eine Passage des Psalms aus, die sie bildnerisch gestalten (in Einzel- oder Partnerarbeit). Der „Psalmweg“ wird gemeinsam zusammengestellt und ausgewertet.
Dabei können die Sch. erkennen, dass der Beter schwankt zwischen Angst und Verzweiflung einerseits und Hoffnung auf Rettung andererseits, dass er sich an frühere Lebenserfahrungen erinnert und daraus Hoffnung schöpfen kann, dass er bei aller Klage doch auf Rettung hofft.

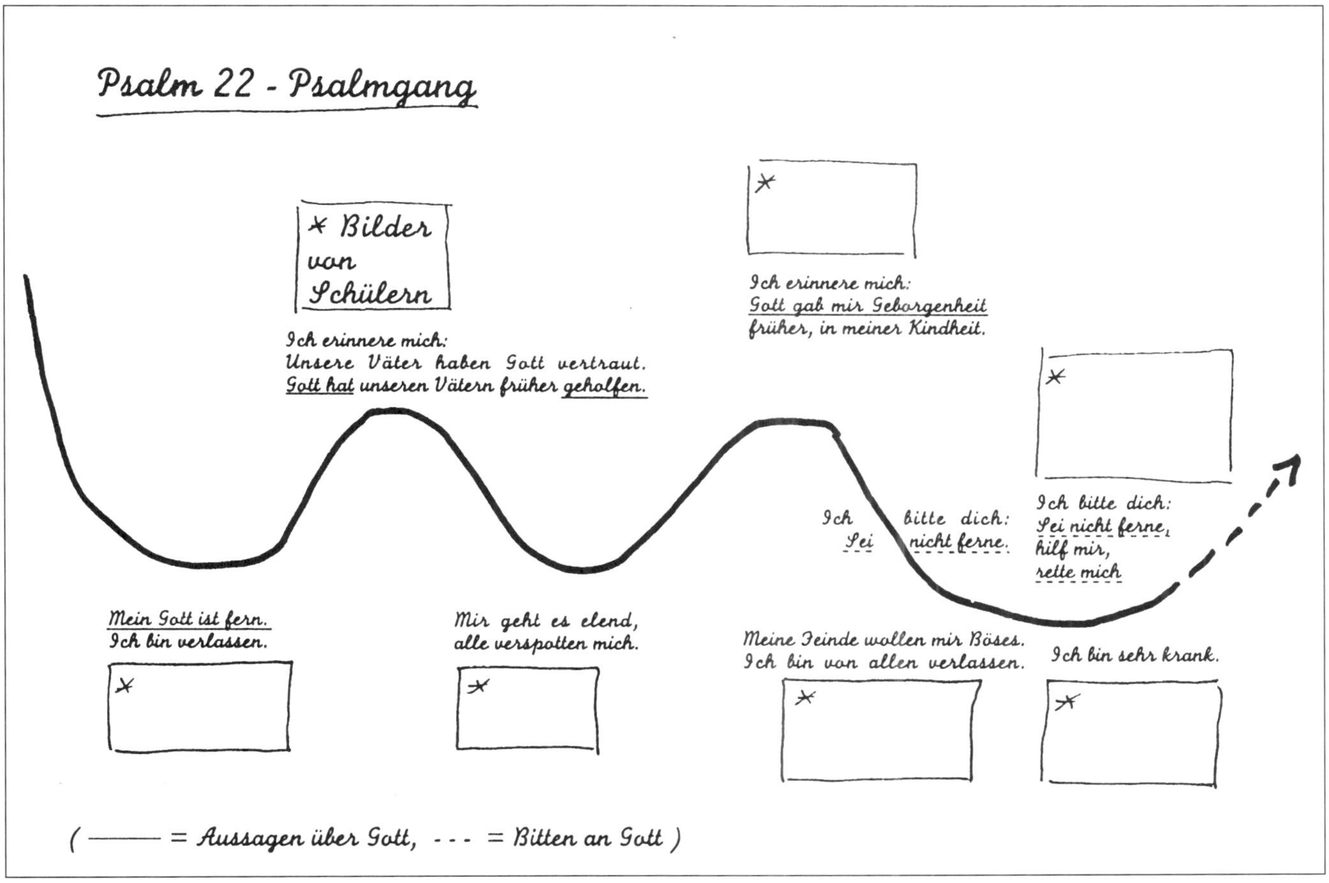

Man könnte farblich hervorheben, welche Aussagen über den Beter und Gott gemacht werden, und thematisieren, welche Hoffnungen und Wünsche der Beter mit seinem Gebet verbindet.

Evtl. über eigene Gebete sprechen oder eigene Gebete formulieren; den Satz „Beten heißt für mich ...“ weiterführen; die Definition von Beten nach Josef Frisch und Rüdiger Pfeffer erläutern: „*Beten heißt* – tief hinein wollen,

ganz tief hinein, hinein in mich. *Beten heißt* – hoch hinaus wollen, ganz hoch, hoch zu Gott" (SB, S. 124); Psalm 22 mit dem modernen Gebet *Zombies in der Nacht* (SB, S. 124) vergleichen; Lied *Ich lobe meinen Gott* (SB, S. 125) begleitend zum Psalm singen.
Alternative zum „Psalmweg": Ps 22 mit orffschen und/oder eigenen Instrumenten verklanglichen.

⇨ Bildbetrachtung: *Thomas Zacharias, Die Himmelsleiter, 1989* (SB, S. 123)
Die Radierung lässt sich auch im Kontext von Psalm 22 oder 23 einsetzen.
Radierung still betrachten; Bildinhalt beschreiben; Gefühle des Menschen „im finsteren Tal" verbalisieren; die Leiter als Symbol der Rettung und Hoffnung in verzweifelter Situation deuten; evtl. Bezüge zu eigenen Erfahrungen herstellen; der Radierung eine Überschrift geben; zwei oder drei zur Radierung passende Psalmworte benennen und die Auswahl begründen.

⇨ Ideen zu *Psalm 23* (SB, S. 126)
Masken bauen zum Thema „finsteres Tal/ Angst" und „grüne Aue/Vertrauen-Geborgenheit" (s. auch *Ideen-Ecke,* SB, S. 129); Gipsmasken oder einfache Stabmasken: Zwei Gesichter ausschneiden und gegeneinander kleben, unten einen Stab einstecken und einkleben; eine Seite als Angstgesicht, die andere als Vertrauensgesicht gestalten; evtl. damit Geschichten spielen.
Folgende Sätze weiterführen: „Frisches Wasser ist für mich wie ...", „Eine grüne Wiese ist für mich wie ...".
Die in Psalm 23 genannten Symbole und ihre übertragene Bedeutung benennen.
Den Psalm in heutige Sprache umschreiben.
Aus aktuellen Tageszeitungen Beispiele finden für das „finstere Tal" in unserer Zeit; ein Bild bzw. eine Collage gestalten; Möglichkeiten aufzeigen, wie man aus dem „finsteren Tal" herauskommen kann.
Das „finstere Tal" malen; Brücken einbauen.
Bilder vom guten Hirten betrachten; Bezug zu Jesus von Nazareth aufzeigen.
Eine Stellenausschreibung gestalten (Guter Hirte gesucht ...); Fähigkeiten und Qualitäten eines guten Hirten benennen und auf Gott beziehen.
Bildbetrachtung: Thomas Zacharias, *Er weidet mich auf einer großen Aue* (SB, S. 115): anthropologische Grunderfahrungen Angst und Geborgenheit/Vertrauen erarbeiten und auf eigene Erfahrungen beziehen.
Zu Ps 23 malen: Wasserfarben oder Wachsmalkreiden; eine Reduzierung auf wenige Farben und/oder ein besonderes Papier (z.B. Ton- oder Packpapier) verhindert allzu „naive" Malereien; dazu: Musik hören: z.B. Heinrich Schütz, Geistliches Konzert, Der Herr ist mein Hirte oder eigene Musik, die gut zum Text passt (Instrumentalmusik).
Verklanglichen von Ps 23 mit orffschen Instrumenten, evtl. auch mit eigenen und/oder mit selbst gebauten Rhythmusinstrumenten (Anleitung zum Bau von Rhythmusinstrumenten, s. 5. Materialien u. Medien).
Ps 23 feiern, evtl. verbunden mit einem gemeinsamen Frühstück; Zeitdauer: mindestens eine Doppelstunde.

Möglicher Ablauf:
- Lied: „Lasst uns miteinander", in: EG (Niedersachsen), Nr. 563, Kanon für 4 Stimmen
- Ps 23 lesen
- eigene Bearbeitungen des Psalmes vorlesen, vorspielen, vorstellen und/oder
- Stichwortassoziation: „Finsteres Tal ist für mich wie ...", „Grüne Wiese ist für mich wie ..." (Rundgespräch)
- Lied: „Ich lobe meinen Gott" (SB, S. 125)
- Ps 23, V.5f. vorlesen und Dinge nennen, für die wir heute dankbar sein können
- evtl. Frühstück
- evtl. Gebet:

Mein Weg, nicht deiner

Ich muss meinen Weg gehen,
nicht deinen
und nicht den von irgendeinem.
Ich muss meinen Weg gehen,
mit meinem Ziel,
auf das hin, was ich anstrebe.
Ich muss meinen Weg gehen,
mit meiner Kraft
und mit meiner Schwachheit.
Ich muss meinen Weg gehen,
mit meinen Höhen und Tiefen,

mit dem, was gelingt und was nicht.
Ich muss meinen Weg gehen,
mit Irrwegen und Umwegen,
muss umkehren zu mir selbst.
Gott,
sei mir nahe auf meinem Weg,
begleite mich mit deinem Schutz.
Gott, gib mir Kraft für meinen Weg,
führe mich zu gutem Ziel.
Gott,
lass mich frei entscheiden,
wie mein Weg verläuft.
Gott,
sei mir ein guter Weggefährte.

(🕮 *aus: Hermann-Joseph Frisch, Rüdiger Pfeffer, Hoch hinaus, Gebete für Jugendliche, Patmos, Düsseldorf 1988, S. 12f.)*

- Mandalas malen und sich gegenseitig schenken.
- Abschluss-Lied: *Das wünsch ich sehr* (s. *Ideen-Ecke*, SB, S. 129) und/oder (nach dem Aufräumen) ein *Vertrauensspiel* spielen (ebd.).

C. Was tun gegen die Angst? – Schritte zu Mut und Vertrauen

⇨ Text: *Paul Maar, Die verschlossene Tür* (SB, S. 127f.)
Geschichte vorlesen bis „Er schüttelte den Kopf"; Gründe für die Alpträume benennen; Vermutungen zum Ende der Geschichte äußern bzw. Geschichte zu Ende schreiben; Ende vorlesen und die Frage erörtern, warum der Großvater darauf besteht, dass sein Enkelkind die Tür selbst öffnet.
Möglichkeiten des aktiven und passiven Umgangs mit Angst an der Tafel sammeln; die verschiedenen Möglichkeiten in kindgerechter Sprache benennen, evtl. sichern.

<u>Durch die Angst durchgehen:</u>

Reden/Helfer suchen
Kleine Schritte tun
Angst abtrainieren
Der Angst ins Gesicht sehen
Spiele gegen die Angst

<u>Strategien der Angstbewältigung:</u>

<u>Verbalisieren der Angst</u>
Desensibilisierung
Kognitive Ansätze (Die Angst „verlernen")
Konfrontation mit Angstsituationen/Selbstverbalisationstechniken
Selbstsicherheitstraining

(theoret. Hintergrund für L.)

Vertiefung (Arbeitsblatt **ZM** 1).

⇨ Bildbetrachtung: *René Magritte, Le modèle rouge, 1935* (SB, S. 127) (im Anschluss an die Geschichte von Paul Maar)
Offener Impuls: „Ein ungewöhnliches Bild ...!?"; Formelemente und Farben des Bildes benennen; Schwerpunkt der Bearbeitung: Was löst das Bild in mir aus? Welche Gefühle habe ich beim Betrachten des Bildes? Möchte ich in diese Schuhe hineinschlüpfen? Wie müssten Schuhe aussehen, mit denen ich einen weiten Weg gehen möchte? Bezüge zur Geschichte herstellen (Bretterzaun als Hindernis; Bild ist wie eine Sequenz aus einem Alptraum).

⇨ *Angstbewältigungstechniken* an Fallbeispielen durchspielen (Arbeitsblatt **ZM** 2); evtl. aktuelle Fallbeispiele der Lerngruppe aufnehmen.

⇨ *Vertrauensspiele* (s. *Ideen-Ecke*, SB, S. 129)
Alternative: Spiel *Tierische Angst*
An verschiedenen Tieren (z.B. Schaf, Fisch, Elefant, Krebs, Löwe u.a.) und an ihren typischen Verhaltensweisen werden verschiedene Umgangsweisen mit Angst (z.B. Schutz in der Familie suchen, stilles Abwarten, sich ein dickes Fell zulegen, sich zurückziehen, Angst hinter Drohungen und lautem Brüllen verbergen) aufgezeigt.
Die Sch. können die Tiere im Rollenspiel oder in einer Pantomime nachspielen und sich anhand eines Beispiels (etwa Angst vor größeren Sch. auf dem Pausenhof) überlegen, welches Verhalten bzw. welches Tier sie in dieser Angstsituation sein wollen.
(🕮 Spielidee aus: Hans-Jürgen u. Antje Friese, Manchmal habe ich solche Angst, Mama, Herder, Freiburg 1997, S. 32–49)

Schwungtuch: Eine/ein Sch. legt sich in ein großes, rundes Tuch, das die anderen Sch. halten bzw. schwingen (Sportkollegen fragen).

Weitere Möglichkeiten, das Selbstvertrauen bzw. Zutrauen in eigene Fähigkeiten der Sch. zu stärken: Aktivitäten im Bereich *Erlebnis-/Freizeitpädagogik* (z.B. Klettern an Kletterwänden, Floß bauen, Abenteuerwanderung etc.).

5. Materialien und Medien

Handlungsorientierter Hinweis:

- Rolf Wertz, Das Letzte. Zu Psalm 150, in: Gottfried Bitter / Norbert Mette (Hg.), Leben mit Psalmen. Entdeckungen und Vermittlungen, Kösel, München 1984[2], S. 232–236 (Anleitung zum Bau von Rhythmusinstrumenten).

Film:

- Irene Wellershoff / Felix Schummer, Juli und das Monster im Klo, Zeichentrickvideo (zur ZDF-Serie „Siebenstein"), 8 min.; Deutschland 1994.

Vorlesegeschichten:

- Dietrich Steinwede (Hg.), Neues Vorlesebuch Religion 1 u. 2. Geschichten für Kinder von 6–14, Kaufmann, Lahr 1996 u. 1998[2] (verschiedene Geschichten zu gelungenem und misslungenem Umgang mit Angst, zu Stärkung des Selbstbewusstseins, zu Schulängsten).
- Linde von der Keyserlingk, Geschichten gegen die Angst. Reihe: Geschichten für die Kinderseele, Herder, Freiburg 1999 (Geschichten zu den unterschiedlichsten Ängsten).

Fächerübergreifender Unterricht (z.B. Deutsch-Religion):

- Brigitte Blobel, Du hast aber Mut, Arena Taschenbuch, Würzburg 1998
(Kinder-/Jugendbuch zum Thema Angst vor schlechten Noten und Angst vor Gewalt in der Schule; Informationen über: Arena Verlag, Würzburg, Telefon 0931/79644-0).

Umgang mit unserer Angst

Wir haben verschiedene Möglichkeiten mit unseren Ängsten umzugehen. Wir können passiv auf sie reagieren, indem wir sie vermeiden, verbergen, ihnen ausweichen, sie umgehen, verdrängen oder einfach abwarten. Wir können aber auch aktiv etwas gegen die Angst tun, „durch die Angst durchgehen".

1. Vor manchen Dingen hat man keine Angst mehr, wenn man Hilfe hat oder nicht allein ist.
2. Manchmal hilft es auch, mit einem Freund oder mit deinen Eltern über Angst zu reden. Vielleicht wissen sie eine Lösung. Viele Ängste werden aber auch schon deshalb kleiner, weil man darüber redet.
3. Manchmal kann man seine Angst auch in kleinen Schritten überlisten.
4. Angst kann man sich abtrainieren. Je öfter du etwas tust, vor dem du eigentlich Angst hast, desto leichter wird es beim nächsten Mal. Bestimmt.
5. Manche Ängste wachsen sich aus, ganz von alleine: Wovor du heute ganz schreckliche Angst hast, darüber lachst du bei deinem nächsten Geburtstag vielleicht schon.
6. Es wird aber immer Ängste geben, gegen die du nicht so leicht ankommst. Das ist bei jedem Menschen so, auch bei den ganz coolen und starken. Eigentlich ganz beruhigend, oder?

(aus: Kirsten Boie, Kirsten Boie erzählt vom Angsthaben, Oetinger, Hamburg 1992, S. 56–59)

„Durch die Angst durchgehen"

Beispielgeschichten:

Niko hat Probleme in der Schule. Die schlechten Noten mag er zu Haus nicht erzählen. Die letzte Mathearbeit trägt er schon vier Tage im Rucksack mit sich herum.

Chris steigt aus dem Schulbus. Wieder stehen die Großen aus der 8. Klasse in der Stichstraße, die zur Schule führt. Erst gestern hatten die Jugendlichen Chris angerempelt und beschimpft. Chris geht nicht durch die Stichstraße, sondern um die Schule herum zum Nebeneingang.

Marlena ist sehr traurig. Ihre Großmutter ist gestorben. Sie weint viel und möchte am liebsten allein sein und sich verkriechen. Schon gar nicht möchte sie mit auf den Friedhof zur Beerdigung.

- Entscheide dich für eine Geschichte, mit der du dich näher auseinander setzen möchtest!
- Überlege, wovor genau das Kind Angst hat und wie die Angst bewältigt werden könnte!
- Male dazu eine Bildergeschichte mit Sprechblasen oder formuliere einen Dialog mit einem/r Freund/in!

Andere sind anders

1. Theologische und didaktische Aspekte

Das Kapitel „Andere sind anders“ stellt eine erfahrungsbezogene Einheit vor. „Erfahrung erscheint irgendwo zwischen (sinnlicher) Wahrnehmung und (theoretischer) Vorstellung. ... Erfahrung liegt aber auch ... irgendwo zwischen einmaligem Erlebnis und vielfach – bis zur Gewissheit – bestätigter Wahrnehmung, die dann Einsicht oder Wissen heißt“ (Hartmut von Hentig, in: Schule als Erfahrungsraum, 1977). Anknüpfend an die Erfahrungen der Sch. sollen die hier vorgestellten Materialien „Wegbereiter für neue Erfahrungen mit der Erfahrung sein“ (Peter Biehl). Damit die Fremderfahrungen der Sch. in Texte zur Reflexion über die eigenen Erfahrungen führen und ein sinnlich-emotionaler Kontakt zu Bildern erfolgen kann, stehen handlungs- und produktionsorientierte Unterrichtsmethoden im Mittelpunkt. Diese Verfahren fördern Empathie und Sensibilität. Die Erfahrungen der Sch. und deren Reflexion sollen mit biblischen Erfahrungen korrelieren. Die anthropologische und die biblisch-religiöse Dimension müssen miteinander verknüpft werden (Achtung: keine Appendix-Theologie!).

Wahrzunehmen, dass man sich selbst von anderen bzw. ein anderer sich von einem selbst unterscheidet, bedeutet, sowohl die eigene Person als auch das Gegenüber im Blick zu haben. Nur wenn ich meine eigenen Fähigkeiten, meine Wünsche und mein Tun kenne, kann ich das Gegenüber als „anders“ wahrnehmen.

Um das, was einen umgibt, auch zu verstehen, entwickelt der Mensch als Ordnungsstrukturen „Stereotypen“ – das sind Charakterisierungen einer Gruppe durch allgemeine Merkmale bei Vernachlässigung individueller Differenzen – und „Vorurteile“[1] – das sind vorgefasste Meinungen oder Einstellungen gegen oder für eine Person oder einen Gegenstand, die beim Systematisieren helfen – (s. *Der Axtdieb*, SB, S. 132). Erkenntnistheoretisch sind Verallgemeinerungen notwendig, da nicht jeder einzelne Fall in seiner Einzigkeit und Einzigartigkeit erfasst werden kann. Solange neue Ereignisse nicht in Kategorien eingeordnet werden können, wirken sie beunruhigend und machen Angst. „Die normale Schematisierung ist jedoch gegen diejenige des Vorurteils dahingehend abzugrenzen, dass sie flexibel und modifizierbar ist“ (Josef Rattner, S. 38).

[1] Das Wort „Vorurteil“ ist eine Lehnübersetzung aus dem Lateinischen. Im Rahmen der Gerichtssprache bedeutete es ursprünglich eine dem Endurteil vorausgehende vorläufige Äußerung über den Stand des Prozesses. Ebenso sprach man von Vorurteil, wenn ein Urteil von einem höheren Gericht noch überprüft werden musste.

Die Ursachen für die Entstehung von Vorurteilen sind vielfältig:

- Vorurteile werden durch Erziehung und Tradition übernommen.
- Nährboden für Vorurteile sind Ängste: z.B. die Angst vor Mitmenschen, die Angst vor dem Fremden und Neuartigen. Daraus kann sich eine Abwehrhaltung in Form aggressiven Verhaltens entwickeln.
- Der Prozess der Gruppenzugehörigkeit ist mit der Ausbildung eines „Wir-Gefühls" einer Ingroup verbunden, die sich in Abhebung zu „Anderen", zu einer oder mehreren Outgroups konstituiert. Die Kennzeichnung der eigenen Gruppe und der „Anderen" mit bestimmten Merkmalen als Einheit basiert auf Vorurteilen.

Allgemein führen Vorurteile immer zu einer selektiven Wahrnehmung der Wirklichkeit.

Der Abbau von Vorurteilen kann durch gegenseitiges Kennenlernen erfolgen (*Gebet eines Sioux-Indianers*, SB, S. 132). Besonders in Situationen, die eine gemeinsame Bewältigung bzw. Zusammenarbeit notwendig machen, lassen Spannungen nach. Utilitär begründete Vorurteile dagegen ändern sich nur, wenn sie nicht mehr zu einer Befriedigung der eigenen Bedürfnisse beitragen.

Eine mögliche Folge von Stereotypen und Vorurteilen ist die Ausgrenzung bestimmter Personen. „Im landläufigen Sprachgebrauch wird der Begriff ‚Außenseiter' in einem psychologisch-soziologischen Verständnis verwendet: Menschen, die in einer Gruppe oder in der Gesellschaft überhaupt durch abweichendes Verhalten als auffällig gelten. Sie verletzen die als normal und als verbindlich geltenden Normen bewusst oder unbewusst aufgrund eigener Entscheidung, fremder Einwirkung oder objektiver Zwänge. Durch die Normverletzungen enttäuschen sie die Verhaltenserwartungen der anderen" (Theodor Karst, S. 4). Inwiefern Sch. freiwillig selbstbestimmte Außenseiter oder unfreiwillig fremdbestimmte Außenseiter sind, ist nicht immer eindeutig zu entscheiden (*Bitterschokolade*, SB, S. 141). Die Angst vor dem Ausgeschlossenwerden löst Aggressionen aus (ZM 1; *Ich hätte Nein sagen können*, SB, S. 134). Diese können ihrerseits wieder Gewalt provozieren. Zugleich kann der Ausschluss aus und die Missachtung durch die Gruppe ein Gefühl der Ohnmacht, der Bedeutungslosigkeit und Sprachlosigkeit hervorrufen. Die Sehnsucht, akzeptiert und angenommen zu werden, wird dann besonders deutlich (*Zweisam – Einsam*, SB, S. 131). Das Gefühl dagegen, einer Gruppe anzugehören, macht stark; doch können die Starken schuldig werden, wenn ihr Verhalten nicht von Offenheit, Toleranz und Mitgefühl dem vermeintlich „Schwachen" gegenüber geprägt ist. Die Verantwortung für das eigene Verhalten muss jeder selbst übernehmen und kann nicht an die Gruppe abgegeben werden. Ein Gefühl der Zerrissenheit kann sich einstellen: Dazugehören zu wollen, obwohl man das Verhalten der Gruppe nicht billigt (*Ich hätte Nein sagen können*, SB, S. 134).

In Klassen, in denen die Fähigkeit, sich in andere hineinzuversetzen, bereits gut ausgebildet ist, sollten Sch. durch Übungen unterscheiden lernen zwischen Selbst- und Fremdwahrnehmung, da eine negative Selbstwahrnehmung zur ungewollten, aber selbst verschuldeten Ausgrenzung führen kann (*Bitterschokolade*, SB, S. 141).

Die Materialien zeigen die verschiedenen Facetten des Ausgegrenztseins und -werdens auf. Durch den Wechsel der Perspektive, das Einfühlen und Erleben des Andersseins und Ausgegrenztseins sollen die Sch. ihre eigenen Sicht- und Verhaltensweisen wahrnehmen, thematisieren und eventuell verändern. Die Materialien sprechen die Sch. und das Problem direkt an und verharmlosen das Problem nicht. Deshalb muss vom L. sensibel eingeschätzt werden, inwiefern die Texte Betroffene verletzen könnten (z.B. dicke Schüler).

In der biblischen Anthropologie spielen das Anderssein, das Ausgegrenztsein und das Angenommensein eine zentrale Rolle. Der Mensch ist von Anfang an Geschöpf Gottes, zwar versagendes Geschöpf, das aber leben soll, das angenommen ist (vgl. Gen 9,11ff.). Zugleich ist der Mensch auf die menschliche Gemeinschaft angewiesen. Doch immer wieder wird im AT Israel an einen gottgemäßen Umgang mit den Anderen, den Fremden erinnert. Dabei wird es auf die Befreiung der Israeliten aus Ägypten verwiesen (vgl. Lev 19,33f.). Bereits in der *Geschichte von Kain und Abel* zeigt sich die Gewalt, der Neid gegen den, der anders ist.

Besonders im NT erzählt Jesus immer wieder von der Vergebung und Annahme des sich verfehlenden Menschen durch Gott. Immer wieder durchbricht Jesus selbst die Fronten und Vorurteile seiner Zeit und fordert – häufig in Gleichniserzählungen – ein entsprechendes Handeln von den Menschen (z.B. Lk 10,25–37: *Barmherziger Samariter*). Im eigenen Handeln gegenüber dem anderen zeigt sich das Handeln gegen Gott (Mt 25,40: „Was ihr getan habt einem von diesen meinen geringsten Brüdern, das habt ihr mir getan."). Doch auch Jesus, der sich geradezu übermenschlich vorbildlich verhält, ist nicht ganz frei von den religiösen Vorurteilen seiner Zeit gegenüber Fremden (hier: Nicht-Juden, Mt 15,21–28: *Die kanaanäische Frau*). Die Geschichte zeigt aber auch, wie in der Auseinandersetzung, im gegenseitigen Kennenlernen Respekt und Verständnis entstehen, die Vorurteile überwinden helfen.

Die Erzählung vom Zöllner *Zachäus* (SB, S. 139) zeigt Zachäus, dem die Menschen mit Vorurteilen begegnen, den sie ausgrenzen. Zugleich grenzt Zachäus sich selbst aus, da er mehr Steuern von den Menschen verlangt, als er muss. Facettenreich wird das Ausgeschlossensein und die damit verbundene Einsamkeit des Zachäus in der Kinderbibel beschrieben. Jesus erweist sich als Heilbringer, als Retter der Verschuldeten und Verlorenen. Annahme geschieht bereits, bevor Zachäus etwas gut gemacht hat. Erst die Zuwendung Jesu ermöglicht es Zachäus, ehrlich zu sich selbst zu sein, seine Verfehlung zuzugeben und sich nun seinerseits den Menschen zuzuwenden.

Das Kapitel zielt darauf, den Anderen in seiner Fremdheit zu akzeptieren, wenn möglich anzunehmen und sein Anderssein als eine Bereicherung und Ergänzung zur eigenen Person zu sehen. Für die Sch. muss deutlich werden, dass eine Klasse die unterschiedlichen Fähigkeiten ihrer Sch. braucht und dass jeder etwas für eine gute Klasse, eine gute Klassengemeinschaft beitragen kann.

2. Intentionen

Die Sch. sollen

- sensibilisiert werden für Vorurteile und deren Folgen
- sich eigener Sicht- und Verhaltensweisen gegenüber Außenseitern bewusst werden
- Bereitschaft entwickeln, dem anderen in seiner Fremdheit offen gegenüberzutreten
- lernen, die Folgen ihres Handelns zu bedenken und Verantwortung für ihr Verhalten zu übernehmen
- im Annehmen und Angenommenwerden eine Möglichkeit des Umgangs miteinander kennen lernen, die Ängste nimmt, Kraft und Hoffnung schenkt und Vertrauen fördert.

3. Literatur zur Vorbereitung

- W. Arnold/H. J. Eysenck/R. Meili, Lexikon der Psychologie (Bd. 1–3), Herder, Freiburg 1988[6].
- Tahar Ben Jelloun, Papa, was ist ein Fremder?, Gespräch mit meiner Tochter, Rowohlt, Berlin 1999.
- Theodor Karst, Außenseiter-Geschichten. Für die Sekundarstufe. Arbeitstexte für den Unterricht, Reclam, Stuttgart 1994.
- Hans-Bernd Kaufmann, Der Mensch im Bann des Vorurteils. Eine anthropologisch-theologische Untersuchung, R. Brockhaus Verlag, Wuppertal 1965.
- Josef Rattner, Psychologie des Vorurteils. Eine tiefenpsychologische Untersuchung über das voreingenommene Denken und die autoritäre Persönlichkeit. Angewandte Psychologie, Classen Verlag, Zürich/Stuttgart 1971.
- Karl Heinz Rother, Gott und Mensch. Theolo-

gische Anthropologie (Bd. 1). Evangelische Religionslehre im Sekundarbereich II, Bayerischer Schulbuch-Verlag, München 1982.
- Udo Schnelle, Neutestamentliche Anthropologie. Jesus – Paulus – Johannes. Biblisch-theologische Studien, Neukirchener, Neukirchen Vluyn 1991.
- Willy Strzelewicz (Hg.), Das Vorteil als Bildungsbarriere. Elf Beiträge. Sammlung Vandenhoeck, Vandenhoeck & Ruprecht, Göttingen 1972.
- Wolfgang Wiefel, Das Evangelium nach Lukas. Theologischer Handkommentar zum neuen Testament (Bd. 3), Evangelische Verlagsanstalt, Berlin 1988.

4. Unterrichtsideen

A. Vorurteile

⇨ *Einstieg*: L. legt 5-7 Bilder mit *Porträts* verschiedener Personen aus. Die Sch. betrachten sie in Ruhe und bekommen dann die Aufgabe: Überlegt, welche dieser Personen ein Verbrecher oder ein Dieb sein könnte! Die Sch. benennen den Schuldigen und begründen ihre Entscheidung. Die Information von L., dass es sich bei keiner der Personen um einen Straftäter handele, ruft in der Regel Erstaunen hervor.

Ein Unterrichtsgespräch unter folgenden Gesichtspunkten schließt sich an:
- Wieso behaupten Menschen etwas von einer anderen Person, das nicht zutrifft?
- Wie entstehen Vorurteile? (Ursachen)
- Überlege, welche Folgen sich aus Vorurteilen ergeben? (kurze Beispielgeschichten können hier hilfreich sein)

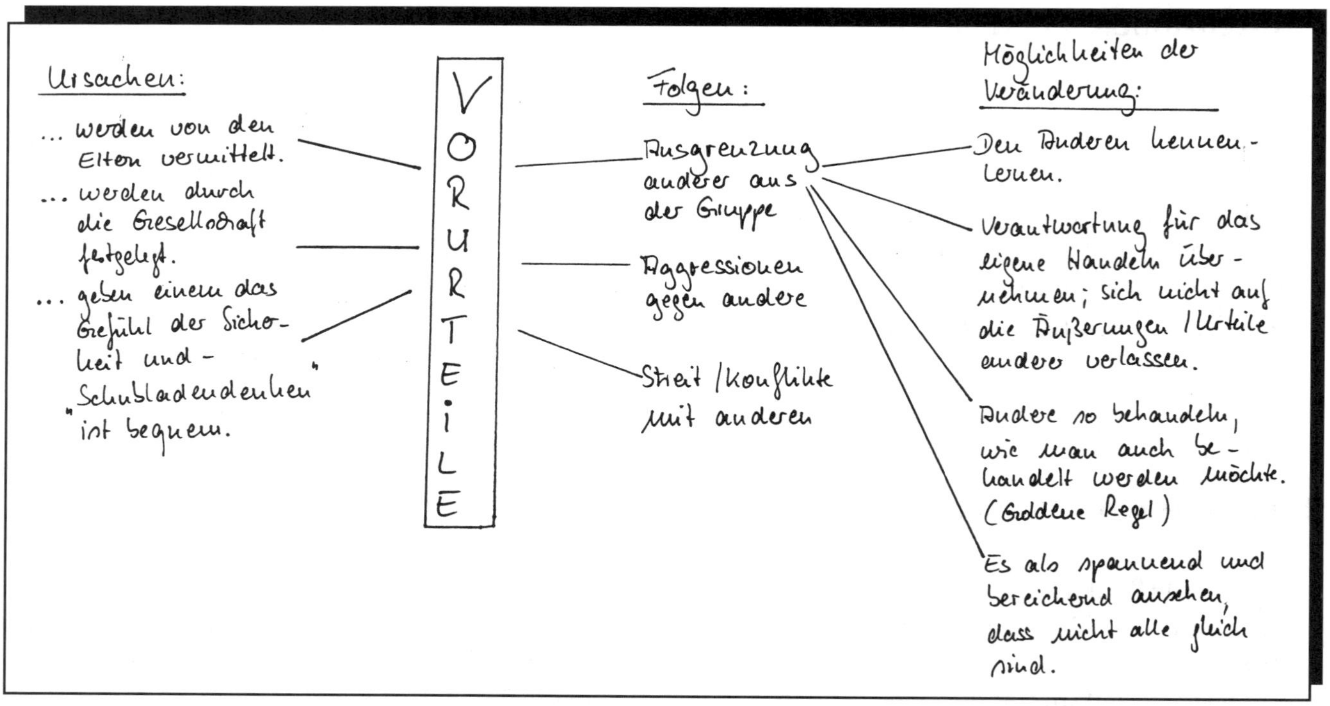

Das Tafelbild – besonders die Spalten „Folgen" und „Möglichkeiten der Veränderung" – sollte im Laufe der Einheit vervollständigt werden.

⇨ Text: *Der Axtdieb* (SB, S. 132)
Er kann alternativ oder ergänzend besprochen werden. L. liest ihn bis zu der Stelle „sah nach einem Axtdieb aus" vor.
Die Sch. setzen sich durch produktives

Schreiben mit dem Gedanken des Vorurteils auseinander:

a) Schreibe die Geschichte weiter!
b) Schreibe ein Gespräch, in dem der Mann seinem Freund den Verdacht mitteilt!

Die Ergebnisse werden ausgetauscht, anschließend wird das Ende der Originalgeschichte als weitere Alternative vorgelesen. Das Gespräch kann entsprechend wie oben beschrieben verlaufen.

Eine empathische Annäherung an die negativen Folgen eines Vorurteils ist möglich, wenn Sch. eigene Begebenheiten erzählen, in denen es ihnen wie dem Mann oder wie dem Jungen ergangen ist.

⇨ Text: *Gebet eines Sioux-Indianers* (SB, S. 132)
Er zeigt eine Möglichkeit auf, die zu einer Veränderung bzw. Aufhebung von Vorurteilen führen kann.
Je nachdem wie gut sich die Klasse bereits kennt, kann unterschiedlich vorgegangen werden:

a) Jeder Sch. sucht sich einen Mitsch. aus, den er nicht gut kennt. Er schneidet so viele Fußabdruckpaare aus braunem Tonpapier aus, wie er Fragen hat und notiert diese auf den linken Fußabdrücken. Im Gespräch gibt der Gefragte Antworten und notiert diese auf den rechten Fußabdrücken. Die Fußabdrücke werden auf einen großen Bogen Papier geklebt. Der Bogen kann angemalt werden, sodass die Fußabdrücke in einer Landschaft laufen. Diese kann abenteuerlich und aufregend sein, aber auch eben und eintönig.
b) Die Sch. überlegen sich, was die Mokassins dem Indianer erzählen könnten. Es muss den Sch. deutlich werden, dass die Schuhe die Geschichte des Fremden erzählen und dass dieser Fremde dem Indianer auf dieser Meile vertraut wird.

B. Ausgrenzen – ausgegrenzt sein

⇨ Bild: *Rotraut Susanne Berner, 1994* (SB, S. 123)
Das Mädchen im bunten Kleid scheint einsam und traurig zu sein. Ihr linker Arm hängt kraftlos nach unten, der rechte ist angewinkelt, mit der Hand berührt sie die Hand eines zweiten Mädchens, das genau ihr Spiegelbild ist, jedoch schwarz-weiß gezeichnet. Welches Mädchen ist real, welches Fiktion? Beide?
Vielleicht träumt dieses Mädchen davon, eine Freundin zu finden, die ihr sehr ähnlich ist, die sie versteht. Im Traum lernen sie sich bereits kennen. Vielleicht ist das Mädchen auch so einsam, da sie sich nur mit sich selbst beschäftigt, sich dadurch in sich und ihre Welt verschließt und nicht offen ist für andere Menschen. Vielleicht hat sich das Mädchen verändert und verabschiedet sich – traurig – von ihrem alten Ich. Warum hat sie sich verändert? Anpassung?
Nach einer einfühlenden Besprechung des Bildes

a) schreiben die Sch. eine Geschichte zu dem Bild
b) „zeichnen" sich die Sch. in das Bild hinein und schreiben ihre Geschichte
c) malen die Sch. das Bild weiter (Bei dieser Collage können die Sch. die beiden Mädchen auch auseinanderschneiden.) oder/und
d) malen sie eine Bildergeschichte (2 bis 4 Bilder) um dieses Bild.

⇨ *Vertiefung*: Die Sch. ergänzen die beiden Satzanfänge: Ausgegrenztsein ist wie ... . Ausgegrenztsein bedeutet ... .
Diese Stelle eignet sich für einige Übungen zu den Komplexen:

a) *Empathie*: Blind führen und geführt werden unter dem Aspekt: Wie gut kannst du dich in deinen blinden Partner hineinversetzen?
b) *Gefühle* erkennen und ausdrücken:
- Selbst Gefühle darstellen und raten: Jeweils zwei Sch. erhalten zusammen einen Briefumschlag mit sechs Losen, auf denen „ängstlich", „begeistert", „glücklich", „traurig", „wütend" und „überrascht" steht. Nacheinander wird gezogen, das Gefühl dargestellt und vom Partner geraten. Weitere Gefühle können ausgedacht und dargestellt werden.
- Gefühle drücken sich auch durch Intonation aus: Der Satz „Das habe ich dir bisher

überhaupt nicht zugetraut" wird unterschiedlich gelesen: überrascht, bewundernd, vorwurfsvoll, enttäuscht, wütend, unsicher, schadenfroh. Diese Idee kann ebenso als Spiel gestaltet werden wie die Idee zuvor.

c) *Ich- und Du-Botschaften*: Anhand von Beispielgeschichten werden typische Reaktionen der Sch. gesammelt und anschließend Ich-Botschaften nach dem Muster: „Ich bin ..., wenn du ..., weil ..., und ich möchte ..." geübt.
   Bsp.: Du wartest am Verkaufstand und ein Kind drängelt sich vor.
   Es können auch verschiedene Reaktionen vorgegeben (Ich- und Du-Botschaften) und nach deren Wirkung untersucht werden.

(🕮 Beispiele aus: Karin Jefferys/Ute Noack, Streiten – Vermitteln – Lösen. Das Schüler-Streit-Schlichter-Programm, AOL, Lichtenau 1999)

⇨ *Kreisspiel:* Drei Freiwillige verlassen das Klassenzimmer, ca. zehn Sch. (je nach Klassengröße) bilden einen Kreis, fassen sich an den Händen und erhalten den Auftrag, die drei Mitsch. von draußen nicht in den Kreis zu lassen und deren Bemühungen wortlos und missachtend abzuwehren. Die restlichen Sch. sind Zuschauer. Die drei Sch. werden nacheinander hereingerufen und erhalten leise den Auftrag, mit aller Anstrengung in den Kreis zu gelangen. Es bietet sich an, dass sich erst alle drei Sch. einzeln und anschließend gemeinsam bemühen, die Aufgabe zu erfüllen.
Auswertung des Spiels:
- Wie habt ihr euch gefühlt? (Sch. im Kreis und außerhalb des Kreises sowie Zuschauer)
- Was ist euch aufgefallen? (Vor allem den Zuschauern)
- Wie seid ihr vorgegangen? (Ohne Plan, mit Kraft, mit Taktik ...?)
- War es ein Unterschied, sich alleine zu bemühen, in den Kreis zu kommen, oder es gemeinsam zu versuchen?

Vertiefung und Verknüpfung mit dem Bild:
- Welche Gründe gibt es, in den Kreis zu wollen?
- Welche Gründe gibt es, den anderen nicht in den Kreis zu lassen?

(Hier sollten viele konkrete Beispiele angeführt werden: Kleidung, Sprache, Aussehen, Gruppenzwang ...)
Liegen die Besprechung des Bildes von Rotraut Susanne Berner und die Durchführung des Kreisspiels kurz hintereinander, sollte nachempfunden werden, ob das Gefühl des Alleinseins, des Ausgegrenztseins auf dem Bild mit den Erfahrungen der Sch. aus dem Spiel übereinstimmen.

⇨ Texte und Bild: *Hermann-Josef Frisch/Rüdiger Pfeffer, Zweisam – Einsam* (SB, S. 131)
Das Gebet *Zweisam* wird gelesen.
Was ist dem Kind, das diese Worte sagt, wichtig? Welchen Preis zahlt es dafür? Im Text wird ein Bild für die Gruppe verwendet. Überlege, wie das auf andere wirkt, die außerhalb der Gruppe stehen! Nenne konkrete Beispiele für die Gemeinschaft über Grenzen hinweg und für einen geweiteten Blick!
Das Gebet *Einsam* wird gelesen.
Das Kind stellt eine Frage. Schreibe ihm und versuche, ihm eine Antwort zu geben! (Bei dieser Aufgabe sollte darauf geachtet werden, dass die Ursachen auf beiden Seiten liegen können.) Beschreibe konkret, wie sich die Bitte des Kindes erfüllen kann!
In Partnerarbeit bearbeiten die Sch. das Gebet: Nach jedem Satz schreiben sie einen Kommentar: einen Ausruf (z.B. „Na und?"), eine Bemerkung („Das wünsche ich mir auch!"), eine Erklärung („Weil du die anderen immer reinlegst."). Die Gebete werden anschließend vorgetragen: Ein Sch. liest das Gebet und in den Pausen liest der Partner etwas leiser die Bemerkungen.
Die Sch. schreiben abschließend selbst ein *Zweisam- oder Einsam-Gebet*. Den Sch. sollte vorher gesagt werden, dass sie die Gebete nicht vortragen müssen. Nach einem Vierteljahr können die Gebete wieder angeschaut werden und die Sch. überlegen, was sie jetzt anders schreiben würden.

⇨ Textauszug aus dem Buch: *Annika Thor, Ich hätte Nein sagen können* (ZM 1)

Zum Inhalt des Buches:
Nora und Sabina sind seit der Kindergartenzeit die besten Freundinnen. Doch seit den Sommerferien ist Sabina mit der Klassenschönheit Fanny und deren Clique zusammen und ignoriert Nora. Doch Nora will um Sabinas Freundschaft kämpfen – mit allen Mitteln: Lippenstift und neuen Klamotten, Zwietracht säen und Mitmachen für jeden Preis. Dabei stört sie Karin, die ihr plötzlich auf die Pelle rückt. Ein zu enger Kontakt mit Karin wäre das endgültige Aus für die Freundschaft mit Sabina und deren Clique.
Um sich an Karin für einen Diebstahl, den nicht sie, sondern Nora begangen hat, zu rächen, hecken Sabina und Fanny einen gemeinen Plan aus, der Karin auf hinterhältige Weise in die Enge treibt. Nora macht mit bei der Ausführung des Plans. Erst im Nachhinein wird sich Nora dessen, was sie getan hat, bewusst, findet jedoch keine Möglichkeit mehr, mit Karin zu sprechen. Karin verlässt die Schule.

Der als ZM 1 angebotene Textauszug aus *Ich hätte Nein sagen können* nimmt den Gedanken des Ausgeschlossenwerdens auf, der im Kreisspiel (s.o.) bereits anklang. Der Text wird vorgelesen:

a) Die Sch. versetzen sich in Nora, die nach diesem schrecklichen Tag nach Hause kommt, sich in ihre Lieblingsecke kuschelt und die Eindrücke aus der Schule in ihr Tagebuch schreibt.
b) Die folgenden Gedanken von Nora (ebenfalls aus dem Buch von A. Thor) werden vorgelesen und die Sch. schreiben eine Antwort.

Wie konnte sie?
Sie hatte mich vergessen. Innerhalb von zwei Monaten hatte sie vergessen, dass wir zehn Jahre lang die besten Freundinnen gewesen waren, schon vom Kindergarten an. Sabina und ich.
Klar, sie konnte nicht ahnen, dass ich gerade an diesem Tag wieder zur Schule kommen würde. Wenn sie es gewusst hätte, hätte sie vielleicht nach mir Ausschau gehalten auf dem Schulhof. Aber als sie auf Fanny zuging, wirkte das ganz selbstverständlich, so, als ob die beiden schon eine Ewigkeit zusammen gewesen wären. Sabina und Fanny. Nicht Sabina und ich. Wie konnte sie?!

Darüber hinaus sollte auch Noras Verhalten gegenüber Karin erklärt werden.
Anfangs ist es das Gefühl der Überlegenheit gegenüber Karin verbunden mit Missachtung (vgl. Bonbonszene). Später ist es Wut aus dem Gefühl der Ohnmacht heraus. Nora hat ihre Überlegenheit verloren – sie gehört nicht mehr dazu, aber sie will auf keinen Fall zu der ausgegrenzten Karin gehören.

⇨ Text: *Annika Thor, Ich hätte Nein sagen können* (SB, S. 134/136)
Er sollte unter der Frage betrachtet werden, warum Sch. andere ausgrenzen und warum es so schwer ist, sich auf die Seite eines Sch. zu stellen, der nicht dazugehört.
Je nach Klasse wird der Text von vornherein in drei Abschnitten besprochen oder anfangs als ganzer Text präsentiert, um anschließend in drei Schritten näher beleuchtet zu werden.
Wird der Text als Ganzes präsentiert, sollten die Sch. ein *Gefühlssoziogramm* entweder für Karin oder für Nora erstellen. Ein Sch. zeichnet es auf eine OH-Folie, die dann Diskussionsgrundlage sein kann (siehe Skizze auf der nächsten Seite).
Einige Textstellen werden von den Sch. – je nach eigenen Erlebnissen – unterschiedlich bewertet werden, sodass sich hier eine vertiefende Textarbeit anbietet.
Folgende Aspekte können im Unterrichtsgespräch besprochen werden:

- Erkläre das Verhalten von Sabina und den anderen. Überlege dir ähnliche Beispiele, die du erlebt hast!
- Überlege, warum sich Karin unter der Dusche nicht wehrt!
- Erkläre Noras Verhalten in der Dusche!
- Empfinde nach, wie sich Nora fühlt, als sie alleine im Umkleideraum zurückbleibt! Berücksichtige dabei den Satz im Text: „Es zog kalt von der Tür her ... blieb alleine zurück im Umkleideraum."
- Packe Noras Rucksack! Warum ist er ihr zu schwer? (s. Skizze auf der nächsten Seite)

Sollten sich die Sch. mit der Erklärung von Noras Verhalten schwer tun, mag es sinnvoll sein, dass Nora es selbst versucht zu erklären. Der Text auf der nächsten Seite (ebenfalls aus dem Buch von A. Thor), der nach der Ausführung des heimtückischen Plans gegen Karin geschrieben wurde, kann dabei helfen. Wird dieser Text nicht eingesetzt, sollte der Titel berücksichtigt werden.

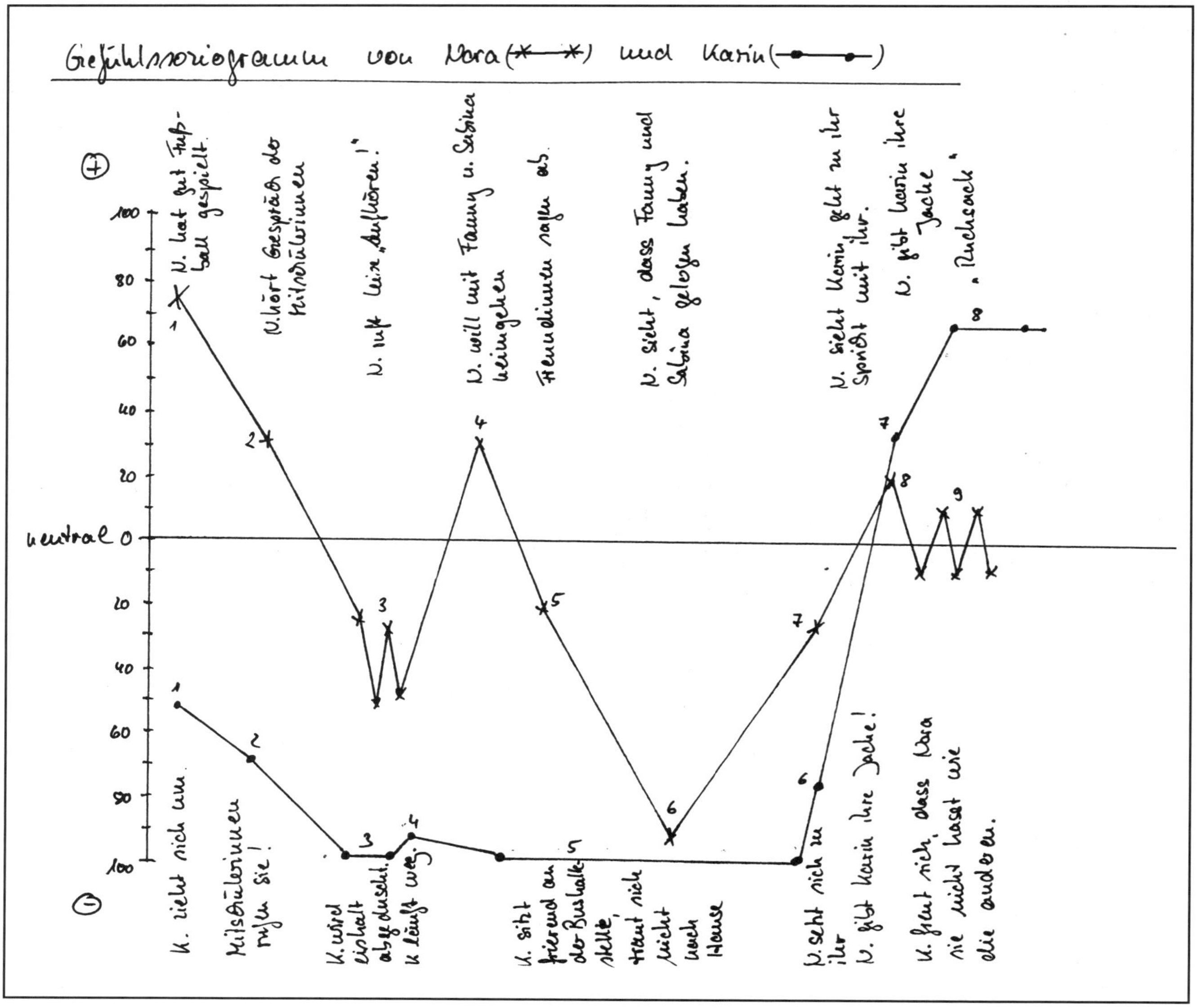

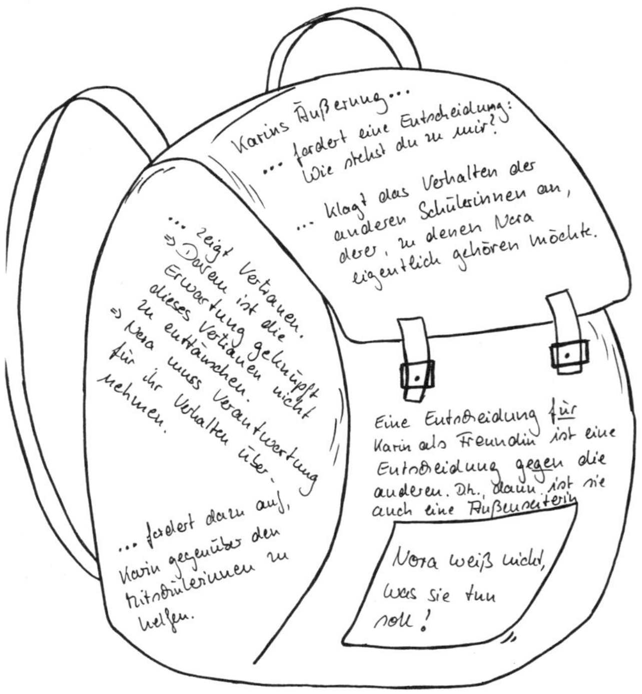

Ich begreife nicht, wie es so kommen konnte. Das habe ich nicht gewollt, denke ich und merke selbst, wie blöd das klingt. Als ob ich drei Jahre alt wäre und gerade einer Freundin ein Spielzeug auf den Kopf gehauen hätte und nicht begreifen könnte, warum sie heult.
Aber ich werde bald zwölf und begreife es sehr wohl. Ich weiß, was ich getan habe. Wobei ich mitgemacht und was wir Karin angetan haben. Aber ich begreife nicht, warum ich nicht Nein gesagt habe.
Ganz einfach nein, als Fanny und Sabina Karin und mich zu der Fete eingeladen haben. „Nein, ich will nicht“, hätte ich sagen können. Aber das habe ich nicht getan. Sie wird mir nie verzeihen.

⇨ Bild: *Barbara Heinisch, Schattenkampf, 1987* (SB, S. 135)
Es sollte als OH-Folie präsentiert werden. Das Bild wirkt unruhig, dynamisch, bedrohlich und befreiend zugleich. Die Person, vorwiegend weiß-blau gehalten, jedoch mit Rot im Rumpfbereich, steht in Schrittstellung fest auf dem Boden, Kopf und Oberkörper sind leicht nach vorn geneigt, die Arme nach vorn gestreckt bzw. hinten über den Kopf gehalten. Diese Stellung zeigt eine Kampfhaltung, eher Angriff als Verteidigung, das Rot am Körper lässt den Betrachter Blut assoziieren. Der Kampfpartner ist nicht zu erkennen. Das Farbenchaos um den Kämpfenden herum lässt den einen Sch. dort einen Arm, den anderen hier ein Bein erkennen. Kopf und Arme der Person sind v.a. von roter Farbe umgeben, die auch im Körper der Person zu finden ist. Mit seinem Inneren kämpfen, der Kampf mit sich selbst.
Um diesen für manche Sch. eher abstrakten Gedanken verständlich zu machen, wird das Bild mit dem Text *Ich hätte Nein sagen können* (SB, S. 134/136) verglichen. Mit welchen Gedanken kämpft Nora im Duschraum und zum Schluss auf der Bank im Wartehäuschen an der Bushaltestelle? Die Ideen der Sch. werden auf OH-Schnipsel geschrieben. Bei welchen Gedanken kämpft Nora nicht gegen jemand anderes, sondern gegen sich selbst? Die nun ausgewählten OH-Schnipsel werden in den roten Bereich um die kämpfende Person gelegt. Klarer wird diese Anordnung, wenn die Person des Bildes vorher aus einer zweiten OH-Folie ausgeschnitten wurde, diese neben das vollständige Bild gelegt wird und die Gedanken, gegen die sie kämpft, um Kopf und Arme arrangiert werden.
Als Verknüpfung zum folgenden Lied kann darüber nachgedacht werden, wie sich Karin fühlen muss, als sie den Satz sagt: „Alle hassen mich. Nur du nicht."

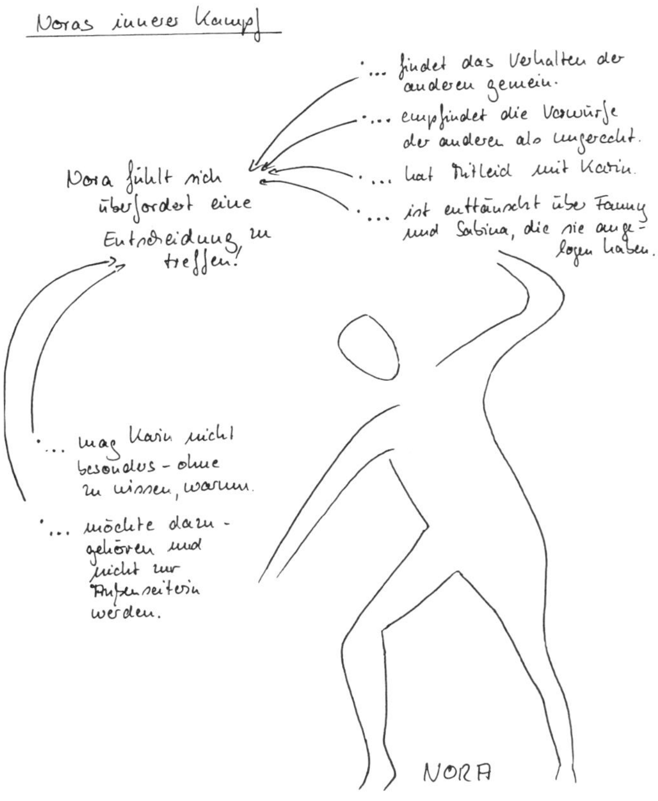

⇨ Das Lied *Ich möcht', dass einer mit mir geht* (SB, S. 137) gibt den Wunsch von Karin und letztendlich auch den von Nora wieder. Das Lied kann im weiteren Verlauf begleitend zum Unterricht immer wieder gesungen werden.

C. Angenommen werden

⇨ Bild: *Sieger Köder, Zachäus, 1989* (SB, S. 138)
Der Blick fällt auf Jesus, ganz in Weiß gekleidet, dem Betrachter halb den Rücken zukehrend, die Augen geschlossen und Ruhe ausstrahlend, der in Umarmung mit Zachäus vor dem Eingang des Hauses von Zachäus steht, von dem nur die großen, neugierig und ängstlich zugleich schauenden Augen sowie seine Hände zu sehen sind. Die Haltung des Zachäus drückt aus, dass er Schutz sucht und sich liebevoll an Jesus festhält. Die grünen Baumkronen rechts und links der Tür unterstreichen diese Idylle. Doch fast die ganze untere Hälfte des Bildes nehmen die Zuschauer ein, die diese Szene missgünstig, drohend (s. den Schatten an der Hauswand), schimpfend, argwöhnisch, erstaunt bzw. entsetzt mit hochrotem Kopf verfolgen. Ihre Tallit zeichnen sie als Juden aus.
Die Teile des Bildes werden nacheinander auf OH gelegt und jeweils genau beschrieben.

a) Schreibe die Gedanken und Äußerungen der Person auf!
b) Die Person geht nach diesem Erlebnis nach Hause und erzählt den übrigen Familienmitgliedern oder Freunden von dem, was sie erlebt hat. Schreibe auf, was sie sagen wird!

Anschließend sucht sich jeder Sch. eine Person unter den Zuschauern heraus, fühlt sich in sie ein und ahmt dafür Haltung, Gestik und Mimik der Person nach.

⇨ Text: *Zachäus* aus der Neukirchener Kinderbibel (SB, S. 139)
L. liest den Text zum stehenden OH-Bild vor. Nach ersten spontanen Äußerungen, lesen die Sch. noch einmal den Text, suchen sich eine Textstelle heraus, die sie besonders anspricht und zeichnen sie auf ausgeteilte OH-Schnipsel. Dem Verlauf der Geschichte folgend werden die Schnipsel der Sch. nacheinander aufgelegt, die Sch. erzählen die Geschichte anhand ihrer Bilder nach und im UG können folgende Fragen besprochen werden:

- Warum ist Zachäus so unbeliebt?
- Zachäus will Jesus unbedingt sehen. Warum?
- Warum und inwiefern ändert sich das Leben von Zachäus?

(Das Kapitel „Gesucht: Ein Mensch namens Jesus", S. 67ff., bietet weitere Informationen, s. auch oben, S. 76ff.)
Aus dem Gespräch kann folgendes Tafelbild entstehen:

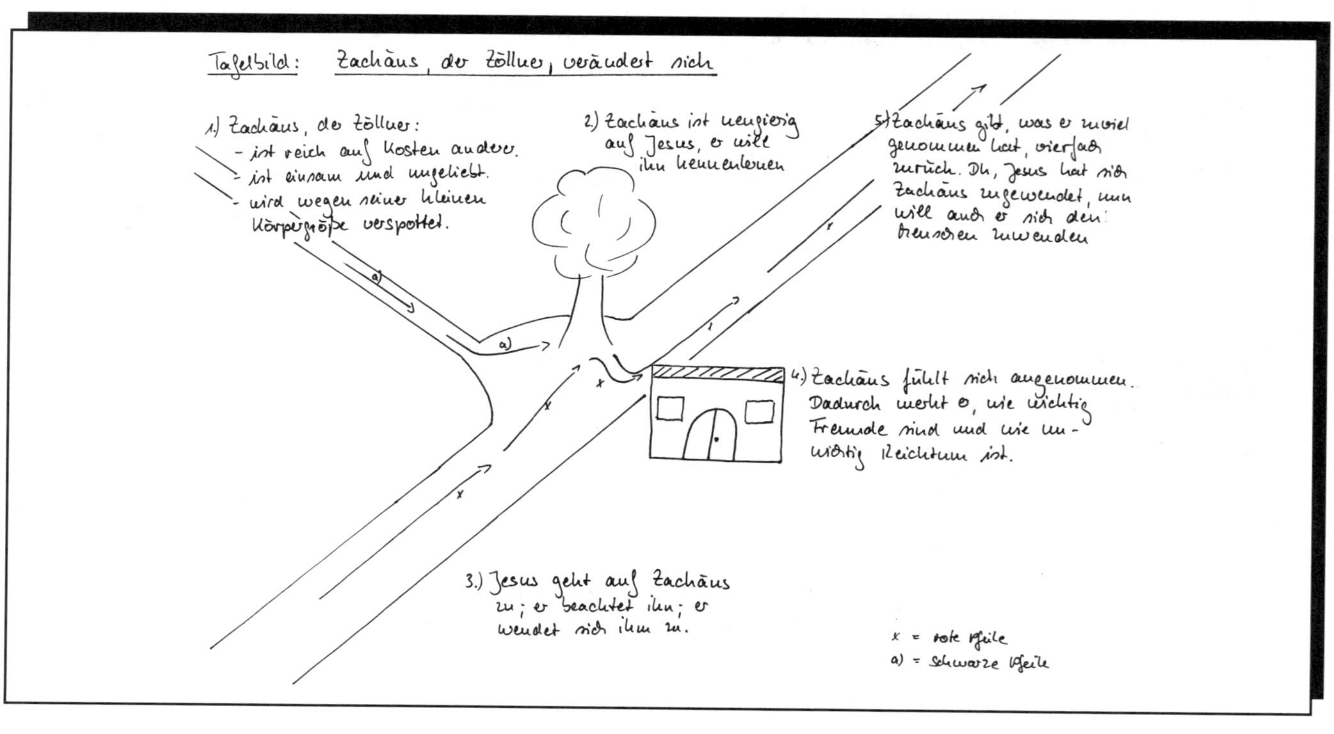

⇨ Zur *Vertiefung* der Veränderung des Zachäus folgende Idee:
Die Sch. schreiben in Gruppenarbeit (je fünf Sch.) einen *Dialog*, in dem Zachäus das Geld jenen, denen er zuviel genommen hat, vierfach zurückgibt bzw. ihnen ihre Schulden erlässt. Beteiligte Personen: Zachäus, seine Frau und exemplarisch drei „Beschenkte". Der Dialog kann von den verschiedenen Gruppen mit Handpuppen aufgeführt werden. Der anklingende Aspekt des Reiches Gottes kann an dieser Stelle vertieft werden. U.a. können die Sch. Träume vom Reich Gottes formulieren (gerechtere Verteilung der Nahrung, keine Kriege ...).
Ein Vergleich der Äußerungen der Zuschauer im Text mit den Geschichten, die die Sch. geschrieben haben, sollte in Überlegungen münden, warum die anderen Menschen sich über Jesus so aufregen. (Textabschluss im SB, S. 139, der nicht gedruckt wurde: „Und sie ärgerten sich über Jesus, der so ganz anders war, als sie ihn haben wollten.")
Abschließend sollten die Sch. prüfen, inwiefern das Bild von S. Köder zum Bibeltext passt. Die eigenen Bilder können in den Vergleich einbezogen werden.
Zur Aktualisierung schreiben die Sch. eine *moderne Zachäusgeschichte*. Im Vorfeld sollten einige Ideen gesammelt werden, damit die Geschichten nicht zu phantastisch werden (Bsp.: Älteren Menschen helfen beim Einkaufen, im Bus; auf dem Schulhof Partei ergreifen, wenn (jüngere) Sch. geärgert werden; sich seiner Eltern, Geschwister nicht schämen; evtl. Beispiel aus der Diakonie).

⇨ Bild: *Sieger Köder, Die Frau am Jakobsbrunnen, 1991* (SB, S. 140)
Obwohl in der oberen Hälfte, trotzdem der Blickpunkt des Bildes: die ovale Öffnung des Brunnens mit Blick in den Himmel, über deren Rand sich eine junge Frau beugt und hinunterschaut. Das Licht fällt an der inneren Wand des Brunnens entlang auf die Oberfläche des Brunnenwassers. Darin zeigt sich eine merkwürdige Spiegelung: Der blaue Himmel erscheint grün, neben dem Kopf der sich spiegelnden Frau befindet sich der Kopf einer zweite Gestalt: ein Mann mit Bart – Jesus. Die Frau ist in ihrer Einsamkeit nicht allein, Jesus ist ihr (all)täglicher Begleiter, der sie annimmt, wie er Zachäus angenommen hat.
Die Sch. werden die Wasserspiegelung eher als Traum/Wunsch und die zweite Person nicht unbedingt als Jesus, sondern als einen Freund deuten. Beide Sichtweisen des Bildes sollten gleichwertig nebeneinander stehen bleiben.
Gedanke und Komposition des Bildes können aufgenommen werden in die Gestaltung eines Klassenbildes: Das Bild für jeden Sch. einmal kopiert (oder jeder Sch. malt sein eigenes Brunnenloch), das Spiegelbild wird abgeschnitten, jeder Sch. klebt ein Bild von sich in das Brunnenloch. Die Bilder werden auf die obere Hälfte einer großen Pappe, die Spiegelbilder aller Sch. in die untere Hälfte geklebt. Die freien Flächen werden von Sch. passend zum Gesamtbild gestaltet.
Bei einer Sitzordnung an Gruppentischen können auch mehrere kleinere Bilder entstehen.

⇨ Text: *Mirjam Pressler, Bitterschokolade* (SB, S. 141f.)

Zum Inhalt des Buches:
Eva, 15 Jahre, ist dick und fühlt sich deshalb ungeliebt und ausgegrenzt. Ihren Kummer frisst sie in sich hinein: Essen ist gut, Essen vertreibt jeden Kummer, so hat sie es von der Mutter gelernt. Ein Ereignis in der Schule zeigt ihr, dass auch sie dazugehören kann, wenn sie sich nicht länger in sich selbst einschließt. Der Beginn einer Freundschaft mit Franziska lässt Eva merken, dass es nicht der Speck ist, der sie von anderen trennt, und sie lernt, sich selbst anzunehmen. Der Roman beschreibt eindrucksvoll und sensibel Evas Weg aus der Einsamkeit.

Der Einstieg zu diesem Text erfolgt über den Satzanfang „Es tut mir weh, wenn ...", der von den Sch. ergänzt wird.
Der erste Teil des Textes wird vorgelesen und die Sch. sammeln Vermutungen, warum Eva einsam sein könnte. Die Sch. sollten auch zu dem Aspekt gelenkt werden, dass Eva sich abkapselt und keinen Kontakt sucht zu den Mitschülern. Nach Gründen für dieses Verhalten sollte gesucht werden.
Der zweite Abschnitt des Textes wird vorgelesen bis „Abends im Bett konnte Eva lange

nicht einschlafen". Die Sch. formulieren Evas Gedanken. Dabei sollte deutlich werden, was eigentlich zur Wende in Evas Leben führt. (Das Wahrgenommenwerden und die Freundschaftsbekundung von Franziska machen Eva frei, aus sich herauszugehen. Das wiederum lässt die Mitschüler positiv reagieren.)
Wichtig ist darüber hinaus zu betonen, dass die Zugehörigkeit zur Gruppe von Eva nicht erkauft wurde bzw. durch Anpassung geschah (vgl. Gedicht *Einsam – Zweisam*, SB, S. 131; s.o.).

Im letzten Abschnitt des Textes vollzieht Eva den entscheidenden Schritt aus der Einsamkeit, indem sie lernt, sich selbst anzunehmen. Arbeitsteilig in Partnerarbeit untersuchen die Sch. den Text unter der Aufgabenstellung: a) Notiere, wie Eva sich selbst sieht! b) Schreibe heraus, welches Bild Franziska von Eva hat! Im anschließenden Unterrichtsgespräch wird noch der Frage nachgegangen: Warum sieht sich Eva zum Schluss anders als vorher?

Eva sieht Eva	Franziska sieht Eva
- Sie wird gemieden und ausgeschlossen. - Sie ist zu dick. - Sie ist nicht liebenswert. - Sie wird von den Mitschülerinnen nicht gemocht.	
	- Eva und Franziska gehören in der Klasse zusammen. - Sie hat gute Ideen (Brief).
- Sie wird von den Mitschülerinnen anerkannt; sie hören auf sie. - Eva gehört zur Klassengemeinschaft dazu.	
	- Eva ist liebenswert, so daß Franziska gerne mit ihr zusammen ist. - Sie soll ihre schönen Seiten unterstreichen; sie hat schöne Haare - Sie ist dick. Na und! - Eva gefällt Franziska.
- Eva findet sich schön: eine schöne Dicke! - Sie kann sich akzeptieren so, wie sie ist.	

Eva hat ihr Dicksein immer als etwas Schlechtes gesehen, so wie es ihr von anderen Menschen und durch die Werbung vermittelt wurde. Sie war so fixiert darauf, daß sie ihre Stärken nicht mehr gesehen hat und glaubte, sie sei nicht liebenswert. Sie hat sich in sich selbst verkrochen!
Franziska hat Eva so akzeptiert, wie sie ist, mochte sie und stand zu ihr! Dadurch konnte Eva sich auch anders sehen, mögen und akzeptieren.

⇨ Das Arbeitsblatt ZM 2 macht den Sch. deutlich, was es bedeutet, „wie ein Sommertag" auszusehen. Aufgabe: Male die alte Eva mit ihrem dunkelblauen Faltenrock an und zeichne in die neue Eva einen Sommertag!
Im Anschluss werden die Bilder aufgehängt und die beiden Evas verglichen: die trist, langweilig und behäbig wirkende „alte" Eva und die fröhlich, leicht und ausgelassen wirkende „neue" Eva. Die Überlegung, welche Eva die eigentliche Eva ist, kann mithilfe zweier Eva-Schablonen auf OH-Folie verdeutlicht werden. Egal in welcher Reihenfolge man die beiden vom L. im Vorfeld ausgemalten Evas übereinander legt, die „alte" Eva verdeckt die „neue" Eva, d.h. die „neue" Eva kann nicht nur aufgesetzt sein, da sie viel zu wenig Kraft hätte, sich durchzusetzen.

⇨ Der gesamte Text *Bitterschokolade* bietet die Möglichkeit einer Gesamtschau des ganzen Kapitels, indem Gemeinsamkeiten und Unterschiede zum Text *Ich hätte Nein sagen können* (SB, S. 134/136) (Unterschied Eva – Karin sowie Unterschied Nora – Franziska) herausgearbeitet, Bezüge zur *Zachäuserzählung* (SB, S. 139), zum Bild *Die Frau am Jakobsbrunnen* (SB, S. 140) und zum *Kinder-Mut-mach-Lied* (SB, S. 143) hergestellt werden.

⇨ Übertragung auf die Klasse:
Komplimente: Auf Plakate werden bunt positive und neutrale Adjektive zur Beschreibung von Menschen notiert. Jeder Sch. schreibt eine positive Bemerkung über seinen rechten Tischnachbarn. Je nach Sitzplan der Sch. und nach Klassengemeinschaft können auch Namen von Mitsch. gezogen werden, denen ein Kompliment gemacht werden soll. Mögliche Formulierungshilfe: Liebe(r) ..., ich wollte dir schon lange schreiben, dass ... / ich freue mich immer, wenn ... / ich mag besonders an dir ... Die Komplimente sollten in der ganzen Klasse laut vorgelesen werden.
Diese Übung könnte ritualisiert werden.

⇨ *Kinder-Mut-mach-Lied* (SB, S. 143)
Die Sch. lernen das Lied und erfahren beim Singen die wohltuende Wirkung einer Freundschaft, in der man wirklich angenommen ist.
Damit dieses Lied das Lied der Sch. wird, können sie selbst Strophen dichten und sie dann singen. (Bsp.: Wenn einer sagt: „Ich helf' dir heut, das kriegen wir schon hin", dann hab' ich Kraft und Zuversicht, weil wir zu zweit jetzt sind. Lalala ...)

⇨ *Illustration von Charley Case 1999* (SB, S. 143)
Die Zeichnung wird genau beschrieben, anschließend wird nach Erklärungen gesucht.
Die Farbgebung und das lachende Gesicht des mittleren Kopfes lassen vermuten, dass es um das Einmaligsein jeder Person, trotz mancher gemeinsamer vererbter Züge, geht. Alle drei Gesichter sind anders und schauen zufrieden, sie akzeptieren das Anderssein, weil sie es gut finden. Zwei schauen sich nicht an, haben sich nichts zu sagen, der Dritte freut sich darüber – er nutzt es aus, hat die Zwietracht vielleicht gesät. Einer bildet die Verbindung zwischen zweien, die sich voneinander abgewendet haben. Er versucht zu vermitteln. Der Mittlere scheint sich wohl zu fühlen, indem er keine Position ergreift. Doch manchmal muss man Stellung beziehen, Verantwortung übernehmen.
Überlegung: Müsste der Mittlere nicht traurig schauen, da die beiden anderen sich nicht anschauen?
Die Sch. zeichnen die schwarzen Linien der Köpfe auf OH-Folie nach (s. Skizze), schneiden die drei Köpfe aus und

a) legen sie so, dass sie eine Szene einer Geschichte des Kapitels darstellen
b) schneiden die Köpfe mehrfach aus, wobei beim mittleren Kopf der Mund je nach Bedarf verändert werden darf, und legen eine Geschichte des Kapitels nach
c) wie b), jedoch legen die Sch. ihre eigene Geschichte und schreiben einen Text neben jedes Bild. Hier können bestimmte Aspekte vorgegeben werden: z.B mit oder ohne Konfliktlösung.

_ _ _: Schneidelinien

⇨ Bild: *Keith Haring, 1987* (SB, S. 144)
Der, der anders ist, wird von den Anderen getragen. Das Bild drückt Freude aus, Vertrauen und Sicherheit. Die Andersartigkeit des Getragenen, ausgedrückt durch die unterschiedliche Farbgebung, scheint den Beteiligten gleichgültig zu sein.
Die Sch. stellen das Bild nach: Sechs Sch. fassen sich zwei und zwei an beiden Händen, stellen sich nebeneinander und tragen einen Mitsch. Die Positionen sollten gewechselt werden: Träger sollten auch Getragene sein. Mal sollten sich unter den Trägern viele Freunde befinden, mal viele von den Mitsch., die dem Getragenen eher fremd sind. Anschließend tauschen die Sch. ihre Gefühle, Erfahrungen aus. Wichtig ist hierbei der Aspekt des Vertrauens.
Das Bild wird in die Mitte eines gelben großen Tonpapiers geklebt. Die Sch. malen ihre eigenen Vertrauensgeschichten und kleben sie anschließend um das Bild von Haring herum.

5. Materialien und Medien

Vorlesebücher:
- Ute Blaich/Renate Boldt (Hg.), Mädchen dürfen stark sein - Jungen dürfen schwach sein. 15 Geschichten, Rowohlt, Reinbek 1985.
- Gudrun Pausewang, Friedensgeschichten. Illustrationen von Hannes Binder, Otto Maier, Ravensburg 1987.
- Dietrich Steinwede/Sabine Ruprecht, Vorlesebuch Religion, Bd. 1–3, Kaufmann/Vandenhoeck & Ruprecht/Patmos, Lahr/Göttingen/Düsseldorf 1992[16].

Jugendbücher:
- Mirjam Pressler, Bitterschokolade, Beltz, Weinheim 1986 (Lehrerbegleitheft erhältlich bei: Beltz, Pf. 100161, 69441 Weinheim, Kosten: 3,– DM; Verfilmung des Buches, 25 Min., 16 mm, bei Landes-, Kreis- und Stadtbildstellen erhältlich).
- Mirjam Pressler, Novemberkatzen, Beltz, Weinheim 1986[2].

  Ilse fühlt sich ungeliebt und ungewollt. Der Vater hat die Familie verlassen, die Oma muss schon die Schwestern aufziehen, die Brüder finden Ilse nur doof und die anderen Kinder rufen immer: Ilse Bilse – niemand willse. Aus dieser Isolation heraus versucht Ilse, einen Platz in dieser Welt zu bekommen.
- Gary Paulsen, Mein Freund Harold, Carlsen, Hamburg 1999.

  Harold, 14 Jahre, klein, dürr und kurzsichtig, mit vielen Problemen und immer auf der Suche nach deren Lösung, da er von der Lösbarkeit eines jeden Problems überzeugt ist. Sein – einziger – Freund, Gary, der Ich-Erzähler des Buches, steht ihm in Bezug auf Verschrobenheit in nichts nach. Das Buch ist mit viel Humor und Gelassenheit geschrieben, der Leser lacht teilweise Tränen aufgrund der Genialität, Verschrobenheit und Altklugheit der Protagonisten sowie deren ungetrübtem Optimismus' trotz mancher/häufiger mitleiderregender Niederlagen. (frühestens am Ende der 6. Kl. zu empfehlen)
- Bjane Reuter, So einen wie mich kann man nicht von den Bäumen pflücken – sagt Buster, Fischer, Frankfurt 1995.

  Buster, aus einfachen sozialen Verhältnissen, mit einer behinderten Schwester, bringt Lehrer und andere Erwachsene aus seiner Umwelt zur Verzweiflung. Doch in seiner zugleich liebenswerten Art ist er sich dessen, dass er anders ist und gemieden wird, nicht bewusst.
- Annika Thor, Ich hätte Nein sagen können, Beltz, Weinheim 1998[2].

Material zum Thema soziales Lernen/Konfliktlösung:
- Hartmut Fiebig/Frieder Winterberg, Wir werden eine Klassengemeinschaft. Soziales Lernen in der Orientierungsstufe, Verlag an der Ruhr, Mülheim 1998.
- Christina Großmann, Projekt Soziales Lernen. Ein Praxisbuch für den Schulalltag, Verlag an der Ruhr, Mülheim 1996.
- Karin Jefferys/Ute Noack, Streiten – Vermitteln – Lösen. Das Schüler-Streit-Schlichter-Programm für die Klassen 5–10, AOL, Lichtenau 1999[3].

Sabina und Nora gehen gemeinsam in die sechste Klasse und sind seit zehn Jahren Freundinnen. Nach zwei Monaten Sommerferien hat vor einer Woche die Schule wieder begonnen.

Ich hatte Sabina zwei Briefe aus Dalarna geschrieben, aber eine richtige Antwort hab ich nicht bekommen. Daran war aber nichts Besonderes, Sabina schreibt eben nicht gern. Sie hat mir immerhin eine Ansichtskarte aus dem Ferienlager geschickt. Darauf waren zwei junge Hunde, die ihre Köpfe dicht zusammensteckten. „Einen Freund wie dich sollte jeder haben", stand darunter. Geschrieben hat sie nicht viel, nur dass das Wetter schön war und sie die ganze Zeit badeten und solche Sachen.

Jedenfalls musste ich noch eine Woche zu Hause bleiben, als die Schule schon angefangen hatte, es war furchtbar, die Windpocken juckten und Anton nervte wie gewöhnlich. Mama bekam Kopfschmerzen und Kalle wollte nicht in den Kindergarten, solange Anton und ich zu Hause waren. Meine Windpocken trockneten schneller aus als Antons. Das geschah ihm recht, weil er immer so nervte. Am ersten Tag ging ich viel zu früh los. Ich war um Viertel vor acht in der Schule, der Unterricht fing erst zehn nach an. Ich hangelte mich auf das Klettergerüst und setze mich zurecht. Ich klettere gern und von da oben hatte ich beide Schulhofeingänge im Auge. Aber ich wusste ja, dass Sabina von der Gotlandstraße kommen würde, in der Richtung wohnte sie.

Nach einer Weile kamen sie, zuerst die Kleinen und dann die Größeren. Ich wollte nicht, dass mich jemand sah, ich meine, jemand von meinen Klassenkameraden. Ich wollte allein sein, wenn Sabina kam. Es war schon so lange her und ich hatte jede Menge mit ihr zu besprechen. Hoffentlich kam sie nicht zu spät.

Ich saß ganz oben im Klettergerüst und aß Bonbons aus einer Tüte, die ich auf dem Weg zur Schule bei Ismet gekauft hatte. Dann hing ich eine Weile an den Kniekehlen. Während ich dort hing, näherte sich jemand. Wenn man so über Kopf hängt, ist es schwer, jemanden zu erkennen, aber ich sah, dass es Karin war. Niemand sonst trägt so hässliche Klamotten wie sie. Und niemand in der Sechsten hat solche gewaltigen Brüste.

„Guck mal, was für Oschis", hatten die Jungen schon in der Vierten im Flur gesagt und sich gegenseitig angestoßen, wenn Karin ihre Jacke auszog. Dann waren ihre Brüste noch mehr gewachsen und jetzt waren sie so groß, dass es nicht mehr hübsch war, nicht mal, wenn sie andere Kleider tragen und aufhören würde, so krumm zu gehen.

Diese Riesenbrüste hatte ich vor der Nase, als ich in den Kniekehlen am Klettergerüst hing.

„Hallo", sagte Karin. „Bist du krank gewesen?"

Ich richtete mich auf.

„Ja", sagte ich und guckte in eine andere Richtung. Zur Gotlandstraße. Warum kam sie bloß nicht, Sabina!

Karin blieb stehen.

„Möchtest du ein Bonbon?", fragte ich.

„Ja, bitte."

Ich holte eins aus der Tüte und hielt es zwischen Daumen und Zeigefinger, reichte es ihr. Aber als sie das Bonbon nehmen wollte, zog ich die Hand zurück, sodass sie nicht heranreichte. Ich wiederholte es zweimal und dann ließ ich das Bonbon in den Sand unter dem Klettergerüst fallen.

„Nimm's doch", sagte ich.

Karin sah traurig aus, aber sie blieb stehen.

Da kam Sabina.

Ich sah sie schon von weitem. Sie sah eigentlich aus wie immer und doch war etwas anders. Im Gürtel steckte ein Walkman und in den Ohren Kopfhörer. Ich richtete mich schwankend auf und winkte.

„Sabina!", rief ich. „Hallo, Sabina!"

Sie hörte mich nicht. Wahrscheinlich hatte sie die Musik zu laut eingestellt. Sie ging einfach vorbei am Klettergerüst. Ich drehte mich um.

Da standen sie und küssten sich auf die Wangen.

Sabina und Fanny.

Dann hängte sich Sabina bei Fanny ein, nahm die Hörer heraus und sie gingen zusammen über den Schulhof, die Köpfe dicht beieinander. Wie die jungen Hunde auf der Karte, die Sabina aus dem Ferienlager geschickt hatte. *Einen Freund wie dich sollte jeder haben.*

In meinem Kopf ging es im Kreis, in der Brust brannte es und ich hatte das Gefühl, als würde ich fallen. Aber ich hielt mich mit beiden Händen fest, so fest, dass die Fingerknöchel weiß wurden. Es klingelte. Ich blieb sitzen. Karin blieb bei mir stehen.

„Es hat geklingelt", sagte sie. „Kommst du?"

Da sprang ich herunter in den Sand, landete in der Hocke und sprintete los.

„Hau ab!", schrie ich, als ich an Karin vorbei auf den Eingang zulief.

Aus: Annika Thor, Ich hätte Nein sagen können, 1998 Beltz Verlag, Weinheim und Basel, Programm Beltz & Gelberg, Weinheim (gekürzt).

ZM 2

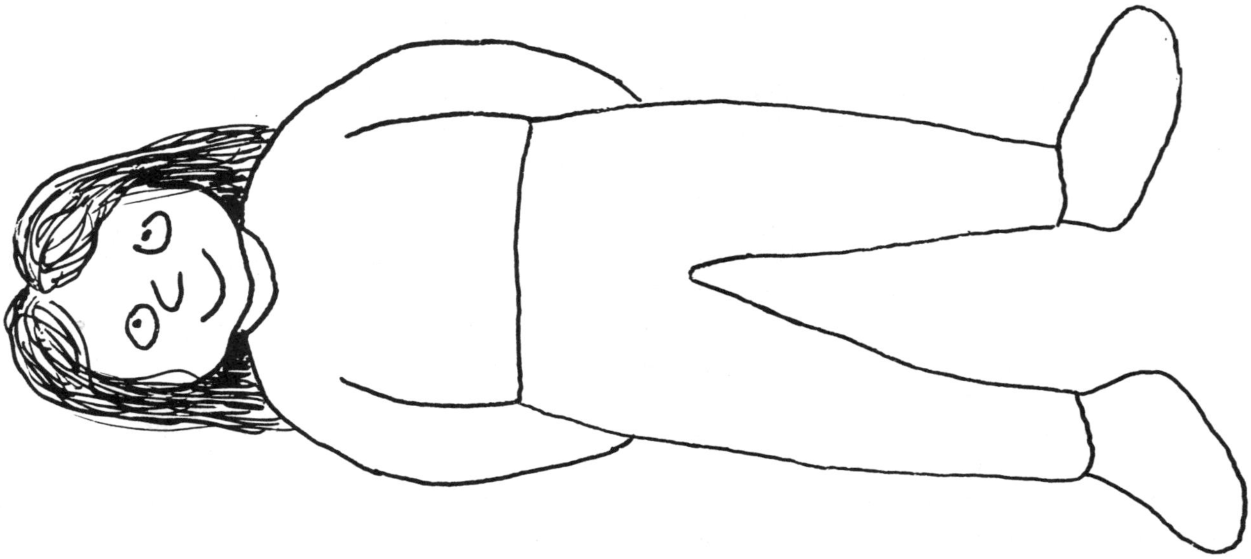

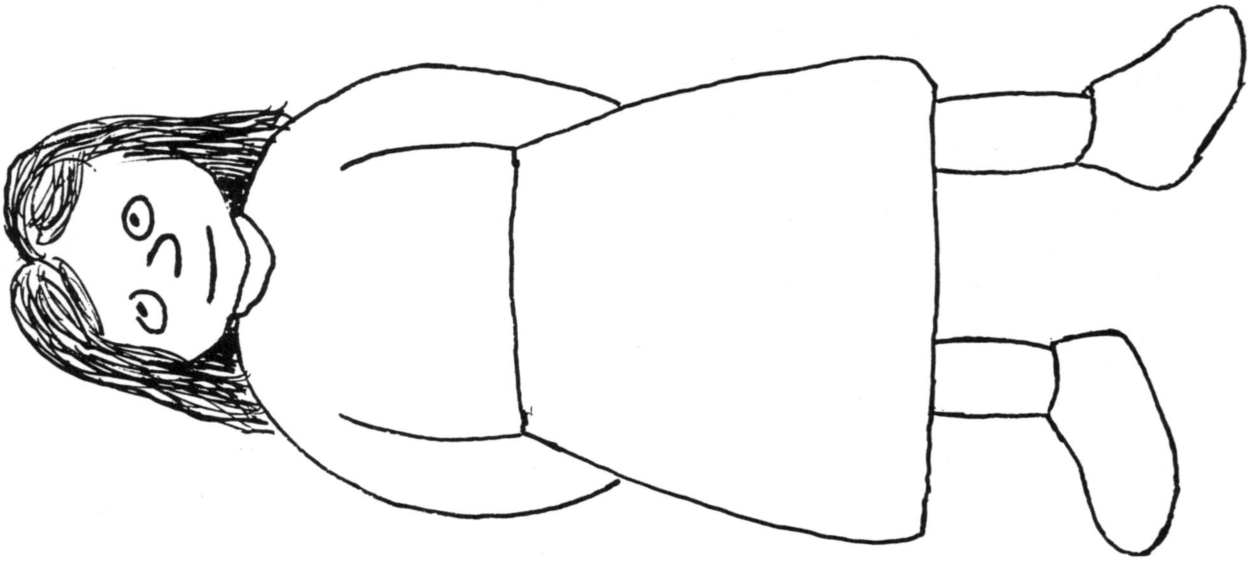

Zeit zum Leben – Zeit zum Feiern

1. Theologische und didaktische Aspekte

„Was also ist Zeit? Wenn niemand mich fragt, so weiß ich es; will ich es dem Fragenden erklären, weiß ich es nicht." Mit diesem geflügelten Wort hat der Kirchenvater Augustin (Confessiones XI,14) seine zentrale Schwierigkeit mit der Zeit, mit ihrem Fließen und beständigen Übergehen vom „Jetzt" zum „Noch nicht" und „Nicht mehr" zum Ausdruck gebracht. Zeit ist ein komplexes, zwar beschreibbares, erlebbares, aber letztendlich doch nicht (be-)greifbares Phänomen.

Trotzdem ist Zeit ein Zentralthema unserer Tage, was unter anderem auch ablesbar ist an den unzähligen Veröffentlichungen in den verschiedenen Bereichen von Wissenschaft und Literatur in den letzten Jahren. Ist dies ein Reflex auf das, was wir heute „Krise der Zeit" nennen? Schon Kinder wissen um Zeitmangel, Stress, Termindruck, Verplanung des Lebens – negative, sie prägende Zeiterfahrungen. Sollte Zeit und der Umgang mit dieser ein „neues Schlüsselthema für Religionsunterricht und Religionspädagogik" (Friedrich Schweitzer) sein?

Sicherlich kann es nicht um eine Auseinandersetzung über dieses abstrakte Thema im philosophisch-wissenschaftlichen Sinne gehen, zumal die Möglichkeiten der Erkenntnis, was Zeit ist und bedeutet, begrenzt sind und selbst Naturwissenschaftler zu dem Schluss kommen, dass „eine tiefere Deutung des Phänomens der Zeitstruktur aus den Naturwissenschaften heraus offenbar nicht möglich ist." Vielmehr „stellt sich die Frage, ob wir, von der Existenz einer eindimensionalen physikalischen Zeitstruktur ausgehend, die gesamte Fülle und Komplexität unseres Zeitbewusstseins verstehen können." Zeit ist mehr als die „eindimensionale Zeitordnung von Vergangenheit, Gegenwart und Zukunft". Zeit ist auch „Gegenstand von Erfahrung ..., und zwar der lebendigen Erfahrung des Menschen." (Friedrich Cramer)

Von diesen lebendigen, sinnstiftenden Zeiterfahrungen weiß die biblisch-christliche Theologie viel. Zeit ist hier immer Zeit mit Gott und Zeit von Gott. Zeit ist dem Menschen mit der Schöpfung als Lebensraum geschenkt (Gen 1), und zwar als zyklische Wiederkehr des Naturkreislaufes und als Lebenszeit zwischen Geburt und Tod. Gott begleitet sein Volk in der Zeit, in der Geschichte von Verheißung und Erfüllung. Der Zusammenhang zwischen Gottes- und Zeiterfahrung ist sehr eng: „Meine Zeit steht in deinen Händen." (Ps 31,16, s. auch Koh 3,1ff., Ps 90,4.12). Gott erweist sich als Herr der Zeit, der die profane wie die heilige Zeit, All-Tag und Hoch-Zeit, in Händen hält. Die ntl. Texte sprechen von einer Gegenwart, die von Gottes Zusage der Versöhnung erfüllt ist und in der Gott alles in allem sein wird (1.Kor 15,28). Hier und jetzt, mit Jesu Kommen in die Welt, beginnt etwas Neues, eine neue Zeit, die Leben in Fülle, lebendige Erfahrungen schon jetzt möglich macht.

Um lebendige Zeit-Erfahrungen, um Hoch-Zeiten und Feste, um Leben in Fülle und Gemeinschaft, aber auch um verlorene und fremdbestimmte Zeit soll es im vorliegenden Kapitel gehen. Das Thema kann für Sch. der Kl. 5/6 in mehrfacher Hinsicht relevant sein:

- Entwicklungspsychologisch stehen Sch. der 5./6. Klasse vor der Schwelle des Jugendalters. Sie haben im Alter von 7–10 Jahren ein System der Zeitrelationen gelernt und die Fähigkeit erworben, darüber zu reden (Jean Piaget). Nachdenken über Zeit und Zeiterfahrungen impliziert auch ein Nachdenken über sich selbst, wozu Kinder dieses Alters zunehmend mehr fähig werden.
- Die Krise der Zeit macht auch vor Kindern nicht Halt. Kinder fühlen sich gestresst, gehetzt, rastlos. Hier könnte der RU ein Raum sein, Zeit bewusst, verlangsamt und doch produktiv wahrzunehmen, z.B. durch Stille, Meditation, Sich-Hineinvertiefen in Bilder und Texte. RU könnte hierdurch eine Gegen-Erfahrung ermöglichen.
- Auseinandersetzung mit Zeit und Zeitverständnis ist auch deswegen sinnvoll, um zu einem kritisch-reflektierenden, ethisch verantwortbaren Umgang mit Zeit anzuregen und der „Zeitkrankheit“ weiter Teile unserer Gesellschaft kritisch begegnen zu können.
- Das Thema „Zeit zum Leben – Zeit zum Feiern“ bietet zudem gute Möglichkeiten zu interreligiösem Lernen. In allen Kulturen und Religionen werden Feste gefeiert, die die Gemeinschaft und die eigene Identität stärken können. Anhand der Feste lässt sich – was ihre äußere Gestaltung angeht – viel Verbindendes zwischen den Religionen aufzeigen.

Die *erste Sequenz* des Kapitels will die verschiedenen *Dimensionen von Zeit* aufzeigen, wobei immer wieder auch eigenes Zeiterleben verbalisiert werden kann und soll.

Der Zugang zum Thema „Die Zeit und ich mittendrin“ sollte bewusst, mit Stille und der Möglichkeit zu ganzheitlicher Erfahrung geschehen. Vertieft wird diese erste Begegnung durch die *Geschichte von Lena* (SB, S. 148), die angesichts einer alten Römerstadt versteht, dass es jenseits der physikalisch messbaren Zeit eine erlebte, durch lebendige Erfahrungen geprägte und von Gott geschenkte Zeit gibt, die man letztendlich nicht erklären kann. Von lebendigen Zeit-Erfahrung mit vielen Dimensionen, die nicht messbar sind (auf dem Kopf stehende Uhr), vom Zauber eines Augenblicks, von der Zeitvergessenheit zweier Liebender, vom Dahinfließen der Zeit wie „ein Fluss ohne Ufer“ erzählt ein *Bild von Marc Chagall* (SB, S. 149), das zu kreativen eigenen Gestaltungen (Klangbild, Zaubergeschichte) einlädt.

Die *physikalisch messbare Zeit* ist Thema eines *Textes von Hermine König* (SB, S. 150f.). Den Menschen vergangener Zeiten war es wichtig, das Fortschreiten der Zeit abzumessen und diese zu gliedern, wohl auch um die eigene, durch den Tod begrenzte Lebenszeit bemessen zu können. Die Entdeckung der Zeiteinheiten und des Kalenders, die Ursprünge, Vorteile und Nachteile der Zeitmessung können als Ausgangspunkt dienen für eine Reflexion über den eigenen Umgang mit Zeit bzw. über das Verhältnis von freier, selbstbestimmter Zeit zu verplanter Zeit. Auch das Thema Wochenend- und Freizeitstress und die Bedeutung von Muße könnten hier angesprochen werden.

Eine weitere Dimension von Zeit eröffnet der *Lebenskreis der Hildegard von Bingen* (SB, S. 147). Die *zyklische Zeit*, der Kreislauf der Natur, die Wiederkehr der Jahreszeiten, das Eingebundensein des mittelalterlichen Menschen in diesen Kreislauf und das Wissen darum, dass Gott der Schöpfer dieses Lebenskreises ist und ihn erhält, sind für Hildegard Glaubens- und Lebenserfahrungen.

Wie eng zyklische Rhythmen mit Zeit verbunden sind, wird auch an unserem Wort „Zeit“ deutlich. Es kann hergeleitet werden vom altsächsischen Wort „tid“ und dem niederdeutschen „tide“ = Flutzeit, die wiederum vom Mondzyklus abhängt.

Den Zyklus der Jahreszeiten werden die Sch. gut nachvollziehen können, während Aussaat, Ernte und Winterruhe als zyklisch wiederkehrende Tätigkeiten des (bäuerlichen) Menschen ihnen möglicherweise fremd sind. Wenn sie ihren eigenen Lebenskreis gestalten, werden neben den Jahreszeiten die Feste und Ferien oder der eigene Geburtstag das Jahr gliedern.

„Feste" – das Thema der *zweiten Sequenz* – sind in allen Kulturen und Religionen „heilige, zyklisch wiederkehrende Zeit", Zeit der Erlebnisse, der Lebensbejahung und der Erfahrungen von Freude, Gemeinschaft und Fülle. Sie sind außerdem Zeit der Erinnerung an Vergangenes und Zeit der zukünftigen Erwartung.

Der Eskimo-Mythos *Die Gabe des Adlers* (SB, S. 152) und die *Zeichnung von Pablo Picasso* (SB, S. 153) ermöglichen es den Sch., wesentliche Aspekte eines Festes zu erarbeiten und zu eigenen Fest-Erfahrungen in Bezug zu setzen. Das Bild von Picasso bietet zudem die Möglichkeit eines symboldidaktischen Zugangs über Licht/ Feuer, Baum, Taube/Zweig und Kreis.

Die sozial-ethische Dimension des Themas „Feste feiern" kommt in der Geschichte *Christine hat Geburtstag* (SB, S. 153) zum Ausdruck. Hier bietet sich ein problemorientierter Zugang an. Materialismus, Konsumorientierung, Entfremdung, Sinnentleerung von Festen, unterschiedliche Auffassungen der Generationen sind Problemfelder, die die Sch. benennen und aus verschiedenen Perspektiven (Sicht der Kinder, der Eltern, eigene Position) erörtern können. Verschiedene Umgangsmöglichkeiten mit dem Problem können aufgezeigt und Beispiele für gelungene Geburtstagsfeiern erarbeitet werden. Die hier entwickelten Kriterien für ein gelingendes Fest sollten festgehalten und ggf. bei der Planung eines eigenen Festes berücksichtigt werden (s.u., S. 157f.).

Das „Kirchenjahr als Christusjahr" ist Thema der *dritten Sequenz* (SB, S. 154f.). Die Feste des Kirchenjahres sind Erinnerungspunkte an das Leben Jesu Christi und an zentrale christlich-theologische Inhalte. Sie sind Berührungspunkte zwischen Gottes- und Menschenzeit.

Heute ist der religiöse Gehalt der christlichen Feste vielen Menschen verloren gegangen. Christliche Feste werden säkular umgestaltet oder nur noch als Geschenkanlässe, Wirtschaftsfaktoren oder Freizeit verstanden. Unterrichtliches Vorgehen und Schwerpunktsetzung werden sich nach dem Kenntnisstand der Sch. über Symbole, Bilder, Bräuche und Hintergründe des Kirchenjahres richten.

Dabei wird es auch um die Vermittlung und Reflexion von Sachwissen und Hintergründen gehen. Dies sollte jedoch keinesfalls auf einer rein kognitiven Ebene geschehen, vielmehr sollten ganzheitlich-emotionale, erfahrungsbezogene und interreligiös-vergleichende Zugänge gewählt werden, wie zum Beispiel:

a. Annäherung an die Feste des Kirchenjahres über Symbole und Zeichen, z.B. über das in allen Religionen bedeutsame Symbol „Licht".
b. Einüben und Umsetzen der Kenntnisse über das Kirchenjahr durch handlungs- und produktorientiertes Lernen (z.B. Kirchenjahr in Körperhaltungen ausdrücken, Kirchenjahrrätsel, Herstellen eines Quartetts [SB, S. 161], eines Festbüchleins etc.).
c. Besuch des „außerschulischen Lernorts" Kirche (s. Ideenecke, SB, S. 161).
d. Zu einem vertieften Verständnis der eigenen Feste gelangen durch den Vergleich und Dialog mit anderen Religionen.
e. Erfahrungen machen mit der tieferen Dimension von Festen als lebendiger Zeit durch die Feier eines eigenen Festes zum Kirchenjahr.

In allen Religionen gibt es *„heilige Zeit"*, Zeit der gemeinsamen Erfahrungen, der Erinnerung und der zukünftigen Erwartung. Darauf soll in der *vierten Sequenz* „Meine Feste – deine Feste" eingegangen und damit interreligiöses Lernen angebahnt werden. Das jüdische *Chanukka* und das islamische *Fest des Fastenbrechens* (SB, S. 158ff.) bieten sich deswegen an, weil sie Kinderfeste sind und einen stark gemeinschaftsbezogenen Charakter aufweisen. Zwar nicht von ihren Inhalten, aber doch von ihren äußeren Erscheinungsformen her können beide Feste mit dem christlichen Weihnachtsfest, mit Advent oder Nikolaus verglichen werden. Auch Bezüge zum Festsymbol Licht sind gut möglich. Die Materialien sind so gewählt, dass sie einerseits einen lebendigen Einblick in Traditionen und Bräuche, besonders in den Familien, geben, andererseits eine Auseinandersetzung mit den unterschiedlichen religiös-historischen Hintergründen der Feste ermöglichen. Nur so kann ein sachrichtiger Vergleich, der dem jeweiligen Fest gerecht wird, angestellt werden.

Auf das gemeinsame Planen und Feiern – die *fünfte Sequenz* – sollte nicht verzichtet werden, da die Sch. hierbei Formen einer sinnstiftenden Feier einüben, gelebte Fest-Erfahrungen machen und ein Miteinander in einer Zeit zunehmender Individualisierung erleben können.

Sie können dabei auch erfahren, dass die Vorbereitung eines Festes genauso wichtig und fröhlich sein kann wie das Feiern selbst.

Exemplarisch wird der *Martinstag* (SB, S. 156f.) ausgewählt, der den Sch. durch sein Brauchtum bekannt ist. Die historische Verankerung des Martinstages kann erarbeitet und für ein Fest kreativ umgesetzt werden (z.B. durch ein Rollenspiel). Die sozial-ethische Dimension („Den Mantel teilen") kann sowohl Bestandteil des Festes als auch einer gemeinsamen Teil- oder Hilfsaktion werden.

2. Intentionen

Die Sch. sollen

- über das Wesen der Zeit als Grundbedingung des menschlichen Lebens nachdenken und dabei individuelle und gesellschaftliche Zeiterfahrungen verbalisieren
- Symptome einer Krise der Zeit und Beispiele für verfehlten Umgang mit Zeit benennen
- sich im Unterrichtsgeschehen bewusst Zeit nehmen für ihr Handeln, für Stille, Meditation und ruhige Bildbetrachtung
- über einen sinnvollen Umgang mit Zeit nachdenken und dadurch auch zu einer Selbstreflexion angeregt werden
- Merkmale von Festen in allen Kulturen anhand des Mythos „Die Gabe des Adlers" erarbeiten
- anhand einer Zeichnung von Pablo Picasso die friedens- und gemeinschaftsstiftende Funktion von Festen erkennen
- das Kirchenjahr als Schnittpunkt zwischen Menschenzeit und Gotteszeit kennen lernen
- die Bedeutung, die Zeichen, Symbole und liturgischen Farben der christlichen Feste im Kirchenjahr erarbeiten und dabei auch ihre eigenen Erfahrungen mit diesen Festen einbringen
- die Bedeutung des Symboles Licht für die Feste des Kirchenjahres, für das jüdische Chanukkafest und den islamischen Scheker Bayram kennen lernen
- exemplarisch Gemeinsamkeiten und Unterschiede der drei für Kinder wichtigen Feste benennen und so das Verbindende zwischen den Religionen aufzeigen
- erkennen, dass bei allen Ähnlichkeiten in den äußeren Erscheinungsformen von Chanukka, Scheker Bayram und Weihnachten die Bedeutung, der Anlass und die Begründung des jeweiligen Festes nur aus dem historisch-religiösen Entstehungskontext heraus zu verstehen sind
- über die Bedeutung des Martinstages und des damit verbundenen Brauchtums nachdenken und über ethische Konsequenzen reflektieren
- ein Fest zum Martinstag planen, durchführen und (hoffentlich) Freude am gemeinsamen Feiern empfinden.

3. Literatur zur Vorbereitung

- Otto Bischofberger u.a., Art. „Feste und Feiertage", in: TRE 11, S. 93 ff.
- Friedrich Cramer, Chaos und Ordnung. Die komplexe Struktur des Lebendigen, Insel, Frankfurt a. M./Leipzig, 1993, Kap. 8: Altern und Sterben – unsere Zeit, S. 242–269.
- Erhard Domay (Hg.), Menschenzeit, Gotteszeit. Ein Vorlesebuch zum Kirchenjahr für Schule und Gemeinde, Kaufmann, Lahr 1992, S. 9–36 (Einführung).
- Joyce Hannover, Gelebter Glaube. Die Feste des jüdischen Jahres, Gütersloher Verlagshaus, Gütersloh 1998[4].
- Klaus-Peter Jörns/Karl-Heinrich Bieritz, Art. „Kirchenjahr", in: TRE 18, S. 575–599.
- Reinhard Kirste/Herbert Schultze/Udo Two-

ruschka, Die Feste der Religionen. Ein interreligiöser Kalender mit einer synoptischen Übersicht, Gütersloher Verlagshaus, Gütersloh 1997[2].
- Günther Pöltner/Ulrike Link-Wieczorek, Art. „Zeit und Ewigkeit“, in: EKL 4, Sp.1363–1370.
- Hartmut Rupp, Symbole und symbolische Zeichen im Kirchenjahr, in: entwurf 3/91, S. 36–41.
- Frieder Schulz, Art. „Kirchenjahr“, in: EKL 2, Sp. 1115–1126.
- Friedrich Schweitzer, Zeit. Ein neues Schlüsselthema für Religionsunterricht und Religionspädagogik?, in: JRP 11/1994, S. 145–163.
- Herbert Vinçon, Die Feste des Christentums. Woher sie kommen – wie sie gefeiert werden, Gütersloher Verlagshaus, Gütersloh 1997.

4. Unterrichtsideen

A. Die Zeit und ich mittendrin

⇨ *Meditation* zum Thema „Zeit“
Vorbereitung: Stuhlkreis; in der Mitte verschiedene Uhren, z.B. eine alte Taschenuhr, Sanduhr, Küchenwecker etc., eine Kerze, ein grüner und ein verdorrter Zweig (Alternative: von einem gemeinsamen Spaziergang bringt jedes Kind einen kleinen Gegenstand aus der Natur mit und legt diesen in die Mitte).
- Beschreiben der Gegenstände und ihrer symbolhaften Bedeutung: Entstehen, Werden und Vergehen, Anfang und Ende, Frühling und Winter, Leben und Tod etc.; verschiedene Aspekte des Themas Zeit aufzeigen.
- Zeitspannen schätzen (dazu Armbanduhren abnehmen und in die Mitte legen); subjektives Erleben von Zeit benennen; Unterschied: gemessene Zeit – erlebte Zeit.
- Sich gegenseitig den Puls fühlen; erkennen, dass der Pulsschlag in enger Verbindung zur Zeit steht (ca. 60 Schläge pro Minute).
- Möglichkeiten benennen, wie man Zeit ohne Uhr einschätzen oder messen kann: Tageslauf, Sonnenstand, Jahreszeiten, Vegetation als Indikator für Jahreszeiten, Vogelgesang (die Amsel z.B. beginnt ihren Gesang ca. 45 Min. vor Sonnenaufgang).
- Zeitwörter, Sprichworte zum Thema Zeit finden, verschiedene Zeiteinheiten benennen.
- Mögliches Arbeitsblatt: Zeit, time, temps, tempus, tempo, tide ... – Schreibe alle Wörter auf, die dir zum Thema „Zeit“ einfallen (zusammengesetzte Hauptwörter, Sprichworte, Zeiteinheiten ...).
- Gedanken zum Thema „Krise der Zeit“; Gründe benennen, warum viele Menschen (auch Kinder) heute keine Zeit haben und falsch mit ihrer Zeit umgehen.
- Satz vervollständigen: „Ich wünsche mir Zeit zum/für ...“

⇨ Lied: *Schenk uns Zeit* (SB, S. 161)

⇨ *Weitere Ideen*, die einen Gedankenaustausch zum Thema „Zeit“ ermöglichen:
  - *Pantomime*: Handeln in Zeitlupe
  - *Fächerübergreifendes Projekt*: Religion – Werken: Bau einer Sanduhr (Anleitung in: Eva Jürgensen (Hg.), Erntedank, Brotfest – Zeitlupenfest. Kaufmann, Lahr 1992, S. 56)
  - *Zeiträtsel*: Michael Ende, Momo, Thienemann, Stuttgart 1993, S. 154
  - *Zeitgedichte* (evtl. eigene Zeitgedichte schreiben):

Etwas endet und etwas fängt an.
Jetzt war vorhin irgendwann.
Gestern ist heute lange vorbei
und morgen ist morgen heute.
Der nächste Augenblick ist weit ...
Schwimm wie ein Schiff auf der Zeit!

Susanne Kilian

Die Zeit
Man kann sie nicht riechen,
man kann sie nicht schmecken,
man kann sie einfach
nirgends entdecken.

Man kann sie vergeuden,
man kann sie vergessen.
Doch was man versäumt hat,
kann man nicht messen.
Man kann sie nicht kaufen,
man kann sie nicht borgen.
Man sucht das Gestern,
schon ist es morgen.

Man kann sie gut nutzen,
und jemandem schenken,
und wenn man Zeit hat,
an sie denken.

Gerald Jatzek

Beide Texte aus: Dietrich Steinwede (Hg.), Neues Vorlesebuch Religion 1. Geschichten für Kinder von 6–11. Kaufmann, Lahr 1996, S. 43, 148.

- *Zeitworte aus der Bibel*: z.B. Pred 3; Ex 20,8; Ps 31,16; 77,3; 90,4.12; Jer 8,7; Gal 4,4; Offb 10,6.
- Auf Klassenfahrten: *einen Tag ohne* Uhren verbringen.

⇨ Text: *Susanne Kilian, Die Zeit und ich mittendrin* (SB, S. 148)
Gesprächsanlässe:

a. Zeiterfahrungen: „Manchmal vergeht die Zeit so schnell ...“ – „... ein einziger Vormittag scheint Jahre zu dauern“
Beispielgeschichten für das langsame Schleichen oder das schnelle Verfliegen von Zeit erzählen oder schreiben.

b. Unmöglichkeit, Zeit letztendlich zu definieren: „Sie will weiterdenken, etwas begreifen, aber nun geht es nicht mehr.“ – „Dann ist alles leer, dort, wo sonst ihre Gedanken sind.“
Die Eigenschaften von Zeit lassen sich erklären, aber die Zeit selbst kann nicht erklärt werden.

c. Urlaub und Feste als besondere Zeit erkennen, in der man Zeit hat, z.B. zum Nachdenken; andere intensiv erlebte Zeiten benennen.

d. Unterschiede zwischen objektiver und subjektiver Zeit erarbeiten.

Zeit

gemessene Zeit
objektive Zeit
physikalische Zeit

<u>gemessene Zeit</u>

- hat nur eine Richtung
- ist unendlich
- ist nicht umkehrbar
- ist nicht wiederholbar
- hat ein Vorher, Jetzt, Nachher (Vergangenheit, Gegenwart, Zukunft)

erlebte Zeit
subjektive Zeit
empfundene, gefühlte Zeit

<u>empfundene Zeit</u>

- wird als kurz erlebt, wenn sie reich an Erfahrungen ist (Spannung, intensive Gefühle)
- wird als lang erlebt, wenn man warten muss oder bei langweiligen und unangenehmen Begebenheiten

e. Graphische Darstellung von Zeit:

1. die *lineare Zeit* (Zeitstrahl): fortschreitende Zeit
2. die *zyklische Zeit*: fortschreitende und wiederkehrende Zeit
Beispiele für wiederkehrende Zeit: Sonne, Mond, Mondphasen, Jahreszeiten, Tag/Nacht, Morgen/Mittag/Abend, Ebbe und Flut (Tide).
3. die *heilige Zeit*: Feste sind zyklisch wiederkehrende, auf Gott bezogene Zeiten.

⇨ Bildbetrachtung: *Marc Chagall, Zeit ist ein Fluss ohne Ufer (1930–39)* (SB, S. 149)
- Was sehe ich? Stilles Betrachten und Spontanäußerungen
- Formelemente und Farben des Bildes (Uhr, geflügelter Fisch, Liebespaar, Geige, Fluss, Dorf/Stadt, Himmel; Blau als vorherrschende Farbe)
- Botschaft des Bildes (Bildüberschrift finden, evtl. Konfrontation mit Chagalls Titel, einen zum Bild passenden Satz formulieren, in dem das Wort Zeit vorkommt)
- Was löst das Bild in mir aus? Zaubergeschichten erzählen oder schreiben; Geräusche zum Bild benennen oder machen: Ticken der Uhr, Rauschen des Flusses, Spiel der Geige, Gespräche des Liebespaares, leiser Wind, Geräusche der Stadt (mit verschiedenen Gegenständen und Instrumenten); das Klangbild aufnehmen.

⇨ Sachtexte: *Hermine König, Wie das Jahr, die Monate, die Woche und die Tage entdeckt wurden – Wie der Kalender entstanden ist* (SB, S. 150f.)
Die Sachtexte dienen der Systematisierung und Vertiefung. Denkbar wäre folgende Weiterführung:
- Kläre mithilfe eines Lexikons die Herkunft und Bedeutung der Monatsnamen und Wochentage!
- Erstellen eines Schuljahrestimers: Auf einem Kalender Ferientage (grün), Geburtstage, kirchliche Feste, lokale Gedenktage und Feiertage (Stadtfest o.Ä.), besondere schulische Ereignisse (Schulfest, Projekttage, Schulgottesdienst), Feste anderer Religionen etc. kennzeichnen.
- Wozu brauchen Menschen Kalender? Anhand eines Kalenderblattes aus einem französischen *Stundenbuch um 1510* (SB, S. 151; was ein „Stundenbuch" ist: s. auch oben S. 95) können Tierkreiszeichen, Monatszeichen und Gedenktage an Heilige angesprochen werden. Nachdenken über das Verhältnis zwischen verplanter und freier Zeit.

⇨ Bildbetrachtung: *Hildegard von Bingen, Lebenskreis (1098–1179)* (SB, S. 147)
(Die Bildbetrachtung ist auch am Anfang denkbar.)
- Stilles Betrachten (wegen der Vielzahl der Bildelemente viel Zeit geben!)
- Spontane, unkommentierte Sch.-Äußerungen
- evtl. biografische Hinweise auf die Äbtissin Hildegard von Bingen (am unteren Bildrand sitzend in einer Klosterzelle)
- Analyse der Bildelemente:
  Die Welt: Kreise aus Feuer, Luft, Wasser, Erde (vier Elemente);
  Winde bewegen die Erde, Gestirne beleuchten sie;
  Gottes Hand hält die Erde und „offenbart" Hildegard dieses Weltbild;
  Lebenskreis des Menschen: Jahreszeiten/Kreislauf der Natur/der Mensch als Teil der Natur, Wechsel von warmen/hellen und kalten/dunklen Phasen;
  Arbeiten/Tätigkeiten des Menschen: Feldarbeit, Ernte, Ruhe, nachdenken, genießen, nackt am Boden liegen, krank sein (Ambivalenz der Lebenserfahrungen)
- Wirkung des Bildes: Ordnung, Kreislauf, Wiederkehr der Ereignisse, Bedrohungen (Winde, Nacktheit, Tod), Mandala-Symbol.
- Aufzeigen von Lebensphasen oder -ereignissen, die in diesem Lebenskreis fehlen.
- Einen eigenen Lebenskreis mit den für die Jahreszeiten charakteristischen Tätigkeiten und einem Foto/Bild von sich selbst gestalten (Geburtstage, Familienereignisse, besondere Feste ...).
  Da das Bild sehr komplex ist, könnte ein Lückentext zur Sicherung der Ergebnisse sinnvoll sein.

Arbeitsblatt:

Hildegard von Bingen, Lebenskreis, 1098–1179

Hildegard von Bingen war eine ______________ aus dem Orden der Benediktinerinnen. Sie war auch ________________ und schrieb Werke über Gott und die Menschen ihrer Zeit. Außerdem beschäftigte sie sich mit ________________ und ________________.

Auf dem Bild „Lebenskreis“ sehen wir Hildegard in ihrer ______________, an einem ________________ sitzend.

Sie hat Visionen, sieht Bilder, die sie von __________ erhält. Dies kann man auf dem Bild an der __________ Gottes erkennen. Hildegard beschreibt ihre Sicht der Welt, die sie von Gott gehalten weiß.

In einem Kreisrund sind die vier ______________ dargestellt (von außen nach innen): ____________, ____________, ____________ und __________. Sie haben die Farben ________, ________, ________ und ________/________. Auf dem äußeren Kreis aus Feuerflammen erkennen wir auch die ______________, die die Welt beleuchten, und die manchmal bedrohlichen ____________, die die Welt bewegen.

In der Mitte sehen wir einen in vier gleich große Teile geteilten Kreis. Er steht für den Wechsel der ________________ und für den Kreislauf der ________.

Auch an den Hitzewellen, Regengüssen und ____________ kann man die Jahreszeiten erkennen.

Nenne Tätigkeiten und Arbeiten des Menschen!

____

____

____

____

____

Welche Lebenserfahrungen oder -ereignisse fehlen auf diesem Bild ?

____

____

____

Lösungen:
Elemente, Nonne, Winde, Feuer, Schriftstellerin, Bäumen, Naturheilkunde, Medizin, Wasser, Klosterzelle, Luft, Rot, Erde, Blau, Jahreszeiten, Weiß, Natur, Schreibpult, Grün/Braun, Gestirne, Gott, Hand

B. Zeit zum Feiern

⇨ Text: *Die Gabe des Adlers* (SB, S. 152)
Der Text eignet sich gut, um wesentliche Merkmale eines Festes zu erarbeiten.

Die Gabe des Adlers – ein Mythos der Eskimos

Ein „Mythos" ist eine Erzählung von Göttern, Helden, Gestalten und Geschehnissen aus vorgeschichtlicher, uralter Zeit. In einem Mythos werden wichtige Fragen und Erkenntnisse der Menschen über Gott und über ihre Welt bildhaft-symbolisch erklärt.

Zu einem gelungenen Fest gehören:
Musik – Gedichte – Tanz – festliche Umgebung (Festhütte) – besondere Speisen –Verkleidung ...

Die Menschen erleben bei einem gelungenen Fest:
Freude – Gemeinschaft – Veränderung – Verjüngung ...

Feste sind:
eine Hoch-Zeit – eine Unterbrechung des Alltags – ein Geschenk Gottes – eine heilige Zeit (engl.: „holiday")

Feste haben häufig einen religiösen Bezug, sie dienen der Erinnerung und Besinnung auf die wichtigen Fragen des Lebens. Sie geben Kraft und neue Impulse.

⇨ *Feste in meinem Leben*
a. Mein schönstes Fest
- Wir erzählen uns Fest-Geschichten
- Bilder von gelungenen Festen malen; evtl. Fotos mitbringen
- Collagen erstellen zum Thema „Ein tolles Fest"
- Eine Einladung zu einer Geburtstagsfeier gestalten

b. Feiern – aber wie?

⇨ Bildbetrachtung: *Pablo Picasso, Es lebe der Frieden, 1954* (SB, S. 153)
Die Tuschezeichnung ist an dieser Stelle, aber auch sehr gut als Abschluss einsetzbar.
Sie weist wesentliche Elemente eines Festes auf: Musik, Tanz, Freude, Gemeinschaft trotz Verschiedenheit, Begegnung von Menschen verschiedener Generationen.
Verschiedene Symbole, die einen Bezug zur Bedeutung und Wirkung von Festen haben, lassen sich beschreiben und deuten:

Symbol	Bedeutung als Festsymbol
Taube/Zweig	Friedens- und hoffnungsstiftende Funktion von Festen
Kreis	Gemeinschaft verschiedener Menschen, Generationen und Kulturen; ganzheitliche Erfahrungen bei gelungenen Festen
Feuer/Licht	Licht ist zentrales Festsymbol, das in den meisten Religionen und Kulturen vorkommt. Lichterfeste im Kirchenjahr; Licht steht für Freude, Wärme, Ende von Trauer und Dunkelheit, gibt Orientierung, neue Impulse ... Ambivalenz des Symbo-les Licht: Feuer, Zerstörung ...
Baum	Verwurzelung der Feste in Kultur und Religion; Früchte eines gelungenen Festes: Freude, Gemeinschaft, Besinnung, Orientierung ...; Berührung der Baumkrone mit dem Himmel: religiöse Dimension von Festen

⇨ Text: *Christine hat Geburtstag* (SB, S. 153)
Problemorientierter Zugang zum Thema „Geburtstagsfest“; Problemfelder: Materialismus, Konsumorientierung, Sinnentleerung von Festen, Entfremdungen, Generationskonflikt.
Partnerarbeit:
- Das Problem aus der Sicht von Christine und aus der Sicht der Eltern formulieren
- Wie könnte Christines Geburtstag verlaufen, wenn Jutta ihre Geschenkidee wie geplant umsetzt?
- Eigene Vorschläge erarbeiten, wie eine gelungene Geburtstagsfeier aussehen könnte; besondere, phantasievolle, die Eigentätigkeit unterstützende Festideen erarbeiten
- Gründe und Beispiele für das Misslingen von Festen aufzeigen.

Weiterführender Text zum Thema „Gelungenes Fest“: Stefan hat Geburtstag, in: Helmut Hanisch, u.a. (Hg.), Den Glauben feiern. Feste im Kirchenjahr, Diesterweg/EVA, Frankfurt a.M./Leipzig 1994, S. 9.

C. Feste im Kirchenjahr

- Sammeln von Vorerfahrungen der Sch., bereits bekannter Feste und ihrer Bedeutung
- Zuordnen der bekannten Feste im Kirchenjahr zu Jahreszeiten bzw. Daten
- Erstellen eines eigenen Kirchenjahr-Kreises oder Erarbeiten der Darstellung im SB, S. 154
- Eintragen bzw. Klären der liturgischen Farben (Hilfe: Erläuterungen im Sachtext, SB, S. 155)
- Bedeutung der Festtage in arbeitsteiliger Gruppenarbeit; Herstellen eines Quartetts (s. Ideenecke, SB, S. 161)
- Erklären der besonderen katholischen Feiertage
- Sicherung und Vertiefung:

⇨ *Puzzle zum Kirchenjahr* (ZM 1)

⇨ *Kirchenjahr-Rätsel* (ZM 2)
Lösungssatz: FEIERN MACHT FREUDE.

⇨ *Quartett zum Kirchenjahr* und zu den Festen am Lebensweg (SB, S. 161)
Gestaltung der Karten:
- Schreibe den Namen des Festes oben auf die Karte, male in den Kreis ein zum Fest passendes Symbol, male den Hintergrund des oberen Feldes in der passenden liturgischen Farbe aus.
- Schreibe in das mittlere Feld den Festkreis bzw. den Oberbegriff für die Vierergruppe von Festen und nummeriere sie.
- Im unteren Feld ist Platz, um die Botschaft des Festes oder den Grund zum Feiern hineinzuschreiben.

Osterfestkreis: 1 Karfreitag 2 Ostern 3 Himmelfahrt 4 Pfingsten
Weihnachtsfestkreis: 1 Advent 2 Nikolaus 3 Weihnachten 4 Epiphanias
Trinitatiszeit: 1 Trinitatis 2 Erntedank 3 Reformationstag 4 Buß- und Bettag
Lichtfeste: 1 Advent 2 Weihnachten 3 Ostern 4 Martinstag
Lebensweg-Feste: 1 Taufe 2 Konfirmation 3 Hochzeit 4 Beerdigung/Trauerfeier
Nach den bekannten Quartett-Regeln spielen.

⇨ *Kirchenjahr im Klassenraum optisch darstellen*
- Fest-Kalender/Festbüchlein gestalten
- Das Kirchenjahr in der Fensterbank:
  Zu den wichtigsten Festen des Kirchenjahres werden Gegenstände oder Symbole gesammelt oder gestaltet, die dann z.B. in einer (geschützten) Fensterbank aufgebaut und das Jahr über betrachtet werden können:
  Beispiele: Advents- und Osterkerzen mit Wachsplatten gestalten; Nikolausstiefel; Stern aus Stroh oder anderem Material als Weihnachtssymbol; Martinslaterne; Bibel als Symbol für den Reformationstag ...

⇨ *Kirchenjahr kulinarisch*
Zu vielen Festen des Kirchenjahres gibt es spezielle Speisen. Informiert euch darüber bei euren Eltern oder Großeltern. Bei einer Feier in der Klasse könnte das eine oder andere Rezept ausprobiert werden (z.B. Martinshörnchen, Pfefferkuchenhaus, Osterzopf).

⇨ *Kirchenjahr in Körperhaltungen*
Kirchliche Feste und Zeiten lassen sich in

Körperhaltungen, zu Ostern oder Weihnachten, zu Advent, Himmelfahrt und Pfingsten können lebendige „Denkmäler“ gebaut werden (s. dazu z.B.: Unterrichtsideen Religion 5, Calwer, Stuttgart 1996, S. 238).

D. Meine Feste – deine Feste

Die drei ausgewählten Kinder- und Lichterfeste der Religionen können inhaltlich und methodisch auf verschiedenste Weise miteinander in Bezug gebracht werden. Sie eignen sich auch für eine längere arbeitsteilige Gruppenarbeit. Verschiedene Vergleichs- und Berührungspunkte sind denkbar:

Licht als Symbol, das für alle drei Feste von Bedeutung ist; Bezüge zu anderen Lichterfesten des Kirchenjahres; Teilen mit den Armen: Martinstag/Scheker Bayram (Almosen), Fasten im Ramadan/in der Fastenzeit (Aktion: 7 Wochen ohne ...; Verzicht als Gewinn); Schenken als Bestandteil von Chanukka/Scheker Bayram/Weihnachten/Nikolaustag. Anzünden von Kerzen an Chanukka/im Advent.

Wichtig ist, dass bei allen Ähnlichkeiten in den äußeren Erscheinungsformen der drei Feste deutlich wird, dass Anlässe, Begründung und historisch-religiöser Entstehungskontext ganz und gar verschieden sind. Nur so kann man den einzelnen Festen in den Religionen (ansatzweise) gerecht werden und zu einem verstehenden Dialog kommen.

a) Lichterfest – Chanukka

⇨ Hinführung: *Licht-Meditation*

🕮 Anregungen dazu bei: Heidi Nehmeyer, Sankt Martin feiern mit Kindern. Lebendiges Brauchtum für die Gestaltung des Gruppenlebens im Kindergarten, Südwest, München 1998, S. 62–64.

- Helle und dunkle Momente in meinem Leben
- evtl. Hell-Dunkel/Licht-Schatten-Bilder gestalten

⇨ Bildbetrachtung: *Chanukka-Leuchter*

- Auffälligkeiten benennen (kostbares Material, erinnert an die Menora, aber: 9 Arme, 8 Arme auf gleicher Höhe, 9. Arm für eine gesonderte Kerze = Diener = Schammasch)
- Vermutungen äußern, wo dieser Leuchter steht (in der Synagoge, meist auf dem Podest vor dem Toraschrein mit den zwei Löwen, die grimmig die Zähne fletschen, mit den Tafeln der 10 Gebote und der Krone)
- Tuch, auf dem der Leuchter steht (mit aufgesticktem Davidstern)
- evtl. Hintergrundinformation zur Zeremonie in der Synagoge:
  Der Kantor zündet am 1. Abend mit der Dienerkerze das erste Licht an. Am 2. Abend werden zwei Lichter entzündet, zuerst stets das neue Licht, dann das vom Tag zuvor, bis zum 8. Tag. Der Schammasch wird immer sofort wieder gelöscht. Er ist im Gegensatz zu den anderen Kerzen (profaner) Gebrauchsgegenstand. Mit dem Anzünden der Kerzen werden Segenssprüche gesprochen.

⇨ Text: *Ruth Weiss, Das Fest der Lichter* (SB, S. 158)

Die Geschichte veranschaulicht, wie das Chanukka-Fest in einer jüdischen Familie begangen wird. Die typischen Elemente können leicht benannt und durch weitere Bräuche ergänzt werden (Dreidelspiel um Geld oder Nüsse, Chanukka-Leuchter ins Fenster stellen, Hymnus „Maoz Tzur“: „Bergfestung, Fels meiner Hilfe, gerne preisen wir dich! Denn das Haus meiner Gebete ward wieder neu errichtet. Dort wollen wir dir nun Dank opfern. Besingen und preisen will ich die neue Weihe des Altars.“).

Ähnlichkeiten des jüdischen Lichterfestes mit christlichen Bräuchen sollten aufgezeigt werden (besonders: Adventskranz/Weihnachten). Um zu einem richtigen Verständnis des jüdischen Lichterfestes zu gelangen, müssen die religiös-historischen Hintergründe, die das Fest begründen, erarbeitet werden (SB, S. 159).

b) Zuckerfest – Scheker Bayram

⇨ Das islamische „Fest des Fastenbrechens“ ist ohne Kenntnis des Fastenmonats *Ramadan* nicht zu verstehen. Die notwendigen Informationen bietet ein knapper Sachtext (SB, S. 159), wobei der Tagesablauf eines Muslims in der Fastenzeit und der Sinn des Fastens (= Ausdruck der Hingabe an Gott, Selbstbeherrschung, Gemeinschaftsgefühl unter allen Fastenden, Solidarität mit Notleidenden, Almosen) Schwerpunkte der Erarbeitung sind.
Das islamische „Zuckerfest“ hat einen stark gemeinschaftsbezogenen Charakter, der anhand des *Fotos* von der Moschee al-Aqsa in Jerusalem (SB, S. 160, religiöses Gemeinschaftsgebet der Gläubigen) und dem *Bericht von Elsbe Groß* (SB, S. 160) gut erarbeitet werden kann. Auch die Art der zwischenmenschlichen Beziehungen sollten herausgestellt werden: fröhliches Familienfest, Respekt vor alten Menschen, Besuch des Friedhofs, Solidarität mit den Armen, Besuche, erstes Frühstück bei Tageslicht nach langer Zeit).
Falls in der Klasse islamische Kinder sind, sollten diese oder ihre Eltern direkt zu Wort kommen (Fotos betrachten, Interviews durchführen o.Ä.).

E. Wir feiern gemeinsam – Vorbereitung und Feier eines Martinsfestes

⇨ Bild: *Il Sassetta, Martin und der Bettler, 1433* (SB, S. 157)
Betrachtung des Bildes ohne Vorgabe von Titel und Thema; den Bettler zunächst abdecken; den Reiter beschreiben, Vermutungen über Herkunft und Beruf äußern; Gesichtszüge des Mannes beschreiben; Gesamtbild betrachten; Situation des Bettlers beschreiben, Gründe für seine schlimme Lage vermuten, evtl. Gegenwartsbezug herstellen; die Martinsgeschichte zunächst von den Kindern erzählen lassen.

⇨ Lesetext: *Martinstag* (SB, S. 156)

⇨ *Ideen*:

- *Spielszenen* zum Leben Martins arbeitsteilig gestalten: z.B. Martin als Junge; Martin begegnet einem Bettler in Amiens; Martin überlegt, ob Christsein und Kriegsdienst miteinander vereinbar sind; Martin wird Bischof von Tours
- *Bildgeschichten* zum Leben Martins gestalten (Wandbild oder OHP-Folienbilder)
- *Martinsbräuche* benennen und ihre Begründung in der Biografie Martins prüfen:
  - „Martinsgans“: geht zurück auf das Ende des Wirtschaftsjahres; an Martini wurden Pachtzahlungen und Zinsen fällig – auch in Form von Naturalien/Gänsen; der Verrat Martins durch die Gänse ist legendarisch
  - „Martinsfeuer“: heidnischer Brauch zum Vertreiben von Dämonen oder Fruchtbarkeitsritus
  - „Lichterumzüge“: sind möglicherweise durch die für den 11.11. vorgesehene Bibellesung – Lk 11,33 – begründet
- *Collagen*/Bilder gestalten zum Thema „Den Mantel teilen – Menschen helfen Menschen“
- *Martinslieder* singen/üben (s.u. 5. Materialien und Medien)
- *Laternen* und/oder Walnussschiffchen herstellen (s.u. 5.).
- *Martinsfeier* gemeinsam planen:
  - Lieder, Erzähltexte, Rollenspiele etc. auswählen und üben
  - Möglicher Schwerpunkt „Licht“:
    - Sprechmotette/Gedanken der Sch. zum Thema „Licht“
    - Walnussschiffchen schwimmen lassen
    - evtl. Bezug zu Jesus: „Ich bin das Licht der Welt ...“
    - Kerzen mit Symbolen anderer Lichtfeste des Kirchenjahres entzünden
    - evtl. über Lichtfeste in anderen Religionen erzählen (Chanukka/Bayram)
  - Möglicher Schwerpunkt „Den Mantel teilen“:
    - Szenen zum Leben Martins vorspielen
    - überlegen, was man alles mit wem teilen kann (Zeit, Lächeln, Spielzeug ...)
    - Wir teilen Martinshörnchen; & Rezept in: Gertrud Wagemann, Feste der Religionen
    - Begegnung der Kulturen, Kösel, München 1996, S. 98.

- Gestaltung des Festraumes:
  - evtl. Speisen und Getränke festlegen, zubereiten
  - evtl. Gäste einladen (Eltern, Fachlehrer/innen, Geschwisterkinder ...), Einladungskarten gestalten und verteilen
  - Aufgaben verteilen (evtl. Checkliste in der Klasse aufhängen)

⇨ *Ausklang/Aktion*
- Anderen ein Licht bringen im dunklen November (z.B. Altenheim)
- Martinssingen (Teilen: Süßigkeiten werden verspeist, Geld wird gespendet)
- Wir teilen mit anderen: Kleider spenden an Hilfsbedürftige, Pakete packen für Menschen in Not ...

5. Materialien und Medien

Bücher zum Kirchenjahr und zu Festen anderer Religionen mit vielen praktischen Tipps:
- Erhard Domay (Hg.), Menschenzeit, Gotteszeit. Ein Vorlesebuch zum Kirchenjahr für Schule und Gemeinde, Kaufmann, Lahr, 1992 (mit einer sehr guten Einführung zum Thema Zeit).
- Fredy Fischer, St. Martin feiern, Patmos, Düsseldorf 1997[2].
- Helmut Hanisch u.a. (Hg.), Den Glauben feiern. Feste im Kirchenjahr, Diesterweg/Evangelische Verlagsanstalt, Frankfurt a.M./Leipzig 1994.
- Hermine König, Das große Jahresbuch für Kinder. Feste feiern und Bräuche neu entdecken, Kösel, München 1996[2].
- Heidi Nehmeyer, Sankt Martin feiern mit Kindern. Lebendiges Brauchtum für die Gestaltung des Gruppenlebens im Kindergarten, Südwest, München 1998 (eine Fülle von Liedern, Spielszenen, Basteltipps und anderen Anregungen; auch für Jg. 5/6 gut zu gebrauchen).
- Thomas Reuter, Das Kirchenjahr mit Kindern feiern. Ein Vorlesebuch mit lustigen Geschichten, Backrezepten und Spielen, Burckhardthaus-Laetare, Offenbach a.M. 1997.
- Gertrud Wagemann, Feste der Religionen – Begegnung der Kulturen, Kösel, München 1996.

Unterrichtsmodelle zum Kirchenjahr für Klasse 3–6:
- Reihe: Feste und Gestalten im Jahreslauf, hg. von Eva Jürgensen, Kaufmann, Lahr (Hefte zu Pfingsten, Erntedank, Jesus und Mohammed, Maria, Die Heiligen Drei Könige, Engel, Ostern).

Projektarbeit:
- Jürgen Adam, Projekt Zeit. Projektanregungen und Materialien, Verlag an der Ruhr, Mülheim 1996[2].

CD mit musikalischem Hörspiel und Liederteil:
- Ludger Edelkötter u.a., Martin und Cemile. Die St. Martin Geschichte mit neuen und beliebten St. Martin Liedern, Impulse Musikverlag 1996.

Handlungs- und produktorientierte Zugänge zu einzelnen Themenaspekten:
- Eva Jürgensen (Hg.), Erntedank. Brotfest – Zeitlupenfest, Kaufmann, Lahr 1992, S. 56 (Bau einer Sanduhr).
- Dietrich Steinwede/Ingrid Ryssel (Hg.), Weltreligionen erzählen und verstehen. Kinder begleiten in Schule, Gemeinde und Familie, Gütersloher, Gütersloh 1999, S. 55 (Chanukka: Trendel-Spiel).
- Dietrich Steinwede/Ingrid Ryssel (Hg.), Symbole spielen und erzählen. Kinder begleiten in Schule Gemeinde und Familie, Gütersloher, Gütersloh 1998, S. 27 (Lichterschiffchen aus Walnüssen).

Puzzle zum Kirchenjahr

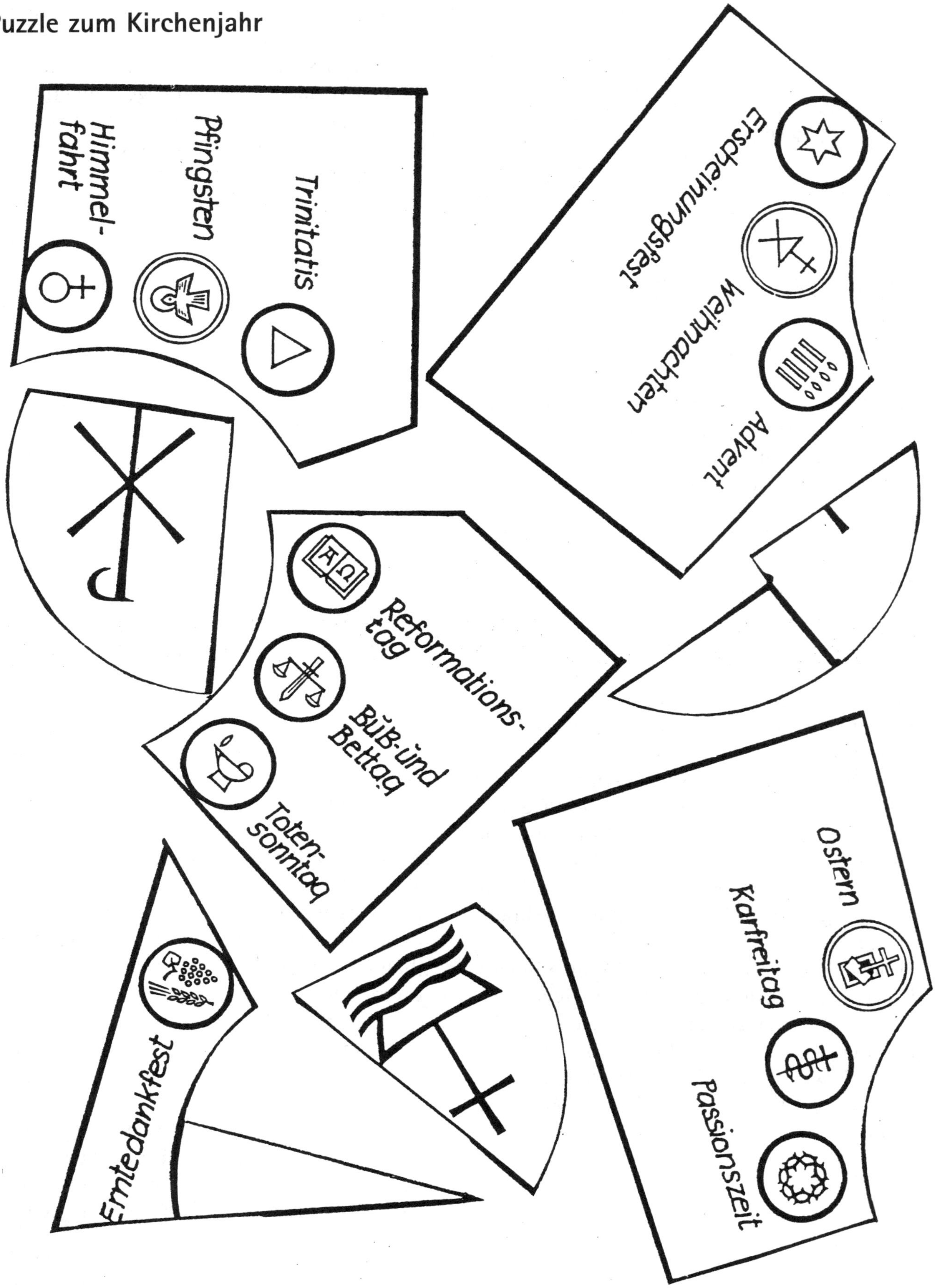

Walter Dietz u.a. (selbst erstellt), aus: entwurf 1/94, S. 99.

Kirchenjahr-Rätsel

Finde zu den angegebenen Tätigkeiten bzw. Botschaften die passenden Feste und Zeiten! Male auch das dazugehörige Symbol und die liturgische Farbe in die Tabelle hinein!

Fest(zeit)	Tätigkeit/Botschaft des Festes	Symbol/liturgische Farbe
_ _ _ _ _ _ _ _ _ 4 16	sich freuen am Reichtum der Erde	
_ _ _ _ _ _ 2	warten	
_ _ _ - _ _ _ _ _ _ _ _ _ 15 14	zu sich kommen und sich ändern	
_ _ _ _ _ _ _ _ _ _ 7 5	teilen	
_ _ _ _ _ _ _ _ _ _ 12	Angst und Schmerzen haben	
_ _ _ _ _ _ 13	neues Leben bekommen	
_ _ _ _ _ _ _ _ _ _ 11 8	drei sind eins	
_ _ _ _ _ _ _ _ _ _ _ - 17	sich erinnern an die Verstorbenen	
_ _ _ _ _ _ _		
_ _ _ _ _ _ _ _ _ _ 1	auf etwas verzichten	
_ _ _ _ _ _ _ _ _ _ _ 6 9 10	Licht und Friede auf Erden	
_ _ _ _ _ _ _ _ 6 3	schenken und helfen	
_ _ _ _ _ _ _ _ _ _ 4	verbinden und verständigen	

Lösungssatz : _ _ _ _ _ _ _   _ _ _ _ _   _ _ _ _ _ _.
1 2 3 4 5 6   7 8 9 10 11   12 13 14 15 16 17

Folgende Feste kommen im Rätsel vor:
Advent, Nikolaus, Weihnachten, Fastenzeit, Karfreitag, Ostern, Pfingsten, Trinitatis, Erntedank, Buß- und Bettag, Ewigkeitssonntag, Martinstag

Evangelische Christen – katholische Christen: Was sie eint und was sie trennt

1. Theologische und didaktische Aspekte

„Evangelisch oder katholisch – das hat doch gar keine Bedeutung mehr!“ Dies ist eine Aussage, die heute häufig zu hören ist. Manchmal wird betont, dass man „christlich“ sei, da sich viele in den Amtskirchen nicht mehr verwurzelt fühlen.

Konfessionsunterschiede spielen in der Gesellschaft häufig keine Rolle mehr. Im Alltag vieler ist es kaum von Bedeutung, welcher Konfession die Menschen angehören. Es gibt heutzutage viele überkonfessionelle Ehen und Freundschaften unter Kindern. Dies ist auch bei den Sch. der Fall. Vermutlich merken sie nur im konfessionellen Religionsunterricht, dass die Katholiken und Protestanten getrennt werden. In vielen Schulen werden ökumenische Gottesdienste gefeiert oder es wird Religion überkonfessionell unterrichtet, sodass dort die Trennung auch nicht sichtbar wird. (Es soll hier zum überkonfessionellen Religionsunterricht nur angemerkt werden, dass sich beide Kirchen dagegen ausgesprochen haben.)

Obwohl sich Katholiken und Protestanten in den letzten Jahren näher gekommen sind, gibt es noch viele Vorurteile über die jeweils andere Konfession. Gerade in den Schulen, in denen der RU konfessionell erteilt wird, kommen deshalb viele Fragen auf und es besteht ein großer Informationsbedarf, um solche Vorurteile zu beseitigen.

In Schulen mit *orthodoxen* Sch. sollte diese Unterrichtsreihe von vornherein umbenannt werden (Evangelische, katholische und orthodoxe Christen: Was sie eint und was sie trennt), damit sich die orthodoxen Sch. nicht ausgeschlossen fühlen. Hierzu müsste zusätzliches Material über orthodoxe Christen eingebracht werden.

Der *erste Teil* des Kapitels besteht im *Problemaufriss*, in dem den Sch. die Trennung (nochmals) bewusst gemacht wird. In der Geschichte *Zwei Freundinnen* (SB, S. 164f.) können sich Sch. (aus dem konfessionellen RU) wieder finden oder daran erfahren, wie die Trennung von Sch. wahrgenommen wird (Sch. aus dem überkonfessionellen RU). Im Anschluss daran wird die Frage, wie es überhaupt zu dieser Trennung zwischen evangelisch und katholisch gekommen ist, mithilfe von Informationen über Martin Luther und die Reformation beantwortet. Es wird vom Ablasshandel und den 95 Thesen berichtet und von Luther und seiner reformatorischen Erkenntnis, dass Gerechtigkeit Gottes nicht die Bestrafung der Sünder, sondern die Erlösung der Sünder durch Jesus Christus heißt.

Die Trennung wird in vielen Bereichen deutlich. Schon bei der Verkündigung des Wortes Gottes gibt es grundlegende Unterschiede. In der evangelischen Kirche herrscht das Prinzip „sola scriptura", d.h. „die Schrift allein", die Bibel, ist die wichtigste Quelle der Verkündigung des Wortes Gottes und sie muss nicht verbindlich von Menschen ausgelegt werden. Die katholische Kirche dagegen ist der Auffassung, dass die Kirche das Wort Gottes verbindlich erklären muss. Daraus ergeben sich weitere Konsequenzen, wie z.B. die unterschiedliche Frömmigkeit. Während die Protestanten das Wort Gottes und dessen Verkündigung (Predigt) als das Wichtigste ansehen, legen die Katholiken viel Wert auf zeichenhafte und symbolhafte Handlungen. So haben die Katholiken sieben Sakramente (Taufe, Firmung, Eucharistie, Beichte, Ehe, Krankensalbung, Ordination), die Protestanten nur die zwei, die in der Bibel bezeugt sind, nämlich Taufe und Abendmahl. Im Abendmahlsverständnis ist die Trennung zwischen evangelischen und katholischen Christen besonders stark – und wird wohl auch einer der größten Streitpunkte in der Frage nach Ökumene bleiben. Die Katholiken glauben, dass durch die Einsetzungsworte das Brot (Hostien) und der Wein zu Leib und Blut Christi werden (Transsubstantiation), während die Protestanten beim Abendmahl Wein und Brot als Symbole für die reale Gegenwart Christi ansehen. Ein weiterer wichtiger Unterschied ist die Heiligenverehrung und besonders die Marienverehrung in der katholischen Kirche. Für katholische wie auch evangelische Christen haben Heilige Vorbildcharakter. Für die Katholiken sind Heilige zudem aber auch Fürsprecher vor Gott, d.h. sie werden angerufen, um bei Gott für die Betenden zu bitten. Luther wandte sich gegen die Heiligenverehrung, weil sie zu seiner Zeit solche Ausmaße angenommen hatte (Reliquienhandel), dass Jesus Christus weniger wichtig erschien als die Heiligen. Grundsätzlich aber war er nicht gegen eine Verehrung dieser verdienten Christen, auch nicht gegen die Verehrung der Maria. Weitere Unterschiede liegen in der Liturgie und in liturgischen Formen der Frömmigkeit wie Bekreuzigen, Knien, Prozessionen u.ä.

Von Luther und der Reformation ausgehend, kann im *zweiten Teil* dann nach *Gemeinsamkeiten* von und nach *Unterschieden* zwischen „evangelisch" und „katholisch" gefragt werden.

Grundsätzlich gilt, dass evangelische und katholische Christen an denselben Gott glauben, die Bibel, das Glaubensbekenntnis und das Vaterunser als wichtige Glaubengrundlagen ansehen, Taufe und Eucharistie bzw. Abendmahl (abgesehen von der sehr unterschiedlichen Interpretation) als Sakramente teilen, dieselben Hauptfeste im Kirchenjahr und z.T. identische Lieder haben.

Um einen Einblick in Unterschiede und Gemeinsamkeiten zu bekommen, werden Bilder aus evangelischen und katholischen Kirchen (SB, S. 168f.) gezeigt. Anhand der Bilder – oder besser noch: anhand von Unterrichtsgängen in evangelische und katholische Kirchen – werden die Gegenstände in „typisch evangelisch", „typisch katholisch" oder „beiden gemeinsam" eingeteilt und es wird über ihre Bedeutung im Gottesdienst und im Glauben gesprochen. Wichtige Unterschiede sind das deutlich divergierende Abendmahlsverständnis, die (Anzahl der) Sakramente, die Hierarchie innerhalb der Kirchen, Vermittlung des Wortes Gottes und die Heiligenverehrung. Diese Punkte können je nach Interessenlage oder Wissensstand der Klassen stärker oder weniger stark betont und besprochen werden.

Im Anschluss an die Unterschiede sollen die Gemeinsamkeiten, nämlich die Glaubensgrundlagen wie *Glaubensbekenntnis* und *Vaterunser* und das Sakrament der *Taufe*, verdeutlicht werden (SB, S. 172ff.). Obwohl es immer noch unterschiedliche Fassungen des Glaubensbekenntnisses und des Vaterunsers gibt und sie auch noch im Gottesdienst verwendet werden, ist die Grundaussage dennoch gleich. Man darf auch nicht vergessen, dass es nicht *die* katholische und *die* evangelische Kirche gibt, sondern man muss im Hinterkopf haben, dass es auch noch regionale Unterschiede geben kann (bes. im Bereich der evangelischen Kirchen).

Nach dem Kennenlernen von Unterschieden und Gemeinsamkeiten kommt, im *dritten Teil*, die *Ökumene* ins Blickfeld. Trotz der Unterschiede und gerade wegen der Gemeinsamkeiten ist es möglich, dass evangelische und katholische Christen zusammen arbeiten und zusammen Gottesdienst feiern. Am Beispiel der gemeinsamen Aktion „Miteinander Teilen – Gemeinsam Handeln" von „Brot für die Welt" und „Misereor" kann gezeigt werden, dass es möglich und nötig ist, dass Christen zusammen gegen das Elend und die Ungerechtigkeit in der Welt eintreten (SB, S. 175).

Neben dieser „offiziellen Ökumene“ gibt es die Ökumene vor Ort, die den Sch. sicherlich vertrauter ist. In diesem Zusammenhang wird auch auf den Ökumenischen Rat der Kirchen (ÖRK) eingegangen, in dem sich die christlichen Kirchen – allerdings mit Ausnahme der katholischen Kirche – zusammengeschlossen haben, um für Gerechtigkeit, Frieden und Bewahrung der Schöpfung auf der ganzen Welt einzutreten (SB, S. 176).

2. Intentionen

Die Sch. sollen
- durch Hören von Bekanntem und Lernen von Fremdem der eigenen Konfession ihre religiöse Identität festigen
- sich mit der anderen Konfession und ihren Besonderheiten beschäftigen
- die Gemeinsamkeiten und Unterschiede der beiden großen Konfessionen erarbeiten
- durch das Wissen über Gemeinsamkeiten und Unterschiede befähigt werden, tolerant, verständnisvoll und respektvoll mit Angehörigen der anderen Konfession umzugehen
- in einem Besuch in einer katholischen Kirche die typisch katholischen Merkmale vor Ort erfahren
- Formen von ökumenischer Zusammenarbeit kennen lernen
- die Taufe als ein den Konfessionen gemeinsames Fest der Aufnahme in die eine Kirche begreifen
- Glaubensbekenntnis und Vaterunser als grundlegende gemeinsame Glaubensaussagen verstehen.

3. Literatur zur Vorbereitung

- Reinhard Frieling, Katholisch und Evangelisch. Informationen über den Glauben, Vandenhoeck & Ruprecht, Göttingen 1999[8].
- Margarete Luise Goecke-Seischab/Jörg Ohlemacher, Kirchen erkunden, Kirchen erschließen. Ein Handbuch, Kaufmann/Butzon & Bercker, Lahr/Kevelaer 1998.
- Martin Honecker/Hans Waldenfels, Zu Gast beim anderen. Evangelisch-katholischer Fremdenführer, Bonifatius, Paderborn 1997.
- Hartmut Jetter u.a. (Hg.), Evangelischer Erwachsenenkatechismus, Gütersloher, Gütersloh 1989[5].

4. Unterrichtsideen

A. Problemaufriss

⇨ Bild: *Angelika Ahrweiler, Über den Dächern* (SB, S. 163)
Zur Einstimmung auf das Kapitel wird dieses Bild in Ruhe betrachtet. Die Sch. erhalten Gelegenheit, sich zur Vertrautheit oder Fremdheit des Bildes zu äußern. Für die Sch. ist es ein gewohnter Anblick, eine Kirche in einem Dorf oder in einer Stadt zu sehen.
Das Bild zeigt eine Kirche in einer Ortschaft. Um die Kirche herum sind die Häuser gebaut. Die Kirche bildet hier den Mittelpunkt des Bildes und der gezeichneten Ortschaft.
Hier bietet sich die Möglichkeit, die Sch. nach den Gründen für diese Lage der Kirche zu fragen. Es ist sehr wahrscheinlich, dass die Sch. Probleme mit der Begründung haben, da ihnen die Vorstellung, dass die Kirche den Mittelpunkt im Leben und somit auch im Dorf oder der Stadt bildet, u.U. fremd ist.
Ein zweiter einstimmender Aspekt ist es, die Einzelheiten der Kirche näher zu betrachten und zu beschreiben. Der Turm und das Hauptschiff mit Fenstern und Portal sind gut zu erkennen.

⇨ Text: *Rolf Krenzer, Zwei Freundinnen* (SB, S. 164f.)
In dieser Geschichte geht es um zwei Mädchen, die eng befreundet sind und alles zusammen machen. Als sie in die Schule kommen, erfahren sie, dass sie etwas trennt. Die eine ist evangelisch, die andere katholisch und sie müssen in verschiedenen Gruppen unterrichtet werden. Das evangelische Mädchen fragt ihre Eltern, warum sie nicht mit ihrer Freundin in den Religionsunterricht gehen kann. Auch die Eltern haben keine überzeugende Antwort für das Mädchen.
Der Text wird zusammen gelesen und den Sch. Raum für spontane Äußerungen gegeben. Voraussichtlich werden ähnliche Erfahrungen genannt. Werden diese Äußerungen nicht spontan getätigt, kann L. nach ähnlichen Erfahrungen fragen. In Gruppen, die überkonfessionell unterrichtet werden, können die Fragen, ob die Sch. sich das vorstellen können und wie sie es finden würden, gestellt werden.
Eine weiterführende Frage ist, ob die Sch. Kerstin die Trennung erklären könnten. So wird das Vorwissen der Sch. integriert.

⇨ Abb.: *Riss in der Mauer* (SB, S. 165)
Auf dem Foto ist ein Riss in einer Mauer aus Ziegelsteinen zu sehen. Der Putz bröckelt langsam von der Mauer ab. Es stecken Steinchen in dem Riss – vielleicht hat jemand versucht, ihn notdürftig auszufüllen, ihn kleiner zu machen.
Der Riss kann nach der Geschichte über die beiden Freundinnen als Riss zwischen den beiden Konfessionen betrachtet werden. Er steht für die Kirchenspaltung und evtl. für den konfessionellen Religionsunterricht.
Folgende Aufgaben können mit den Sch. bearbeitet werden:

1. Betrachtet das Bild genau und beschreibt es!
2. Wie ist es zu dem Riss gekommen? Schreibt eine Geschichte dazu!
3. Malt ein Bild von dem, was ihr sehen könntet, wenn ihr durch den Spalt schauen könntet.
4. Was könnte dieses Bild mit der Geschichte *Zwei Freundinnen* zu tun haben?

⇨ Abb.: *Werner Tiki Küstenmacher, Reformation* (SB, S. 166)
Auf dieser Seite werden die Gründe für die Reformation sehr anschaulich dargestellt.
Mit den Sch. sollten die Gründe für die Reformation anhand dieser Darstellung nochmals explizit als Tafelbild erarbeitet werden.

⇨ Abb.: *Lutherrose* (SB, S. 167)
Um einen ersten Einblick in die Bedeutung Martin Luthers zu bekommen (ausführliche Unterrichtsreihe zu Martin Luther in: Religion entdecken – verstehen – gestalten, Bd. 7/8), wird hier Luthers reformatorische Erkenntnis dargestellt.
Das Wappen Luthers, die so genannte *Lutherrose*, enthält Luthers gesamte Theologie und ist deshalb ein guter Einstieg.
In der Mitte findet sich ein schwarzes Kreuz in einem roten Herzen. Das *schwarze Kreuz* in dem roten Herzen soll Luther darin erinnern, dass der Glaube an den Gekreuzigten, Jesus Christus, selig macht. Das *Herz* zeigt ihm, dass Gottes Liebe uns lebendig im Glauben erhält. Das Herz findet sich in einer *weißen Rose*. Weiß, weil das die Farbe der Engel ist. Die Rose erinnert ihn daran, dass der Glaube Freude, Trost und Frieden gibt. Die Rose befindet sich auf einem *blauen Hintergrund*, der den Himmel symbolisiert, denn die Freude im Geist und Glauben ist der Anfang der zukünftigen himmlischen Freude. Alles wird von einem *goldenen Ring* umschlossen. Die himmlische Freude währt ewig und hat – wie der Ring – kein Ende. Der Ring ist golden, da es das wertvollste und edelste Erz ist, so wie auch die Seligkeit und die himmlische Freude das Wertvollste sind.
Die Sch. kennen oft die symbolische Bedeutung von Farben und Bildern. Deshalb bietet es sich an, die Lutherrose als ganze zu betrachten und die einzelnen Elemente mit den Sch. zu besprechen. Wie bei einem *Mandala* sollte man in der Mitte anfangen, da auch Luther sein Wappen von der Mitte nach außen durchdacht und konzipiert hat. Gut geeignet für die Besprechung ist eine Farbfolie, die in die zu besprechenden Teile zerschnitten wurde (Herz mit Kreuz, Rose mit blauem Hintergrund, Ring). Diese Teile können dann suk-

zessive auf den Overhead-Projektor gelegt und besprochen werden.

In ZM 1 ist die Lutherrose als Kopiervorlage abgedruckt, sodass die Sch. das Wappen in den passenden Farben ausmalen können und die Bedeutung der Farben und Symbole dazuschreiben können. Dies könnte als eine Art „meditativer Vertiefung" zu Musik geschehen.

⇨ Lied: *Aus tiefer Not schrei ich zu dir* (SB, S. 167)

Im Lied lässt sich Luthers reformatorische Erkenntnis erkennen. Der Text ist für Sch. sicherlich nicht ganz einfach und sofort verständlich. Deshalb sollte der Text auch gemeinsam gelesen werden und auf Fragen eingegangen werden. Es bietet sich an, mit den Sch. nach Schlüsselwörtern in dem Lied zu suchen: „Sünde", „Gnade", „Gunst" und „Güte" sind die Worte, die häufig vorkommen und wichtig sind. Mit den Sch. kann versucht werden, zu erörtern, was Luthers Ausgangssituation ist – Not, Sünde – und was Gott dem entgegensetzt – Gnade, Güte und Erlassen der Sünden.

Anschließend sollte ein Tafelbild entwickelt werden, damit die Sch. die reformatorische Erkenntnis Luthers verstehen können.

(Angst vor der) Gerechtigkeit Gottes = Strafe für Sünden	⚡	Reformatorische Erkenntnis: Gott macht die Sünder gerecht und erlöst sie durch Christus	⚡	Gerechtigkeit Gottes = Barmherzigkeit, Liebe

⇨ *Weitere Idee*:

An dieser Stelle bietet es sich an, ein kurzes *Projekt* zum Thema Martin Luther zu gestalten. Die Sch. können sich in Gruppen über das Leben Martin Luthers, über seine Zeit und über seine Ziele der Reformation informieren und ihre Ergebnisse auf unterschiedlichste Weise dokumentieren (Wandzeitung, Broschüre ...).

B. Gemeinsames und Trennendes

⇨ Bilder aus evangelischen und katholischen Kirchen: *Typisch evangelisch – Typisch katholisch?* (SB, S. 168f.)

Auf dieser Doppelseite sind Fotos von Gegenständen und Einrichtungsgegenständen aus evangelischen und katholischen Kirchen zu sehen (S. 168: Kanzel, Abendmahlsgeschirr, Tabernakel, Beichtstuhl; S. 169: Taufbecken, Marienaltar, Ewiges Licht, Altar, Weihwasserschale). Die Fotos sind durcheinander gewürfelt, sodass die Sch. die Möglichkeit haben, sie nach evangelisch oder katholisch zu sortieren. Einige Fotos lassen sich auf Anhieb nicht einfach einsortieren, was schon ein Hinweis auf die Gemeinsamkeiten der beiden Konfessionen ist.

Als Erstes wäre hier das Beschreiben der Bilder durch die Sch. wichtig. In diesen Beschreibungen zeigt sich oft – wichtig für L. – das Vorwissen oder das Maß an religiöser Sozialisation. Können die Gegenstände beim richtigen Namen genannt werden (z.B. Kanzel)? Daran sollte sich die Sortierung nach evangelisch oder katholisch oder gemeinsam anschließen.

Danach kann nach der Bedeutung oder Funktion dieser Gegenstände gefragt werden.

In ZM 2 findet sich ein Arbeitsblatt, auf dem die Sch. die *Fundorte* der abgebildeten Gegenstände eintragen können. So gewinnen sie auch ein Gefühl für den Kirchenraum als ganzen, in dem diese Gegenstände vorkommen und wichtige Bedeutungen haben.

Weitere Idee:
Schöner wäre es natürlich, wenn anstelle der Betrachtung der Bilder ein Unterrichtsgang in eine evangelische und/ oder katholische Kirche gemacht werden könnte und die Sch. dort vor Ort diese Gegenstände „erleben". Zu bedenken ist, dass einige Sch. noch nie in einer evangelischen/katholischen Kirche waren. Ein Arbeitsblatt für eine *Kirchenrallye* findet sich in ZM 3.
Nach den Unterrichtsgängen oder nach der Betrachtung der beiden Bildseiten sollte zur Festigung nochmals die Zuordnung der Gegenstände in einem Tafelbild vorgenommen werden:

1. Was finden wir sowohl in evangelischen als auch in katholischen Kirchen?
2. Was finden wir nur in katholischen Kirchen?
3. Was finden wir nur in evangelischen Kirchen?

⇨ Text: *Unterschiede* (SB, S. 170f.)
In dieser Geschichte werden die Unterschiede, die die Sch. anhand der Unterrichtsgänge oder der Bildbetrachtungen herausgearbeitet haben, aufgegriffen und erklärt.
Im Anschluss an das Lesen der Geschichte kann das Lied *Wo zwei oder drei in meinem Namen versammelt sind* (oft im landeskirchlichen Teil des EG zu finden), das Susanne und ihr Opa singen, mit den Sch. gesungen werden.
Eine Möglichkeit ist es, die Sch. eine Art „Lexikon der Unterschiede" anfertigen zu lassen. Die Sch. schreiben kurze Definitionen oder suchen sie in Partner- oder Gruppenarbeit aus Lexika (meist müssen diese gekürzt werden) heraus.
Weitere Idee:
Die Sch. können mit den Begriffen und Gegenständen, die sie kennen gelernt haben, ein *Kartenspiel*, z.B. Quartett, erstellen (Oberbegriff und vier dazugehörige Gegenstände).

⇨ Abb.: *Vaterunser-Fenster* (SB, S. 171ff.)
Auf dieser Seite findet sich der *erste Teil* des Vaterunser-Fensters von Wolfgang Kreutter aus dem Evangelischen Gemeindezentrum Ahlen-Dolberg. Das Vaterunser-Fenster besteht aus 6 Einzelfenstern, die auf 6 Seiten im SB präsentiert werden. W. Kreutter erzählt mit diesem Fenster die Geschichte Jesu Christi. Es lassen sich viele Symbole entdecken, die man mit biblischen Geschichten verbinden kann, aber auch auf die Christen heute beziehen kann.
Die 6 Fenster bzw. Bilder können jeweils einzeln betrachtet werden oder – dem Werk eher gerecht werdend – im Ganzen. Dafür können die Sch., die nebeneinander sitzen, je 4 Bücher mit den aufeinander folgenden Bildern aufschlagen. Damit der über den Bildern stehende Text nicht ablenkt, können weiße Blätter über die Texte gelegt werden, sodass man die Bildfolge ungestört und im Ganzen betrachten kann.
Als Übergang zu den Gemeinsamkeiten findet sich am Ende der Geschichte über die Unterschiede, der erste Teil des Vaterunser-Fensters, da das Vaterunser das Gebet ist, das uns katholischen und evangelischen Christen gemeinsam ist.

⇨ Abb.: *Erster Teil des Vaterunser-Fensters* (SB, S. 171)
Auf dem ersten Fenster sieht man am Anfang viel Licht. Gelb, Weiß und Orange sind die Farben des Lichtes, das hier in Form eines Sterns erscheint. Wenn man den Erzählzyklus des Vaterunser-Fensters berücksichtigt, kann man diesen Stern als den Stern von Bethlehem sehen, der die Geburt Jesu ankündigte. Gott, der Vater („Vater unser im Himmel"), sendet seinen Sohn in die Welt, der als Opferlamm die Sünde der Welt auf sich nimmt und am Kreuz stirbt. Das Lamm sieht den Stern von Bethlehem direkt an. Es scheint hier eher das triumphierende Lamm aus der Offenbarung des Johannes zu sein als das Opferlamm. Mit den Sch. kann man problemlos die Form des Lichtes am Anfang als Stern erkunden und sie nach dem Vorkommen des Sterns in der Bibel fragen. Zumeist kommen die Sch. sehr schnell auf den Stern von Bethlehem.

⇨ Texte: *Gemeinsamkeiten* (SB, S. 172ff.)
Nachdem die Unterschiede deutlich gemacht worden sind, soll nun auf die wichtigen Gemeinsamkeiten eingegangen werden. Es sind

im vorangegangenen Vergleich sicherlich schon Gemeinsamkeiten genannt worden. Exemplarisch soll hier auf das *Apostolische Glaubensbekenntnis* und auf das *Vaterunser* eingegangen werden, da diese beiden „Texte" in beiden Kirchen gesprochen werden.
Es ist durchaus zu vertreten, dass die Sch. beide wichtigen Glaubensgrundlagen der Christen auswendig lernen, wenn dies nicht schon geschehen ist.

Das Apostolische Glaubensbekenntnis (SB, S. 172)
Als spielerische Heranführung an das Glaubensbekenntnis kann das *Glaubensbekenntnis-Puzzle* (ZM 4) genutzt werden. Manche Sch. kennen das Glaubensbekenntnis schon, sodass sie in kleinen Gruppen oder Partnerarbeit den anderen behilflich sein können.
Dieses Glaubensbekenntnis ist aus einem römischen Taufbekenntnis aus dem 2. Jh. n.Chr. entstanden. 1971 wurde diese Version als einheitlicher (bis auf ein Wort) Text für den deutschen Sprachraum eingeführt.

Worterklärungen (wenn nötig):
eingeborener Sohn: einziger Sohn
sitzt zur Rechten Gottes: die rechte Seite neben dem Herrscher war im Orient immer seinem Stellvertreter vorbehalten, d.h. Jesus ist der Stellvertreter Gottes
katholische Kirche/christliche Kirche: für evangelische Christen ist „katholisch" die Bezeichnung der anderen Konfession und hat die ursprüngliche Bedeutung „allgemein" verdrängt, deshalb sprechen evangelische Christen „christliche Kirche"

Besondere Beachtung verdient natürlich dieser letzte Punkt, in dem sich die Glaubensbekenntnisse der evangelischen und katholischen Kirche dennoch unterscheiden.
Eine besondere Möglichkeit ist es, mit den Sch. Bilder zum 2. Artikel des Glaubensbekenntnisses (Jesus Christus) zu malen. Dazu müssen zuerst die Schlüsselverben herausgesucht werden (empfangen, geboren, gelitten, gekreuzigt, gestorben, begraben, hinabgestiegen, auferstanden, aufgefahren, richten). Die Sch. überlegen gemeinsam, was diese Verben für sie bedeuten, welche Erfahrungen sie damit gemacht haben und wie diese Wörter in der Bibel gebraucht werden und was sie dort bedeuten. Aus diesem entwerfen die Sch. zusammen Bilder zu jedem Verb und malen sie. Aus allen Bildern kann z.B. ein Altarbild zusammengestellt werden.

⇨ Abb.: *Zweiter Teil des Vaterunser-Fensters* (SB, S. 172)
Im zweiten Teil-Fenster ist die Darstellung der Taube beherrschend. Die Strahlen des Sterns ziehen sich bis in diesen Teil des Fensters. Die Farbe wird in der Taube wieder aufgenommen. Die Taube (hier mit Heiligenschein) ist in der christlichen Kunst das Symbol für den Heiligen Geist. (vgl. Kapitel „Die Sache Jesu geht weiter"). Unter der Taube sieht man blaue Wellen. So erscheint diese Zusammenstellung als Symbol für die Taufe, in der Gottes Heiliger Geist in uns wirken soll. Auch bei der Taufe Jesu kam Gottes Heiliger Geist in Gestalt einer Taube auf Jesus herab (Mt 3,13–17 par). In der Taufe bricht Gottes Reich für den Täufling an – „Dein Reich komme".
Die am Boden liegenden, weggeworfenen Krücken, die in diesem Bild beginnen und im nächsten Fenster fortgesetzt werden, können einerseits als Hinweis auf die Krankenheilungen gesehen werden, die Jesus vollbracht hat. „Dein Reich komme" – in Jesus und den Wundertaten hat das Reich Gottes bereits angefangen. Andererseits können die Krücken auch dafür stehen, dass die Menschen, die sich taufen lassen, ihre Stützen oder Krücken, die sie bisher brauchten, wegwerfen können, da sie durch die Taufe in Gott eine neue Stütze gefunden haben.

⇨ Text bzw. Lied: *Gemeinsamkeiten/Das Vaterunser* (SB, S. 173)
Das Vaterunser sollte als das Gebet herausgestellt werden, das katholische und evangelische Christen gemeinsam haben und sie eint. Deutlich gemacht werden sollte hier, dass nach den Unterschieden in den Gegenständen der Kirchen und den Unterschieden in Bräuchen, ja auch nach dem Unterschied im Glaubensbekenntnis, im Gottesverständnis (Vater unser) keine Differenz zwischen den Konfessionen besteht.

Das Vaterunser wird als Text auch im Vaterunser-Fenster dargeboten, dennoch erscheint es sinnvoll, ein Vaterunser-Lied mit den Sch. zu singen.

Weitere Idee:
Das Vaterunser kann in Gebärdensprache oder mit *Gesten* gebetet werden. Vielleicht können die Sch. sich selber Gesten zu dem Gebet ausdenken und dann zusammen beten (vgl. dazu: RU praktisch, 5. Schuljahr, Vandenhoeck & Ruprecht, Göttingen 1998, S. 174ff.) .

⇨ Abb.: *Dritter Teil des Vaterunser-Fensters* (SB, S. 173)
Auf dem dritten Teil des Vaterunser-Fensters werden zunächst die oben genannten Krücken beendet. Aus dem Blau und Grün entstehen Fische, denn die Taufe bedeutet, dass neues Leben entsteht. Die Sch. werden sicherlich den Fisch als Symbol des Christentums kennen. Vielleicht erinnern sie sich auch an Geschichten der Bibel, in denen Fische ein Rolle spielen (Berufung des Petrus: Lk 5,1–11 par.; Speisung der 5000: Lk 9,10–17). Der Fisch ist zudem das Erkennungszeichen der Christen, da das griechische Wort für „Fisch" („Ichthys") aus den Anfangsbuchstaben der Kurzfassung des Glaubensbekenntnisses besteht: Jesus Christus, Gottes Sohn, Heiland (vgl. Kapitel „Die Sache Jesu geht weiter").
Das Netz kann Symbol für die Gemeinde sein, alle sind durch das Netz gehalten, nicht gefangen, denn es ist ein durchlässiges Netz – Fische schwimmen herein und heraus. Die Gemeinde ist eingefasst in die Worte „Wie im Himmel" und „so auch auf Erden".

⇨ Text und Abb.: *Sakramente* (SB, S. 174)
Auf dieser Seite wird die Taufe als das den beiden Konfessionen gemeinsame Fest der Aufnahme in die Gemeinde vorgestellt.
Die Taufe ist das einzige Fest, das Katholiken und Protestanten wirklich gemeinsam haben und bei dem keine Unterschiede in der Auffassung vorliegen. Die Taufe wird von beiden Konfessionen anerkannt und kann bzw. muss nicht wiederholt werden. Wenn ein Christ zur anderen Konfession übertreten will, wird seine Taufe anerkannt. Es gibt also keine katholische oder evangelische Taufe, sie ist – als Vorgang an sich – überkonfessionell. Die Frage nach der Problematik der Kindertaufe wird ggf. dadurch aufgeworfen, dass bei der Frage, ob die Sch. getauft sind, evtl. einige antworten, dass sie nicht getauft sind. War in urchristlicher Zeit bis ins Mittelalter die Erwachsenentaufe üblich, hat sich ab dem Mittelalter die Kindertaufe stärker durchgesetzt. Heutzutage ist ein Trend zu spüren, dass Eltern ihren Kindern die Entscheidung, ob sie einer christlichen Konfession angehören wollen, selbst überlassen wollen und somit von der Kindertaufe Abstand nehmen. Die Erwachsenentaufe wurde praktiziert, da ein bewusstes Zustimmen zur Taufe und damit zur Aufnahme in die Gemeinde Voraussetzung war. Die Kindertaufe hingegen wurde und wird praktiziert, weil so Gottes uneingeschränktes Ja zum Menschen – auch ohne dessen Zustimmung – deutlich wird. Das Leben des Täuflings wird so unter die Verheißung der Herrschaft Christi gestellt. Die Kindertaufe macht zudem deutlich, „dass Gott uns Menschen mit seiner *Gnade* immer schon *voraus* ist" (Martin Honecker).
Um Hänseleien oder sogar Ausgeschlossenwerden in der Klasse zu verhindern, ist es wichtig, dass die Sch. erkennen, dass der Wert des Menschen und sein Angenommensein durch Gott nicht vom Getauftsein abhängt, sondern dass Taufe ein äußeres Zeichen ist, das jederzeit vollzogen werden kann.

Zuerst wird mit den Sch. das Bild betrachtet und beschrieben. An dieser Stelle bietet es sich an, zu fragen, ob sich die Sch. an ihre Taufe erinnern können. Sind sie als Säuglinge getauft worden, können sie das sicherlich nicht, wurden sie aber später getauft, ist es durchaus möglich. Diese Erfahrungen stellen auch eine Bereicherung für den Unterricht dar. Das sollte auf dem Hintergrund der oben gemachten Überlegungen auch deutlich herausgestellt werden.
Die Sch. werden gebeten, ihre Eltern nach ihren Taufsprüchen und ggf. nach Taufbildern zu fragen. Die Sch. sollen ihre Taufsprüche auf einen Zettel schreiben und sich in einer meditativen Phase (zu Musik) Gedanken

zu ihrem Taufspruch machen. Wahrscheinlich ist es ja auch das erste Mal, dass sich die Sch. mit ihrem Taufspruch bewusst auseinander setzen.

Weitere Idee:

Das Lied *Ins Wasser fällt ein Stein* (im Regionalteil des EG zu finden) kann als Abschluss gesungen werden. In diesem Lied ist von Gottes großer Liebe zu den Menschen die Rede. Diese Liebe, die durch die Taufe zugesichert wird, kann vieles bewirken, wenn die Menschen sie wirken lassen. Gott steht durch seine Liebe den Menschen bei („Nimm Gottes Liebe an. Du brauchst dich nicht allein zu mühn.“).

⇨ Abb.: *Vierter Teil des Vaterunser-Fensters* (SB, S. 174)

Die Seite ist mit „Sakramente“ überschrieben und meint damit die beiden Sakramente, die die evangelische Kirche kennt. Nachdem im oberen Teil die Taufe dargestellt wurde, findet sich im vierten Fenster die Darstellung des Abendmahls. Die Fische aus dem dritten Bild liegen hier auf dem Tisch, der von den Kindern sehr schnell als Altar erkannt wird, da das Brot und der Kelch als Symbole für das Abendmahl darauf stehen. Man kann die Sch. nach ihren Erfahrungen mit dem Abendmahl fragen, da es in vielen Gemeinden die Praxis des Abendmahls mit Kindern gibt. Ansonsten kann man darüber sprechen, ob sie sich ausgeschlossen fühlen, wenn sie nicht daran teilnehmen dürfen. Das unterschiedliche Verständnis der Eucharistie in der katholischen Kirche und des evangelischen Abendmahls wurde in der Geschichte *Unterschiede* (SB, S. 170f.) schon beschrieben und erklärt. Vielleicht sollte an dieser Stelle noch erwähnt werden, dass es in der katholischen Kirche nicht üblich ist, dass die Gläubigen auch den Kelch gereicht bekommen, so wie es in der evangelischen Kirche praktiziert wird.

Die Verbindung der Bitte „unser tägliches Brot gib uns heute“ zu diesem Bild mit dem Brot des Abendmahls ist deutlich: Dtn 8,3 und Mt 4,4 „der Mensch lebt nicht vom Brot allein“ und Joh 6,35 „Ich bin das Brot des Lebens“.

Auch in diesem Bild bereitet Wolfgang Kreutter das nächste schon vor. Unter dem Kelch sieht man den Lederbeutel, in dem die 30 (auch dargestellten) Silberlinge enthalten waren, die Judas für seinen Verrat an Jesus von den Hohepriestern bekam (Mt 26,15). In den Einsetzungsworten sagt Jesus über den Kelch „Trinket alle daraus; das ist mein Blut des Bundes, das vergossen wird für viele zur Vergebung der Sünden“ (Mt 26,27–28). Hier im Bild findet sich der Beutel mit dem Geld direkt unter diesem Kelch. Zudem steht auch direkt über den Silberlingen „und vergib uns unsere Schuld“. – Ebenfalls beginnt in diesem Bild über dem Kelch wieder der „Lichtstreifen“ mit den Farben vom Anfang des Vaterunser-Fensters. Im Kelch ist die Gegenwart Gottes, die Gegenwart Christi zu spüren. Das drückt Kreutter durch die Aufnahme der Farben hier deutlich aus.

C. Ökumene

⇨ Text: *Brot für die Welt – Misereor* (SB, S. 175)

Brot für die Welt ist eine evangelische und *Misereor* ist eine katholische Organisation, die sich die Arbeit an den Armen und Rechtlosen in der Dritten Welt zur Aufgabe gemacht haben. Sie verfolgen ähnliche Ziele und arbeiten häufig zusammen. Auf dieser Ebene wird ökumenische Arbeit geleistet.

Die Sch. sollen diese beiden Organisationen kennen lernen und sich anhand des Textes über die Ziele der gemeinsamen Aktion „Miteinander Teilen – Gemeinsam Handeln“ informieren. Informationsmaterial kann man bei Brot für die Welt, Stafflenbergstr. 76, 70184 Stuttgart, oder bei Misereor, Mozartstr. 9, 52064 Aachen, bestellen (z.B. Informationen zu den Monatsprojekten der ökumenischen Aktion „Miteinander Teilen – Gemeinsam Handeln“).

Weitere Idee:

Man kann ein kleines *Projekt* zum Thema „Brot für die Welt – Misereor: Miteinander Teilen – Gemeinsam Handeln“ gestalten, indem die Sch. Informationsmaterial bestellen bzw. sammeln, und damit eine Ausstellung erstellen und eine Spendenaktion durchführen. Schön wäre es, einen Gottesdienst zu einem Monatsprojekt durchzuführen.

⇨ Abb.: *Fünfter Teil des Vaterunser-Fensters* (SB, S. 175)
Brot für die Welt und *Misereor* setzen sich dafür ein, dass die Ungerechtigkeit in der Welt gemindert wird. Auf dem fünften Bild ist von Schuld und Versuchung die Rede.
Auffallend sind auf diesem Fenster die große Dornenkrone auf dem hellen (durchsichtigen) Hintergrund. Die Sch können die Dornenkrone in den Zusammenhang der Kreuzigung, die auch auf dem Bild dargestellt wird, zumeist ohne Probleme einordnen. Die Dornenkrone steht für die Leiden und Verspottung, die Jesus über sich ergehen lassen musste.
Die drei Kreuze auf dem Hügel (Golgatha) stehen für die Kreuzigung Jesu. Über den Hügel zieht sich – deutlich schmaler als vorher und nachher – das Licht, das im letzten Fenster über dem Kelch wieder begonnen wurde. Das Licht Gottes wird in der Leidensstunde Jesu dunkler, aber es verschwand nie ganz. Es verheißt schon die Auferstehung der Toten. Neben den Kreuzen steht „wie auch wir vergeben unseren Schuldigern", das erinnert an Jesu Ausruf am Kreuz „Vater, vergib ihnen: denn sie wissen nicht, was sie tun!" (Lk 23,34). Er hat seinen Schuldigern vergeben und bittet nun Gott, ihnen auch zu vergeben.
Die Rüstung, der Helm und die Speere stehen historisch für die römische Besatzungsmacht, die Jesus gekreuzigt hat. Aber Wolfgang Kreutter hat diese Rüstung aus dem strengen historischen Rahmen herausgehoben, indem der Helm sehr stark an einen Wehrmachtshelm erinnert, auch sieht der Brustpanzer eher mittelalterlich als römisch aus. Vielleich wollte er damit sagen, dass Unrecht immer geschieht, in jeder Zeit.
Unten rechts in der Ecke sieht man einen Würfelbecher und drei Würfel. Sie erinnern an die Soldaten, die um Jesu Kleidung würfelten (Lk 23,34).

⇨ Abb. und Text: *Ökumene* (SB, S. 176)
Zunächst sollte das Symbol der Oikumene betrachtet und erklärt werden. Das Kreuz in der Mitte wird den Sch. zumeist als Symbol für die Christen geläufig sein. Der untere Teil stellt ein Schiff dar. Das Schiff ist ein Symbol für die Lebensreise der Menschen. Es erinnert an die Geschichte von Noah und seiner Rettung durch das Schiff. So wird das Schiff zum Zeichen der Hoffnung auf Gottes Hilfe in der Not. In Kirchen gibt es den Begriff „Kirchenschiff", der ausdrückt, dass alle Gemeindeglieder „in einem Boot sitzen" auf ihrer Reise mit und zu Gott. Bei der Erklärung der Symbole können die Sch. ihr Vorwissen und ihre Phantasie einbringen.
Um zu erklären, was „Ökumene" bedeutet, wird der Text mit den Sch. gelesen. Nach der ersten Hälfte des Textes kann nach den Erfahrungen der Sch. mit ökumenischen Veranstaltungen gefragt werden. Vielleicht können die Sch. herausfinden (als Hausaufgabe), welche ökumenischen Projekte in ihrer Stadt existieren.

⇨ Abb.: *Sechster Teil des Vaterunser-Fensters* (SB, S. 176)
Auf dem letzten Bild des Vaterunser-Fensters ist das Böse („sondern erlöse uns von dem Bösen") in der Zerstörung, den schwarzen, zerbrochenen, wie verkohlt aussehenden Brettern – oder sind es Häuser? – zu sehen. Auch wenn unsere Sch. solche Zerstörung wohl nicht selbst kennen, werden sie aus Nachrichtenbildern von Unglücken und Kriegen das Böse, von dem hier die Rede ist, kennen. Dieses Böse, diese Zerstörung findet immer wieder statt. Aber inmitten dieser Zerstörung erstrahlt – in denselben Farben wie zu Beginn des Vaterunser-Fensters – das Chi-Rho, das Zeichen für Jesus Christus. Chi und Rho sind die Anfangsbuchstaben des griechischen Wortes „Christos". In dieses Chi-Rho ist der Schlusspreis des Vaterunsers geschrieben – „denn dein ist das Reich und die Kraft und die Herrlichkeit in Ewigkeit. Amen".
Jesus und Gott überstrahlen in ihrer Herrlichkeit unser Leben.
Die ganze Geschichte um Jesus ist eingerahmt durch das Licht Gottes – im Stern von Bethlehem und im Chi-Rho am Ende. Eigentlich ist es ja kein Ende, denn mit Jesus Christus hat ja etwas Neues angefangen, sonst wären wir keine Christen.

5. Materialien und Medien

- Adelheid und Thomas Bruinier, Die Kirche im Dorf. Unterrichtsplanung und Unterrichtserfahrungen im 5. Schuljahr, in: forum religion 3/97, Kreuz , Stuttgart 1997, S. 3–17 (Medienpaket mit Dias und Folien bestellbar).
- Ilse Gretenkord, Ein Glaube – verschiedene Kirchen, in: Religion 1/1997, Bergmoser und Höller, Aachen 1997.
- Ilka Kirchhoff, Gemeinsam glauben in verschiedenen Kirchen. Evangelisch-Katholisch, Religionspädagogisches Institut Loccum, 1998.
- Werner Tiki Küstenmacher, Tikis Evangelisch-Katholisch-Buch, Calwer, Stuttgart 1996.

Diaserie:

- Herbert Gutschera/Jörg Thierfelder, Evangelisch – Katholisch. 30 Farbdias mit Sacherklärungen und didaktisch-methodischen Hinweisen sowie Begleitmaterial, Benziger/Calwer, Zürich/Stuttgart 1984[2].

Foliensatz:

- Werner Jünger/Dr. Herbert Kemler, Evangelisch – Katholisch. Die christlichen Konfessionen im Vergleich, Jünger Verlag, Offenbach/Frankfurt a.M. o.J.

Lutherrose

In der Mitte findet sich ein schwarzes Kreuz in einem roten Herzen. Das *schwarze Kreuz* soll Luther darin erinnern, dass der Glaube an den Gekreuzigten, Jesus Christus, selig macht.

Das *rote Herz* zeigt ihm, dass Gottes Liebe uns lebendig im Glauben erhält.

Das Herz findet sich in einer *weißen Rose*. Weiß, weil das die Farbe der Engel ist. Die Rose erinnert ihn daran, dass der Glaube Freude, Trost und Frieden gibt.

Die Rose befindet sich auf einem *blauen Hintergrund*, der den Himmel symbolisiert, denn die Freude im Geist und Glauben ist der Anfang der zukünftigen himmlischen Freude.

Alles wird von einem *goldenen Ring* umschlossen. Die himmlische Freude währt ewig und hat – wie der Ring – kein Ende. Der Ring ist golden, da es das wertvollste und edelste Erz ist, so wie auch die Seligkeit und die himmlische Freude das Wertvollste sind.

Schreibe die Namen der Gegenstände und ihre Bedeutung in die den Bildern (SB, S. 168f.) entsprechenden Kästchen!

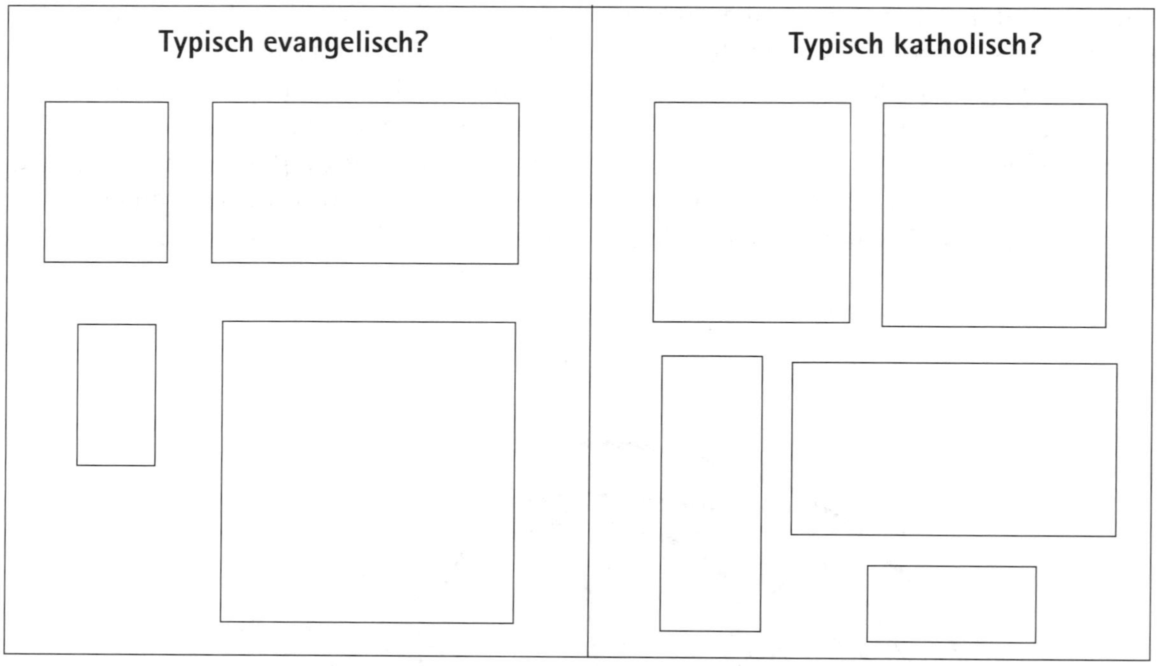

Grundriss einer Kirche

Zeichne die Gegenstände, die auf den Bildern zu sehen waren, in die Grundrisse der Kirchen ein!

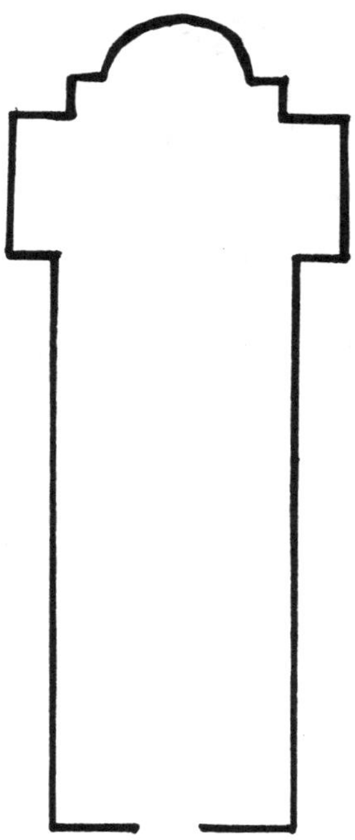

Evangelische Kirche

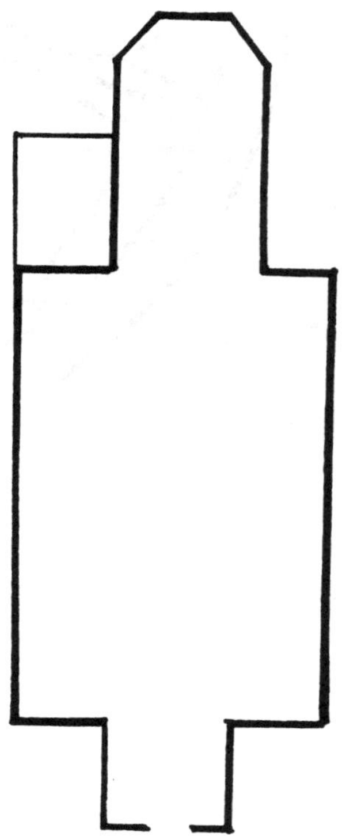

Katholische Kirche

Kirchenrallye

I. Setz dich still in der Kirche in eine Bank/auf einen Stuhl und schau dich um!

II. Geh leise herum – die Kirche ist ein Ort der Stille – und schau dir alles genau an!

III. Nachdem du dich umgesehen hast, bearbeite folgende Aufgaben und Fragen:

1. Male einen Grundriss der Kirche, in den du alle „Einrichtungsgegenstände" der Kirche einträgst!
2. Findest du in der Kirche ein Kreuz? Wo ist es? Wie sieht es aus? (Malen oder beschreiben!)
3. Schau dir eine Bank ganz genau an. Zeichne sie von der Seite!
4. Findest du ein Taufbecken? Wo ist es? Wie sieht es aus? (Malen oder beschreiben!)
5. Gibt es Statuen oder Bilder? Welche? (Beschreibe sie!)
6. Wo befindet sich der Altar? Was steht darauf? Hat er etwas Besonderes?
7. Was fällt dir besonders in dieser Kirche auf?

IV. Suche dir den Platz, an dem du dich in dieser Kirche am wohlsten fühlst! (Warum ist es gerade dieser?)

Glaubensbekenntnis-Puzzle

am dritten Tage auferstanden von den Toten,
aufgefahren in den Himmel;

---

geboren von der Jungfrau Maria,
gelitten unter Pontius Pilatus,

Vergebung der Sünden,
Auferstehung der Toten
und das ewige Leben.

Ich glaube an Gott,

---

die heilige christliche Kirche,
Gemeinschaft der Heiligen,

---

den Vater, den Allmächtigen,

---

gekreuzigt, gestorben und begraben,
hinabgestiegen in das Reich des Todes,

Ich glaube an den Heiligen Geist,

---

er sitzt zur Rechten Gottes,
des allmächtigen Vaters;

---

und an Jesus Christus,

---

von dort wird er kommen,
zu richten die Lebenden und die Toten.

---

den Schöpfer des Himmels und der Erde,

---

seinen eingeborenen Sohn, unsern Herrn,
empfangen durch den Heiligen Geist,

Andere Erfahrungen – andere Religionen: Das Judentum

1. Theologische und didaktische Aspekte

Der Anspruch an den religionspädagogischen Umgang mit dem Judentum, über Einzelinformationen hinaus die Identität und Kontinuität des Judentums bis in die Gegenwart hinein deutlich zu machen, lässt die Frage aufkommen, inwiefern dies im schulischen Rahmen realisierbar ist.

Einzelinformationen werden es bleiben, wenn nicht der Boden, auf den sie fallen, durch die Inhalte der Kapitel „Exodus – Aufbruch in ein neues Land", „Abraham steht am Anfang" und „Die Bibel: Das Haus der vielen Türen" bereitet wurde. Im Anschluss sollte das neue Wissen in dem Kapitel „Die Sache Jesu geht weiter" wieder aufgegriffen werden.

Falsches Wissen oder so genanntes Halbwissen führen zu Vorurteilen, die in Angst und Ablehnung münden können. Auch in unserem multikulturellen Zusammenleben ist diese Gefahr gegeben, da das Unbekannte nicht ausreichend wahrgenommen, reflektiert und verarbeitet wird. Dieses Kapitel kann den Sch. einen Blick in eine für die unbekannte Welt eröffnen. Deshalb bilden die Information, das Kennenlernen und Verstehen des Fremden einen Schwerpunkt, aus dem die Achtung und das Respektieren des anderen erfolgen können.

Darüber hinaus werden die Sch. durch die Beschäftigung mit einer anderen Religion ihren eigenen Glauben besser kennen lernen. Dies setzt jedoch voraus, dass immer wieder Bezüge zur eigenen Religion aufgezeigt werden.

Diese interreligiösen Bezüge sind vor allem im Hinblick auf das Christentum wichtig: Es hat seinen Ursprung im Judentum und teilt vieles mit ihm. Deshalb darf das Judentum nicht als die frühere, nun abgelöste Religion vermittelt werden. Die damit verbundene Abwertung hat begrifflich wie theologisch bereits Auswirkungen gezeigt: Altes Testament – Neues Testament; Alter Bund – Neuer Bund; Religion der Verheißung – Religion der Erfüllung; Gesetz – Evangelium.

Das Judentum hat keinen musealen Charakter, sondern wird auch heute von Menschen gelebt, die den Traditionen ihrer Religion mitunter kritisch gegenüberstehen. Der Text *Als Jüdin in Deutschland – ein Mädchen erzählt* (SB, S. 180) bietet den Sch. Identifikationsmöglichkeiten. Darüber hinaus korrigiert er die weit verbreitete Ansicht, das Judentum sei vorwiegend von orthodoxen Juden geprägt.

Das Judentum zeichnet sich durch eine narrative Theologie aus, die in Glaubenserzählungen und Mythen ihren Ausdruck findet. Da diese Texte ihren Ursprung in der mündlichen Überlieferung haben, sollten die Erzählungen dieses Kapitels vorwiegend laut vorgelesen werden im

Sinne eines Vortragens und Erzählens. Die *König-David-Sage* (SB, S. 181) betont den besonderen Charakter des jüdischen Symbols, des Davidsterns, und hebt damit das Judentum, zu dessen Symbol der Davidstern geworden ist, unter den Völkern hervor. Die Vielfältigkeit des Davidsterns kann durch den *Text von Christoph Goldmann* (s.u., S. 181) vertieft werden.

Die *Tora* (SB, S. 182f.), deren zentrale Bedeutung jährlich am Tora-Freudenfest zum Ausdruck kommt, wird von einigen Autoren neben dem Davidstern und den Gebotstafeln zu den drei Symbolen des Judentums gezählt. Die Fotografie *In der Synagoge in Jersualem* und das *Bild von Rubin* (SB, S. 182f.) zeigen unterschiedliche Ausdrucksformen des Glaubenslebens. Während der Rabbiner die Tora wie einen Schatz zärtlich und liebevoll im Arm hält, lesen die jungen Männer gemeinsam beim Morgengebet aus der Torarolle. Die geöffnete Rolle schafft Gemeinschaft.

Das *Schma Jisrael* aus dem jüdischen Gebetbuch „Schma Kolenu" (dt.: „Höre meine Stimme"; SB, S. 186f.) ist kein Glaubensbekenntnis im christlichen Sinne. Es ist eine Zusammenfassung jüdischer Glaubensinhalte vor dem Hintergrund des Hauptsatzes jüdischen Glaubens: dem Bekenntnis zu dem Einen Gott, dem Gott Israels, der die Israeliten aus der Knechtschaft in Ägypten herausgeführt hat und der damit zum Garanten der Freiheit geworden ist.

Die *Gebetskleidung* (SB, S. 186) erinnert an den Bund Gottes mit seinem Volk am Sinai. Zugleich begibt sich der Beter durch das Binden der Tefillin immer wieder neu in diesen Bund. (Tallit und Tefillin werden nur zu bestimmten Gebetszeiten getragen.) Die „Kennzeichen" eines Gebets können als Exkurs exemplarisch besprochen werden: Beten als Verbindung von Aktion und Kontemplation, zur Selbstvergewisserung und Standortbestimmung.

Die Beschäftigung mit dem Judentum ist immer auch eine Reise in die Vergangenheit, die durch die „Erinnerung" in der Gegenwart wieder lebendig wird. Dieses umfassende Verständnis des Sich-Erinnerns wird sehr plastisch in der Geschichte *Mein Auszug aus Ägypten* (ZM 3) von Rivka Keren dargestellt.

Geschichte und Gegenwart werden im Judentum folglich nicht nur in einem historischen Abriss miteinander verbunden, sondern auch in der Zusammenschau der beiden zeitlichen Ebenen, in der Verflechtung von Vergangenheit und Gegenwart. Dies zeigt sich in den Symbolen, im Umgang mit den Schriften, in Gebeten und besonders deutlich in den jüdischen Festen.

Am *Sabbat* (besser: „Schabbat") feiern Juden die Erschaffung der Welt und erinnern sich an den Auszug aus Ägypten. Der Sabbat wird wie eine Königin empfangen, auf die man sich schon die ganze Woche freut. Die Frau, die nach orthodox-jüdischer Auffassung ohne eigenständige Bedeutung im jüdischen Gottesdienst ist, erhält am Sabbat eine fast priesterliche Rolle: Sie begrüßt den Sabbat, indem sie die Sabbatkerzen entzündet und darüber den Segen spricht. (Anm.: In manchen konservativen, liberalen und Reform-Gemeinden gibt es „egalitäre" gottesdienstliche Formen, in denen Mann und Frau „gleichberechtigt feiern". Es gibt weltweit übrigens ca. 300 Rabbinerinnen!) Das Sabbatmahl wird von allen festlich zelebriert, da an diesem Tag alle Menschen gleich sind. Beides, gottesdienstliche Feier und häusliche Feier, gehören im religiösen Leben zusammen und ergänzen sich, da sie als zwei Seiten des Lebens mit Gott gesehen werden.

Pessach (das Passafest) wird jährlich zur Erinnerung an die Befreiung der Israeliten aus der Sklaverei in Ägypten gefeiert. Es dauert eine Woche, beginnt mit dem 15. Nissan (März/April) und ist verbunden mit dem „Fest der ungesäuerten Brote" (Mazzenfest). Deshalb wird im Vorfeld das ganze Haus von Gesäuertem gereinigt. Damit wird daran erinnert, dass die Israeliten bei ihrem plötzlichen Aufbruch keine Zeit mehr hatten, gesäuertes Brot zu backen. Das Fest beginnt mit dem „Sederabend" („Seder", hebr.: „Ordnung", da er nach einer bestimmten Ordnung abläuft). (Im Diaspora-Judentum – Judentum außerhalb Israels – feiert man noch einen zweiten Sederabend, was mit der Unsicherheit in der Bestimmung des richtigen Zeitpunkts in früherer Zeit zusammenhängt.) Nach dem Synagogenbesuch beginnt zu Hause das eigentliche Fest. Der Tisch ist mit symbolischen Speisen gedeckt, die die Sklaverei in Ägypten und die Befreiung vergegenwärtigen. Auch heute soll jeder Jude sagen können: „Uns hat der Herr aus Ägypten gerettet!" Dieser Ordnung folgend werden Segensworte gesprochen, Psalmen gebetet, jüdische Lieder gesungen und die Geschichte vom Auszug aus Ägypten erzählt, nachdem das jüngste Kind seine vier Fragen zur Besonderheit dieser Nacht gestellt hat. Die „Pessach-Haggada“, Erzählbuch und Gottesdienstordnung zugleich, hilft auf dem Weg durch den Abend. Anschließend findet das eigentliche, festliche Abendessen statt. Parallelen zum Passafest lassen sich im Christentum sowohl zum Abendmahl als auch zum Osterfest finden.

Das „Laubhüttenfest“, *Sukkot*, hält die Erinnerung an die Zeit der Wüstenwanderung wach, als die Israeliten in notdürftigen Hütten leben mussten. Das Fest beginnt am 15. Tischri (September/Oktober) und dauert eine Woche. In dieser Zeit essen und leben Juden mehr oder weniger in ihren selbst gebauten „Laubhütten“ (= „Sukka“). Darüber hinaus ist dieses Fest jahreszeitlich geprägt durch den Dank für die Ernte und die Bitte um Regen. Zwar gibt es keine direkte Entsprechung zum christlichen Erntedankfest, doch lassen sich die jahreszeitlich verankerten Bedeutungen vergleichen.

In Israel schließt direkt ans Laubhüttenfest das sog. „Schlussfest“, *Schemini Azeret*, mit dem „Fest der Torafreuden“, *Simchat Tora*, an. In der Diaspora (s.o.) wird das Schlussfest am Tag nach Sukkot gefeiert und am darauffolgenden Tag das Tora-Freudenfest. Zu diesem Zeitpunkt enden die Lesungen der Fünf Bücher Mose mit dem letzten Kapitel des 5. Buches und beginnen wieder mit dem ersten Kapitel des 1. Buches. Bei diesem freudigen Fest wird die Tora singend und tanzend als Quelle der Freude geehrt.

Die angesprochenen Feste stehen exemplarisch für das jüdische Festjahr und können je nach Interesse und Zeit ergänzt werden. Es ist auch möglich, die Feste gemeinsam mit den Festen des Christentums und des Islam im Jahr verteilt zu besprechen (vgl. Kapitel „Zeit zum Leben – Zeit zum Feiern“, SB, S. 147ff.).

Wird vom Judentum gesprochen, so ist damit nicht nur die Religion gemeint, sondern auch die damit verbundene Kultur sowie das Land dieser Religion mit seinem Volk. Jerusalem ist nicht nur eine geteilte Stadt und Zentrum religiösen Lebens dreier Religionen, Jerusalem ist auch die Sehnsucht vieler Juden. In dem Wunsch, „Nächstes Jahr in Jerusalem“, der am Ende mancher Feste geäußert wird, drückt sich u.a. diese Sehnsucht aus. Die Beschreibungen von Jerusalem bleiben sehr abstrakt, wenn nicht an das Nomadenleben Abrahams in Israel angeknüpft werden kann oder Jesusgeschichten verortet werden können.

Viele Texte dieses Kapitels sind Zeugnisse jüdischen Glaubens und jüdischer Identität, da sie von Juden geschrieben wurden. Sie wollen einerseits informieren, dem Leser einen Einblick in die religiösen Inhalte, Riten und Vorstellungswelten des Judentums geben. Andererseits wollen sie die Sch. mit in das Geschehen hineinnehmen, sodass die Fakten möglichst mit einem Gefühl, Bild, Geruch oder Geschmack verknüpft werden können. Dies sollte nicht soweit führen, dass die Feste nachgefeiert werden. Solche Feiern finden in einem künstlichen, nicht authentischen Rahmen statt, sodass die gewünschten Erfahrungen ausbleiben. Darüber hinaus wird echtes religiöses Empfinden verletzt. Beim Passafest bietet es sich jedoch an, die Speisen mitzubringen und sich der Symbolik der Speisen durch Geschmack und Aussehen assoziativ zu nähern.

Ziel dieses Kapitels ist ein erstes Kennenlernen und Verstehen der jüdischen Religion und des jüdischen Lebens. Dabei soll eine offene, verständnisvolle Haltung der Sch. gefördert werden, die in der Akzeptanz des Anderen mündet. Bewusst wird bei diesem Prozess des Kennenlernens die Zeit des Nationalsozialismus und der Judenvernichtung in Deutschland (Schoa) nicht berücksichtigt. Die Sch. kennen dieses Thema bisher höchstens aus Erzählungen ihrer Eltern und Großeltern, die großenteils diese Zeit als Kind erlebt haben. Im Geschichtsunterricht, wenn er überhaupt schon erteilt wird, ist das Thema noch nicht behandelt worden. Das Thema wird bei den Sch. voraussichtlich Abwehr oder Betroffenheit hervorrufen. Beide Positionen bieten keine gute Grundlage für eine offene, neugierige Erstbegegnung. Da es Klassensituationen geben kann, auf die diese Beschreibung nicht zutrifft, die geradezu eine Berücksichtigung dieses Themas fordern, finden sich im Materialanhang im Lehrerhandbuch, s.u. 5. Materialien und Medien, Jugendbücher, mit denen gut zum Thema „Juden zur Zeit des Nationalsozialismus“ gearbeitet werden kann.

2. Intentionen

Die Sch. sollen
- Inhalte, Riten und Vorstellungen, in denen sich jüdische Religion ausdrückt, kennen lernen
- den jüdischen Gott als den Gott Israels erfahren, der sich in der Geschichte als Schöpfer und Befreier erwiesen hat
- am Beispiel jüdischer Feste ein neues, differenziertes Verständnis von dem Vorgang des Erinnerns und dem Verhältnis von Vergangenheit und Gegenwart bekommen
- durch Ausblicke auf das Christentum und den Vergleich mit christlichen Vorstellungen und Ritualen das Gemeinsame betonen und die Unterschiede erkennen
- das Judentum als Ursprungsreligion des Christentums erleben
- sich in Offenheit und Toleranz gegenüber ihnen unbekannten Lebens- und Glaubensvorstellungen üben.

3. Literatur zur Vorbereitung

- Arnulf H. Baumann, Was jeder vom Judentum wissen muss. Im Auftrag des Ausschusses „Kirche und Judentum“ der Vereinigten Evangelisch-Lutherischen Kirche Deutschlands und des Deutschen Nationalkomitees des Lutherischen Weltbundes, Gütersloher, Gütersloh 1983[7].
- Joachim Czec/Heinz-Jürgen Loth/Friedrich Trzaskalik/Udo Tworuschka (Hg.), Judentum, in: Reihe Weltreligionen, Diesterweg/Kösel, Frankfurt a.M./München 1978.
- Georg Fohrer, Glauben und Leben im Judentum, UTB 885, Heidelberg 1985[2].
- Ingrid Grill, Das Judentum. Zugänge – Herausforderungen – Gespräche. Studienbuch Religionsunterricht Sekundarstufe II. Bd. 1, Vandenhoeck & Ruprecht, Göttingen 1992.
- Hubertus Halbfas, Religionsunterricht in Sekundarschulen – Lehrerhandbuch 5, Patmos Verlag, Düsseldorf 1992, S. 218-245.
- Projektwoche Israel, Bundeszentrale für politische Bildung, Bonn 1998.
- Monika Rink, „Was habt ihr da für einen Brauch?“ Jüdische Riten und Feste. Eine Arbeitshilfe für Schule und Gemeinde, in: Schöneberger Hefte – Sonderband Folge 8, Evangelischer Presseverband in Hessen und Nassau, Frankfurt 1988.

4. Unterrichtsideen

⇨ Einstieg: Abb.: *Davidstern an der Klagemauer in Jerusalem* (SB, S. 179)
Das Bild zeigt den „Davidstern“ – hebr. „Magen David“, also eigentlich: „Schild Davids“ – an der Tempelmauer: ein altes, verwittertes Symbol mit einer langen Geschichte. Zugleich ist der Davidstern das Symbol des relativ jungen Staates Israel. Das Licht- und Schattenspiel kann als Ambivalenz im Gebrauch des Symbols ausgelegt werden (Hoffnungs- und Erinnerungszeichen, aber auch „Todeszeichen“ während des Holocaust). Im Zusammenhang mit einem offenen Impuls kann dieses Bild als Einstiegsmaterial eingesetzt werden. Sch. sammeln Assoziationen zum Davidstern und zum Thema Judentum.

⇨ Text: *Dodie Volkersen, Von fallenden Sternen – König-David-Sage* (SB, S. 181)
Der Text wird vorgelesen und unter folgender Fragestellung betrachtet:
- Welche Bedeutung hat der Stern für David?
- Auf welche Frage versucht die Geschichte eine Antwort zu geben?

Den Sch. muss deutlich werden, dass es sich um eine Sage und nicht um eine historisch wahre Geschichte handelt.

Anschließend wird die Erzählung in eine Bildergeschichte umgesetzt. Entweder malt jede/r Sch. seine eigenen vier Bilder oder vier Sch. malen je ein Bild der Bildergeschichte. Die Ergebnisse können im Klassenraum aufgehängt werden.
Die folgenden Erläuterungen zur Bedeutung des Davidsterns werden von den Sch. mithilfe des Modells (ZM 1; es genügt, den Davidstern, 3a, und den Kreis, 3b, nur in ihren Umrissen auszuschneiden) und anschließend gemeinsam auf dem OHP nachvollzogen. Das Symbol und seine Einzelteile werden ins Heft geklebt und die jeweilige Bedeutung ergänzt.

Der Davidstern – Symbol des Judentums
Der Davidstern ist das bekannteste Zeichen für das Judentum und für den Staat Israel. Auf der israelischen Flagge ist ein blauer Davidstern auf weißem Grund zu erkennen. Die Farben Blau und Weiß stehen für Himmel und Wüste. (Die Wüste, durch die Mose mit dem Volk gezogen ist, ist keine gelbe Sandwüste, sondern eine weißglänzende Steinwüste.)
Der Davidstern lässt sich in verschiedene Formen zerlegen, die jeweils eine Bedeutung haben:
Zum einen besteht er aus zwei gleichseitigen Dreiecken. Das eine ist Zeichen für den Himmel, das andere für die Erde, das eine für Gott, das andere für sein Volk. Der Davidstern ergibt sich aus diesen beiden Dreiecken, wenn sie richtig ineinander verschoben sind. Dann sind die sechs Ecken gleich groß und in die Mitte lässt sich ein Kreis einzeichnen. Dieser Kreis bedeutet, dass die Welt und das Leben heil sind, wenn Volk und Gott „richtig" zueinander stehen.
Zum anderen hat der Stern 12 Ecken. Diese sind Sinnbild für die 12 Stämme während der Wüstenwanderung. Die Entfernung der Ecken zur Mitte drückt eine Erfahrung aus, die Menschen aller Zeiten gemacht haben: In manchen Zeiten ist Gott nah, in anderen Zeiten ist er fern.
Schließlich kann man den Stern in sechs kleine Dreiecke und ein Sechseck zerlegen. Diese erinnern an die Ordnung, die Gott durch seine Schöpfung gegeben hat. In den Nachbarvölkern der Israeliten waren alle Tage gleich. Doch Gott hat durch die Schöpfung festgelegt, dass es sechs Arbeitstage und einen Feiertag geben soll. Die Woche geht vom Sabbat aus und kehrt zu ihm zurück.

Christoph Goldmann

Historische Information:
In biblischen Zeiten war der Davidstern – bzw. der „Schild Davids" – kein spezifisch jüdisches Motiv. Im Mittelalter nannte man ihn auch „Siegel Salomos". 1527 wurde er wohl zum ersten Mal als Symbol der Judengemeinde Prag benutzt und breitete sich als Symbol jüdischer Identität aus. Durch die zionistische Bewegung wurde er das Symbol der jüdischen Nationalbewegung und 1949 in die Fahne Israels aufgenommen. Die Nationasozialisten missbrauchten ihn auch als „Gelben Stern" zur Kenntlichmachung jüdischer Bürger.

⇨ Text: *Evelyne, Als Jüdin in Deutschland – ein Mädchen erzählt* (SB, S. 180)
Dies ist Material für einen problemorientierten Einstieg. Der Text wird im Unterrichtsgespräch erarbeitet:
- Welche Gedanken kannst du nachvollziehen? Welche Gedanken sind dir vertraut?
- Welche Probleme und Ängste hatte Evelyne früher, welche hat sie heute?
- Überlege, wer bei der Lösung dieser Probleme helfen kann? Wie kann geholfen werden?

Ziel ist, dass die Sch. zum einen erkennen: Wir begegnen Menschen, die „anders" sind, mit Vorurteilen und grenzen sie häufig aus. Mehr Toleranz und Miteinander entstehen, wenn man das Fremde kennen lernt, sodass es nicht mehr fremd ist. Zum anderen wird im Text exemplarisch das Verhältnis der Juden zu ihrer eigenen Religion deutlich.
Als Vertiefung schreiben die Sch. einen Brief an Evelyne. Darin stellen sie ihr weitere Fragen und nehmen Stellung zu Evelynes Ängsten.
Alternativ oder zusätzlich bietet der Text des Mädchens eine gute Grundlage für ein Brainstorming zur Frage: Was weißt du über das Judentum? Um die stilleren Sch. verstärkt zu beteiligen, sollten die Sch. ihre Assoziationen in Kleingruppen auf einem DIN-A3-Blatt sammeln. Dabei sollten sich die Sch. nicht unterhalten.

⇨ Abb.: *In der Synagoge in Jerusalem* (SB, S. 182)
Die Fotografie zeigt Talmudschüler beim Morgengebet. Während der eine mit dem Jad in der Hand aus der Tora vorliest, hören die

anderen zu oder lesen still mit. Die geöffnete Torarolle eint die Männer und schafft Gemeinschaft. Die Begegnung der Männer mit der Tora ist zugleich von respektvoller Distanz und wacher Aufmerksamkeit geprägt. Der sich im Hintergrund erstreckende Raum zeigt eine Bibliothek, ein Gelehrtenzimmer. In dieser Situation geht es folglich nicht allein um Gebet und Andacht, sondern auch um kritische Auseinandersetzung und rationales Verstehen-Wollen. Das Bild strahlt Ruhe und Versenkung aus, aber auch Anspannung und Bewegung.

⇨ Text: *Christoph Goldmann* (SB, S. 182)
Der Text ist ein Informationstext, der durch die Zeichnung einer Tora und evtl. durch einen Lückentext gefestigt werden kann. Darüber hinaus können die Sch. selbst eine Torarolle basteln. Die Sch. bearbeiten das Arbeitsblatt „Hebräisch“ (ZM 2). Anschließend schreiben sie auf ihre eigene Torarolle ein hebräisches Wort, z.B. das Wort „Schalom“ oder „Tora“. (Weitere Hinweise zum Hebräischen: s.o., S. 100.)

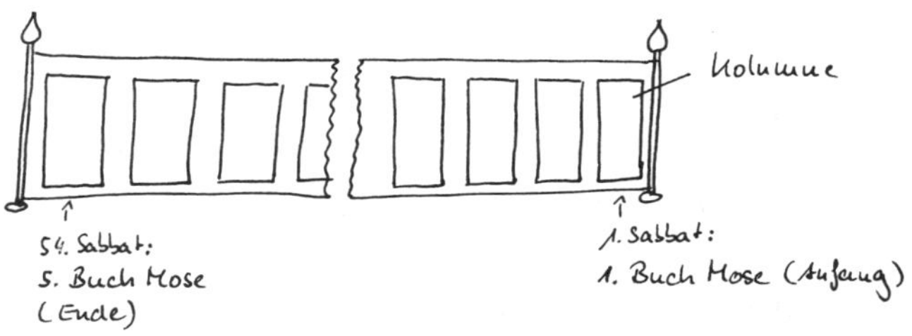

⇨ Bild: *Rubin, Der Rabbiner, 1964* (SB, S. 183)
Das Bild ist den Sch., wenn der Text über die Tora noch nicht bearbeitet wurde, relativ fremd. Trotzdem bietet es sich an, zuerst das Bild zu betrachten und dann den Text zu besprechen. Ein Mann mit Mantel, Mütze und Bart hat seinen Kopf zärtlich gegen seine Tora gelehnt. Die Augen sind geschlossen, der Mund zeigt ein kleines Lächeln. Die Tora trägt er vorsichtig im Arm und drückt sie liebevoll an sich. Der Rabbiner wirkt zufrieden und gelassen. Er wirkt in Gedanken versunken. Das weiße Tuch im Hintergrund könnte ein Gebetsschal sein. Im Unterrichtgespräch wird das Bild beschrieben. Im Anschluss notieren die Sch. die Gedanken und Gefühle des Rabbiners oder sie schreiben eine Geschichte zu diesem Rabbi auf dem Bild. Anschließend kann die Frage besprochen werden: „Welche Bedeutung hat die Tora im Judentum?“
Die folgende Geschichte (mündlich überliefert) ermöglicht eine Vertiefung, die diese für viele Sch. sicherlich fremden Gedanken zur Tora festigt:

> Bei einem Überfall auf eine jüdische Ansiedlung in Polen können nur wenige aus der Gemeinde entkommen. In einem Versteck in den Wäldern treffen nacheinander zwei Männer ein. „Was hast du gerettet?“, fragt einer und zeigt auf den Mantel des anderen. Der öffnet den Mantel und zeigt auf eine gerettete Torarolle. Da öffnet der Frager seinen Umhang. Er trägt im Arm ein kleines Kind. Sie suchen einen Weg aus den Wäldern.

⇨ Text: *Ruth Weiss, Sascha in der Synagoge* (SB, S. 184f.)
Der Text wird zuerst vom L. mit Unterbrechungen und Nachfragen vorgelesen. Im Unterrichtsgespräch wird gesammelt, a) was die Sch. behalten haben, b) welche Fragen sie noch an David haben. Die Textstelle „als alles im Lande anders geworden war und die Partei nicht mehr entschied“ sollte kurz erläutert werden (Hintergrund: Sascha lebt in der Ukraine).
Die Sch. malen den Grundriss einer Synagoge in ihr Heft und ergänzen anhand der Informationen aus dem Text die Gegenstände, die in einer Synagoge zu finden sind. Fehlendes wird von L. ergänzt.

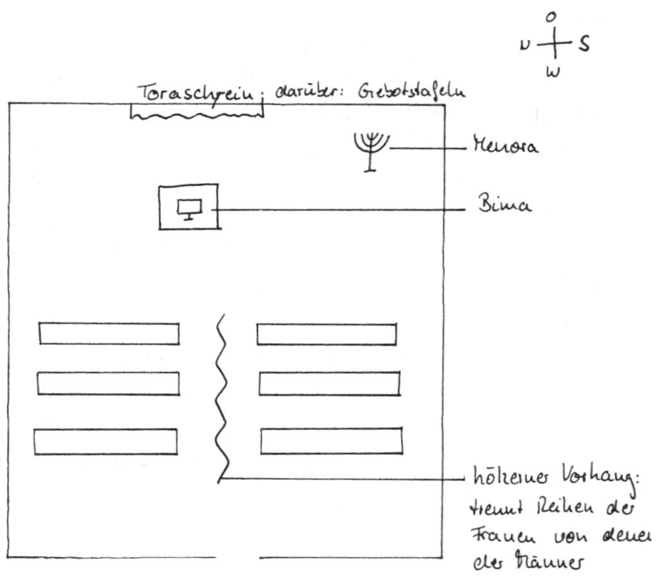

Die Skizze der Synagoge gibt eine „sehr strenge“, orthodoxe Sitzordnung – Männer und Frauen durch (hölzernen) Vorhang getrennt – wieder. Es gibt aber auch einige Synagogen, wo Männer und Frauen ohne trennenden Vorhang bzw. „gemischt“ sitzen. Manchmal gibt es eine sog. „Frauenempore“, z.B. auf dem *Bild der straubinger Synagoge* (SB, S. 185).
Im Zusammenhang mit den 10 Geboten sollte auf das Kapitel „Exodus – Aufbruch in ein neues Land“ (SB, S. 51ff.) verwiesen werden. Die Bedeutung der *Menora*, die heute auch Emblem des Staates Israel ist, muss erläutert werden:

Die Menora – der siebenarmige Leuchter
Die Menora wird in der Bibel (Ex 25,31-39) genau beschrieben. So oder so ähnlich sah auch der siebenarmige Leuchter aus, der im Tempel in Jerusalem stand. Bei der ersten Zerstörung Jerusalems hat der babylonische König Nebukadnezar ihn zusammen mit allen anderen Kultgegenständen nach Babylon gebracht. Seit der zweiten Tempelzerstörung, als der römische General Titus den siebenarmigen Leuchter nach Rom mitnahm, gibt es keine große Menora mehr.
Moderne Menorot (Pl. von Menora) in den heutigen Synagogen unterscheiden sich erheblich vom „Original“, wie es in der Bibel beschrieben wird, denn es dürfen keine Kopien der Bibelmenora angefertigt werden.
Die biblische Menora war ein sog. „Ewiges Licht“, d.h. dass sie immer brannte; heute brennt dafür ein Ewiges Licht („Ner Tamid“) in den Synagogen über dem Toraschrein. Es soll den Menschen in dunklen Stunden an das Licht um Gott erinnern, das immer leuchtet, und sie ermahnen, selber Licht zu sein.

Anschließend überlegen sich die Sch. in Stillarbeit je 4-5 Fragen, auf die der Text eine Antwort gibt, und notieren sie einzeln auf DIN-A6- oder DIN-A7-Kärtchen. Diese Fragen werden in Form eines Wissensquiz in der nächsten Stunde beantwortet. Hausaufgabe ist das genaue Lesen des Textes.
Quiz:
- Die Klasse bildet zwei Gruppen. Der L. liest abwechselnd je eine Frage der einen Gruppe für die andere vor. Welche Gruppe die meisten Fragen richtig beantwortet hat, hat gewonnen.
- Die Klasse sitzt im Kreis, die Karten liegen in der Mitte. Ein Sch. nimmt eine Karte liest sie vor. Kann er sie selbst beantworten, bekommt er einen Punkt, ansonsten gibt er die Frage an den Nachbarn weiter, der bei richtiger Antwort den Punkt bekommt. Diese Form des Quiz eignet sich nur bei kleinen Klassen.

⇨ Abb.: *Innenraum der Synagoge in Straubing* (SB, S. 185)
Die Abb. wird mithilfe von Suchaufgaben, die die Sch. sich gegenseitig stellen, erkundet und anschließend mit der Skizze verglichen.

⇨ Abb.: *Bar-Mizwa-Junge*/Text: *Schma Jisrael* (SB, S. 186f.)
Die Sch. beschreiben die Abbildung und äußern Vermutungen darüber, was auf dem Bild dargestellt ist. Zum besseren Verständnis der traditionellen jüdischen Gebetskleidung wird das *Schma Jisrael* gelesen. Der Text entstammt dem jüdischen Siddur (Gebetbuch) „Schma Kolenu“, dt.: „Höre meine Stimme“. Der Text sollte in drei Abschnitten gelesen werden. Mögliche Fragen:
- Welche Bedeutung haben die einzelnen Teile der Gebetskleidung? (Die Bedeutung von Kipa und Tefillin können nicht direkt aus dem Text abgelesen werden.)
- Was könnte in den beiden „Kästchen“ sein? Wo überall sollen diese Worte „Höre Israel!“ stehen?
- Warum werden die „Kästchen“ an der Stirn und in der Armbeuge getragen?
- Welche Verhaltensanweisungen gibt das Gebet den Menschen?

Traditionelle Gebetskleidung im Judentum

Kleidung	Bedeutung
– Tallit (Gebetsschal/-mantel)	– die Quasten am Tallit erinnern an die 613 Ge- bzw. Verbote, die ein Jude befolgen soll
– Tefillin (Gebetsriemen)	– Zeichen für den Bund des Menschen mit Gott
– Kipa (Kopfbedeckung)	– Zeichen für die Demut des Menschen vor Gott

Nachfragen und erläutern:

- Beispiele für Gebote sammeln. Evtl. Speisegebote erklären.
- Begriff „Bund" erklären. Warum werden die Zeichen des Bundes gerade an der Stirn, in der Armbeuge und an Arm und Hand getragen?
- zusätzliche Anm.: Die 613 Ge- bzw. Verbote bestehen genauer aus 248 Geboten, „Du sollst", und 365 Verboten, „Du sollst nicht"; manche davon sind nur in Israel erfüllbar, einige seit der Tempelzerstörung generell unerfüllbar.

⇨ Abb.: *Mesusa* (SB, S. 187)
Mithilfe des *Schma Jisrael* sollen die Sch. die Abb. erklären: Die Mesusa enthält eine kleine Rolle mit dem Schma Jisrael und ist an den Eingängen jüdischer Häuser/Wohnungen zu finden.

⇨ Bild: *Marc Chagall, 1946* (SB, S. 189)
Eine erste Annäherung an den Sabbat kann über dieses Bild erfolgen, das möglichst über OHP gezeigt wird. Durch eine genaue Beschreibung und durch Vermutungen können die Sch. schon einiges über das Fest erfahren. Eine Deutung des Bildes sollte an dieser Stelle nicht durch den Lehrer erfolgen, sondern die Sch. sollten, nachdem sie den Text „Der Sabbat" gelesen haben, selbst das Bild erklären. Die Frau und das Mädchen (Mutter und Tochter) tragen festliche Kleider. Sie halten sich die Hände vor das Gesicht/die Augen und beten bzw. sprechen den Segen über die Sabbatlichter. Auf dem Tisch vor ihnen sind drei Kerzenleuchter (zwei Sabbatkerzen und ein weiterer Leuchter), ein Fisch und zwei Brote. Der Blick durch das Fenster zeigt, dass es Abend ist – Freitagabend, der Beginn des Sabbat. Der neue Tag beginnt im Judentum abends, sobald drei Sterne am Himmel zu sehen sind (biblischer Bezug: Gen 1,5). Die Strahlen über der Frau können als Glanz/Ausstrahlung des Sabbat oder als Anwesenheit bzw. Segen Gottes gedeutet werden.

⇨ Text: *Ruth Weiss, Der Sabbat* (SB, S. 188f.)
Er wird vom L. zum OH-Bild vorgelesen. Erste Deutungen des Bildes und ungeordnetes Sammeln der Kennzeichen des Sabbat. Anschließend erarbeiten die Sch. den Text mithilfe folgender Fragen:

- Welche Bedeutung hat der Sabbat?
  (Erinnert an die Schöpfung und besonders an den 7. Tag der Schöpfung, an dem Gott ruhte. Ist die Krone der Woche.)
- Wie unterscheidet sich der Sabbat von den Werktagen?
  (Alles ist geputzt und festlich. Warum? Alles soll schön sein zu Ehren der „Königin Sabbat". Keiner soll arbeiten. Warum? Die Menschen sollen ruhen wie Gott am siebten Tag. Alle Menschen sind gleich.)
- Beschreibe den Ablauf des Sabbat!
  (Sabbatsegen durch die Frau; Gottesdienst in der Synagoge; festliches Essen; Ehrung des Sabbat mit Segen über Wein und Brot (= „Kiddusch"); Sabbatlieder; Torastudium; Gottesdienst; gemeinsame Gespräche; Erzählen von Geschichten)

Die Sch. sammeln, was sie gerne tun und was sie tun müssen. Dann schreiben sie einen fiktiven Tagebucheintrag, in dem sie erzählen, was sie noch alles vor dem Sabbat erledigen müssen und wie sie den Sabbat verleben möchten. Vielleicht versuchen einige Sch. am nächsten Wochenende, ihren Tagebucheintrag zu realisieren. Ein Gespräch über den christlichen Sonntag und seinen Ursprung könnte sich anschließen.

⇨ Text: *Rivka Keren, Mein Auszug aus Ägypten* (ZM 3)
An *Pessach* (Passafest) erinnern sich Juden an die Befreiung der Israeliten aus der Sklaverei in Ägypten. Die Geschichte hilft nachzuvollziehen, wie dieses „Erinnern" zu verstehen ist. Die Sch. sollen beschreiben, was mit dem Kind beim Erzählen der Exodusgeschichte passiert. Diese Geschichte kann auch als Phantasiereise eingesetzt werden.
Anschließend können die Sch. die Exodusgeschichte aus der Erinnerung ergänzen.

⇨ *Die Speisen des Pessach*
Der L. präsentiert die Speisen des Pessach. Die Sch. beschreiben sie, nachdem sie von einigen probiert haben. (Um das Probieren zu beschleunigen, ist es sinnvoll, einige Speisen in mehrere Schälchen zu füllen.) Die Assoziationen zu den einzelnen Nahrungsmitteln werden gesammelt, um anschließend die Bedeutung für die Juden heute herauszuarbeiten. Dies kann im Unterrichtsgespräch unter Bezugnahme auf die biblische Exodusgeschichte oder mithilfe des Briefes von Hanna an Svenja im Kapitel „Exodus – Aufbruch in ein neues Land" (SB, S. 58f.) erfolgen.
Um den Aspekt des Erinnerns zu vertiefen, können die Sch. Erlebnisse aufschreiben, die ihnen beim Erinnern wieder gegenwärtig werden. Je nach Situation sollte dieser Aspekt

Die Speisen des Pessach

An Pessach erinnern sich jährlich die Juden in der ganzen Welt an die Befreiung der Israeliten aus der Sklaverei in Ägypten. Der erste Abend des Festes, das in Israel eine Woche dauert, heißt Sederabend. (In der Diaspora dauert das Fest 8 Tage und es gibt 2 Sederabende.)

Die Speisen des Sederabends sind:	Ich denke dabei an:	Die Juden erinnern sich damit an:
– Mazzenbrot	– Knäckebrot	– das schnelle Verlassen Ägyptens nach der 10. Plage
– Bittere Kräuter (z.B. Meerrettich)	– Elend, Unangenehmes	– die Härte der Sklaverei in Ägypten, bitteres Schicksal
– Brei aus Äpfeln, Nüssen, Zimt, Wein	– Erde, Matsch	– den Mörtel, aus dem die Israeliten Ziegelsteine formen mussten
– Lammknochen (mit etwas Fleisch)	– Tote Tiere, Schlachten	– das Schlachten der Lämmer vor der letzten Plage (Pessachlamm als Festopfer damals im Tempel; wird deshalb auch am Seder nicht gegessen, weil es eine „Opfergabe" ist)
– gekochtes Ei	– Geburt, Küken	– die Trauer über die Zerstörung des Tempels in Jerusalem (das Ei wird traditionell bei Traueranlässen gegessen)
– Petersilie, Radieschen oder Wasserkresse	– Gemüse, Kräuter	– das Erwachen der Natur im Frühling und das Wachstum
– Salzwasser	– Meer, Tränen	– die Tränen, die die Israeliten während der Sklaverei geweint haben

vertieft werden. Die Sch. vervollständigen den Satz: „Sich erinnern ist wie ...“. Anschließend kann eventuell der Unterschied zwischen Erinnern im Sinne von Vergegenwärtigen und Erinnern im Sinne von Darandenken besprochen werden.
In manchen Klassen kann ein Bezug zum christlichen Abendmahl, das seinen Ursprung im jüdischen Pessach hat, hergestellt werden. Beobachtungen aus Gottesdiensten können Anlass zu Fragen sein. Die Annäherung kann auch über die Symbole „Wein“ und „Brot“ erfolgen.

⇨ Bild: *Hartmut R. Berlinicke, Sukkot, 1994* (SB, S. 190)
Das Bild des christlichen Künstlers ist eine symbolisch verdichtete Darstellung des Festes. Im Vordergrund ist der „Feststrauß“ aus Palm- (Mitte), Myrten- (links) und Bachweidenzweigen (rechts) und einer Zitrusfrucht („Etrog“ genannt). Dieser Strauß symbolisiert die ganze Pflanzenwelt in ihrer Vielfalt und ehrt damit Gott als deren Schöpfer. Außerdem vereinen sich Pflanzen in ihm, die auch typisch für Palästina sind: Palmzweig – tropische Gewächse, Myrte – Duft- und Heilkräuter, Bachweide – nutzbares Gehölz (z.B. Feuerholz) und Zitrusfrucht – veredelte Früchte.
Die „Sukka“, die „Hütte“, ist einfach gebaut, ohne ein festes Dach. Die Wolke mit dem Regen erinnert daran, dass das Fest im Herbst stattfindet und man in der Hütte diesem Wetter ausgesetzt ist. Die Sterne, die den Beginn und das Ende des Tages anzeigen (sind drei Sterne zu sehen, fängt der neue Tag an), sind durch das Dach der Sukka, das nicht ganz geschlossen sein darf, zu erkennen. Die beiden Zelte im Hintergrund erinnern an die Wüstenwanderung der Israeliten.

⇨ Text: *Efrat Gal-Ed, Sukkot – das Laubhüttenfest* (SB, S. 191).
Nach der Beschreibung des Bildes und einer ansatzweisen Erklärung lesen die Sch. den Text. Leitfragen für das Verständnis dieses Festes sind:
- Warum feiern Juden das Laubhüttenfest? (erinnert an die Wüstenwanderung; zeigt die Gleichheit aller Menschen; Mensch soll daran erinnert werden, nicht hochmütig zu werden, und sich bewusst sein, dass sein Leben unsicher und alles Materielle vergänglich ist; ist ein Gebot Gottes)
- Was gehört zur Feier des Laubhüttenfestes?
(Feststrauß; Laubhütte; das Wohnen in der Hütte tagsüber – in Israel auch nachts; Studium der Tora; Einladen anderer Menschen in die Laubhütte; das Gebot, fröhlich zu sein (Lev 23,40))

Arbeitsteilig erkundigen sich die Sch. in Lexika über die typischen Merkmale der Pflanzen des Feststraußes (Wo kommen sie vor? Wuchsgröße? Besonderheiten?). Eine gute Klasse kann dann Vermutungen äußern zu der Frage, warum gerade diese Pflanzen verwendet werden.
Zur Vertiefung und Aneignung malen die Sch. ihre eigene Laubhütte, gestalten sie nach ihren Vorstellungen und überlegen sich, was sie eine Woche lang in ihrer Sukka tun würden.
Da das Laubhüttenfest auch Aspekte eines Erntedankfestes enthält, können Bezüge zum christlichen Erntedankfest aufgezeigt werden (vgl. Kapitel „Zeit zum Leben – Zeit zum Feiern“).

⇨ Text: *Martin Buber, Was macht es aus?*
Die chassidische Geschichte sollte vorgelesen werden:

Was macht es aus?
Ehe Rabbi Mordechai von Neshiz seine Berufung erkannte, betrieb er einen kleinen Handel. Nach jeder Reise, die er unternahm, um seine Waren zu verkaufen, pflegte er ein wenig Geld zurückzulegen, um sich für das Hüttenfest eine Etrogfrucht zu erstehen. Als er mehrere Rubel beisammen hatte, fuhr er in die Kreisstadt und dachte unterwegs unablässig daran, ob es ihm wohl vergönnt sein würde, unter den dort feilgebotenen Paradiesäpfeln den schönsten zu erwerben. Da sah er mitten auf der Straße einen Wasserverkäufer stehen, der um sein gefallenes Pferd jammerte. Er stieg ab und gab dem Mann all sein Geld, dass er sich ein andres kaufe. „Was macht es aus?“, sagte er lachend zu sich, als er sich auf den Heimweg wandte, „alle werden den Segen über dem Etrog sprechen, und ich spreche meinen Segen über diesem Pferd.“ Zu

Hause fand er einen herrlichen Etrog vor, den ihm Freunde gespendet hatten.

📖 *Aus: Martin Buber, Hundert chassidische Geschichten, © Manesse Verlag, Zürich 1996, S. 46.*

Der Chassidismus

Der „Chassidismus" ist eine um die Mitte des 18. Jahrhunderts entstandene, volkstümliche, mystisch-religiöse Bewegung, die Lebensbejahung und Fröhlichkeit in das Zentrum der Religiosität stellt. Kennzeichnend für diese Glaubensrichtung ist, dass der Rabbi Geschichten erzählt. Diese Geschichten sind Wundergeschichten, Legenden, Alltagsgeschichten, die von weisem Rat und göttlicher Eingebung erzählen. Geprägt sind diese Geschichten von der Überzeugung, dass das Dasein des Menschen trotz allen Leides göttliche Freude ist, die jederzeit erfahrbar ist.

- Beschreibe, wie sich Rabbi Mordechai verhält! Was sagst du zu diesem Verhalten?
- Die Geschichte sagt uns, was das Wichtigste im Leben ist. Finde es heraus!
  (Helfen geht vor Einhalten der Gebote.)

⇨ Text: *Johann Friedrich Konrad, Jerusalem* (SB, S. 192f.)

Hier bietet sich die Arbeit mit dem Atlas an.

- Folie der Ansicht von Jerusalem oder Bild im Buch. Bild beschreiben: Was erkennt ihr? Wo könnte diese Stadt liegen? Was für ein Klima könnte dort herrschen?
- Die Sch. beschreiben das Land Israel mithilfe des Atlas' (wichtige Flüsse, Seen, Städte, Gebirge, Wüsten; angrenzende Nachbarländer). Eventuell können die Sch. zu einigen Orten biblische Geschichten erzählen.
- Die Sch. bekommen die Ansicht von Jerusalem als Arbeitsblatt (**ZM 4**), der L. schreibt die Namen der „Sehenswürdigkeiten" an die Tafel, die Sch. versuchen sie mithilfe der Atlaskarte den Zahlen 1-12 zuzuordnen.

Der Text *Jerusalem* ist Vertiefung und Ergänzung. Hilfreich sind die Fragen:

- Was ist das Besondere an Jerusalem?
- Warum gibt es in Jerusalem immer wieder Streit?
- Trage in eine Tabelle ein, was in Jerusalem an das Judentum, an das Christentum und an den Islam erinnert!

Tabelle mit möglichen Erweiterungen:

Judentum	Christentum	Islam
– Klagemauer – Synagoge – Gebetsriemen, Gebetsschal, Kipa	– Grabeskirche – Kirche – ... (Rosenkranz)	– Felsendom – Moschee – Gebetsteppich ...
– Tora – Davidstern – Sabbat – Pessach/ Passafest	– Bibel – Kreuz – Sonntag – Ostern	– Koran – Halbmond – Freitag – Opferfest
– Sukkot – Mose	– Erntedank – Jesus	– ... – Mohammed

- Erzähle, welche Bedeutung der Tempel für die Juden hatte!
- Der Tempel hat eine bewegte Geschichte. Erkläre!

Das Thema „Jerusalem" kann in Form eines Projektes vertieft werden. Die Sch. organisieren (z.B. aus Zeitschriften, Reisebüros) Bilder und Informationen über Jerusalem und gestalten daraus eine Wandzeitung.

5. Materialien und Medien

Filme zum Thema:
- David und die Synagoge
- Wie Juden Leben: Bar-Mizwa – Hochzeit – Beschneidung
- Sukkot (Laubhüttenfest)
- Sukkot – Gedanken zum jüdischen Laubhüttenfest
- Simchat Tora – Gedanken zum Tag der jüdischen Gesetzesfreude

Alle Filme sind in den Kreisbildstellen/Medienstellen erhältlich.

Jugendbücher zum Thema:
- Clara Asscher-Pinkhof, Sternenkinder, Cecilie Dressler Verlag, Berlin 1961.

  Die Sternenkinder sind holländische Kinder mit Hitlers Judenstern auf der Kleidung. Dieses Buch ist „das früheste Dokument der Jugendliteratur über das Schicksal jüdischer Kinder unter nationalsozialistischer Gewaltherrschaft".
- Mies Bouhuys, Anne, Kitty und die beiden Paulas, dtv, München 1994.

  In diesem Buch wird das Leben der Anne Frank von 1933 bis zu ihrem Tod geschildert. Szenen aus dem Leben von Anne werden verknüpft mit historischen Ereignissen. Die Welt der Anne Frank wird lebendig.
- Jane Yolen, Chaja heißt Leben, Ravensburger Taschenbuch (Band 4096), Ravensburg 1992.

  Während eines Passafestes geschieht etwas Merkwürdiges: Hannahs Wirklichkeit wird zu einer neuen Wirklichkeit inmitten eines polnisches Städtchens im Jahr 1942. Sie erlebt diese neue Welt mit der Erinnerung aus der Zukunft und dem Wissen um das Schicksal der Juden.
- Gudrun Pausewang, Reise im August, Ravensburger Taschenbuch (Band 4130), Ravensburg 1995.

  Alice ist in diesen Tagen des August auf der „Reise" nach Auschwitz. Sie durchlebt die Grauen einer Deportation. „Am Ende der Reise ist sie kein Kind mehr – und darf doch nicht erwachsen werden."
- Galila Ron-Feder, Die Tage nach dem Anschlag, Beltz, Weinheim/Basel 1998.

  Es wird die Geschichte des vierzehnjährigen Dotan aus Jerusalem erzählt, dessen Freund an einem Morgen beim Joggen niedergestochen wird. Während er versucht, dieses schlimme Erlebnis zu begreifen und zu verarbeiten, muss Dotan begreifen, dass Rache keine Lösung ist, dass Gut und Böse nicht gleichzusetzen sind mit Israelis und Palästinensern.
- Peter Sichrovsky, Mein Freund David, Arena Taschenbuch, Würzburg 1993.

  Bettis neuer Banknachbar heißt David und ist – wie sie später erfährt – Jude. Sie freunden sich an und Betti erfährt einiges über jüdische Kultur und Tradition.
- Karlijn Stoffels, Mojsche und Rejschele, Beltz, Weinheim/Basel 1999[3].

  „Warschau 1993 – Tel Aviv 1995: Die wundervolle Liebesgeschichte zweier Kinder, die sich im Waisenhaus des Janusz Korczak kennen lernen. Ein ergreifender Roman, in dem Authentisches kunstvoll mit Fiktivem verwoben wird." (Umschlagstext)
- Ruth Weiss, Sascha und die neun alten Männer. Das Fest der Lichter. Zwei Erzählungen. Mit Illustrationen von Susanne Janssen, Peter Hammer, Wuppertal 1997.

  Zwei spannend erzählte Geschichten berichten, wie Kinder durch ihre jüdischen Freunde eine ihnen fremde Kultur und Religion kennen lernen.

Bastelbogen „Davidstern“

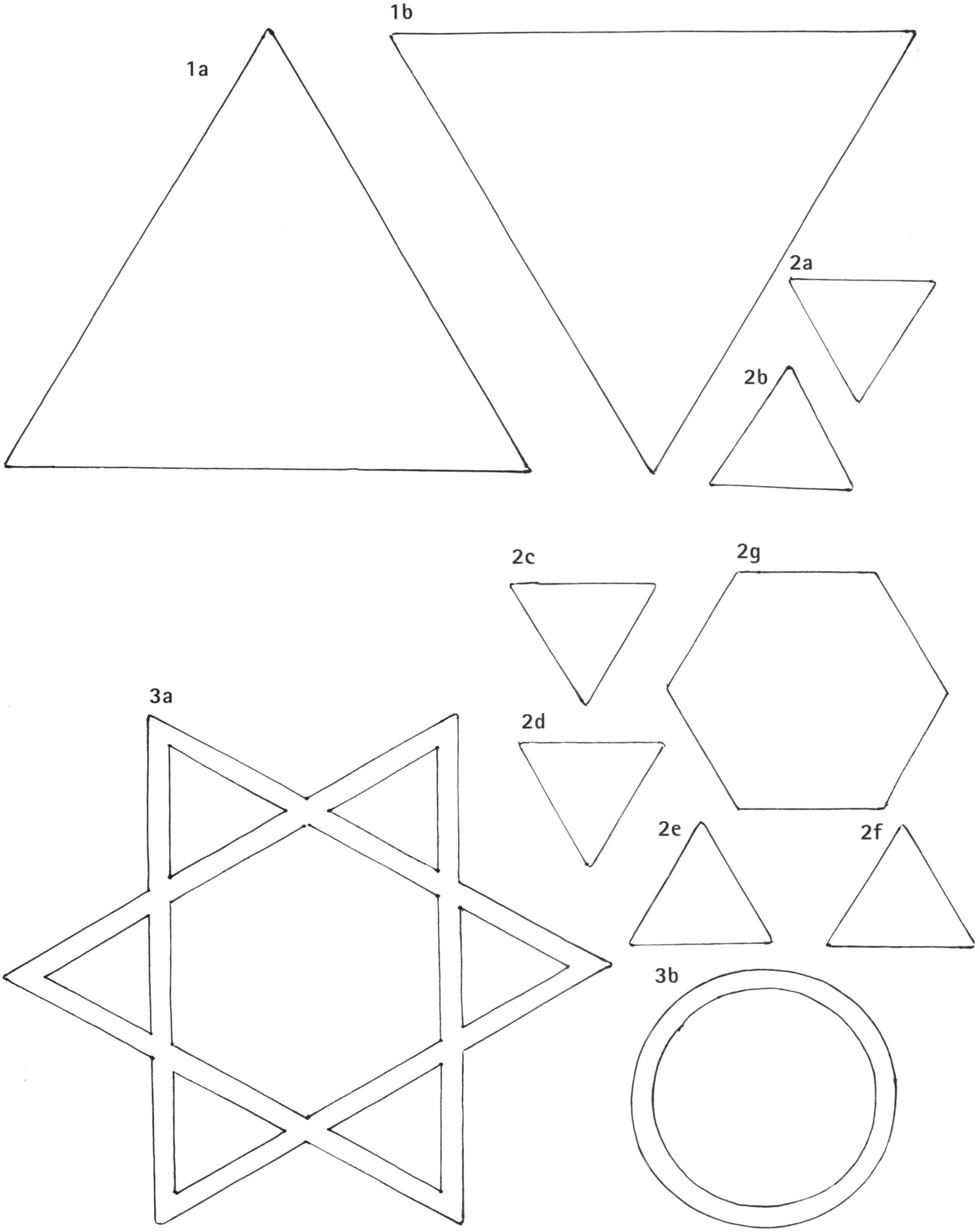

Hebräisch

Hebräisch ist die Sprache der jüdischen heiligen Schriften und eine der ältesten Sprachen der Welt. Noch heute wird im Gottesdienst in der Synagoge die Tora auf Hebräisch gelesen. Deshalb müssen jüdische Kinder, egal in welchem Land sie leben, Hebräisch lernen. Das ist nicht einfach! Hebräisch schreibt und liest man von rechts nach links. Umlaute Ä, Ü, Ö fehlen und für Vokale werden Zeichen benutzt.

Dies ist das hebräische Alphabet:

Hebräisch	Name	Lautwert	Hebräisch	Name	Lautwert	Hebräisch	Name	Lautwert
א	Aleph*		ט	Tet	t	ע	Ajin*	
ב	Bet	v, (w), b	י	Jod	j, y	פ	Pe	f, p
ג	Gimel	g	כ	Kaf	ch, kh, k	צ	Zade	z, tz, s
ד	Dalet	d	ל	Lamed	l	ק	Kof	k, q
ה	He	h	מ	Mem	m	ר	Resch	r
ו	Waw	w	נ	Nun	n	ת	Taw	th, t
ז	Zajin	z, s	ס	Samech	s	ש	Schin	sch, sh
ח	Chet	ch, h						

ī =	ִ
ē =	ֵ
æ =	ֶ
ā =	ָ
ō =	וֹ
ū =	וּ

* Bei diesen Buchstaben handelt es sich um Kehllaute, die mit unseren Buchstaben und Lautwerten nicht wiederzugeben sind.

Aus: Religion kennenlernen: Judentum, Verlag an der Ruhr, Mülheim 1998, S. 30.

Lies das folgende hebräische Wort und schreibe die Lösung daneben! Das Wort bedeutet „Frieden, Gerechtigkeit, Heil" und wird als Willkommensgruß gesprochen.

שָׁלוֹם

Schreibe diesen Friedensgruß in die Torarolle!

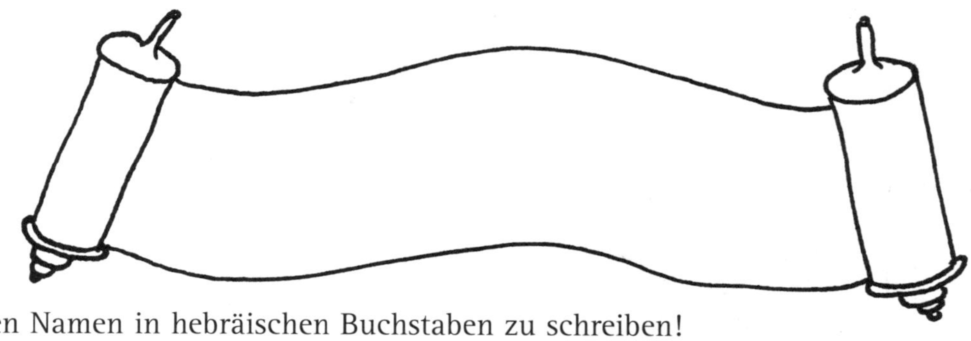

Versuche, deinen Namen in hebräischen Buchstaben zu schreiben!

Mein Auszug aus Ägypten

Mein Vater drehte den Schlüssel der Wohnungstür zweimal um, dann kam er in das erleuchtete Wohnzimmer. Auf dem Tisch brannten in silbernen Leuchtern acht Kerzen. Weinflaschen mit langen Hälsen schimmerten rot. Anikó, gewaschen und strahlend, saß neben ihrem riesigen Vater und betrachtete die Löwenköpfe, mit denen die Kerzenständer verziert waren. Mein Vater goss Wein in die Gläser. Wir schlugen die Haggadot auf der ersten Seite auf und lasen leise. Die Sederfeier hatte begonnen.

Ich verstand nicht, was da geschrieben war. Die Buchstaben waren mir fremd und ich wunderte mich, warum man sie von rechts nach links las, nicht umgekehrt. Doch neben den hebräischen Wörtern gab es eine ungarische Übersetzung. Ich beugte mich über das Buch und las, wobei ich mit dem Finger jede einzelne Zeile entlangfuhr. Plötzlich war unser Wohnzimmer verschwunden, die Gestalten verschwammen.

Ich bin in Ägypten. Um mich herum sind Palmen und Pyramiden. Schwitzende Leiber von Juden bewegen sich in der Reihe vorwärts. Auf ihren Rücken schleppen sie Steine. Die Peitsche knallt. „Schnell! Schnell!“ Blut tropft in den Sand.

Ich sehe Mose, den Säugling, in einem Korb auf dem Nil, und die Tochter des Pharao, die erstaunt ausruft: „Schaut, ein Kind!“ Und dann sehe ich den Pharao, den bösen, harten Pharao, dessen Palast aus Gold und Marmor besteht. Er hat ein hochmütiges Gesicht und stolze Augen.

Und dann, dann kommen die Plagen! Blut. Bäche von Blut, Frösche in Mengen bedecken die Erde! Und Stechmücken! Die Viehpest, die Blattern, der Hagel, der alles zerstört, und die Heuschrecken, die über die Felder herfallen und sie kahlfressen. Und die schreckliche Finsternis und die Tötung der Erstgeburten. Das Gesicht des Pharaos wird blass und das Gold in seinem Palast hört auf zu glänzen.

Der Auszug aus Ägypten. Meine Füße versinken im Sand. Um mich herum sind viele Menschen und ich werde von dem Strom mitgeführt. Kamele schreiten träge dahin, Esel schleppen Bündel auf ihrem Rücken. Die Pyramiden liegen weit hinter uns am Horizont. Vor uns – das Meer. Plötzlich hören wir einen donnernden Lärm! Das Heer des Pharao verfolgt uns. Stampfende Pferdehufe, Wagen, die heranrasen, Schlachtrufe! Mose hebt den Stab – das Meer teilt sich. Wir gehen schnell hinüber, wir rennen und schieben. Zum Ufer! Der Wagen des Pharao ist dicht hinter uns. So nah ist das Ufer! Noch eine letzte Anstrengung, wir klettern mit letzter Kraft hinauf. Hinter uns schlagen die Wellen des Meeres mit ungeheurem Lärm zusammen. Ich kann nicht hinschauen, dort versinkt alles, das gesamte Heer und die Pferde und der vergoldete, blitzende Wagen.

Mose erhebt sich schweigend. Prüfend betrachtet er den blauen Horizont. Weinen ist zu hören. „Wir sind gerettet! Wir sind gerettet!“, schreit das Volk und ich denke: „Wir gehen nach Erez-Israel.“

„Was ist denn mit dir?“, fragte mein Vater.

Und auf einmal war alles wieder an seinem Platz. Die Wände und die Möbel und die Menschen und die Kerzen, die auf dem Tisch flackerten. Ich legte die Hände vor das Gesicht.

„Nichts, Papa, gar nichts.“

Erstaunte Blicke musterten mich. Sah ich so seltsam aus?

„Du hast geweint“, stellte Anikó fest. „Bestimmt hast du das Bitterkraut gerochen.“

Aus: Alexa Brum u.a. (Hg.), Kinderwelten. Ein jüdisches Lesebuch, Verlag Roman Kovar, Eichenau 1996, S. 164 (gekürzt).

Jerusalem – Altstadt vom Ölberg aus

1. Jüdische Gräber auf dem Ölberg
2. Tempelmauer mit „Eckstein“
3. Südlicher Tempeleingang mit Huldatore
4. Al-Aqsa-Moschee
5. Harem esch-scharif
6. Erlöserkirche
7. Grabeskirche
8. Felsendom
9. Moschee (früher Bereich der Burg Antonia)
10. Goldenes Tor
11. Muslimischer Friedhof
12. Moderne Hochhäuser, westlicher Teil der Neustadt

Aus: Reinhold Then, Das Judentum, 54 Farbfolien mit Erläuterungen, Religionspädagogisches Seminar der Diözese Regensburg, Regensburg 1991, S. 48.